MANUAL DE DIREITO DO
TRABALHO

www.saraivaeducacao.com.br
Visite nossa página

Este *Manual de Direito do Trabalho*, até a 8ª edição, era publicado pela Editora Atlas com o título *Curso de Direito do Trabalho*.

SERGIO PINTO MARTINS

MANUAL DE DIREITO DO TRABALHO

15ª edição
2024

Av. Paulista, 901, Edifício CYK, 4º andar
Bela Vista – São Paulo – SP – CEP 01310-100

 sac.sets@saraivaeducacao.com.br

Diretoria executiva	Flávia Alves Bravin
Diretoria editorial	Ana Paula Santos Matos
Gerência de produção e projetos	Fernando Penteado
Gerência de conteúdo e aquisições	Thais Cassoli Reato Cézar
Gerência editorial	Livia Céspedes
Novos projetos	Aline Darcy Flôr de Souza
	Dalila Costa de Oliveira
Edição	Daniel Pavani Naveira
Design e produção	Jeferson Costa da Silva (coord.)
	Karina Lourenço Kempter
	Guilherme Salvador
	Lais Soriano
	Rosana Peroni Fazolari
	Tiago Dela Rosa
	Verônica Pivisan
Planejamento e projetos	Cintia Aparecida dos Santos
	Daniela Maria Chaves Carvalho
	Emily Larissa Ferreira da Silva
	Kelli Priscila Pinto
Diagramação	Mia Santos
Revisão	Daniela Georgeto
Capa	Tiago Dela Rosa
Produção gráfica	Marli Rampim
	Sergio Luiz Pereira Lopes
Impressão e acabamento	EGB Editora Gráfica Bernardi Ltda.

DADOS INTERNACIONAIS DE CATALOGAÇÃO NA PUBLICAÇÃO (CIP)
ELABORADO POR ODILIO HILARIO MOREIRA JUNIOR - CRB-8/9949

M386m Martins, Sergio Pinto
     Manual de Direito do Trabalho / Sergio Pinto Martins. - 15. ed. - São Paulo : SaraivaJur, 2024.
     384 p.
     ISBN: 978-65-5362-896-0 (impresso)
    1. Direito. 2. Direito do Trabalho. 3. CLT. 4. Conceito do Direito do Trabalho. I. Título.

2023-3675
CDD 344.01
CDU 349.2

Índices para catálogo sistemático:
1. Direito trabalhista   344.01
2. Direito trabalhista   349.2

Data de fechamento da edição: 6-12-2023

Dúvidas? Acesse www.saraivaeducacao.com.br

Nenhuma parte desta publicação poderá ser reproduzida por qualquer meio ou forma sem a prévia autorização da Saraiva Educação. A violação dos direitos autorais é crime estabelecido na Lei n. 9.610/98 e punido pelo art. 184 do Código Penal.

CÓD. OBRA 13758   CL 608950   CAE 854196

TRABALHOS DO AUTOR

LIVROS

1. *Imposto sobre serviços – ISS*. São Paulo: Atlas, 1992.
2. *Direito da seguridade social*. 41. ed. São Paulo: Saraiva, 2023.
3. *Direito do trabalho*. 39. ed. São Paulo: Saraiva, 2023.
4. *A terceirização e o direito do trabalho*. 15. ed. São Paulo: Saraiva, 2018.
5. *Manual do ISS*. 10. ed. São Paulo: Saraiva, 2017 (no prelo).
6. *Participação dos empregados nos lucros das empresas*. 4. ed. São Paulo: Atlas, 2015.
7. *Práticas discriminatórias contra a mulher e outros estudos*. São Paulo: LTr, 1996.
8. *Contribuição confederativa*. São Paulo: LTr, 1996.
9. *Medidas cautelares*. São Paulo: Malheiros, 1996.
10. *Manual do trabalho doméstico*. 14. ed. São Paulo: Saraiva, 2019.
11. *Tutela antecipada e tutela específica no processo do trabalho*. 3. ed. São Paulo: Atlas, 2002.
12. *Manual do FGTS*. 5. ed. São Paulo: Saraiva, 2017.
13. *Comentários à CLT*. 22. ed. São Paulo: Saraiva, 2019.
14. *Manual de direito do trabalho*. 14. ed. São Paulo: Saraiva, 2021.
15. *Direito processual do trabalho*. 45. ed. São Paulo: Saraiva, 2023.
16. *Contribuições sindicais*. 5. ed. São Paulo: Atlas, 2010.
17. *Contrato de trabalho de prazo determinado e banco de horas*. 4. ed. São Paulo: Atlas, 2002.
18. *Estudos de direito*. São Paulo: LTr, 1998.
19. *Legislação previdenciária*. 22. ed. São Paulo: Saraiva, 2016.
20. *Síntese de direito do trabalho*. Curitiba: JM, 1999.
21. *Continuidade de contrato de trabalho*. 2. ed. São Paulo: Saraiva, 2019.
22. *Flexibilização das condições de trabalho*. 5. ed. São Paulo: Atlas, 2015.
23. *Legislação sindical*. São Paulo: Atlas, 2000.
24. Col. *Fundamentos: direito processual do trabalho*. 20. ed. São Paulo: Saraiva, 2017.
25. *Comissões de conciliação prévia*. 3. ed. São Paulo: Atlas, 2008.
26. *Instituições de direito público e privado*. 18. ed. São Paulo: Saraiva, 2018.
27. Col. *Fundamentos: direito do trabalho*. 19. ed. São Paulo: Saraiva, 2018.
28. Col. *Fundamentos: direito da seguridade social*. 17. ed. São Paulo: Saraiva, 2016.
29. *Greve do servidor público*. 2. ed. São Paulo: Saraiva, 2017.
30. *O pluralismo do direito do trabalho*. 2. ed. São Paulo: Saraiva, 2016.
31. *Execução da contribuição previdenciária na justiça do trabalho*. 5. ed. São Paulo: Saraiva, 2019.
32. *Manual de direito tributário*. 17. ed. São Paulo: Saraiva, 2018.
33. *Cooperativas de trabalho*. 6. ed. São Paulo: Saraiva, 2015.
34. *CLT universitária*. 25. ed. São Paulo: Saraiva, 2019.
35. *Reforma previdenciária*. 2. ed. São Paulo: Atlas, 2006.
36. *Manual da justa causa*. 7. ed. São Paulo: Saraiva, 2018.
37. *Comentários às Súmulas do TST*. 16. ed. São Paulo: Saraiva, 2016.
38. *Constituição – CLT – Legislação previdenciária e legislação complementar*. 3. ed. São Paulo: Atlas, 2012.
39. *Dano moral decorrente do contrato de trabalho*. 5. ed. São Paulo: Saraiva, 2019.
40. *Profissões regulamentadas*. 2. ed. São Paulo: Atlas, 2013.
41. *Direitos fundamentais trabalhistas*. 2. ed. São Paulo: Atlas, 2015.
42. *Convenções da OIT*. 3. ed. São Paulo: Saraiva, 2016.
43. *Estágio e relação de emprego*. 5. ed. São Paulo: Saraiva, 2019.
44. *Comentários às Orientações Jurisprudenciais da SBDI-1 e 2 do TST*. 7. ed. São Paulo: Saraiva, 2016.
45. *Direitos trabalhistas do atleta profissional de futebol*. 2. ed. São Paulo: Saraiva, 2016.
46. *Prática trabalhista*. 7. ed. São Paulo: Saraiva, 2017.
47. *Assédio moral*. 5. ed. São Paulo: Saraiva, 2017.
48. Comentários à Lei n. 8.212/91. *Custeio*. São Paulo: Atlas, 2013.
49. Comentário à Lei n. 8.213/91. *Benefícios da Previdência Social*. São Paulo: Atlas, 2013.
50. *Prática previdenciária*. 3. ed. São Paulo: Saraiva, 2017.
51. *Teoria geral do processo*. 8. ed. São Paulo: Saraiva, 2023.
52. *Teoria geral do Estado*. 2. ed. São Paulo: Saraiva, 2018.
53. *Reforma trabalhista*. São Paulo: Saraiva, 2018.
54. *Introdução ao estudo do direito*. São Paulo: Saraiva, 2018.

SUMÁRIO

Nota do autor à 15ª edição XXIII
Prefácio XXV

Parte I – Introdução ao Direito do Trabalho

Capítulo 1
Histórico 3

1 Introdução 3
2 Evolução mundial 3
3 Evolução no Brasil 5

Capítulo 2
Denominação 7

1 Introdução 7
2 Denominação 7
    2.1   Legislação do trabalho 7
    2.2   Direito operário 8
    2.3   Direito industrial 8
    2.4   Direito corporativo 8

	2.5	Direito social	9
	2.6	Direito sindical	9
	2.7	Direito do trabalho	9

Capítulo 3
Conceito de Direito do Trabalho e Divisão da Matéria 10

| 1 | Conceito | 10 |
| 2 | Divisão | 11 |

Capítulo 4
Autonomia do Direito do Trabalho 13

1	Introdução	13
2	Desenvolvimento legal	13
3	Desenvolvimento doutrinário	14
4	Desenvolvimento didático	14
5	Autonomia jurisdicional	14
6	Autonomia científica	14

Capítulo 5
Posição Enciclopédica do Direito do Trabalho 16

1	Introdução	16
2	Teoria do direito público	16
3	Teoria do direito privado	17
4	Teoria do direito social	17
5	Teoria do direito misto	18
6	Teoria do direito unitário	18
7	Conclusão	19

Capítulo 6
Relações do Direito do Trabalho com os Demais Ramos do Direito 20

1	Direito constitucional	20
2	Direito civil	20
3	Direito comercial	21
4	Direito internacional	21
5	Direito penal	21
6	Direito da seguridade social	22
7	Direito administrativo	22
8	Direito tributário	22

9	Direito econômico	23
10	Direito processual do trabalho	23

Capítulo 7
Fontes do Direito do Trabalho — 24

1	Introdução	24
2	Constituição	25
3	Leis	26
4	Atos do Poder Executivo	26
5	Sentença normativa	27
6	Convenções e acordos coletivos	27
7	Regulamentos de empresa	27
8	Disposições contratuais	28
9	Usos e costumes	28
10	Hierarquia das normas	29

Capítulo 8
Interpretação, Integração e Eficácia das Normas de Direito do Trabalho — 30

1	Interpretação	30
2	Integração	31
3	Eficácia	32
	3.1 Eficácia no tempo	32
	3.2 Eficácia no espaço	32

Capítulo 9
Princípios do Direito do Trabalho — 34

1	Função dos princípios	34
2	Princípios gerais	35
3	Princípios de direito do trabalho	35
	3.1 Princípio da proteção	35
	3.2 Princípio da irrenunciabilidade de direitos	36
	3.3 Princípio da continuidade da relação de emprego	37
	3.4 Princípio da primazia da realidade	37

Parte II – Direito Internacional do Trabalho

Capítulo 10
Generalidades — 41

Parte III – Direito Individual do Trabalho

Capítulo 11
Conceito de Direito Individual do Trabalho........................... 47

Capítulo 12
Contrato de Trabalho... 48

1 Denominação.. 48
2 Conceito... 48
3 Natureza jurídica.. 49
4 Diferenciação.. 49
5 Requisitos.. 51
   5.1 Continuidade... 51
   5.2 Subordinação... 51
   5.3 Onerosidade... 51
   5.4 Pessoalidade.. 51
   5.5 Alteridade... 51
   5.6 Requisitos não essenciais.. 51
6 Características.. 52
7 Classificação... 52
8 Condições.. 53
9 Forma... 54
10 Duração... 55
11 Contrato de trabalho por prazo determinado.............. 55
   11.1 Contrato de experiência.. 57
   11.2 Contratos especiais.. 58
   11.3 Trabalho intermitente.. 59

Capítulo 13
Empregado... 61

1 Conceito... 61
2 Empregado em domicílio.. 62
3 Aprendiz.. 63
4 Empregado doméstico... 64
5 Empregado rural... 65
6 Trabalhador temporário.. 65
7 Trabalhador autônomo.. 66
8 Trabalhador eventual.. 68
9 Trabalhador avulso.. 68
10 Diretor de sociedade... 69

- Sumário

11	Empregado público	70
12	Estagiário	70
13	Serviço voluntário	72

Capítulo 14
Empregador 73

1	Introdução	73
2	Empresa	73
3	Empresa de trabalho temporário	75
4	Empregador rural	75
5	Empregador doméstico	76
6	Grupo de empresas	76
7	Terceirização	78
8	Empregador por equiparação	81
9	Alterações na empresa	81

Capítulo 15
Poder de Direção do Empregador 83

1	Introdução	83
2	Poder de organização	84
3	Poder de controle	86
4	Poder disciplinar	87

Capítulo 16
Remuneração 88

1	Denominação		88
2	Conceito		88
3	Distinção		90
4	Elementos da remuneração		91
5	Classificação da remuneração		92
	5.1	Salário por unidade de tempo	92
	5.2	Salário por unidade de obra	92
	5.3	Salário por tarefa	92
	5.4	Salário em dinheiro	92
	5.5	Salário em utilidades	93
6	Tipos especiais de salário		97
	6.1	Abonos	97
	6.2	Adicionais	97
		6.2.1 Adicional de horas extras	97
		6.2.2 Adicional noturno	98

		6.2.3	Adicional de insalubridade	99
		6.2.4	Adicional de periculosidade	100
		6.2.5	Adicional de transferência	101
	6.3	Ajuda de custo		101
	6.4	Comissões		102
	6.5	Diárias		102
	6.6	Gorjeta		103
	6.7	Gratificações		105
	6.8	Décimo terceiro salário		105
	6.9	Prêmios		107
	6.10	Participação nos lucros		107
	6.11	PIS-PASEP		112
7	Proteção ao salário			113
	7.1	Defesa do salário em relação ao empregador		114
	7.2	Defesa do salário em relação aos credores do empregado		117
	7.3	Defesa do salário em relação aos credores do empregador		117
	7.4	Defesa do salário em razão dos interesses da família do empregado		117

Capítulo 17
Equiparação Salarial 118

1	Introdução	118
2	Identidade de funções	120
3	Trabalho de igual valor	120
4	Mesmo empregador	121
5	Mesmo estabelecimento empresarial	121
6	Simultaneidade na prestação de serviços	121
7	Quadro organizado em carreira	122
8	Equivalência salarial	122
9	Salário substituição	122

Capítulo 18
Política Salarial 124

1	Conceito	124
2	Salário mínimo	124
3	Salário profissional	127
4	Política salarial	127

Capítulo 19
Alteração do Contrato de Trabalho 129

1	Princípio da imodificabilidade	129

- Sumário

2 Jus variandi 130
3 Transferência de empregados 130
   3.1   Introdução 130
   3.2   Mudança de domicílio 131
   3.3   Cargo de confiança 131
   3.4   Cláusula explícita 131
   3.5   Cláusula implícita 132
   3.6   Extinção do estabelecimento 132
   3.7   Transferência provisória 132
   3.8   Adicional de transferência 133
   3.9   Despesas da transferência 133
   3.10   Transferência para o exterior 133

Capítulo 20
Suspensão e Interrupção do Contrato de Trabalho 135

1 Denominação 135
2 Conceito 135
3 Hipóteses 135
   3.1   Interrupção 135
   3.2   Suspensão 136
4 Efeitos 137

Capítulo 21
Cessação do Contrato de Trabalho 139

1 Denominação 139
2 Conceito 139
3 Dispensa arbitrária 139
4 Cessação do contrato de trabalho por decisão do empregador 140
   4.1   Dispensa do empregado sem justa causa 140
   4.2   Dispensa do empregado com justa causa 141
        4.2.1   Introdução 141
        4.2.2   Elementos 141
        4.2.3   Culpa recíproca 143
        4.2.4   Ônus da prova 143
        4.2.5   Hipóteses legais 143
                4.2.5.1   Improbidade 143
                4.2.5.2   Incontinência de conduta 144
                4.2.5.3   Mau procedimento 144
                4.2.5.4   Negociação habitual 144
                4.2.5.5   Condenação criminal 144

		4.2.5.6	Desídia	144
		4.2.5.7	Embriaguez	145
		4.2.5.8	Violação de segredo da empresa	145
		4.2.5.9	Indisciplina	145
		4.2.5.10	Insubordinação	145
		4.2.5.11	Abandono de emprego	145
		4.2.5.12	Ato lesivo à honra e boa fama	146
		4.2.5.13	Ofensa física	146
		4.2.5.14	Prática constante de jogos de azar	147
		4.2.5.15	Perda de habilitação	147
		4.2.5.16	Atos atentatórios à segurança nacional	147
		4.2.5.17	Outras hipóteses	147
5	Cessação do contrato de trabalho por decisão do empregado			148
	5.1	Pedido de demissão		148
	5.2	Rescisão indireta		148
	5.3	Aposentadoria		150
6	Cessação do contrato por desaparecimento de uma das partes			151
	6.1	Morte do empregado		151
	6.2	Morte do empregador pessoa física		151
	6.3	Extinção da empresa		151
7	Cessação do contrato de trabalho por mútuo acordo das partes			151
8	Cessação por advento do termo do contrato			152
9	Força maior			153
10	Assistência à rescisão contratual			153
11	Prazo para pagamento das verbas rescisórias			154

Capítulo 22
Aviso Prévio 156

1	Origens	156
2	Conceito	156
3	Natureza jurídica	156
4	Irrenunciabilidade	157
5	Cabimento	157
6	Forma	158
7	Prazo	158
8	Efeitos	159
9	Remuneração do aviso prévio	161

Capítulo 23
Estabilidade 162

1	História	162

- Sumário   XV

2   Denominação 163
3   Conceito 163
4   Estabilidade por tempo de serviço 164
5   Exclusão do direito à estabilidade 164
6   Garantias de emprego 165
     6.1   Dirigente sindical 165
     6.2   Membro da CIPA 166
     6.3   Gestante 167
     6.4   Acidentado 167
     6.5   Membro das Comissões de Conciliação Prévia 168
     6.6   Representante dos trabalhadores 168
     6.7   Doente de AIDS 168
     6.8   Garçons 169
7   Extinção da estabilidade 169

Capítulo 24
Indenização 170

1   Conceito 170
2   Fundamentos 170
3   Natureza jurídica 170
4   Contratos por prazo indeterminado 171
5   Contratos por prazo determinado 172
6   Estabilidade 174
7   Culpa recíproca 174
8   Força maior 174
9   *Factum principis* 174
10   Morte do empregador 175
11   Aposentadoria 175
12   Indenização adicional 175

Capítulo 25
Fundo de Garantia do Tempo de Serviço – FGTS 177

1   Evolução legislativa 177
2   Conceito 178
3   Natureza jurídica 178
4   Opção 179
5   Administração 180
6   Contribuintes 181
7   Beneficiários 181
8   Depósitos 181

9	Saques...	183
10	Indenização	186
11	Prescrição	187

Parte IV – Direito Tutelar do Trabalho

Capítulo 26
Direito Tutelar do Trabalho.. 191

1	Denominação	191
2	Conceito...	192
3	Matéria a ser estudada...	192

Capítulo 27
Identificação e Registro Profissional.. 193

1	Conceito...	193
2	Destinatários	193
3	Conteúdo da CTPS	194
4	Obtenção da CTPS	194
5	Anotações	195
6	Valor das anotações	196
7	Reclamações por falta ou recusa de anotações	196
8	Prescrição	197
9	Livro de registro	197
10	Multas...	197

Capítulo 28
Jornada de Trabalho.. 198

1	História	198
2	Denominação	199
3	Conceito...	199
4	Natureza jurídica	200
5	Classificação..	200
6	Fundamentos	201
7	Jornada de trabalho...	201
8	Empregados excluídos	206
9	Conceito de horas extras..	207
10	Acordo de prorrogação de horas	207
11	Compensação da jornada de trabalho	208

12	Redução da jornada...	210
13	Necessidade imperiosa	210
	13.1 Força maior	211
	13.2 Serviços inadiáveis	211
	13.3 Recuperação de tempo em razão de paralisações..............	211
14	Turnos ininterruptos de revezamento	212
15	Horas *in itinere*...	213
16	Sobreaviso, prontidão..	214
17	Trabalho noturno...	214

Capítulo 29
Intervalos para Descanso... 217

1	Conceito..	217
2	Intervalos intrajornada	217
3	Intervalo interjornada..	221

Capítulo 30
Repouso Semanal Remunerado 223

1	História	223
2	Denominação..	224
3	Conceito..	224
4	Natureza jurídica...	225
5	Trabalhadores beneficiados...	225
6	Remuneração...	226
7	Feriados	227
8	Dias de repouso trabalhados	228
	8.1 Remuneração	228

Capítulo 31
Férias.. 230

1	Introdução...	230
2	Histórico..	230
3	Conceito..	231
4	Natureza jurídica...	231
5	Período aquisitivo	232
6	Faltas	232
7	Perda do direito de férias	233
8	Período concessivo	234

9	Comunicação das férias	235
10	Férias concedidas após o período concessivo	236
11	Férias coletivas	237
12	Remuneração	238
13	Abono	239
14	Dos efeitos da cessação do contrato de trabalho	239
15	Prescrição	240
16	Outros tipos de empregados	241

Capítulo 32
Trabalho da Mulher — 242

1	Histórico	242
2	Fundamentos da proteção ao trabalho da mulher	243
3	Duração do trabalho	243
4	Salário	243
5	Trabalho noturno	244
6	Períodos de descanso	244
7	Trabalhos proibidos	244
8	Métodos e locais de trabalho	245
9	Proteção à maternidade	246
	9.1 Práticas discriminatórias contra a mulher	249
10	Amamentação	249
11	Garantia de emprego	250

Capítulo 33
Trabalho da Criança e do Adolescente — 252

1	Histórico	252
2	Denominação	252
3	Proteção do trabalho da criança e do adolescente	253
4	Deveres e responsabilidades em relação ao menor	255
5	Duração do trabalho do menor	256
6	Aprendizagem	257

Capítulo 34
Nacionalização do Trabalho — 260

1	Proporcionalidade	260
2	Empresas	261
3	Equiparação salarial	261
4	Despedimento	262

Capítulo 35
Segurança e Medicina do Trabalho 263

1 Histórico 263
2 Denominação 264
3 Conceito 264
4 Generalidades 264
5 Condições de segurança 265
6 Insalubridade 266
7 Periculosidade 267
8 Penosidade 268

Capítulo 36
Fiscalização Trabalhista 269

1 Histórico 269
2 Introdução 269
3 Estrutura administrativa 270
4 Atuação dos agentes 270
5 Atribuições e poderes dos inspetores 270
6 Livre acesso 271
7 Exibição de documentos 271
8 Autuações e multas 272

Parte V – Direito Coletivo do Trabalho

Capítulo 37
Direito Coletivo do Trabalho 276

1 Denominação 276
2 Conceito 277
3 História 277

Capítulo 38
Liberdade Sindical 278

1 Histórico 278
2 Conceito 278
3 Garantias 279
4 Sistemas de liberdade sindical 280

Capítulo 39
Organização Sindical 281

1 Histórico............ 281
2 Denominação............ 283
3 Conceito............ 283
4 Natureza jurídica............ 284
5 Unicidade sindical............ 284
6 Criação e registro de sindicatos 285
7 Categoria............ 285
8 Enquadramento sindical............ 286
    8.1 Sindicalismo rural............ 287
9 Órgãos do sindicato............ 287
10 Eleições............ 288
11 Entidades sindicais de grau superior 288
    11.1 Centrais sindicais............ 289
12 Proteção à sindicalização 291
13 Direitos dos associados............ 292
14 Funções do sindicato............ 292
    14.1 Função de representação............ 292
    14.2 Função negocial............ 292
    14.3 Função econômica............ 293
    14.4 Função política............ 293
    14.5 Função assistencial............ 293
15 Receitas do sindicato............ 294
    15.1 Contribuição sindical 294
        15.1.1 História............ 294
        15.1.2 Natureza jurídica 295
        15.1.3 Generalidades............ 295
    15.2 Contribuição confederativa............ 297
        15.2.1 Introdução............ 297
        15.2.2 Natureza jurídica............ 297
        15.2.3 Objeto............ 298
        15.2.4 Oposição à cobrança 298
    15.3 Contribuição assistencial............ 299
    15.4 Mensalidade sindical 300

Capítulo 40
Representação dos Trabalhadores nas Empresas 301

1 Representação 301
    1.1 Histórico 301

	1.2	Autoaplicabilidade	301
	1.3	Conceito	302
	1.4	Distinção	302
	1.5	Objetivo	302
	1.6	Procedimentos	303
2	Cogestão		304
	2.1	História	304
	2.2	Denominação	305
	2.3	Distinção	305
	2.4	Classificação	305
	2.5	Implantação	305

Capítulo 41
Conflitos Coletivos de Trabalho — 307

1	Conceito				307
2	Meios extrajudiciais				308
	2.1	Autodefesa			308
	2.2	Autocomposição			308
	2.3	Heterocomposição			310
		2.3.1	Mediação		310
		2.3.2	Arbitragem		310
			2.3.2.1	Histórico	310
			2.3.2.2	Denominação	310
			2.3.2.3	Definição	311
			2.3.2.4	Distinção	311
			2.3.2.5	Admissibilidade	311
			2.3.2.6	Procedimentos	312
		2.3.3	Jurisdição		313
			2.3.3.1	Dissídios coletivos	313

Capítulo 42
Contrato Coletivo de Trabalho — 315

1	Evolução legislativa	315
2	Conceito	316
3	Legitimidade para a negociação	316
4	Conteúdo	317

Capítulo 43
Convenção e Acordo Coletivo de Trabalho — 318

1	Evolução legislativa	318

2	Negociação coletiva	318
3	Funções da negociação coletiva	319
4	Definições	320
5	Acordo dos trabalhadores e empregadores	320
6	Natureza jurídica	321
7	Conteúdo	322
8	Incorporação das cláusulas normativas nos contratos de trabalho	322
9	Condições de validade	324
10	A convenção coletiva no setor público	328

Capítulo 44
Greve 329

1	História	329
2	Conceito	330
3	Natureza jurídica	331
4	Classificação das greves	332
5	Legitimidade	332
6	Oportunidade de exercício	333
7	Interesses a defender	333
8	Negociação coletiva	333
9	Assembleia geral	334
10	Aviso prévio de greve	334
11	Atividades essenciais	334
12	Atendimento das necessidades inadiáveis	335
13	Manutenção de bens	335
14	Direitos e deveres dos envolvidos na greve	336
15	Abuso do direito de greve	337
16	Efeitos sobre o contrato de trabalho	337
17	Responsabilidade	337
18	Greve no setor público	338
19	*Lockout*	338

Referências 339

Índice alfabético-remissivo 345

NOTA DO AUTOR À 15ª EDIÇÃO

Este livro, *Manual de direito do trabalho*, contém toda a matéria de Direito do Trabalho. Entretanto, é mais resumido que o meu livro *Direito do trabalho*. Não tem tanta teoria, mas tem as súmulas e as orientações jurisprudenciais do TST.

É um livro destinado ao curso de Direito, mas serve também para os cursos de Administração de Empresas, Contabilidade e Economia ou outros cursos não jurídicos, por ser mais condensado e não ter um grande número de páginas.

Nesta edição, foram feitas atualizações decorrentes das Leis n. 14.690/2023, 14.663/2023, 14.647/2023, 14.611/2023, 14.597/2023 e 14.457/2022 e da jurisprudência. Espero que a presente edição tenha a mesma acolhida da anterior por parte dos estudantes e profissionais.

PREFÁCIO

A imagem que tenho muito firme de Sergio Pinto Martins é a de uma pessoa muitíssimo aplicada a cada uma das tarefas feitas e às que se propõe realizar. Sergio é marcadamente metódico.

Estudioso em tempo integral, guardaria um segredo a sete chaves: a fórmula para fazer com que lhe rendam mais as horas, de modo tal que realiza em fração o que para muitos exigiria múltiplos. Atrevo-me a dizer que não vai nisso qualquer mágica. Pelo contrário, a sua agilidade possivelmente é técnica a que chegou como resultante da necessidade, tantas vezes repetida, de enfrentar diferentes questões diante das quais foi chamado a se posicionar, como professor, ou mesmo a decidir, enquanto magistrado, e em relação às quais foi, com persistência e organização – pouco a pouco e sem sobressaltos –, fazendo-se destacado especialista. A soma de soluções a que foi chegando se constitui em mapa cumulado de detalhes que só pode ser desenhado por aqueles que conhecem os caminhos por tê-los percorrido com as próprias pernas.

Sergio é muito ágil, usa o tempo a seu favor, mas não é um apressado. Jovem, ainda, já produziu rico e variado acervo de estudos que estão publicados em diversas revistas jurídicas, além de muitas monografias.

A alguns, a bibliografia até aqui produzida por Sergio Pinto Martins poderia parecer muito extensa. O elenco de seus estudos, especialmente em matéria de

Direito do Trabalho, é bastante amplo mesmo, entretanto não se pode dizer que encha páginas ociosamente ou dedique-se a estudar e conhecer coisas sem importância. Na sua produção, não há demasia. Pelo contrário.

Registra-se outra característica bem sua: a objetividade. Conheço poucas pessoas com objetividade parecida; sua objetividade resulta da prática de quem vivencia profissional e seriamente o Direito do Trabalho. Sua objetividade não é a de mero prático, posto que conta com forte embasamento teórico, adquirido inclusive academicamente como mestre, doutor e livre-docente pela Faculdade de Direito da Universidade de São Paulo.

Sergio Pinto Martins descobriu há muito essa forma especialíssima de se divertir, consistente em pensar e conhecer como poucos um determinado objeto.

Especialmente para aqueles que ainda não conhecem bem a sua produção jurídica, este *Manual de direito do trabalho* se constitui em excelente oportunidade para que se deparem com seu estilo claro, simples, enxuto, objetivo e, sobretudo, didático de se ver o Direito do Trabalho e dele se dar visão.

É preciso ressaltar que o seu *Manual de direito do trabalho*, enquanto curso que é, volta-se especialmente aos estudantes de graduação (de Direito, Administração, Contabilidade etc.). O volume está elaborado, assim, com vistas às necessidades de informação de alunos e com as preocupações de professores em se contar com material de apoio que se revele – ao mesmo tempo – rico, variado, bem fundamentado e possibilitador do desenvolvimento de espírito crítico. Do *Manual de direito do trabalho*, de Sergio Pinto Martins, pode-se dizer que é claro e simples (sem ser superficial), como convém a um volume que se propõe, de um lado, a ajudar o professor a ensinar e, de outro, a ensinar o aluno a aprender, e certamente alcança o seu intento.

Valdir de Oliveira Rocha
Advogado. Livre-docente em
Direito Tributário pela Faculdade de Direito da Universidade de São Paulo.

PARTE I
INTRODUÇÃO AO DIREITO DO TRABALHO

Capítulo 1

HISTÓRICO

1 INTRODUÇÃO

O Direito tem uma realidade histórico-cultural, não se admitindo o estudo de quaisquer de seus ramos sem que se tenha uma noção de seu desenvolvimento dinâmico no transcurso do tempo.

Ao se pretender estudar o passado é possível compreender o desenvolvimento da ciência no decorrer dos anos, o que se mostra uma necessidade premente. A evolução do Direito do Trabalho vai ser analisada sob o ângulo mundial e no Brasil.

2 EVOLUÇÃO MUNDIAL

Na escravidão, o escravo era considerado apenas uma coisa, não tendo qualquer direito, muito menos trabalhista, nem era considerado sujeito de direito.

A servidão ocorreu na época do feudalismo, em que os senhores feudais davam proteção militar e política aos servos, que não eram livres, mas, ao contrário, tinham de prestar serviços na terra do senhor feudal. Os servos tinham de entregar parte da produção rural aos senhores feudais em troca da proteção que recebiam e do uso da terra.

Nas corporações de ofício também havia trabalho, havendo três personagens: os mestres, os companheiros e os aprendizes. No início das corporações de ofício só existiam dois graus: mestres e aprendizes. No século XIV surge o grau intermediário dos companheiros. Os mestres eram os proprietários das oficinas, que já tinham passado pela prova da obra mestra. Os companheiros eram trabalhadores que percebiam salários dos mestres. Os aprendizes eram os menores a partir de 12 ou 14 anos que recebiam dos mestres o ensino metódico do ofício ou profissão. Nesse momento havia um pouco mais de liberdade ao trabalhador, que também tinha alguns direitos. Se o aprendiz superasse as dificuldades dos ensinamentos, passava ao grau de companheiro. O companheiro só passava a mestre se fosse aprovado em exame de obra mestra. A jornada de trabalho poderia chegar até as 18 horas no verão, terminando geralmente com o pôr-do-sol, pois não havia luz para continuar o trabalho.

As corporações de ofício foram suprimidas com a Revolução Francesa em 1789, pois foram consideradas incompatíveis com o ideal de liberdade do homem.

Nasce um tímido Direito do Trabalho com o surgimento da Revolução Industrial. Nesta fase houve a substituição do trabalho manual pelas máquinas, como o tear, a máquina a vapor, de fiar etc.

Daí começam a surgir os conflitos trabalhistas, pois os empregados passam a se associar. O Estado deixa de ser abstencionista e passa a ser intervencionista em matéria de relações do trabalho.

A Igreja também passa a ter interesse na relação trabalhista, de modo que são expedidas várias encíclicas: Encíclica *Rerum Novarum* ("coisas novas"), de 1891, do Papa Leão XIII, pontifica uma fase de transição para a justiça social; *Quadragesimo Anno* e *Divini Redemptoris*, de Pio XI; *Mater et Magistra*, de João XXIII; *Populorum Progressio*, de Paulo VI; *Laborem Exercens*, do Papa João Paulo II, de 14 de setembro de 1981.

Desponta uma nova fase, denominada constitucionalismo social, em que as Constituições dos países começam a tratar de direitos sociais, trabalhistas e econômicos. A primeira Constituição que veio a tratar do tema foi a do México, em 1917, no seu art. 123, prevendo, entre outros direitos, jornada de 8 horas, proibição de trabalho de menores de 12 anos, limitação da jornada dos menores de 16 anos a 6 horas, jornada máxima noturna de 7 horas, proteção à maternidade, salário mínimo, direito de sindicalização e de greve, seguro social e proteção contra acidentes do trabalho. A segunda Constituição a versar sobre o assunto foi a de Weimar, de 1919, autorizando a liberdade de coalização dos trabalhadores, criando um sistema de seguros sociais.

O Tratado de Versalhes, de 1919, prevê a criação da Organização Internacional do Trabalho (OIT). A partir da criação desta organização no mesmo ano, passa ela a expedir convenções e recomendações sobre temas trabalhistas e previdenciários.

Na Itália, aparece a *Carta del Lavoro*, de 1927, instituindo um sistema corporativista-fascista, que inspirou outros sistemas políticos, como os de Portugal, Espanha e, especialmente, o Brasil. O corporativismo visava organizar a economia em torno do Estado, promovendo o interesse nacional, além de impor regras a todas as pessoas. Esta Carta prevê o sindicato único, o imposto sindical, a representação classista e proibição da greve e do *lockout*.

3   EVOLUÇÃO NO BRASIL

A política trabalhista brasileira começa a surgir com Getúlio Vargas em 1930. O Ministério do Trabalho, Indústria e Comércio foi criado em 1930, passando a expedir decretos, a partir dessa época, sobre profissões, trabalho das mulheres (1932), salário mínimo (1936), Justiça do Trabalho (1939) etc.

A primeira Constituição a tratar de Direito do Trabalho foi a de 1934, garantindo a liberdade sindical, isonomia salarial, salário mínimo, jornada de oito horas de trabalho, proteção do trabalho das mulheres e menores, repouso semanal, férias anuais remuneradas (art. 121).

A Carta Constitucional de 10 de novembro de 1937 é decorrente do golpe de Getúlio Vargas. Era uma Constituição corporativista, inspirada na *Carta del Lavoro*, de 1927, e na Constituição polonesa. O próprio art. 140 da referida Carta era claro no sentido de que a economia era organizada em corporações, sendo consideradas órgãos do Estado, exercendo função delegada de Poder Público. Instituiu o sindicato único, imposto por lei, vinculado ao Estado, exercendo funções delegadas de Poder Público, podendo haver intervenção estatal direta nas suas atribuições. Foi criado o imposto sindical, sendo que o Estado participava do produto da sua arrecadação. Estabeleceu-se a competência normativa dos tribunais do trabalho, que tinham por objetivo principal evitar o entendimento direto entre trabalhadores e empregadores. A greve e o *lockout* foram considerados recursos antissociais, nocivos ao trabalho e ao capital e incompatíveis com os interesses da produção nacional (art. 139).

Havia várias normas trabalhistas esparsas. Por isso, foi necessária sistematização dessas regras, por meio do Decreto-Lei n. 5.452, de 1º de maio de 1943, aprovando a Consolidação das Leis do Trabalho (CLT). A CLT não é um código, pois não traz um conjunto de regras novas, mas apenas reúne as já existentes de forma sistematizada.

A Constituição de 1946 prevê a participação dos trabalhadores nos lucros (art. 157, IV), repouso semanal remunerado (art. 157, VI), estabilidade (art. 157, XII), direito de greve (art. 158) e outros direitos que estavam na norma constitucional anterior.

A Lei n. 605, de 1949, versou sobre o repouso semanal remunerado; a Lei n. 3.207, de 1957, trata das atividades dos empregados vendedores, viajantes e pracistas; a Lei n. 4.090, de 1962, institui o 13º salário. A Constituição de 1967 manteve os direitos trabalhistas estabelecidos nas Constituições anteriores, no art. 158. A Emenda Constitucional n. 1, de 17 de outubro de 1969, repetiu praticamente a Norma Ápice de 1967, no art. 165, no que diz respeito aos direitos trabalhistas.

No âmbito da legislação ordinária foram editadas outras leis: a Lei n. 5.889, de 1973, versando sobre o trabalhador rural; a Lei n. 6.019, de 1974, tratando do trabalho temporário; o Decreto-Lei n. 1.535, de 1977, dando nova redação ao capítulo sobre férias da CLT; a Lei Complementar n. 150/2015, dispondo sobre o trabalho dos empregados domésticos etc.

Em 5 de outubro de 1988 foi aprovada a atual Constituição, que trata de direitos trabalhistas nos arts. 7º a 11. Os direitos trabalhistas foram incluídos no Capítulo II, "Dos Direitos Sociais", do Título II, "Dos Direitos e Garantias Fundamentais", ao passo que nas Constituições anteriores os direitos trabalhistas sempre eram inseridos no âmbito da ordem econômica e social.

Capítulo 2

DENOMINAÇÃO

1 INTRODUÇÃO

São encontradas diversas denominações para nominar a disciplina ora em estudo, como Legislação do Trabalho, Direito Operário, Direito Corporativo, Direito Social, Direito Industrial etc. Há necessidade de analisá-las e verificar qual o nome que melhor irá denominar a matéria ora em estudo.

2 DENOMINAÇÃO

2.1 Legislação do trabalho

A primeira denominação empregada para nominar a matéria foi Legislação do Trabalho. Justificava-se a nomenclatura utilizada pelo fato de haver muitas leis tratando do tema, mas não existia um sistema, uma autonomia da matéria em análise. O § 1º do art. 121 da Constituição de 1934 usava a expressão *legislação do trabalho*. Algumas faculdades de Ciências Econômicas, Contábeis e Administrativas ainda usam a denominação *Legislação do Trabalho*. É preciso, porém, verificar a matéria a ser estudada não só nos limites da legislação, mas de acordo com seu sistema, seus princípios e suas diretrizes. Constata-se, portanto, que o nome mencionado não é o adequado.

2.2 Direito operário

A denominação *Direito Operário* é encontrada, principalmente, na França, onde se emprega a expressão *Droit Ouvrier* (Direito Operário), porém nesse mesmo país observa-se que o operário (*ouvrier*) não possui os mesmos direitos do trabalhador (*employé*). No Brasil, Evaristo de Moraes foi um dos pioneiros a tratar da matéria em estudo, utilizando-se da expressão Direito Operário. Seu trabalho, um dos marcos da literatura laboralista, de 1905, era intitulado *Apontamentos de Direito Operário*, começando a versar sobre o assunto no capítulo segundo da referida obra, já empregando a denominação *Direito Operário* para justificar o nome da disciplina (3. ed. São Paulo: LTr, 1986, p. 24). A Constituição de 1937 também determinava que competia à União legislar sobre Direito Operário (art. 16, XVI). O objetivo do *Direito Operário* da época era dar proteção ao trabalhador braçal, que era o operário, o que mostrava a evolução do Direito, que mais tarde iria abranger qualquer espécie de trabalhador. O Direito do Trabalho não se limita, porém, a estudar apenas os operários, mas também os patrões e outros trabalhadores.

2.3 Direito industrial

A denominação *Direito Industrial* surge após a Revolução Industrial. Inicialmente utilizava-se da nomenclatura *Legislação Industrial*. Mais tarde passou-se a utilizar da expressão *Direito Industrial*. Na época as relações a serem disciplinadas diziam respeito à indústria, em razão da estrutura socioeconômica do momento.

Atualmente as questões trabalhistas não dizem respeito apenas à indústria, mas também ao comércio, aos bancos, às empresas prestadoras de serviço etc.

O Direito Industrial é, inclusive, hoje parte do Direito Comercial, que estuda marcas, patentes, invenções etc.

2.4 Direito corporativo

Era a denominação *Direito Corporativo* empregada em países que adotavam regime totalitário fascista, como em Portugal ou na Itália. O corporativismo italiano ainda tinha por base a unificação da produção e não só do trabalho. Dizia respeito, principalmente, à organização da ação do Estado de forma a desenvolver a economia. No Brasil, essa orientação surge a partir de 1937, com o regime corporativo, implantado por Getúlio Vargas, criando o imposto sindical; os vogais, para representarem empregadores e empregados nos colegiados onde fosse discutida alguma questão a eles pertinente; o poder normativo, que foi atribuído à Justiça do Trabalho, de estabelecer normas e condições de trabalho por meio da sentença normativa e do sindicato único – temas que ainda são encontrados nos dias atuais. No Brasil, o maior protagonista dessa denominação foi Oliveira Viana, sociólogo e jurista, que defendeu suas ideias na obra denominada *Problemas de direito corporativo*.

O corporativismo tem por objetivo controlar as corporações ou associações, destinando-se a unificar a economia nacional como um todo, enquanto a nossa matéria tem por finalidade estudar, principalmente, o trabalho subordinado.

2.5 Direito social

Cesarino Junior implantou a teoria do Direito Social no Brasil, sendo o seu maior adepto. Segundo ele, o Direito Social era destinado a proteger os hipossuficientes, incluindo não apenas questões de Direito do Trabalho, mas também de Direito coletivo, assistencial e previdenciário. Seria um Direito destinado a promover a justiça social (*Direito social*. São Paulo: Saraiva, 1957, v. I, p. 35).

A denominação empregada é, porém, muito genérica, sendo inaplicável à matéria em estudo. Argumenta-se, ainda, que o Direito por natureza já é social, feito para vigorar na sociedade, sendo que todos os ramos do Direito têm essa característica.

2.6 Direito sindical

A expressão *Direito Sindical* também diz respeito apenas ao sindicato, não servindo para justificar a denominação de nossa matéria, estando restrita, portanto, a um dos segmentos do Direito do Trabalho.

2.7 Direito do trabalho

Aparece a denominação *Direito do Trabalho* na Alemanha, por volta de 1912. O Direito do Trabalho estuda, a princípio, as relações do trabalho em geral e não de certas particularidades, como o trabalho na indústria, do operário, ou no sindicato.

A Lei n. 2.724, de 1956, altera a denominação *Legislação Social ou do Trabalho*, que era empregada nas Faculdades de Direito, passando a utilizar a expressão *Direito do Trabalho*, determinando a incorporação do Direito Industrial ao Direito Comercial.

A partir da Constituição de 1946 todas as demais passaram a empregar a expressão *Direito do Trabalho*, como se observa na atual Constituição, inciso I do art. 22.

Entendo mais correta, portanto, a denominação *Direito do Trabalho*, tanto que é encontrada nos países de língua inglesa (*Labor Law*), nos de língua francesa (*Droit du Travail*), nos de língua espanhola (*Derecho del Trabajo*), nos de língua italiana (*Diritto del Lavoro*) e nos de língua alemã (*Arbeitsrecht*). Em Portugal e no Brasil é utilizada a denominação *Direito do Trabalho*, que mais individualiza nossa matéria, dizendo respeito, assim, ao trabalho, não só ao trabalho subordinado, mas também ao trabalho temporário, dos trabalhadores avulsos, domésticos etc.

CONCEITO DE DIREITO DO TRABALHO E DIVISÃO DA MATÉRIA

1 CONCEITO

Direito do Trabalho é o conjunto de princípios, regras e instituições atinentes à relação de trabalho subordinado e situações análogas, visando assegurar melhores condições de trabalho e sociais ao trabalhador, de acordo com as medidas de proteção que lhe são destinadas.

O uso da palavra *conjunto* quer dizer que o Direito do Trabalho é composto de várias partes organizadas, formando um sistema.

Tem o Direito do Trabalho princípios próprios, diferentes dos previstos para o Direito Civil, que informam a matéria e orientam o legislador, justificando, também, sua autonomia.

Possui o Direito do Trabalho várias regras que versam sobre a matéria. A principal delas, que reúne vários temas, é a Consolidação das Leis do Trabalho (CLT).

O Direito do Trabalho tem também instituições, entidades, que criam e aplicam o referido ramo do Direito. O Ministério do Trabalho edita portarias, resoluções, instruções normativas etc. A Justiça do Trabalho julga as questões trabalhistas.

A expressão *situações análogas* quer dizer hipóteses que têm certa semelhança com o trabalho subordinado, mas que necessariamente não são iguais a ele.

O trabalhador temporário e o empregado doméstico não deixam de ser subordinados; o trabalhador avulso não é subordinado, mas será estudado pelo Direito do Trabalho.

Objetiva o Direito do Trabalho assegurar melhores condições de trabalho, porém não só essas condições, mas também condições sociais ao trabalhador, garantindo que o trabalhador possa prestar seus serviços num ambiente salubre, podendo, por meio de seu salário, ter uma vida digna para que possa desempenhar o seu papel na sociedade. O Direito do Trabalho pretende corrigir as deficiências encontradas no âmbito da empresa, não só no que diz respeito às condições de trabalho, mas também no sentido de assegurar uma remuneração condigna para que o operário possa suprir as necessidades de sua família na sociedade.

A legislação é que vai melhorar as condições de trabalho do trabalhador, protegendo-o, limitando, por exemplo, a jornada de trabalho, assegurando férias ao trabalhador depois de certo tempo, determinando intervalos nas jornadas de trabalho, estabelecendo o menor salário que o empregado pode receber etc.

2 DIVISÃO

Os autores fazem várias divisões do Direito do Trabalho. Prefiro fazer a seguinte: Parte Geral, Direito Individual do Trabalho, Direito Tutelar do Trabalho e Direito Coletivo do Trabalho.

Na Parte Geral serão analisados o conceito, a autonomia, a posição enciclopédica, as relações, as fontes e a aplicação do Direito do Trabalho, entre outras questões.

No Direito Individual do Trabalho serão verificados o contrato de trabalho, o seu nascimento, o seu desenvolvimento e a sua cessação, além de outras regras com pertinência ao referido pacto, como o FGTS, a estabilidade etc.

No Direito Tutelar do Trabalho versarei sobre regras que tratam da proteção do trabalhador, como as normas de segurança e medicina do trabalho, regras sobre a jornada de trabalho, sobre os repousos do trabalhador, sobre a fiscalização trabalhista etc.

No Direito Coletivo do Trabalho examinarei a organização do sindicato, as normas coletivas, pertinentes ao sindicato, suas funções, ou conflitos coletivos, principalmente a greve etc. O Direito Sindical não se justifica como um dos ramos do Direito do Trabalho, pois diz respeito apenas ao sindicato, enquanto o Direito do Trabalho não vai estudar apenas o sindicato, mas também a sua organização, as normas coletivas das quais ele participa etc.

Entendo que Direito Internacional do Trabalho, seja o público ou o privado, pertence ao Direito Internacional, como um dos seus segmentos, não fazendo parte do Direito do Trabalho, porém irei estudá-lo, trazendo apenas as noções essenciais.

O Direito Processual do Trabalho não faz parte integrante do Direito do Trabalho, apesar de o primeiro ser a forma como o segundo vai ser exercitado em juízo, porém pertence ao ramo do Direito Processual, que pode ser subdividido em Direito Processual Civil, Penal, do Trabalho, Militar etc. Não irei versar sobre o Direito Processual do Trabalho. Remeto o leitor ao meu livro *Direito processual do trabalho* (45. ed. São Paulo: Saraiva, 2023), que trata mais pormenorizadamente sobre o tema.

Direito da Previdência Social e o Direito da Assistência Social estão incluídos, hoje, dentro do gênero Direito da Seguridade Social, que é autônomo, não fazendo mais parte do Direito do Trabalho, como antigamente se dizia, principalmente diante dos arts. 194 a 204 da Constituição, incluídos no capítulo "Da Seguridade Social". Nesse ponto consulte-se o meu estudo *Direito da seguridade social*, no qual a matéria é mais bem enfocada, até mesmo quanto à autonomia (41. ed. São Paulo: Saraiva, 2023).

AUTONOMIA DO DIREITO DO TRABALHO

1 INTRODUÇÃO

Hoje o Direito do Trabalho é autônomo em relação ao Direito Civil, não mais podendo ser considerado como segmento do segundo.

O Direito do Trabalho nasce a partir do momento em que houve disposições legais sobre a locação de serviços, previstas na legislação civil.

O Código Civil trata da prestação de serviço nos arts. 593 a 609 e da empreitada nos arts. 610 a 626. O contrato de trabalho nada mais é do que um desenvolvimento no tempo da locação de serviços. Houve um aprimoramento da relação de trabalho, que passou a ter disciplina em normas especiais, diversas das previstas no Código Civil.

Para verificar a autonomia do Direito do Trabalho vamos examinar o desenvolvimento legal da matéria, o doutrinário, didático e científico.

2 DESENVOLVIMENTO LEGAL

O art. 7º da Constituição, nos seus vários incisos, traz vários direitos para trabalhadores urbanos e rurais. Em segundo lugar, a CLT determina várias outras normas sobre Direito do Trabalho, nos arts. 1º a 642. Existem outras leis esparsas que tratam de Direito do Trabalho, como as Leis ns. 4.090 (gratificação de Natal), 7.783 (greve) etc.

O Brasil não possui um Código de Trabalho, como se verifica na França, que iria justificar a plena autonomia legal do Direito do Trabalho, mas a CLT já acaba cumprindo este papel. Em razão do grande número de normas sobre o tema, existe autonomia legislativa do Direito do Trabalho.

3 DESENVOLVIMENTO DOUTRINÁRIO

A doutrina tem um número suficientemente grande de obras sobre o Direito do Trabalho. São obras até mesmo clássicas, de reconhecimento até no exterior, como as de José Martins Catharino, Cesarino Jr., Amauri Mascaro Nascimento, Octávio Bueno Magano, Orlando Gomes, Elson Gottschalk e Evaristo de Moraes Filho. No estrangeiro há também autores de nomeada que escrevem sobre o tema, como Mario Deveali, Manuel Alonso Olea, Mario de la Cueva, Paul Pic, Paul Durand, Gino Giugni, entre outros.

4 DESENVOLVIMENTO DIDÁTICO

As faculdades de Direito têm, na sua maioria, pelo menos em um ano ou em dois semestres a matéria Direito do Trabalho. Nas Faculdades de Ciências Econômicas, Administrativas, Contábeis e Sociais e até nas de Engenharia há uma cadeira denominada Legislação Social, em que a matéria efetivamente lecionada é o Direito do Trabalho.

Nos exames da Ordem dos Advogados do Brasil, têm-se exigido conhecimentos específicos do Direito do Trabalho para habilitar o bacharel a atuar como advogado.

5 AUTONOMIA JURISDICIONAL

A autonomia jurisdicional do Direito do Trabalho está consagrada principalmente a partir da Constituição de 1946, quando a Justiça do Trabalho passa a fazer parte integrante do Poder Judiciário, sendo, portanto, o Judiciário um ramo especializado que aplica o Direito do Trabalho.

6 AUTONOMIA CIENTÍFICA

O Direito do Trabalho tem institutos próprios, que são o conjunto de regras sobre um mesmo tema, possuindo normas próprias e específicas sobre cada tema, totalmente distintas das do Direito Civil, bastando lembrar o vale-transporte (Lei

n. 7.418/85), o trabalho temporário (Lei n. 6.019/74). Assim, verifica-se que o Direito do Trabalho está totalmente desenvolvido e separado do Direito Civil, de onde se originou como uma forma de contrato, saindo do bojo da legislação civil e passando para um conjunto de regras consolidadas, além da existência de normas sobre o tema na própria Constituição (art. 7º) e na CLT.

O Direito do Trabalho possui princípios próprios, como o da proteção do trabalhador, o da irrenunciabilidade de direitos, da continuidade do contrato de trabalho, que são completamente distintos dos princípios de Direito Civil.

Há, portanto, plena autonomia do Direito do Trabalho em relação às demais disciplinas da ciência do Direito. Tem o Direito do Trabalho por objetivo proteger a hipossuficiência do trabalhador, visando à modificação e melhoria de suas condições de trabalho e sociais. Existem conceitos gerais próprios do Direito do Trabalho, justificando, dessa forma, sua autonomia.

Capítulo 5 — POSIÇÃO ENCICLOPÉDICA DO DIREITO DO TRABALHO

1 INTRODUÇÃO

Ulpiano já dividia o Direito em público e privado, embora entendendo tal classificação como meramente didática, pois o Direito enquanto ciência é gênero, tendo seus diversos ramos, que são considerados as espécies. Cada ramo do Direito mantém relações e conexões com as demais espécies do gênero.

No século XIX, os juristas de tradição romanista entendiam que o Direito público era aquele que envolvia a organização do Estado. Já o Direito privado era o que dizia respeito ao interesse dos particulares. Esta orientação permanece nos dias atuais.

É preciso verificar as várias teorias para constatar a qual ramo pertence o Direito do Trabalho, inclusive em relação aos desdobramentos dessas teorias.

2 TEORIA DO DIREITO PÚBLICO

Alguns juristas entendem que o Direito do Trabalho faz parte do Direito público. No Direito do Trabalho há normas de natureza administrativa, principalmente as de fiscalização trabalhista, tendo natureza tuitiva, de proteção ao trabalhador. São, portanto, regras imperativas, que não podem ser olvidadas pelo empregador, mormente com o objetivo de impedir, fraudar ou desvirtuar a aplicação desses preceitos (art. 9º da CLT). Os direitos trabalhistas seriam irrenunciáveis pelo trabalhador, o que mostraria a natureza pública de suas normas. Alguns autores entendem que a empresa é uma instituição, tendo, portanto, as relações com seus empregados natureza pública, equiparando-as às normas de natureza administrativa, como as que regem o Estado-administração e os funcionários públicos.

Servem as normas de fiscalização trabalhista apenas para verificar o cumprimento das regras trabalhistas, não se podendo justificar a predominância de tais disposições sobre outras. O que ocorre no contrato de trabalho é que há a possibilidade de as próprias partes acordarem a respeito das condições gerais de trabalho. A irrenunciabilidade de direitos trabalhistas não quer dizer que outros direitos, que não trabalhistas, previstos em outras leis, não sejam irrenunciáveis, por força da aplicação cogente da lei, da sua compulsoriedade, e não da existência de facultatividade.

3 TEORIA DO DIREITO PRIVADO

A segunda corrente entende que o Direito do Trabalho é um ramo do Direito privado. Houve um desenvolvimento do contrato de trabalho em relação à locação de serviços do Direito Civil, de onde se originou. Os sujeitos do contrato de trabalho são dois particulares: o empregado e o empregador. A maioria das regras de Direito do Trabalho é de ordem privada, disciplinando o contrato de trabalho, que tem preponderância sobre a minoria das regras de Direito público existentes na referida matéria.

Destaque-se que até mesmo o Código Civil tem dispositivos de ordem pública, como os que dizem respeito às coisas públicas ou à família. O Direito Civil, contudo, ainda faz parte do Direito privado.

4 TEORIA DO DIREITO SOCIAL

Cesarino Jr. entende que o Direito do Trabalho deve ser chamado de Direito Social. Seria um *tertium genus*, que nem seria público nem privado. O referido conjunto de regras ampararia os "hipossuficientes", que seriam as pessoas economicamente desprotegidas na relação de emprego, ou seja: os empregados. Entretanto, é possível afirmar que o Direito, por natureza, é social, é feito para a sociedade, não se justificando que um de seus ramos tenha esse nome, pois todos os ramos do Direito têm natureza social, sendo destinados a promover o bem-estar dos indivíduos perante a sociedade.

5 TEORIA DO DIREITO MISTO

Alfredo Montoya Melgar (*Derecho del trabajo*. Madri: Tecnos, 1978, p. 42) esclarece que o Direito do Trabalho não pertenceria nem ao Direito público nem ao Direito privado, mas compreenderia necessariamente ambos os Direitos. Assevera que existem relações privadas no Direito do Trabalho, como se verifica no contrato de trabalho, assim como existem relações públicas, nas quais o Estado é o garantidor da ordem pública e administrador da aplicação das referidas regras. Em razão da existência dessas normas de Direito privado e de Direito público é que o Direito do Trabalho teria natureza mista.

De fato, o Direito do Trabalho contém normas de Direito público, mas também de Direito privado. Contudo, isso ocorre em outros ramos do Direito, como no Direito Civil, em que existem normas de Direito público relativas à família ou ao adolescente. Há, porém, a preponderância das regras de Direito privado sobre as de Direito público, como também ocorre no Direito do Trabalho. A maioria das normas existentes no Direito do Trabalho é de Direito privado, que predominam sobre as de Direito público. Lembre-se, por exemplo, a possibilidade de a negociação das condições do contrato de trabalho ser feita pelos contratantes. Não se pode dizer, portanto, que existe um Direito misto, híbrido de Direito privado e público ao mesmo tempo. Tal fato iria negar, inclusive, a autonomia do Direito do Trabalho, que não poderia ser e deixar de ser alguma coisa ao mesmo tempo. O que tem de ser observado é o seu conjunto, em que predominam as regras de Direito privado.

6 TEORIA DO DIREITO UNITÁRIO

Entende Evaristo de Moraes Filho que o Direito do Trabalho é um Direito unitário, decorrente da fusão de ramos de Direito público e privado. Há, assim, um todo orgânico, diferente de outros, possuindo uma substância nova, criando-se uma nova combinação de elementos que formam um todo totalmente distinto, que não seria produto de uma simples mistura (*Introdução ao direito do trabalho*. São Paulo: LTr, 1991, p. 111). Na teoria do Direito misto haveria a coexistência de normas de Direito público e privado, que não se fundem. Na teoria do Direito unitário, o que existiria seria a fusão de normas de Direito público e privado, dando origem a uma terceira realidade, distinta e nova em relação às anteriores.

Inexiste, portanto, um terceiro gênero, distinto do Direito público e privado, resultado da fusão desses ramos, pois em qualquer Direito é possível notar a existência de normas de Direito público e privado. Não há como se afirmar que houve um amálgama entre normas de Direito público e privado, criando um Direito heterogêneo.

7 CONCLUSÃO

Penso que o Direito do Trabalho pertence ao ramo do Direito privado. Não nego a existência de normas de Direito público e privado no âmbito do Direito do Trabalho, mas estas não chegam a se constituir num *tertium genus*, nem há a criação de um Direito unitário ou misto. Há, sim, uma preponderância de regras de Direito privado, como se verifica no contrato de trabalho, ante as regras de Direito público, o que também se observa no Direito Civil, que nem por isso deixam de ser parte do ramo do Direito privado. As regras de direito coletivo do trabalho, que tratam das convenções e dos acordos coletivos, têm natureza privada e não pública.

Capítulo 6

RELAÇÕES DO DIREITO DO TRABALHO COM OS DEMAIS RAMOS DO DIREITO

O Direito do Trabalho relaciona-se, como não poderia deixar de ser, com outros ramos da ciência do Direito.

1 DIREITO CONSTITUCIONAL

A relação do Direito do Trabalho com o Direito Constitucional é muito próxima, pois a Constituição estabelece uma série de direitos aos trabalhadores de um modo geral, principalmente nos arts. 7º a 11. O art. 7º da Lei Maior prevê direitos mínimos aos trabalhadores urbanos e rurais, especificando-os em 34 incisos. O empregado doméstico tem direitos reconhecidos no parágrafo único do art. 7º. Mesmo o trabalhador avulso tem assegurados seus direitos no inciso XXXIV do art. 7º da Lei Fundamental, que prevê igualdade com os direitos dos trabalhadores com vínculo empregatício permanente. No art. 8º da Norma Ápice são previstos os direitos decorrentes da organização sindical. O art. 9º da Lei Magna versa sobre o direito de greve.

2 DIREITO CIVIL

Origina-se o contrato de trabalho do Direito Civil. É uma espécie do gênero contrato, desenvolvendo-se a partir da locação de serviços (*locatio operarum*) encontrada com o nome de prestação de serviços no art. 593 e seguintes do Código

Civil. Mesmo do conceito de empreitada (*locatio operis*) podemos notar certas relações com o contrato de trabalho, que podem, inclusive, dar origem a discussões na Justiça do Trabalho. É o que se constata do inciso III, letra *a*, do art. 652, que dá competência à Justiça do Trabalho para julgar questões de operários ou artífices ou pequenos empreiteiros, mas não para reivindicar direitos previstos na CLT, apenas o preço contratado da obra e a multa, se houver.

O direito comum será fonte subsidiária do direito do trabalho (§ 1º do art. 8º da CLT). Direito comum é o Direito Civil ou Direito Comercial.

3 DIREITO COMERCIAL

É próxima também a relação do Direito do Trabalho com o Direito Comercial, pois este regula as várias formas de sociedades mercantis, sendo que a empresa é uma das partes do contrato de trabalho. Mesmo na falência ou recuperação judicial do empregador, o trabalhador terá direito de reivindicar as verbas que lhe são devidas, o que importa a verificação de como isso será feito. Em casos de mudança na estrutura jurídica e na propriedade da empresa, os direitos dos trabalhadores serão assegurados (arts. 10 e 448 da CLT). O § 1º do art. 8º da CLT determina que o Direito comum seja aplicado subsidiariamente em relação ao Direito do Trabalho. O Direito comum tanto é o Civil, como o Comercial.

4 DIREITO INTERNACIONAL

O Direito do Trabalho relaciona-se com o Direito Internacional. A OIT edita uma série de normas a serem aplicadas àqueles que as ratificarem. São as convenções e recomendações em matéria trabalhista. Há que se lembrar de outras fontes de Direito Internacional, como a Declaração Universal dos Direitos do Homem (1948), a Convenção Europeia de Direitos Humanos (1950) etc.

5 DIREITO PENAL

A prática de um delito penal pode influir no campo do Direito do Trabalho, inclusive podendo dar motivo ao despedimento do empregado por justa causa. Alguns autores também entendem que o poder disciplinar do empregador poderia ser considerado como integrante do Direito Penal, de estabelecer punições aos empregados, decorrente do poder de direção do empregador. O Código Penal também regula crimes contra a organização do trabalho, o direito de livre associação sindical, a frustração de direito assegurado pela lei trabalhista, o aliciamento de trabalhadores etc., o que se observa nos arts. 197 a 207. A Lei n. 9.029/95 estabelece normas penais para a discriminação da mulher (art. 2º).

6 DIREITO DA SEGURIDADE SOCIAL

Relaciona-se o Direito do Trabalho com o Direito da Seguridade Social, que hoje contém um capítulo próprio na Constituição, nos arts. 194 a 204, principalmente no que diz respeito à previdência social, quando visa à proteção à maternidade, especialmente à gestante (art. 201, III), além da assistência social, quando menciona o amparo à infância e à adolescência (art. 203, *caput* e II), a promoção da integração ao mercado de trabalho (art. 203, III) etc.

7 DIREITO ADMINISTRATIVO

As normas de medicina e segurança do trabalho e de fiscalização trabalhista são pertinentes ao Estado, sendo feitas por intermédio das Delegacias Regionais do Trabalho, órgãos vinculados ao Ministério do Trabalho. Alguns autores falam em Direito Administrativo do Trabalho, outros em Direito Tutelar do Trabalho, para justificar essa relação.

O Estado contrata servidores sob o regime da CLT ou regime temporário ou precário, indicando a aproximação entre a Administração e o Direito do Trabalho.

Mesmo quando o Estado admite funcionários públicos sob o regime estatutário, estamos diante de uma relação de trabalho, não de trabalho subordinado, mas que mostra certa semelhança com a matéria que será estudada.

8 DIREITO TRIBUTÁRIO

As relações com o Direito Tributário também existem, principalmente quando se fala em fato gerador, incidência de tributos, ou contribuições sobre verbas trabalhistas, base de cálculo das referidas verbas, contribuintes etc. As contribuições do FGTS e do PIS-PASEP realçam ainda mais essa relação, pois a primeira incide sobre uma série de verbas trabalhistas e a segunda, paga pela empresa, dá posteriormente certos direitos aos empregados que ganham baixos salários.

Incide, ainda, o imposto sobre a renda e proventos de qualquer natureza sobre salários, remuneração e outras verbas de natureza trabalhista, de acordo com certos limites.

9 DIREITO ECONÔMICO

Tem o Direito Econômico por objetivo disciplinar juridicamente as atividades desenvolvidas nos mercados, buscando uma forma de organização do sistema e também visando ao interesse social.

A relação com o Direito do Trabalho ocorre quando se verifica a obtenção de uma política de pleno emprego (art. 170, VIII, da Constituição) e a valorização do trabalho humano (art. 170 da Constituição), que são, entre outros, os objetivos a serem assegurados pela ordem econômica. A própria política econômica e salarial terá grandes reflexos na relação de emprego, ao se ter em vista o desenvolvimento geral do país e a garantia do bem-estar da Nação. O inciso IV do art. 1º da Constituição declara, ainda, que um dos objetivos fundamentais da República Federativa do Brasil é respaldar os "valores sociais do trabalho e da livre iniciativa".

10 DIREITO PROCESSUAL DO TRABALHO

O Direito Processual do Trabalho objetiva assegurar o cumprimento dos direitos materiais do empregado. As controvérsias surgidas sobre a aplicação da legislação trabalhista serão dirimidas pela Justiça do Trabalho.

Os arts. 643 a 910 da CLT contêm regras pertinentes ao processo do trabalho, estabelecendo normas de competência, para a propositura da ação, recursos etc. Tais regras serão aplicadas para se assegurar o direito material do obreiro, o Direito do Trabalho.

Capítulo 7

FONTES DO DIREITO DO TRABALHO

1 INTRODUÇÃO

A palavra *fonte* tem vários significados, como o da sua origem, o de fundamento de validade das normas jurídicas e da própria exteriorização do Direito.

Sob o aspecto da origem temos que analisar fatores sociais, psicológicos, econômicos, históricos etc. São, portanto, as fontes materiais, ou seja, os fatores reais que irão influenciar na criação da norma jurídica.

O art. 8º da CLT dá uma orientação a respeito das fontes do Direito do Trabalho, ao afirmar: "as autoridades administrativas e a Justiça do Trabalho, na falta de disposições legais ou contratuais, decidirão, conforme o caso, pela jurisprudência, por analogia, por equidade e outros princípios e normas gerais de direito, principalmente do Direito do Trabalho, e, ainda, de acordo com os usos e costumes, o direito comparado, mas sempre de maneira que nenhum interesse de classe ou particular prevaleça sobre o interesse público".

A analogia e a equidade não são fontes do Direito, mas métodos de integração da norma jurídica, assim como o seria o Direito comparado.

A jurisprudência é fonte do Direito do Trabalho. A hipótese de vinculação seria no caso de julgamento definitivo de mérito de ação declaratória de constitucionalidade de lei ou ato normativo proferida pelo STF (§ 2º do art. 102 da

Constituição). O STF poderá, de ofício ou por provocação, mediante decisão de dois terços dos seus membros, após reiteradas decisões sobre matéria constitucional, aprovar súmula que, a partir de sua publicação na imprensa oficial, terá efeito vinculante em relação aos demais órgãos do Poder Judiciário e à Administração Pública direta e indireta, nas esferas federal, estadual e municipal (art. 103-A da Constituição). Dispõe o inciso VI do art. 489 do CPC que não se considera fundamentada a sentença que deixar de seguir enunciado de súmula, jurisprudência ou precedente invocado pela parte sem demonstrar a existência de distinção no caso em julgamento ou a superação do entendimento. A súmula, a jurisprudência ou o precedente passam a ser fontes do direito. Assim, passamos de um sistema de *civil law* para um sistema de *common law*, em que a jurisprudência e os precedentes são considerados fontes do direito e devem ser respeitados.

O TST vinha expedindo prejulgados, com base no art. 902 da CLT, que vinculavam os demais juízes. A Lei n. 7.033, de 5 de outubro de 1982, revogou o art. 902 da CLT, pois o juiz deve obedecer à Constituição e à lei, indicando que os prejulgados interfeririam na livre convicção do magistrado em julgar. Os antigos prejulgados foram transformados em súmulas, como se verifica das Súmulas 130 a 179, que aproveitaram vários dos prejulgados. A partir de 28 de junho de 1985, as antigas súmulas passaram se chamar enunciados. A partir de 20-4-2005 voltaram a ser chamadas de súmulas (Resolução Administrativa n. 129/2005 do TST). O TST edita, porém, súmulas de sua jurisprudência predominante, que revelam qual é o pensamento daquela Corte quanto à matéria nelas ventilada.

Súmulas e outros enunciados de jurisprudência editados pelo Tribunal Superior do Trabalho e pelos Tribunais Regionais do Trabalho não poderão restringir direitos legalmente previstos nem criar obrigações que não estejam previstas em lei (§ 2º do art. 8º da CLT).

A doutrina é um valioso critério para a análise do Direito do Trabalho, mas também não se pode dizer que venha a ser uma de suas fontes, justamente porque os juízes não estão obrigados a observar a doutrina nas suas decisões, tanto que a doutrina muitas vezes não é pacífica, tendo posicionamentos opostos.

São, portanto, fontes do Direito do Trabalho: a Constituição, as leis, os decretos, os costumes, as sentenças normativas, os acordos, as convenções, o regulamento de empresa e os contratos de trabalho.

2 CONSTITUIÇÃO

A Constituição de 1934 foi a primeira Constituição a tratar de normas trabalhistas. As demais Constituições continuaram a versar sobre o tema, tanto que os arts. 7º a 11 da Norma Ápice de 1988 especificam vários direitos dos trabalhadores.

É de competência privativa da União legislar sobre Direito do Trabalho (art. 22, I, Constituição), o que impede os Estados-membros e os Municípios de o fazerem.

As demais normas irão se originar da Constituição, que em muitos casos especifica a sua forma de elaboração e até o seu campo de atuação, complementando a Lei Maior.

3 LEIS

São várias as leis que versam sobre Direito do Trabalho. A principal delas é uma compilação da legislação, a que se deu o nome de Consolidação das Leis do Trabalho (CLT), consubstanciada no Decreto-Lei n. 5.452, de 1º de maio de 1943. Houve, portanto, uma reunião de normas esparsas que vieram a culminar com a CLT. Não é, portanto, um código, que iria estabelecer algo novo, mas uma reunião da legislação esparsa sobre o tema existente no período anterior a 1943 e suas posteriores modificações. Um código importa a criação de um Direito novo, revogando a legislação anterior. A CLT apenas organiza e sistematiza a legislação esparsa já existente, tratando não só do Direito individual do trabalho, mas do tutelar, do coletivo e até mesmo de normas de processo do trabalho. Há, ainda, normas sobre segurança e medicina do trabalho, fiscalização trabalhista etc.

A CLT não é a única norma trabalhista, pois existe também a legislação esparsa, como a Lei n. 6.321/76 (Programa de Alimentação do Trabalhador), a Lei n. 9.601/98 (Contrato de Trabalho de Prazo Determinado), entre outras.

4 ATOS DO PODER EXECUTIVO

O Poder Executivo também edita normas trabalhistas. Em certos períodos o Poder Executivo expedia decretos-leis, que posteriormente eram ratificados pelo Congresso. A CLT foi estabelecida por meio de um Decreto-Lei (Decreto-Lei n. 5.452/1943). Todo o capítulo da CLT sobre férias, que são os arts. 129 a 152 da CLT, foram modificados pelo Decreto-Lei n. 1.535, de 13 de abril de 1977. O Título VI da CLT, que compreende os arts. 611 a 625, que versam sobre convenção e acordo coletivo de trabalho, foi modificado pelo Decreto-Lei n. 229, de 28 de fevereiro de 1967. É a hipótese também do Decreto-Lei n. 691, de 18 de julho de 1969, que versa sobre os técnicos estrangeiros. Hoje, o Poder Executivo edita medidas provisórias (art. 62 da Constituição), inclusive sobre questões trabalhistas, que têm força de lei.

Expede, ainda, o Poder Executivo decretos e regulamentos (art. 84, IV, da Constituição). Nesse ponto foram editados vários decretos, visando ao cumprimento da legislação, como o Decreto n. 73.626/74 (trabalho rural), o Decreto n. 10.060/2019 (trabalho temporário), o Decreto n. 99.684/90 (FGTS), entre outros.

Edita a Secretaria Especial de Previdência e Trabalho portarias, ordens de serviço etc. Exemplo é a Portaria n. 3.214/78, que especifica regras sobre medicina e segurança do trabalho.

5 SENTENÇA NORMATIVA

A sentença normativa é uma fonte peculiar do Direito do Trabalho. Chama-se sentença normativa a decisão dos tribunais regionais do trabalho ou do TST no julgamento dos dissídios coletivos. O art. 114, *caput*, e seu § 2º, da Constituição, dão competência à Justiça do Trabalho para estabelecer normas e condições de trabalho. É, portanto, por meio da sentença normativa em dissídio coletivo que serão criadas, modificadas ou extintas as normas e condições aplicáveis ao trabalho, gerando direitos e obrigações a empregados e empregadores. A sentença normativa terá efeito *erga omnes*, valendo para todas as pessoas integrantes da categoria econômica e profissional envolvidas no dissídio coletivo.

6 CONVENÇÕES E ACORDOS COLETIVOS

As convenções e os acordos coletivos também são fontes do Direito do Trabalho, que vêm exteriorizar a autonomia privada dos sindicatos nas negociações coletivas.

O inciso XXVI do art. 7º da Constituição reconhece as convenções e os acordos coletivos de trabalho. As convenções coletivas são os pactos firmados entre dois ou mais sindicatos sobre condições de trabalho, tendo de um lado o sindicato patronal e do outro o sindicato dos trabalhadores (art. 611 da CLT). Os acordos coletivos são os pactos celebrados entre uma ou mais de uma empresa e o sindicato da categoria profissional a respeito de condições de trabalho (§ 1º do art. 611 da CLT).

7 REGULAMENTOS DE EMPRESA

O regulamento de empresa é uma fonte do Direito do Trabalho, pois o empregador está fixando condições de trabalho no regulamento, disciplinando as relações entre os sujeitos do contrato de trabalho. O regulamento de empresa vai vincular não só os empregados atuais da empresa, como também os futuros. É, por conseguinte, uma fonte formal de elaboração de normas trabalhistas, de origem extraestatal, autônoma, visto que não são impostas por agente externo, mas são elaboradas pelos próprios interessados. Geralmente o regulamento de empresa é elaborado unilateralmente pelo empregador, mas é possível a participação do empregado na sua elaboração. Trata-se de fonte normativa do Direito do Trabalho, pois as regras estabelecidas no regulamento de empresa aderem ao contrato de trabalho.

8 DISPOSIÇÕES CONTRATUAIS

Faz referência o art. 8º da CLT às disposições contratuais como fonte do Direito do Trabalho. São as determinações inseridas no contrato de trabalho, ou seja, no acordo bilateral firmado entre os convenentes a respeito de condições de trabalho e que irão dar origem a direitos e deveres do empregado e do empregador.

9 USOS E COSTUMES

Os usos e costumes são fontes do Direito do Trabalho. Com a reiterada aplicação de certa regra pela sociedade é que se origina a norma legal. Mesmo na empresa existem regras que são aplicadas reiteradamente, mas que não estão disciplinadas na lei. A gratificação é um pagamento feito pelo empregador que tem por natureza o costume. Com o continuado pagamento originou a gratificação natalina, que passou a ser compulsória (Lei n. 4.090/62).

O próprio contrato de trabalho pode ser feito verbalmente, decorrente do costume, ou seja, do que foi acordado tacitamente pelas partes (art. 443 da CLT).

Em razão do costume, da habitualidade do pagamento, as horas extras passaram a integrar outras verbas (férias, 13º salário, FGTS, DSRs, aviso prévio etc.). Nesse sentido é tranquila a jurisprudência (Súmulas 45, 63, 94 e 172 do TST). Num primeiro momento tínhamos um costume *praeter legem*, que veio suprir as lacunas da legislação.

As parcelas do salário pagas em utilidades (alimentação, vestuário, habitação, transporte etc.) só integrarão o salário se houver habitualidade no seu pagamento, ou seja, por força do costume (art. 458 da CLT). São costumes chamados de *secundum legem*: aqueles que a lei manda observar.

Inexistindo a estipulação de salário, o empregado terá direito de perceber importância igual à daquele que fizer serviço equivalente na mesma empresa, ou do que for pago habitualmente (costumeiramente) para serviço semelhante (art. 460 da CLT).

10 HIERARQUIA DAS NORMAS

O art. 59 da Constituição dispõe quais são as normas existentes no sistema jurídico brasileiro. Não menciona que haja hierarquia entre umas e outras. A hierarquia entre as normas somente ocorreria quando a validade de determinada norma dependesse de outra, em que regularia inteiramente a forma de criação da primeira norma. É certo que a Constituição é hierarquicamente superior às demais normas, pois o processo de validade destas é regulado na primeira. Abaixo da Constituição estão os demais preceitos legais, cada qual com campos diversos de atuação: leis complementares, leis ordinárias, decretos-leis (nos períodos em que existiram), medidas provisórias, leis delegadas, decretos legislativos e resoluções.

Os decretos são hierarquicamente inferiores às leis, até porque não são emitidos pelo Poder Legislativo, mas pelo Poder Executivo, complementando as disposições legais. Após os decretos são observadas normas internas da Administração Pública, como portarias, circulares, ordens de serviço etc., que são hierarquicamente inferiores aos decretos. O próprio TST expede também provimentos, instruções normativas, normalmente visando dar o correto entendimento da norma no tribunal e sua respectiva aplicação. Há também acordos, convenções coletivas e sentenças normativas (proferidas em dissídios coletivos) que vão ser hierarquicamente inferiores à lei.

Dispõe o art. 619 da CLT que "nenhuma disposição do contrato individual do trabalho que contrarie normas de Convenção ou Acordo Coletivo de Trabalho poderá prevalecer na execução do mesmo, sendo considerada nula de pleno direito". No caso o contrato de trabalho está posicionado hierarquicamente abaixo da convenção e do acordo coletivo, sendo que, se houver disposição que contrariar aquelas normas, não poderá ser observada. O art. 623 da CLT também dispõe que não terá validade o acordo ou a convenção coletiva de trabalho que contrariar a política salarial governamental, o que mostra que aquelas normas são inferiores hierarquicamente à lei.

O regulamento de empresa e o contrato de trabalho também são inferiores hierarquicamente à lei.

Capítulo 8
INTERPRETAÇÃO, INTEGRAÇÃO E EFICÁCIA DAS NORMAS DE DIREITO DO TRABALHO

1 INTERPRETAÇÃO

A interpretação decorre da análise da norma jurídica que vai ser aplicada aos casos concretos. Várias são as formas de interpretação da norma jurídica:

a) gramatical ou literal (*verba legis*): consiste em verificar qual o sentido do texto gramatical da norma jurídica. Analisa-se o alcance das palavras encerradas no texto da lei;

b) lógica (*mens legis*): em que se estabelece uma conexão entre vários textos legais a serem interpretados;

c) teleológica ou finalística: a interpretação será dada ao dispositivo legal de acordo com o fim colimado pelo legislador;

d) sistemática: a interpretação será dada ao dispositivo legal conforme a análise do sistema no qual está inserido, sem se ater à interpretação isolada de um dispositivo, mas, sim, ao seu conjunto;

e) extensiva ou ampliativa: emprega-se um sentido mais amplo à norma a ser interpretada do que ela normalmente teria;

f) restritiva ou limitativa: dá-se um sentido mais restrito, limitado, à interpretação da norma jurídica;

g) histórica: o Direito decorre de um processo evolutivo. Há necessidade de se analisar, na evolução histórica dos fatos, o pensamento do legislador, não só à época da edição da lei, mas de acordo com a sua exposição de motivos, mensagens, emendas, as discussões parlamentares etc. O Direito, portanto, é uma forma de adaptação do meio em que vivemos em razão da evolução natural das coisas;

h) autêntica: é a realizada pelo próprio órgão que editou a norma, que irá declarar o seu sentido, alcance e conteúdo, por meio de outra norma jurídica. Também é chamada de interpretação legal ou legislativa;

i) sociológica: em que se verifica a realidade e a necessidade social na elaboração da lei e na sua aplicação. A própria Lei de Introdução às Normas do Direito Brasileiro determina que o juiz, ao aplicar a lei, deve se ater aos fins sociais a que ela se dirige e às exigências do bem comum (art. 5º).

Não há apenas uma única interpretação que pode ser feita, mas deve-se seguir os métodos de interpretação mencionados nas alíneas *a* a *i* supra.

Muitas vezes a interpretação literal do preceito legal, ou a interpretação sistemática (ao se analisar o sistema no qual está inserida a lei, em seu conjunto) é que dará a melhor solução ao caso que se pretenda resolver.

Ao se interpretarem as diversas normas jurídicas aplicáveis ao caso concreto deve-se levar em conta a norma mais favorável ao empregado. Ao contrário, as normas estabelecidas em acordo prevalecerão sobre as estipuladas em convenção coletiva, se forem mais favoráveis ao empregado.

O mesmo raciocínio pode ser levado em consideração em relação a outras normas: se o contrato de trabalho prevê melhores condições de trabalho do que a lei ou a norma coletiva, ele irá prevalecer sobre estas últimas.

2 INTEGRAÇÃO

Integrar tem o significado de completar, inteirar. O intérprete fica autorizado a suprir as lacunas existentes na norma jurídica por meio da utilização de técnicas jurídicas. As técnicas jurídicas são a analogia e a equidade, podendo também ser utilizados os princípios gerais do Direito e a doutrina.

O art. 8º da CLT autoriza o juiz, na falta de expressa disposição legal ou convencional, a utilizar a analogia ou a equidade. Inexistindo lei determinando a solução para certo caso, pode o magistrado utilizar, por analogia, outra lei que verse sobre questão semelhante.

3 EFICÁCIA

A eficácia da norma jurídica pode ser dividida em relação ao tempo e ao espaço.

3.1 Eficácia no tempo

A eficácia no tempo refere-se à entrada da lei em vigor. Normalmente as disposições do Direito do Trabalho entram em vigor a partir da data da publicação da lei, tendo eficácia imediata.

Dispõe o § 1º do art. 5º da Constituição que os direitos e garantias fundamentais previstos na Constituição, entre os quais se arrolam os direitos sociais, têm aplicação imediata.

A lei nova não pode ser aplicada a um contrato de trabalho já terminado, pois no caso deve-se observar o princípio da irretroatividade das normas jurídicas.

Se o ato, contudo, ainda não foi praticado, deve-se observar a lei vigente à época da sua prática. O art. 142 da CLT é claro nesse sentido, dizendo que o empregado irá perceber a remuneração de férias que lhe for devida na data de sua concessão, ou seja: de acordo com a legislação que estiver em vigor nessa época.

As leis, de uma maneira geral, entram em vigor na data de sua publicação no *Diário Oficial*. Entretanto, quando inexistir determinação em contrário, entra a norma legal em vigor 45 dias após sua publicação. Algumas normas têm um espaço de tempo que levam para entrar em vigor, a *vacatio legis*. A Lei do FGTS (Lei n. 5.107, de 13 de setembro de 1966) somente entrou em vigor a partir de 1º de janeiro de 1967. As convenções ou acordos coletivos entram em vigor três dias após o depósito na DRT (§ 1º do art. 614 da CLT). O art. 867 da CLT dispõe que a sentença normativa entra em vigor, de uma maneira geral, depois de publicada, salvo se as negociações tiverem se iniciado 60 dias antes do término da data-base, quando vigorarão a partir da data-base.

3.2 Eficácia no espaço

A eficácia da lei trabalhista no espaço diz respeito ao território em que vai ser aplicada a norma. Nossa lei trabalhista irá se aplicar no Brasil, tanto para os nacionais como para os estrangeiros que laborarem em nosso país.

Reza o Decreto-Lei n. 691, de 1969, que aos técnicos estrangeiros residentes e domiciliados no exterior que vierem prestar serviços no Brasil deverá ser aplicada a referida norma. Os arts. 352 a 358 da CLT regulam a proporcionalidade entre empregados brasileiros e estrangeiros que deve existir na empresa brasileira, sendo que 2/3 dos empregados serão brasileiros e 1/3 poderá ser de estrangeiros, mas a referida legislação será aplicável ao estrangeiro que preste serviços em nosso país.

O art. 114 da Constituição dá competência à Justiça do Trabalho para resolver questões dos entes de Direito público externo, mostrando também que a lei trabalhista brasileira será a eles aplicável, desde que trabalhem no Brasil.

A aplicação no espaço das regras do Direito do Trabalho muitas vezes defronta o intérprete com mais de uma norma a aplicar, sendo necessário verificar os critérios utilizados pelo Direito Internacional Privado para dirimir a questão.

Capítulo 9 — PRINCÍPIOS DO DIREITO DO TRABALHO

Sendo um ramo específico do Direito, o Direito do Trabalho também tem princípios próprios.

Princípios são proposições básicas que informam as ciências.

1 FUNÇÃO DOS PRINCÍPIOS

Têm os princípios várias funções: informadora, normativa e interpretativa.

A função informadora serve de inspiração ao legislador e irá fundamentar as normas jurídicas.

A função normativa atua como fonte supletiva, nas lacunas ou omissões da lei.

A função interpretativa é um critério orientador para os intérpretes e aplicadores da lei.

Dispõe o art. 8º da CLT que na falta de disposições legais ou contratuais o intérprete pode se socorrer dos princípios de Direito do Trabalho, mostrando que esses princípios são fontes supletivas da referida matéria. Evidencia-se, portanto, o caráter informador dos princípios, de informar o legislador na fundamentação das normas jurídicas, assim como o de fonte normativa, de suprir as lacunas e omissões da lei.

2 PRINCÍPIOS GERAIS

Existem princípios que são princípios de Direito: ninguém poderá alegar a ignorância do Direito; deve-se respeitar a dignidade da pessoa humana; é proibido o abuso de direito, o enriquecimento sem causa etc.

O princípio da boa-fé nos contratos é aplicável em qualquer contrato, seja no Direito Civil ou no Comercial, mas também no Direito do Trabalho. Não se trata, portanto, de um princípio específico de Direito do Trabalho. O empregado deve cumprir a sua parte no contrato de trabalho, desempenhando normalmente suas atividades, enquanto o empregador também deve cumprir com suas obrigações, daí se falar em direitos e obrigações recíprocas.

Certos princípios de Direito Civil, principalmente de contratos, são aplicáveis ao Direito do Trabalho. Exemplos: o contrato é lei entre as partes; ou da força obrigatória dos contratos (*pacta sunt servanda*); da *exceptio non adimpleti contractus*, ou seja: nenhum dos contraentes pode exigir o implemento de sua obrigação antes de cumprir a sua parte no pactuado (art. 476 do Código Civil).

3 PRINCÍPIOS DE DIREITO DO TRABALHO

Enumera Américo Plá Rodríguez seis princípios como sendo os do Direito do Trabalho (*Los principios del derecho del trabajo*. 2. ed. Buenos Aires: Depalma, 1990, p. 18): a) princípio da proteção; b) princípio da irrenunciabilidade de direitos; c) princípio da continuidade da relação de emprego; d) princípio da primazia da realidade; e) princípio da razoabilidade; f) princípio da boa-fé.

O princípio da boa-fé nos contratos não se aplica apenas ao Direito do Trabalho, mas também a qualquer contrato.

O princípio da razoabilidade mostra que o ser humano deve proceder conforme a razão, de acordo como faria qualquer homem médio ou comum. A razoabilidade, porém, diz respeito à interpretação de qualquer ramo do Direito, e não apenas do Direito do Trabalho. Não se trata, por conseguinte, de um princípio do Direito Laboral, pois é aplicada à generalidade dos casos, como regra de conduta humana.

3.1 Princípio da proteção

A regra seria proporcionar uma forma de compensar a superioridade econômica do empregador em relação ao empregado, dando a este último superioridade jurídica. Esta é conferida ao empregado no momento em que se dá ao trabalhador a proteção que lhe é dispensada por intermédio da lei.

O princípio da proteção é dividido em três subespécies: a) o *in dubio pro operario*; b) o da aplicação da norma mais favorável ao trabalhador; c) o da aplicação da condição mais benéfica ao trabalhador.

Na dúvida, deve-se aplicar a regra mais favorável ao trabalhador ao se analisar certo preceito que encerra regra trabalhista, o *in dubio pro operario*.

É possível subdividir a regra mais favorável de três maneiras: a) a elaboração da norma mais favorável, em que as novas leis devem dispor de maneira mais favorável ao trabalhador. Com isso se quer dizer que as novas leis devem tratar de criar regras visando à melhoria da condição social do trabalhador; b) a hierarquia das normas jurídicas: havendo várias normas a serem aplicadas numa escala hierárquica, deve-se observar a que for mais favorável ao trabalhador. Se houver um adicional de horas extras de 60% fixado na norma coletiva e o da Constituição é de no mínimo 50%, deve-se aplicar o adicional da primeira; c) a interpretação da norma mais favorável: havendo várias normas a observar, deve-se aplicar a regra que for mais favorável ao trabalhador.

As condições mais benéficas já conquistadas, que são mais vantajosas ao trabalhador, não podem ser modificadas para pior. É a aplicação da regra do direito adquirido (art. 5º, XXXVI, da Constituição), do fato de o trabalhador já ter conquistado certo direito, que não pode ser modificado, no sentido de se outorgar uma condição desfavorável ao obreiro. A Súmula 51 do TST indica essa orientação: "as cláusulas regulamentares, que revoguem ou alterem vantagens deferidas anteriormente, só atingirão os trabalhadores admitidos após a revogação ou alteração do regulamento". Uma cláusula menos favorável aos trabalhadores só tem validade em relação aos novos obreiros admitidos na empresa e não quanto aos antigos, aos quais essa cláusula não se aplica.

O *in dubio pro operario* não se aplica integralmente ao processo do trabalho, pois, havendo dúvida em matéria de prova, não se pode decidir sempre a favor do trabalhador, mas verificar quem tem o ônus da prova no caso concreto, de acordo com as especificações dos arts. 818 da CLT e 373 do CPC.

3.2 Princípio da irrenunciabilidade de direitos

No Direito do Trabalho, a regra é a irrenunciabilidade dos direitos trabalhistas. O trabalhador não poderá renunciar, por exemplo, ao recebimento do salário em razão de que a empresa passa por dificuldades financeiras. Se tal fato ocorrer, não terá qualquer validade o ato do operário, podendo o obreiro postular os salários não pagos na Justiça do Trabalho.

O art. 9º da CLT reza que "serão nulos de pleno direito os atos praticados com o objetivo de desvirtuar, impedir ou fraudar a aplicação dos preceitos" trabalhistas.

O trabalhador poderá, contudo, transigir, fazendo concessões recíprocas em juízo. O que não poderá fazer é transigir ou renunciar a direitos quando da constância da relação de emprego, pois poderá ser induzido em erro pelo empregador.

3.3 Princípio da continuidade da relação de emprego

Presume-se que o contrato de trabalho irá ter validade por tempo indeterminado, ou seja, haverá a continuidade da relação de emprego. A exceção à regra são os contratos por prazo determinado, inclusive o contrato de trabalho temporário.

A Súmula 212 do TST adota o princípio ora em exame, ao dizer que "o ônus de provar o término do contrato de trabalho, quando negados a prestação de serviço e o despedimento, é do empregador, pois o princípio da continuidade da relação de emprego constitui presunção favorável ao empregado".

3.4 Princípio da primazia da realidade

No Direito do Trabalho valem mais os fatos do que o constante de documentos. Por exemplo, se um empregado é rotulado de autônomo pelo empregador, possuindo contrato escrito de representação comercial com o último, o que deve ser observado realmente são as condições fáticas que demonstrem a existência do contrato de trabalho.

São privilegiados, portanto, os fatos, a realidade, sobre a forma ou a estrutura empregada.

Parte II

DIREITO INTERNACIONAL DO TRABALHO

Capítulo 10

GENERALIDADES

O Direito Internacional do Trabalho não faz parte do Direito do Trabalho, mas é um dos segmentos do Direito Internacional. Há necessidade, entretanto, de se estudar o Direito Internacional do Trabalho para serem compreendidas certas regras internacionais que envolvem o trabalho, principalmente as emanadas da Organização Internacional do Trabalho (OIT), pois irei fazer referência a convenções e recomendações da OIT.

Passa o Direito Internacional do Trabalho a ter relevo a partir do Tratado de Versalhes, de 1919. A OIT é constituída na Parte XIII do referido tratado, tendo sido complementada posteriormente pela Declaração de Filadélfia, de 1944.

É composta a OIT de três órgãos: a Conferência ou Assembleia Geral, o Conselho de Administração e a Repartição Internacional do Trabalho.

A Conferência ou Assembleia Geral é o órgão de deliberação da OIT que se reúne no local indicado pelo Conselho de Administração. É constituída de representantes dos Estados-membros, que se reúnem em sessões uma vez por ano.

O Conselho de Administração exerce função executiva, administrando a OIT, sendo também composto de representantes de empregados, empregadores e do governo.

A Repartição Internacional do Trabalho é a secretaria da OIT, dedicando-se a documentar e divulgar as suas atividades, publicando as convenções e recomendações adotadas.

Tratado é a norma jurídica escrita celebrada entre Estados, com vistas a solucionar ou prevenir situações ou estabelecer certas condições. No âmbito trabalhista, seria o estabelecimento de regras de trabalho ou a solução de certas situações de trabalho. Exemplo: o tratado que o Brasil mantém com o Paraguai, no que diz respeito a Itaipu, quanto a questões de natureza trabalhista e previdenciária.

Declara o inciso I do art. 49 da Constituição que é de competência exclusiva do Congresso Nacional resolver definitivamente sobre tratados, acordos ou atos internacionais que venham acarretar encargos ou compromissos ao patrimônio nacional. Ao Presidente da República compete privativamente celebrar tratados, convenções e atos internacionais, sujeitos a referendo do Congresso Nacional (art. 84, VIII, da Constituição). O Presidente da República tem a iniciativa de celebrar os tratados, que serão submetidos à apreciação do Congresso Nacional, que irá resolver definitivamente sobre o tema.

As convenções da OIT são normas jurídicas provenientes da Conferência da OIT, tendo por objetivo determinar regras gerais obrigatórias para os Estados que as ratificarem, passando a fazer parte de seu ordenamento jurídico interno. As convenções da OIT são aprovadas pela Conferência Internacional por maioria de dois terços dos delegados presentes (art. 19.2, da Constituição da OIT). A vigência internacional de uma Convenção da OIT passa a ocorrer geralmente a partir de 12 meses após o registro de duas ratificações por Estados-membros na Repartição Internacional do Trabalho. No âmbito internacional a convenção geralmente tem vigência por prazo indeterminado.

Recomendação é a norma da OIT em que não houve um número suficiente de adesões para que ela viesse a se transformar numa convenção. É uma mera sugestão ao Estado, de modo a orientar o seu direito interno. Não é ratificada pelo Estado-membro, ao contrário do que ocorre com a convenção. É, portanto: (a) facultativa, não obrigando os países-membros da OIT, servindo apenas como indicação; (b) tem geralmente a finalidade de complementar as disposições de uma Convenção da OIT. A Recomendação é mera fonte material de Direito.

Denúncia é o aviso prévio dado pelo Estado no sentido de que não tem interesse em continuar aplicando uma dada norma internacional. Só é possível denunciar uma convenção da OIT no decurso do décimo ano, sendo que há prorrogação por iguais períodos se o Estado não observar a referida faculdade.

As declarações internacionais são atos que indicam regras genéricas, geralmente inspiradas por critérios de justiça, de modo a servir de base a um dado sistema jurídico. De certa forma, seriam equiparadas a uma norma programática, que traçaria critérios gerais. Não são regras imperativas, mas apenas uma orientação geral. Exemplos: a Declaração Universal dos Direitos do Homem, a Carta Social Europeia etc.

O Brasil faz parte do Mercosul, o qual integram também Argentina, Paraguai, Uruguai e Venezuela. Foi criado pelo Tratado de Assunção, com a finalidade de promover a integração econômica entre os países, reduzir ou eliminar barreiras alfandegárias etc. Prevê a livre circulação de trabalhadores nos países-membros.

Parte III
DIREITO INDIVIDUAL DO TRABALHO

Capítulo 11
CONCEITO DE DIREITO INDIVIDUAL DO TRABALHO

O Direito Individual do Trabalho é o segmento do Direito do Trabalho que estuda o contrato individual do trabalho e as regras legais ou normativas a ele aplicáveis.

Como se verifica, o Direito Individual do Trabalho não é, portanto, um ramo autônomo do Direito do Trabalho, mas parte do Direito do Trabalho, ou, mais precisamente, uma de suas divisões.

Irá o Direito Individual do Trabalho estudar a relação individual do trabalho, isto é, o nascimento, o desenvolvimento e o término do contrato de trabalho, seus sujeitos etc. Não analisará as relações coletivas de trabalho, que ficarão a cargo do Direito Coletivo do Trabalho.

Não irei tratar de regras em que há um interesse primordial do Estado, que serão estudadas no Direito Tutelar do Trabalho. No Direito Individual do Trabalho serão verificadas regras de natureza privada, contratuais, ou decorrentes do contrato de trabalho mantido entre empregado e empregador. Será constatada a incidência da lei ou das normas coletivas sobre o pacto laboral.

Serão estudados o contrato de trabalho, sua natureza jurídica, seus sujeitos, a remuneração, suspensão e interrupção do contrato de trabalho, a alteração e a cessação do contrato de trabalho, o aviso prévio, a estabilidade, a indenização e o FGTS.

A matéria a ser analisada é vasta, sendo encontrada na Constituição (art. 7º), na CLT e na legislação especial.

Capítulo 12

CONTRATO DE TRABALHO

1 DENOMINAÇÃO

Analisando-se a legislação trabalhista encontram-se tanto as expressões *contrato de trabalho* como *relação de emprego*. As expressões mais corretas a ser utilizadas deveriam ser *contrato de emprego* e *relação de emprego*, como entende José Martins Catharino (*Compêndio de direito do trabalho*. 3. ed. São Paulo: Saraiva, 1982, v. 1, p. 217-218), porque não irei tratar da relação de qualquer trabalhador, mas do pacto entre o empregador e o empregado, do trabalho subordinado. Daí por que se falar em contrato de emprego, que fornece a noção exata do tipo de contrato que estarei versando, porque o contrato de trabalho seria o gênero e o contrato de emprego a espécie.

Na prática, a denominação corrente é *contrato de trabalho*, inclusive encontrada no art. 442 da CLT. Irei também utilizá-la por força do costume.

2 CONCEITO

O art. 442 da CLT estabelece que contrato individual de trabalho é o acordo, tácito ou expresso, correspondente à relação de emprego. Esse conceito contém aspectos mistos, da teoria contratualista e da teoria institucionalista. A redação do citado dispositivo é proveniente de composição havida entre os membros que elaboraram a CLT e que tinham diferentes posições. Indica o referido preceito uma ideia contratual (acordo de vontades), combinada com a teoria institucionalista (relação de emprego).

Contrato de trabalho é o negócio jurídico entre empregado e empregador sobre condições de trabalho.

O contrato de trabalho é, por conseguinte, um pacto de atividade, pois não se contrata um resultado. Deve haver continuidade na prestação de serviços, que deverão ser remunerados e dirigidos por aquele que obtém a referida prestação. Nota-se a existência de um acordo de vontades, caracterizando a autonomia privada das partes.

3 NATUREZA JURÍDICA

São encontradas duas teorias para justificar a natureza jurídica do contrato de trabalho: a teoria contratualista e a teoria anticontratualista.

Considera a teoria contratualista a relação entre empregado e empregador um contrato, pois depende única e exclusivamente da vontade das partes para a sua formação. Há, portanto, um ajuste de vontades entre as partes.

Na maioria das vezes o contrato de trabalho é um pacto de adesão, em que o obreiro adere às cláusulas determinadas pelo empregador e não as discute.

A teoria anticontratualista sustenta que o trabalhador incorpora-se à empresa, a partir do momento em que passa a trabalhar para o empregador. Entende que inexiste autonomia de vontade na discussão das cláusulas contratuais. A empresa é uma instituição, que impõe as regras aos trabalhadores, como o que ocorre com o Estado e o funcionário público. O estatuto prevê as condições do trabalho, mediante o poder de direção e disciplinar do empregador. Na verdade, o trabalhador entraria na empresa e começaria a prestar serviços, inexistindo a discussão em torno das cláusulas do contrato de trabalho.

A redação do art. 442 da CLT mostra uma concepção mista, porque a Comissão encarregada de elaborar o projeto da CLT era integrada por dois institucionalistas e dois contratualistas. O consenso acabou por levar a redação do art. 442 da CLT a ter aspectos contratualistas, quando menciona o acordo tácito ou expresso, e institucionalistas, quando fala em relação de emprego.

Entende-se, porém, que o contrato de trabalho tem natureza contratual, pois não deixa de ser um ajuste de vontades entre as partes, pois o empregado e o empregador fazem a contratação porque querem e não por obrigação legal.

4 DIFERENCIAÇÃO

Distingue-se o contrato de trabalho da locação de serviços, da empreitada, do contrato de sociedade e do mandato.

Na prestação de serviços contrata-se uma atividade e não um resultado, inexistindo subordinação entre o locador dos serviços e o locatário. Contrata-se uma atividade profissional ou um serviço, mas nunca um resultado. Normalmente a prestação de serviços tem por preponderância atividade intelectual, enquanto a empreitada envolve atividade braçal. Na prestação de serviços há autonomia, independência na sua prestação, enquanto no contrato de trabalho a subordinação é elemento essencial. Inexiste subordinação. Exemplo de prestação de serviços tem-se no trabalho do médico ao paciente, do engenheiro a quem tem interesse em construir uma casa etc. A prestação de serviços tanto pode ser feita por pessoas jurídicas, como por pessoas físicas, enquanto o empregado só pode ser pessoa física.

A empreitada (*locatio operis*) é o contrato pelo qual uma das partes vem a fazer ou mandar fazer certa obra, mediante o pagamento de uma remuneração fixa ou proporcional ao serviço realizado. Na empreitada o empreiteiro tanto pode ser pessoa física ou jurídica, enquanto o empregado só pode ser pessoa física (art. 3º da CLT). O empreiteiro tem autonomia na prestação de serviços, enquanto o empregado é subordinado ao empregador. A empreitada é um contrato de resultado. No contrato de trabalho contrata-se atividade, em que o empregador exerce seu poder de direção sobre a atividade do trabalhador de prestar serviços. O empreiteiro não está submetido a poder de direção sobre o seu trabalho, exercendo-o com autonomia, livremente.

No contrato de sociedade o elemento central é a *affectio societatis*, ou seja, o interesse dos sócios para a realização de um mesmo fim, na colaboração que há entre eles para se alcançar um objetivo comum. Enquanto no contrato de trabalho os sujeitos são o empregado e o empregador, no contrato de sociedade seus sujeitos são os sócios, que estão numa situação de igualdade, inexistindo subordinação de um em relação ao outro. O objeto do contrato de trabalho é a prestação de serviços subordinados do empregado ao empregador, enquanto no contrato de sociedade é a obtenção de lucros. No contrato de sociedade os sócios assumem os prejuízos. No contrato de trabalho os riscos da atividade econômica são do empregador. O trabalhador pode, entretanto, receber lucros, mas essa não é a regra.

No mandato o objetivo principal é a representação. No contrato de trabalho pode até haver a representação do empregador pelo empregado, como ocorre nos cargos de confiança, mas não é a regra, porque o que interessa é a atividade do empregado. O mandato é geralmente gratuito, porém o contrato de trabalho é sempre oneroso. No mandato não há subordinação, enquanto no contrato de trabalho esse é o requisito fundamental. A relação existente no mandato envolve três pessoas: o mandante, o mandatário e a terceira pessoa; no contrato de trabalho existem apenas duas partes; empregado e empregador, inexistindo um terceiro.

5 REQUISITOS

São requisitos do contrato de trabalho: (a) continuidade; (b) subordinação; (c) onerosidade; (d) pessoalidade; (e) alteridade.

5.1 Continuidade

O contrato de trabalho é um pacto de trato sucessivo. Exige a continuidade da prestação dos serviços. Se há eventualidade do trabalho, inexiste contrato de trabalho. Certos contratos se exaurem com uma única prestação, como ocorre com a venda e compra, em que, entregue a coisa e pago o preço, há o término da relação obrigacional. No contrato de trabalho não é isso o que ocorre, pois há um trato sucessivo na relação entre as partes, que perdura no tempo.

5.2 Subordinação

O empregado é dirigido pelo empregador, sendo a ele subordinado. O trabalhador autônomo não é empregado justamente por não ser subordinado a ninguém, exercendo com autonomia suas atividades e assumindo os riscos do seu negócio.

5.3 Onerosidade

Não é gratuito o contrato de trabalho, mas oneroso. O empregado recebe salário pelos serviços prestados ao empregador. O empregado tem o dever de prestar serviços e o empregador, em contrapartida, deve pagar salários pelos serviços prestados. Religiosos que levam suas orações aos pacientes de um hospital não são empregados da Igreja, porque os serviços por eles prestados são gratuitos.

5.4 Pessoalidade

O contrato de trabalho é *intuitu personae*, ou seja, realizado com certa e determinada pessoa. O empregado não pode fazer-se substituir por outra pessoa, sob pena de o vínculo se formar com a última.

5.5 Alteridade

O empregado presta serviços por conta alheia (alteridade). É um trabalho sem assunção de qualquer risco pelo trabalhador. Pode o empregado participar dos lucros da empresa, mas não dos prejuízos. É requisito do contrato de trabalho o empregado prestar serviços por conta alheia e não por conta própria.

5.6 Requisitos não essenciais

Exclusividade não é requisito do contrato de trabalho. O obreiro pode ter mais de um emprego, visando muitas vezes a sua própria subsistência. Em cada um dos locais de trabalho será considerado empregado. A legislação mostra a possibilidade de o empregado ter mais de um emprego, como nos arts. 138 e 414 da CLT.

Não é óbice para a existência do contrato de trabalho o fato de o trabalhador não ser profissional ou não ter grau de escolaridade. Em nosso país predomina o fato de que o empregado muitas vezes não tem qualquer grau de escolaridade ou de profissionalização. Se se aplicasse ao pé da letra essa orientação, não poderiam ser celebrados contratos de trabalho, pois ausente na maioria dos casos o requisito profissionalização.

6 CARACTERÍSTICAS

Tem o contrato de trabalho como características ser: bilateral, consensual, oneroso, comutativo e de trato sucessivo.

Não é o contrato de trabalho um pacto solene, pois independe de quaisquer formalidades, podendo ser ajustado verbalmente ou por escrito (art. 443 da CLT). Havendo consenso entre as partes, mesmo verbalmente, o contrato de trabalho estará acordado. É desnecessária a entrega de coisa para o aperfeiçoamento do contrato, como ocorre na venda e compra.

Para um dever do empregado corresponde um dever do empregador. O dever de prestar o trabalho corresponde ao dever do empregador de pagar salário, que se constitui num direito do empregado, daí sua comutatividade e bilateralidade.

O contrato de trabalho não é gratuito, mas oneroso, pois o serviço prestado pelo empregado deve ser remunerado. Se o empregado presta serviços gratuitamente por vários meses ou anos, não há contrato de trabalho.

É o contrato de trabalho sinalagmático, pois as partes se obrigam entre si, com a satisfação de prestações recíprocas.

A continuidade na prestação de serviços é elemento fundamental, pois o pacto não se exaure numa única prestação, envolvendo trato sucessivo.

7 CLASSIFICAÇÃO

O contrato de trabalho pode ser classificado de várias formas.

Quanto à duração pode ser de prazo determinado ou indeterminado (art. 443 da CLT). A regra seria o contrato de prazo indeterminado. A exceção seria o de prazo certo.

No tocante à forma, o contrato de trabalho é informal, tanto que pode ser celebrado verbalmente.

Muitos contratos de trabalho têm certas regras especiais decorrentes da política legislativa ou de vantagens que foram asseguradas à categoria. É o que ocorre com os bancários, que conquistaram a jornada de trabalho de 6 horas; mas, retirada essa peculiaridade, as demais regras são as mesmas que em relação a outros empregados.

8 CONDIÇÕES

As relações contratuais do trabalho podem ser objeto de livre estipulação das partes interessadas em tudo quanto não contravenha às disposições de proteção ao trabalho, aos contratos coletivos que lhes sejam aplicáveis e às decisões das autoridades competentes (art. 444 da CLT). A livre estipulação aplica-se às hipóteses previstas no art. 611-A da CLT, com a mesma eficácia legal e preponderância sobre os instrumentos coletivos, no caso de empregado portador de diploma de nível superior e que perceba salário mensal igual ou superior a duas vezes o limite máximo dos benefícios do Regime Geral de Previdência Social.

Para a validade do ato jurídico é preciso que sejam respeitadas as condições determinadas pelo art. 104 do Código Civil, que exige agente capaz, objeto lícito e forma prescrita ou não defesa em lei.

Capacidade é a aptidão para adquirir direitos e contrair obrigações.

Dispõe o art. 3º do Código Civil que são absolutamente incapazes de exercer pessoalmente os atos da vida civil os menores de 16 anos. São relativamente incapazes: (a) os maiores de 16 anos e os menores de 18 anos; (b) os ébrios habituais e os viciados em tóxicos; (c) aqueles que, por causa transitória ou permanente, não puderem exprimir sua vontade; (d) os pródigos (art. 4º do Código Civil). Aos 18 anos cessa a menoridade (art. 5º do Código Civil).

A capacidade no Direito do Trabalho não é exatamente igual a do Direito Civil, pois o primeiro tem regras próprias. O inciso XXXIII do art. 7º da Constituição proíbe o trabalho do menor de 16 anos, salvo na condição de aprendiz, a partir dos 14 anos. Logo, é permitido o trabalho do menor aprendiz de 14 a 18 anos. A capacidade absoluta só ocorre com 18 anos completos. Entre 14 e 18 anos os menores são relativamente capazes. O responsável legal do menor tem a faculdade de pleitear a extinção do seu contrato de trabalho, desde que o serviço possa acarretar a ele prejuízos de ordem física ou moral (art. 408 da CLT). O menor, entretanto, poderá firmar recibo de salários, porém, na rescisão de seu contrato de trabalho, há necessidade da assistência dos responsáveis legais para efeito de dar quitação ao empregador pelo recebimento das verbas que lhe são devidas (art. 439 da CLT).

É proibido o trabalho noturno, perigoso ou insalubre ao menor de 18 anos (art. 7º, XXXIII, da Constituição). O estrangeiro que está no Brasil com visto de visita por turismo não pode exercer atividade remunerada (§ 1º do art. 13 da Lei n. 13.445/2017).

Distingue-se, porém, a atividade proibida, como a do menor de 18 anos em atividades insalubres, que lhe prejudicam a saúde, da atividade ilícita, que é contrária à moral e aos bons costumes.

Em relação a atividades ilícitas, entendo que não há vínculo de emprego entre as partes, pois não foi observado um dos requisitos para a validade do ato jurídico. Será considerado nulo o ato jurídico quando for ilícito, impossível ou indeterminado o seu objeto (art. 166, II, do Código Civil). É o que ocorre em relação a empregados que prestam serviços em bancas de jogo do bicho, em prostíbulos, ou em casas que vendem entorpecentes. O próprio trabalhador não poderá dizer que desconhecia a ilicitude da atividade do tomador dos serviços, pois "ninguém se escusa de cumprir a lei, alegando que não a conhece" (art. 3º da Lei de Introdução). A Orientação Jurisprudencial 199 da SBDI-1 do TST mostra que o contrato de trabalho abrangendo jogo do bicho é nulo, por conter objeto ilícito.

No caso do trabalho proibido, não há como justificar a nulidade total do pacto laboral. Ao contrário, trata-se de um ato jurídico anulável, onde prepondera o interesse privado individual, embora com a garantia de norma cogente, sendo protegido o interesse particular. Por isso, desrespeitada a lei, como na hipótese de o menor de 14 anos trabalhar ou de o menor trabalhar à noite, em decorrência do inciso XXXIII do art. 7º da Lei Maior, terá direito o obreiro ao reconhecimento da relação de emprego, no primeiro caso, e ao pagamento do adicional noturno, no segundo caso. Nas atividades proibidas, embora o ato jurídico seja anulável, são produzidos efeitos jurídicos.

Se o empregado tem ciência da atividade ilícita do empregador, ou não existe nenhuma razão para ignorá-la, não se pode dizer que há contrato de trabalho. É o que ocorre com o cambista do jogo do bicho, que sabe que a atividade do tomador de serviços é ilícita, assim como o é a sua própria atividade, de recolher as apostas do referido jogo. Nesse caso, nenhum direito nascerá para as partes envolvidas.

A CLT não se aplica às atividades de direção e assessoramento nos órgãos, institutos e fundações dos partidos, assim definidas em normas internas de organização partidária (art. 7º, *f*, da CLT).

Não existe vínculo empregatício entre entidades religiosas de qualquer denominação ou natureza ou instituições de ensino vocacional e ministros de confissão religiosa, membros de instituto de vida consagrada, de congregação ou de ordem religiosa, ou quaisquer outros que a eles se equipararem, ainda que se dediquem parcial ou integralmente a atividades ligadas à administração da entidade ou instituição a que estejam vinculados ou estejam em formação ou treinamento (§ 2º do art. 442 da CLT). O disposto acima não se aplica em caso de desvirtuamento da finalidade religiosa e voluntária.

9 FORMA

O pacto laboral tanto pode ser celebrado por escrito, como verbalmente (art. 443 da CLT). Lembre-se que qualquer contrato pode ser feito verbalmente, bastando haver o ajuste entre as partes. O mesmo ocorre com o contrato de trabalho.

O contrato de trabalho só precisará ser feito por escrito se houver determinação legal nesse sentido. A lei, portanto, não exige que todo o contrato de trabalho tem de ser feito por escrito, pois permite que ele seja verbal (art. 443 da CLT). Exceção à regra são os contratos de atleta profissional, contrato de artistas (art. 9º da Lei n. 6.533/78) e o contrato de aprendizagem (art. 428 da CLT), que devem ser feitos por escrito.

O ajuste das disposições contratuais pode ser tácito (art. 443 da CLT), mesmo que as partes não façam nenhum arranjo claro, inequívoco, nenhum entendimento direto e taxativo. Com a continuidade da prestação de serviços revela-se a vontade, a concordância na pactuação do contrato de trabalho. Quando o empregador não se opõe à prestação de serviços feita pelo empregado, utiliza-se do serviço deste, pagando-lhe salário, está evidenciado o contrato de trabalho acordado tacitamente. A frase popular "quem cala consente" bem revela a existência do acordo tácito, que pode ser transposto para o contrato de trabalho.

Pode ocorrer a formação de um contrato de equipe, em que há a contratação de um grupo de empregados ao mesmo tempo. Isso costuma ocorrer com a contratação de uma banda de músicos, em que o grupo todo é contratado para prestar serviços. O contrato de equipe não deixa de ser um contrato individual.

10 DURAÇÃO

Os contratos de trabalho podem ser por prazo determinado ou indeterminado (art. 443 da CLT). No contrato de prazo determinado as partes ajustam antecipadamente o seu termo, enquanto no contrato de prazo indeterminado não há prazo para a terminação do pacto laboral. Na prática predomina o ajuste por prazo indeterminado, que é a regra. Quando as partes nada mencionam quanto a prazo, presume-se que o contrato é por prazo indeterminado, que é o mais empregado.

11 CONTRATO DE TRABALHO POR PRAZO DETERMINADO

Contrato de trabalho por prazo determinado é "o contrato de trabalho cuja vigência dependa de termo prefixado ou da execução de serviços especificados ou ainda da realização de certo acontecimento suscetível de previsão aproximada" (§ 1º do art. 443 da CLT). Exemplo de serviço condicionado à execução de serviço específico seria a contratação de técnico para treinamento de operadores, na montagem de máquinas na empresa contratante.

O prazo do contrato de trabalho pode ser medido em razão do número de dias, semanas, meses ou anos, ou em relação a certo serviço específico, como o término de uma obra, ou, se for possível fixar aproximadamente, quando houver o término de um acontecimento, como o término de uma colheita, que se realiza periodicamente em certas épocas do ano. É o contrato de safra, que tem sua duração dependente de variações estacionais de atividade agrária (parágrafo único do art. 14 da Lei n. 5.889/73).

Só é válido o contrato de trabalho por prazo determinado em se tratando de: a) serviço cuja natureza ou transitoriedade justifique a predeterminação do prazo; b) atividades empresariais de caráter transitório; c) contrato de experiência (§ 2º do art. 443 da CLT).

Serviços cuja natureza justifique a predeterminação de prazo são, a rigor, os serviços transitórios. São os serviços breves, efêmeros, temporários. Aqui está se falando de serviço transitório e não de atividade empresarial de caráter transitório. A empresa muitas vezes contrata empregados em razão de um aumento de produção em determinada época do ano. A transitoriedade deverá ser observada em relação às atividades do empregador e não do empregado, de acordo com as necessidades de seu empreendimento.

As atividades empresariais de caráter transitório dizem respeito à empresa e não ao empregado ou ao serviço. Seria o caso de criar uma empresa que apenas funcionasse em certas épocas do ano, como a de venda de fogos nas festas juninas; a que produzisse ovos de Páscoa; a que fabricasse panetone para o Natal. Não se confundem essas empresas com aquelas que têm atividade permanente.

São contratos de prazo determinado: contrato de técnico estrangeiro (Decreto-Lei n. 691/69), de atleta profissional de futebol (art. 30 da Lei n. 9.615/98), contrato de artistas (art. 9º da Lei n. 6.533/78), contrato de aprendizagem (art. 428 da CLT), contrato de obra certa (Lei n. 2.959/58), contrato de safra (art. 14 da Lei n. 5.889/73).

O contrato de prazo determinado pode ser celebrado por no máximo dois anos (art. 445 da CLT). Os contratos de experiência só poderão ser fixados por, no máximo, 90 dias (parágrafo único do art. 445 da CLT). Só é permitida uma única prorrogação (art. 451 da CLT), sob pena de ficar evidenciado contrato de prazo indeterminado. Mesmo que o contrato seja prorrogado uma única vez, não poderá exceder de dois anos.

É facultada a contratação, por prazo determinado, do empregado doméstico: a) mediante contrato de experiência; b) para atender necessidades familiares de natureza transitória e para substituição temporária de empregado doméstico com contrato de trabalho interrompido ou suspenso. No caso da letra b, a duração do contrato de trabalho é limitada ao término do evento que motivou a contratação, obedecido o limite máximo de dois anos (art. 4º da Lei Complementar n. 150/2015).

Será vedado pactuar um novo contrato de trabalho por prazo determinado com o mesmo empregado senão após seis meses da conclusão do pacto anterior (art. 452 da CLT), exceto se a expiração do pacto dependeu da execução de serviços especializados ou da realização de certos acontecimentos. Na área de turismo é comum serem feitos vários contratos de prazo determinado com garçons, pois apenas em certas épocas do ano, como as de férias, feriados prolongados há necessidade de mais trabalhadores. Há, assim, a possibilidade da renovação sucessiva de tais pactos, pois dependem da realização de certos acontecimentos.

Os contratos de prazo determinado, que contiverem cláusula permitindo às partes a rescisão imotivada antes do termo final, estarão regidos pelas mesmas regras dos contratos por prazo indeterminado (art. 481 da CLT). Nesses casos, haverá necessidade de se observar aviso prévio, pois este é previsto apenas para contratos de trabalho de prazo indeterminado.

11.1 Contrato de experiência

Na maioria das vezes o empregador vai testar o empregado durante o contrato de experiência. O objetivo não é só verificar se o empregado tem condições de se adaptar ao ambiente de trabalho, com os colegas, mas também é válido para avaliar a capacidade técnica do empregado e de este se adaptar ao novo trabalho.

Durante muito tempo se considerou o contrato de experiência como cláusula do contrato de trabalho por prazo indeterminado. Era o denominado contrato de prova. O § 1º do art. 478 da CLT é claro em mostrar essa orientação, esclarecendo que "o primeiro ano de duração do contrato por prazo determinado é considerado como período de experiência". Somente em 28 de fevereiro de 1967, quando o Decreto-Lei n. 229 deu nova redação ao art. 443 da CLT, é que o contrato de experiência passou a ser considerado contrato por prazo determinado.

Mesmo no contrato de experiência é preciso ser feita a anotação na CTPS do empregado.

Tem o contrato de experiência o prazo máximo de 90 dias (parágrafo único do art. 445 da CLT), inclusive para o doméstico. Se o referido prazo for excedido por mais de 90 dias, vigorará como se fosse contrato por prazo indeterminado.

O contrato de experiência pode ser prorrogado. Essa prorrogação apenas pode ser feita por uma única vez (art. 451 da CLT), inclusive para o doméstico (§ 1º do art. 5º da Lei Complementar n. 150/2015). O que não pode é ser excedido o prazo máximo de 90 dias e a prorrogação por mais de uma vez.

O contrato de experiência do doméstico que, havendo continuidade do serviço, não for prorrogado após o decurso de seu prazo previamente estabelecido ou que ultrapassar o período de 90 dias passará a vigorar como contrato de trabalho por prazo indeterminado (§ 2º do art. 5º da Lei Complementar n. 150/2015).

Dispensando o empregado antes do termo final do contrato, o empregador deverá pagar-lhe, a título de indenização, e por metade, a remuneração a que teria direito até o término do contrato (art. 479 da CLT).

Durante a vigência dos contratos de prazo determinado do doméstico, o empregador que, sem justa causa, despedir o empregado é obrigado a pagar-lhe, a título de indenização, metade da remuneração a que teria direito até o termo do contrato (art. 6º da Lei Complementar n. 150/2015).

11.2 Contratos especiais

O contrato de obra certa é previsto na Lei n. 2.959, de 17 de novembro de 1956. É uma espécie de contrato de prazo determinado. O contrato por obra certa não poderá exceder de dois anos, atendendo a regra do art. 445 da CLT, visto que se trata de um contrato por prazo determinado. O art. 1º da Lei n. 2.959/56 exige que a anotação do contrato por obra certa na CTPS do obreiro seja feita pelo construtor, que será o empregador. Prevê o art. 2º da Lei n. 2.959/56 que se o contrato for rescindido em razão do término da obra ou serviço, tendo o empregado mais de 12 meses de serviço, ficar-lhe-á assegurada a indenização por tempo de serviço na forma do art. 478 da CLT, com 30% de redução.

A Lei n. 9.601, de 21 de janeiro de 1998, instituiu o contrato de trabalho de prazo determinado. Foi regulamentada pelo Decreto n. 10.854/2021. O novo contrato é uma espécie de contrato de trabalho de prazo determinado, sendo regido pela CLT, salvo quando a própria norma trouxer regras específicas. O contrato será pactuado mediante convenção ou acordo coletivo. O empregador não é obrigado a justificar a contratação, não sendo aplicável o § 2º do art. 443 da CLT. O prazo máximo de duração do contrato é de dois anos, podendo ser prorrogado mais de uma vez até atingir esse limite. O objetivo da nova norma foi de que as empresas admitissem trabalhadores. As partes estabelecerão na convenção ou acordo coletivo: a) indenização para as hipóteses de rescisão antecipada do contrato, por iniciativa do empregador ou do empregado, não sendo observados os arts. 479 e 480 da CLT; b) as multas pelo descumprimento de suas cláusulas. São asseguradas as garantias de emprego da gestante, do dirigente sindical, do cipeiro, do empregado acidentado durante a vigência do contrato por prazo determinado, que não poderá ser rescindido antes do prazo estipulado pelas partes. O número de empregados contratados será definido no instrumento normativo, observadas as médias previstas no art. 3º da Lei n. 9.601. As médias têm por objetivo evitar que o empregador substitua o pessoal permanente da empresa por pessoas contratadas por prazo determinado. A contratação com base na Lei n. 9.601/98 pode ser feita em relação a qualquer atividade da empresa e tanto na empresa toda, como em alguns de seus estabelecimentos.

Considera-se trabalho em regime de tempo parcial aquele cuja duração não exceda a 30 horas semanais sem a possibilidade de horas suplementares semanais, ou, ainda, aquele cuja duração não exceda a vinte e seis horas semanais, com a possibilidade de acréscimo de até seis horas suplementares semanais (art. 58-A da CLT). O salário a ser pago aos empregados sob o regime de tempo parcial será proporcional à sua jornada, em relação aos empregados que cumprem, nas mesmas funções, tempo integral. Para os atuais empregados, a adoção do regime de tempo parcial será feita mediante opção manifestada perante a empresa, na forma prevista em instrumento decorrente de negociação coletiva.

11.3 Trabalho intermitente

Considera-se como intermitente o contrato de trabalho no qual a prestação de serviços, com subordinação, não é contínua, ocorrendo com alternância de períodos de prestação de serviços e de inatividade, determinados em horas, dias ou meses, independentemente do tipo de atividade do empregado e do empregador, exceto para os aeronautas, regidos por legislação própria (§ 3º do art. 443 da CLT).

O contrato de trabalho intermitente deve ser celebrado por escrito e deve conter especificamente o valor da hora de trabalho, que não pode ser inferior ao valor horário do salário mínimo ou àquele devido aos demais empregados do estabelecimento que exerçam a mesma função em contrato intermitente ou não (art. 452-A da CLT).

O empregador convocará, por qualquer meio de comunicação eficaz, para a prestação de serviços, informando qual será a jornada, com, pelo menos, três dias corridos de antecedência.

Recebida a convocação, o empregado terá o prazo de um dia útil para responder ao chamado, presumida, no silêncio, a recusa (§ 1º do art. 452-A da CLT). O silêncio importa, portanto, a recusa e não a aceitação. A recusa da oferta não descaracteriza a subordinação para fins do contrato de trabalho intermitente.

Aceita a oferta para o comparecimento ao trabalho, a parte que descumprir, sem justo motivo, pagará à outra parte, no prazo de trinta dias, multa de 50% sobre a remuneração que seria devida, permitida a compensação em igual prazo. A remuneração compreende o salário mais as gorjetas.

O período de inatividade não será considerado tempo à disposição do empregador, podendo o trabalhador prestar serviços a outros contratantes.

Ao final de cada período de prestação de serviço, o empregado receberá o pagamento imediato das seguintes parcelas: I – remuneração; II – férias proporcionais com acréscimo de um terço; III – décimo terceiro salário proporcional; IV – repouso semanal remunerado; e V – adicionais legais.

O recibo de pagamento deverá conter a discriminação dos valores pagos relativos a cada uma das parcelas referidas no parágrafo anterior.

O empregador efetuará o recolhimento da contribuição previdenciária e o depósito do Fundo de Garantia do Tempo de Serviço, na forma da lei, com base nos valores pagos no período mensal e fornecerá ao empregado comprovante do cumprimento dessas obrigações.

A cada doze meses, o empregado adquire direito a usufruir, nos doze meses subsequentes, um mês de férias, período no qual não poderá ser convocado para prestar serviços pelo mesmo empregador.

O valor do salário não será inferior àquele devido aos demais empregados do estabelecimento que exerçam a mesma função.

Durante o período de inatividade, o empregado poderá prestar serviços de qualquer natureza a outros tomadores de serviço, que exerçam ou não a mesma atividade econômica, utilizando contrato de trabalho intermitente ou outra modalidade de contrato de trabalho.

Capítulo 13

EMPREGADO

1 CONCEITO

O art. 3º da CLT considera empregado "toda pessoa física que prestar serviços de natureza não eventual a empregador, sob a dependência deste e mediante salário".

São cinco os requisitos a verificar para efeito de se constatar a condição de empregado: a) pessoa física; b) não eventualidade na prestação de serviços; c) dependência; d) pagamento de salário; (e) prestação pessoal de serviços.

O empregado só pode ser pessoa física. Não é possível o empregado ser pessoa jurídica ou animal. A legislação trabalhista tutela a pessoa física do trabalhador. Os serviços prestados pela pessoa jurídica são regulados pelo Direito Civil.

O serviço prestado pelo empregado deve ser de natureza não eventual. Nota-se que o trabalho deve ser contínuo, não podendo ser episódico, ocasional. Um dos requisitos do contrato de trabalho é a continuidade na prestação de serviços, pois aquele pacto é um contrato de trato sucessivo, de duração, que não se exaure numa única prestação, como ocorre com a venda e compra, em que se paga o preço e se entrega a coisa. No contrato de trabalho há a habitualidade na prestação dos serviços, que na maioria das vezes é feita diariamente, mas poderia ter outra periodicidade, como duas vezes por semana etc.

A CLT emprega a palavra *dependência*. O termo mais correto é *subordinação*. A subordinação é o aspecto da relação de emprego visto pelo lado do empregado, enquanto o poder de direção é a mesma acepção vista pelo lado do empregador. O empregado é dirigido pelo empregador, a quem se subordina. Se o trabalhador não é dirigido pelo empregador, mas por ele próprio, é autônomo.

A subordinação é encontrada da seguinte forma: a) econômica, pois o empregado dependeria economicamente do empregador. Contudo, essa orientação não é precisa, pois o filho depende economicamente do pai, porém, a primeira vista, não é empregado deste último. O empregado rico não dependeria economicamente do patrão; b) técnica: no sentido de que o empregado dependeria tecnicamente do empregador. Entretanto, verificamos que os altos empregados, executivos, não dependem do empregador, mas este depende tecnicamente daqueles; c) hierárquica: significando a situação do trabalhador por se achar inserido no âmbito da organização da empresa, recebendo ordens; d) jurídica: em razão da situação do contrato de trabalho, em que está sujeito a receber ordens, em decorrência do poder de direção do empregador, do seu poder de comando, que é a tese mais aceita. O parágrafo único do art. 6º da CLT faz referência a subordinação jurídica.

O contrato de trabalho é oneroso. O empregado é uma pessoa que recebe salários pela prestação de serviços ao empregador. Não existe contrato de trabalho gratuito, como ocorre com o filho que lava o veículo do pai.

O contrato de trabalho é *intuitu personae*. É feito em relação a certa e específica pessoa, que é o empregado. Se o empregado faz-se substituir constantemente por outra pessoa, como por um parente, inexiste o elemento pessoalidade na referida relação. Esse elemento é encontrado na parte final da definição de empregador (art. 2º da CLT).

Empregado é, portanto, a pessoa física que presta serviços de natureza contínua a empregador, pessoalmente, sob subordinação e mediante pagamento de salário.

2 EMPREGADO EM DOMICÍLIO

Pode tanto o empregado trabalhar na própria empresa, como em sua casa. Não é requisito do contrato de trabalho o empregado trabalhar apenas na empresa e internamente. Pode também prestar serviços externos, como ocorre com o *office boy*.

O empregado em domicílio é o que presta serviços em sua residência ou em oficina de família, por conta do empregador que o remunere (art. 83 da CLT).

Para ser considerado empregado em domicílio é preciso que exista subordinação, que poderá ser medida pela quantidade de ordens de serviço recebidas pelo empregado. É o que ocorre com costureiras que trabalham em casa, mas têm obrigação de ter produção, dia certo para entrega das peças etc.

Parte III ▪ Direito Individual do Trabalho

A remuneração mínima do empregado em domicílio é de pelo menos um salário mínimo por mês (art. 83 da CLT).

Não se distingue entre o trabalho realizado no estabelecimento do empregador, o executado no domicílio do empregado e o realizado a distância, desde que estejam caracterizados os pressupostos da relação de emprego (art. 6º da CLT). Os meios telemáticos e informatizados de comando, controle e supervisão se equiparam, para fins de subordinação jurídica, aos meios pessoais e diretos de comando, controle e supervisão do trabalho alheio.

Teletrabalho é a prestação de serviços preponderantemente fora das dependências do empregador, com a utilização de tecnologias de informação e de comunicação que, por sua natureza, não se constituam como trabalho externo (art. 75-B da CLT). O comparecimento às dependências do empregador para a realização de atividades específicas que exijam a presença do empregado no estabelecimento não descaracteriza o regime de teletrabalho ou trabalho remoto.

A prestação de serviços na modalidade de teletrabalho deverá constar expressamente do contrato individual de trabalho, que especificará as atividades que serão realizadas pelo empregado (art. 75-C da CLT). Poderá ser realizada a alteração entre regime presencial e de teletrabalho desde que haja mútuo acordo entre as partes, registrado em aditivo contratual. Poderá ser realizada a alteração do regime de teletrabalho para o presencial por determinação do empregador, garantido prazo de transição mínimo de quinze dias, com correspondente registro em aditivo contratual.

As disposições relativas à responsabilidade pela aquisição, manutenção ou fornecimento dos equipamentos tecnológicos e da infraestrutura necessária e adequada à prestação do trabalho remoto, bem como ao reembolso de despesas arcadas pelo empregado, serão previstas em contrato escrito (art. 75-D da CLT). As utilidades mencionadas não integram a remuneração do empregado.

O empregador deverá instruir os empregados, de maneira expressa e ostensiva, quanto às precauções a tomar a fim de evitar doenças e acidentes de trabalho (art. 75-E da CLT). O empregado deverá assinar termo de responsabilidade comprometendo-se a seguir as instruções fornecidas pelo empregador.

3 APRENDIZ

O aprendiz é o menor de 14 a 24 anos sujeito a formação profissional metódica do ofício em que exerça o seu trabalho (art. 428 da CLT). A aprendizagem não deixa, porém, de ser um contrato de trabalho, embora haja ao mesmo tempo caráter discente. Tem o aprendiz todos os direitos do empregado comum, salvo quando a lei estabeleça disposições especiais. A aprendizagem poderá ser feita tanto na indústria como no campo, no comércio, nos transportes.

4 EMPREGADO DOMÉSTICO

A Lei n. 5.859, de 11 de dezembro de 1972, regulava o trabalho do empregado doméstico. Foi regulamentada pelo Decreto n. 71.885, de 9 de março de 1973.

O parágrafo único do art. 7º da Constituição estende vários direitos ao empregado doméstico.

Atualmente, a Lei Complementar n. 150, de 1º de junho de 2015, trata do empregado doméstico.

Empregado doméstico é a pessoa física que presta serviços de natureza contínua subordinada, onerosa e pessoal e de finalidade não lucrativa a pessoa ou a família, no âmbito residencial destas, por mais de dois dias por semana (art. 1º da Lei Complementar n. 150/2015). São empregados domésticos o mordomo, a cozinheira, o jardineiro, o motorista, a copeira, a governanta, a arrumadeira etc.

O empregador doméstico não deve ter atividade econômica, pois é uma pessoa ou família que recebe a prestação de serviços do trabalhador. Exercendo a pessoa ou família atividade lucrativa, a empregada que lhe presta serviços passa a ser regida pela CLT, não sendo doméstica. Em caso de empregado que presta serviços para chácara, há necessidade de se verificar se a chácara tem finalidade lucrativa ou não. Se se destina apenas a lazer, o empregado será doméstico; se a chácara tem produção agropastoril que será comercializada, o empregado será rural.

Os empregados porteiros, zeladores, faxineiros e serventes de prédios de apartamentos residenciais são regidos pela CLT, desde que a serviço da administração do edifício e não de cada condômino em particular (art. 1º da Lei n. 2.757, de 23 de abril de 1956).

O doméstico também presta serviços de natureza contínua. Seu serviço não será, porém, prestado apenas dentro da residência, mas também pode ser prestado fora da residência, como no caso do jardineiro, do motorista etc. Assim, a lei deveria determinar que o doméstico é o que presta serviço para o âmbito residencial e não no âmbito residencial.

Observadas as peculiaridades do empregado doméstico, a CLT se aplica subsidiariamente a ele (art. 19 da Lei Complementar n. 150/2015).

5 EMPREGADO RURAL

O empregado rural é regido pela Lei n. 5.889, de 8 de junho de 1973. A CLT não se observa em relação ao empregado rural, salvo se houver determinação em sentido contrário (art. 7º, *b*, da CLT).

Empregado rural é a pessoa física que, em propriedade rural ou prédio rústico, presta serviços com continuidade a empregador rural, mediante dependência e salário (art. 2º da Lei n. 5.889/73). O empregador rural é a pessoa física ou jurídica, proprietária ou não, que explore atividade agroeconômica, em caráter permanente ou temporário, diretamente ou por meio de prepostos e com auxílio de empregados (art. 3º da Lei n. 5.889/73).

Para ser considerado empregado rural é mister o atendimento dos mesmos requisitos para a condição de empregado, isto é, ser pessoa física, prestar serviços de natureza contínua, mediante subordinação, pessoalmente e com pagamento de salário.

Será empregado rural aquele que planta, aduba, ordenha e cuida do gado, o tratorista, o peão, o boiadeiro etc.

Os contratos rurais típicos, como o de parceria, meação, são regidos pelo Direito Civil. De acordo com o art. 17 da Lei n. 5.889/73, a citada norma aplica-se a qualquer trabalhador, mesmo que não seja empregado rural. As parcerias e meações fraudulentas que configurarem vínculo de emprego darão todos os direitos trabalhistas aos trabalhadores, que serão considerados empregados rurais.

O empregado rural distingue-se do urbano pelo fato de prestar serviços para um empregador que explora atividade rural com finalidade de lucro. Difere o rural do doméstico, pois este trabalha apenas para o âmbito residencial do empregador, enquanto o primeiro presta serviços geralmente no campo, tendo o empregador rural finalidade lucrativa. Se o empregador planta para vender, seu funcionário será empregado rural, sendo empregado rural o trabalhador que o ajuda. Se não há comercialização no local, sendo apenas uma chácara, o empregado será doméstico.

Hoje os trabalhadores rurais têm os mesmos direitos dos urbanos (art. 7º da Constituição).

6 TRABALHADOR TEMPORÁRIO

O trabalho temporário é disciplinado pela Lei n. 6.019, de 3 de janeiro de 1974, que foi regulamentada pelo Decreto n. 10.060, de 14 de outubro de 2019.

Trabalho temporário é aquele prestado por pessoa física contratada por uma empresa de trabalho temporário que a coloca à disposição de uma empresa tomadora de serviços, para atender à necessidade de substituição transitória de pessoal permanente ou à demanda complementar de serviços (art. 2º da Lei n. 6.019/74). É, portanto, empregado da empresa de trabalho temporário, não tendo, porém, todos os direitos que são assegurados pela CLT, mas de acordo com a previsão da Lei n. 6.019. Não deixa de ser, por conseguinte, empregado, mas um empregado especial, com direitos limitados à legislação especial.

O prazo do contrato não poderá ser superior a 180 dias, consecutivos ou não, para um mesmo empregador (§ 1º do art. 10 da Lei n. 6.019). O contrato pode ser prorrogado por até 90 dias, consecutivos ou não.

É colocado o trabalhador temporário pela empresa de trabalho temporário para prestar serviços na empresa tomadora de serviços ou cliente, cobrando um preço para tanto, que compreende os encargos sociais do trabalhador e a sua remuneração pelo serviço. Deve haver um motivo justificado para a sua contratação, decorrente de acréscimo de serviço. É proibida a contratação de trabalho temporário para a substituição de trabalhadores em greve, salvo nos casos previstos em lei (§ 1º do art. 2º da Lei n. 6.019/74). Considera-se complementar a demanda de serviços que seja oriunda de fatores imprevisíveis ou, quando, decorrente de fatores previsíveis, tenha natureza intermitente, periódica ou sazonal (§ 2º do art. 2º da Lei n. 6.019/74).

É subordinado o trabalhador temporário à empresa de trabalho temporário, embora preste serviços à empresa tomadora de serviços ou cliente, recebendo sua remuneração também da primeira. Não é, portanto, empregado da empresa tomadora dos serviços. Continuando, porém, a prestação de serviços do trabalhador para a empresa tomadora por mais de 180 dias, o vínculo de emprego se forma diretamente com a tomadora.

Os direitos trabalhistas do trabalhador temporário são previstos no art. 12 da Lei n. 6.019/74: a) remuneração equivalente à percebida pelos empregados da categoria da empresa tomadora, calculada à base horária, garantido o pagamento do salário mínimo; b) jornada de oito horas; c) adicional de horas extraordinárias não excedentes de duas, com acréscimo de 50%; d) férias proporcionais, de 1/12 por mês de serviço ou fração igual ou superior a 15 dias, exceto em caso de justa causa e pedido de demissão; e) repouso semanal remunerado; f) adicional por trabalho noturno; g) seguro contra acidentes do trabalho; h) proteção previdenciária.

Tem o trabalhador temporário direito ao FGTS (art. 15 da Lei n. 8.036/90 e seus §§ 1º e 2º). Pode movimentar o FGTS no caso de cessação normal do contrato de trabalho temporário (art. 20, IX, da Lei n. 8.036/90). A indenização prevista na alínea *f* do art. 12 da Lei n. 6.019/74, não mais subsiste, em decorrência de que o trabalhador temporário tem direito ao FGTS.

7 TRABALHADOR AUTÔNOMO

A CLT não se aplica ao trabalhador autônomo, apenas a empregados. A legislação previdenciária ocupa-se do trabalhador autônomo, pois este é considerado segurado do seu sistema, considerando-o a pessoa física que exerce, por conta própria, atividade econômica de natureza urbana, com fins lucrativos ou não (art. 12, IV, *b*, da Lei n. 8.212/91).

O trabalhador autônomo é, portanto, a pessoa física que presta serviços habitualmente por conta própria a uma ou mais de uma pessoa, assumindo os riscos da sua atividade econômica. Não é o autônomo subordinado, pois exerce sua atividade por conta própria e não do empregador. Por esse motivo distingue-se do empregado, pelo fato de que é independente. É preciso, contudo, verificar a quantidade de ordens a que está sujeito o trabalhador, para se notar se pode desenvolver normalmente seu mister sem qualquer ingerência do empregador. É autônomo o trabalhador que atende os requisitos da Lei n. 4.886/65 e não é subordinado à pessoa que recebe a prestação dos seus serviços. Muitas vezes pretende-se distinguir o empregado do autônomo pelo fato de se verificar quem detém as ferramentas de trabalho. Se é o trabalhador, ele é autônomo; se é a empresa, será empregado. Esse critério é relativo, necessitando ser examinado com outros elementos para se verificar se o trabalhador é empregado ou autônomo. O fato de o trabalhador prestar serviços externos também é um elemento relativo, pois os vendedores, viajantes ou pracistas podem ser empregados (Lei n. 3.207/57). O elemento subordinação é, portanto, o divisor de águas.

Diferencia-se o trabalhador autônomo do eventual, pois o primeiro presta serviços com habitualidade, e o segundo, ocasionalmente, esporadicamente.

A contratação do autônomo, cumpridas por este todas as formalidades legais, com ou sem exclusividade, de forma contínua ou não, afasta a qualidade de empregado prevista no art. 3º da CLT (art. 442-B da CLT).

Os salões de beleza poderão celebrar contratos de parceria, por escrito, com os profissionais que desempenham as atividades de Cabeleireiro, Barbeiro, Esteticista, Manicure, Pedicure, Depilador e Maquiador (art. 1º-A da Lei n. 12.592/2012). O salão-parceiro será responsável pela centralização dos pagamentos e recebimentos decorrentes das atividades de prestação de serviços de beleza realizadas pelo profissional-parceiro na forma da parceria. O contrato de parceria será firmado entre as partes, mediante ato escrito, homologado pelo sindicato da categoria profissional e laboral e, na ausência desses, pelo órgão local competente da Secretaria Especial de Previdência e Trabalho, perante duas testemunhas. O profissional-parceiro, mesmo que inscrito como pessoa jurídica, será assistido pelo seu sindicato de categoria profissional e, na ausência deste, pelo órgão local competente da Secretaria do Trabalho. São cláusulas obrigatórias do contrato de parceria as que estabeleçam: I – percentual das retenções pelo salão-parceiro dos valores recebidos por cada serviço prestado pelo profissional-parceiro; II – obrigação, por parte do salão-parceiro, de retenção e de recolhimento dos tributos e contribuições sociais e previdenciárias devidos pelo profissional-parceiro em decorrência da atividade deste na parceria; III – condições e periodicidade do pagamento do profissional-parceiro, por tipo de serviço oferecido; IV – direitos do profissional-parceiro quanto ao uso de bens materiais necessários ao desempenho das atividades profissionais, bem como sobre o acesso e circulação nas dependências do estabelecimento; V – possibilidade de rescisão unilateral do contrato, no caso de não subsistir interesse na sua continuidade, mediante aviso prévio de, no mínimo, trinta dias; VI – responsabilidades de ambas as partes com a manutenção e higiene de materiais e equipamentos, das condições de funcionamento do negócio e do bom atendimento dos clientes; VII – obrigação, por parte do profissional-parceiro, de manutenção da regularidade de sua inscrição perante as autoridades fazendárias. O profissional-parceiro não terá relação de emprego ou de sociedade com o salão-parceiro enquanto perdurar a relação de parceria. Configurar-se-á vínculo empregatício entre a pessoa jurídica do salão-parceiro e o profissional-parceiro quando: I – não existir contrato de parceria formalizado na forma descrita na Lei n. 12.592/2012; e II – o profissional-parceiro desempenhar funções diferentes das descritas no contrato de parceria (art. 1º-C da Lei n. 12.592/2012). O processo de fiscalização, de autuação e de imposição de multas reger-se-á pelo disposto na CLT.

8 TRABALHADOR EVENTUAL

Quem traz o conceito de trabalhador eventual é a lei previdenciária, ao mencionar que é a pessoa física "que presta serviço de natureza urbana ou rural em caráter eventual, a uma ou mais empresas, sem relação de emprego" (art. 12, IV, *a*, da Lei n. 8.212/91).

Trabalhador eventual é a pessoa física contratada para prestar serviços em certo evento, como reparar as instalações elétricas de uma empresa etc. Há trabalho prestado em caráter ocasional, fortuito e esporádico.

A diferença entre o empregado e o trabalhador eventual é a continuidade da prestação de serviços para o tomador do trabalho. O eventual vai ser a pessoa que trabalha de vez em quando para o tomador dos serviços, ao contrário do empregado, que trabalha habitualmente para o empregador. Não se fixa o eventual a nenhuma empresa, enquanto o empregado presta serviços para uma única fonte de trabalho, de um modo geral.

9 TRABALHADOR AVULSO

Avulso é o que está desirmanado, solto, isolado.

Num primeiro momento havia confusão entre o trabalhador avulso e o eventual. No entanto, a previdência social começou a se preocupar com o avulso, passando a conceituá-lo.

Avulso é "quem presta, a diversas empresas, sem vínculo empregatício, serviços de natureza urbana ou rural definidos no regulamento" (art. 12, VI, da Lei n. 8.212/91). O regulamento esclarece que o trabalhador avulso é "aquele que, sindicalizado ou não, presta serviços de natureza urbana ou rural, sem vínculo empregatício, a diversas empresas, com intermediação obrigatória do sindicato da categoria ou do órgão gestor de mão de obra" (art. 9º, VI, do Regulamento da Previdência Social).

O trabalhador avulso é, assim, a pessoa física que presta serviço sem vínculo empregatício, de natureza urbana ou rural, a diversas empresas, sendo sindicalizado ou não, com intermediação obrigatória do sindicato da categoria ou do órgão gestor de mão de obra.

Não é o trabalhador avulso subordinado nem à pessoa a quem presta serviços, muito menos ao sindicato, que apenas arregimenta a mão de obra e paga os prestadores de serviço, de acordo com o valor recebido das empresas. São avulsos o trabalhador em serviço de bloco, o estivador e outros. A Lei n. 12.815/2013 estabelece as regras do trabalho nos portos, mas não é apenas o portuário que é considerado avulso, pois também o são o classificador de frutas que trabalha no meio rural, o ensacador de café, cacau, sal etc.

Diferencia-se o trabalhador avulso do eventual, pois o primeiro tem todos os direitos previstos na legislação trabalhista, enquanto o eventual só tem direito ao preço avençado no contrato e à multa pelo inadimplemento do pacto, quando for o caso.

A Constituição estabeleceu que há igualdade de direitos entre o trabalhador com vínculo empregatício permanente e o trabalhador avulso (art. 7º, XXXIV).

10 DIRETOR DE SOCIEDADE

O diretor de sociedade será empregado se tiver subordinação ao empregador. Do contrário, não será empregado. A Súmula 269 do TST esclarece que *"o empregado eleito para ocupar cargo de diretor tem o respectivo contrato de trabalho suspenso, não se computando o tempo de serviço deste período, salvo se permanecer a subordinação jurídica inerente à relação de emprego"*. O verbete, contudo, não prevê outras hipóteses, como a de o diretor nunca ter sido empregado na empresa.

Estando o "diretor" obrigado a cumprir ordens de serviço dos superiores, sofrendo fiscalização, penalidades e advertências, estará evidenciada a relação de emprego. O diretor subordinado à presidência, ou à vice-presidência ou a diretor superintendente da empresa, que praticamente decide tudo e a quem presta contas, não lhe dando margem a qualquer decisão, é um verdadeiro empregado. O mesmo ocorre se para admitir ou demitir funcionários tenha o diretor que consultar superiores, mostrando que não tem autonomia alguma.

Quando o diretor é recrutado do quadro de funcionários da própria empresa, a relação de emprego se torna mais aparente. Se antes a pessoa era empregada e continua a fazer o mesmo serviço como diretor, sem qualquer acréscimo de atribuições, em que não se verifica nenhuma mudança, será considerado empregado. Não tendo a diretoria eleita nenhuma autonomia, pois é apenas figurativa, sendo o diretor subordinado ao gerente-geral, nota-se também a existência do elemento subordinação. É o caso de todas as decisões que envolvem grandes valores, como vendas e investimentos, ou quanto a aumentos de salários e outras decisões estratégicas, dependentes da decisão de certa pessoa na empresa, a quem cabe a palavra final sobre tais aspectos e a quem o diretor é subordinado.

O volume de ações ou cotas da sociedade possuídas pelo diretor ou empregado nem sempre determinará a condição de dirigente. O diretor pode ter cotas ou ações da empresa como investimento. É o caso de se lembrar do caixa do banco que possui algumas ações do Banco do Brasil, não se querendo dizer com isso que seja dirigente do banco. Não há incompatibilidade entre a condição de empregado e de acionista ou quotista da empresa. O que é preciso verificar é o número de cotas ou ações para se constatar se o trabalhador dirige a empresa ou é dirigido. Pode, assim, a pessoa ter influência nas decisões da sociedade como acionista ou cotista, tendo 51% das ações ou cotas, ou mesmo possuindo quantidade inferior, bastando que tenha o controle das deliberações da sociedade, pelo fato de a maioria das ações estar pulverizada entre várias pessoas. Seria o caso de ter, por exemplo, 10 ou 20% das ações ou cotas, estando as demais ações ou cotas nas mãos de várias pessoas, que, isoladamente, nada representam.

11 EMPREGADO PÚBLICO

Empregado público é o trabalhador da Administração Pública regido pela CLT. Terá de prestar concurso público (art. 37, II, da Constituição). Não é disciplinado por estatuto do funcionário público.

Os funcionários das empresas públicas, sociedades de economia mista que explorem atividade econômica são regidos pela legislação trabalhista, sendo, portanto, empregados.

A contratação de servidor público, após a Constituição de 1988, sem prévia aprovação em concurso público, encontra óbice no respectivo art. 37, II e § 2º, somente lhe conferindo direito ao pagamento da contraprestação pactuada, em relação ao número de horas trabalhadas, respeitado o valor da hora do salário mínimo, e dos valores referentes aos depósitos do FGTS (Súmula 363 do TST).

12 ESTAGIÁRIO

A Lei n. 11.788, de 25 de setembro de 2008, regulou o estágio.

Diferencia-se o estagiário do aprendiz. O estagiário não é empregado, desde que cumpridas as determinações da Lei n. 11.788/2008. O aprendiz sempre será empregado, tendo contrato de trabalho (art. 428 da CLT).

A diferença entre o estágio e o contrato de trabalho é que no primeiro o objetivo é a formação profissional do estagiário, tendo, portanto, finalidade pedagógica, embora haja pessoalidade, subordinação, continuidade e uma forma de contraprestação.

O estágio é feito em relação a alunos regularmente matriculados que frequentam efetivamente cursos de educação superior, de ensino médio, de educação profissional, da educação especial e nos anos finais do ensino fundamental, na modalidade profissional da educação de jovens e adultos e atestados pela instituição de ensino. O aluno que cursa supletivo não pode ser estagiário, pois o curso supletivo geralmente nada tem de profissionalizante.

É realizado o estágio mediante compromisso celebrado entre o estudante e a parte concedente, com interveniência obrigatória da instituição de ensino. Será o compromisso documento obrigatório para se verificar a inexistência do vínculo de emprego.

O estágio só poderá ser realizado em unidades que tenham condições de proporcionar experiência prática na linha de formação, devendo propiciar uma complementação do ensino e da aprendizagem, de maneira prática, no curso em que o estagiário estiver fazendo. O estagiário de contabilidade não poderá exercer a função de *office boy* no banco.

A alínea *h* do inciso I do art. 9º do Regulamento da Previdência Social considera empregado, como segurado obrigatório da Previdência Social, o bolsista e o estagiário que prestam serviços à empresa, em desacordo com os termos da Lei n. 11.788/2008.

É preciso também que o aluno esteja regularmente matriculado na escola e tenha frequência efetiva às aulas. Não tendo frequência ou já tendo acabado o curso, não é estagiário.

O estagiário poderá receber uma bolsa (art. 12 da Lei n. 11.788/2008), que será obrigatória no estágio não obrigatório. A retribuição será a que for combinada, podendo ser tanto o pagamento de um valor em dinheiro ou outra forma de contraprestação, como pagamento da escola etc. As partes é que irão acordar como será a bolsa.

A jornada de atividade em estágio será definida de comum acordo entre a instituição de ensino, a parte concedente e o aluno estagiário ou seu representante legal, devendo constar do termo de compromisso ser compatível com as atividades escolares e não ultrapassar: I – quatro horas diárias e 20 horas semanais, no caso de estudantes de educação especial e dos anos finais de jovens e adultos; II – seis horas diárias e 30 horas semanais, no caso de estudantes do ensino superior, da educação profissional de nível médio e do ensino médio regular.

A duração do estágio, na mesma parte concedente, não poderá exceder dois anos, exceto quando se tratar de estagiário portador de deficiência.

É assegurado ao estagiário, sempre que o estágio tenha duração igual ou superior a um ano, período de recesso de 30 dias, a ser gozado preferencialmente durante suas férias escolares. O recesso deverá ser remunerado quando o estagiário receber bolsa ou outra forma de contraprestação. Os dias de recesso serão concedidos de maneira proporcional, nos casos de o estágio ter duração inferior a um ano.

Terá direito o estagiário a seguro de acidentes pessoais.

O estágio que observa as determinações da Lei n. 11.788/2008 não cria vínculo de emprego.

13 SERVIÇO VOLUNTÁRIO

Considera-se serviço voluntário a atividade não remunerada prestada por pessoa física a entidade pública de qualquer natureza ou a instituição privada de fins não lucrativos que tenha objetivos cívicos, culturais, educacionais, científicos, recreativos ou de assistência à pessoa (art. 1º da Lei n. 9.608/98). O serviço voluntário não gera vínculo empregatício, nem obrigação de natureza trabalhista previdenciária ou afim, pois o contrato de trabalho é oneroso e exige o pagamento de remuneração pela prestação de serviço.

O serviço voluntário será exercido mediante a celebração de termo de adesão entre a entidade, pública ou privada, e o prestador do serviço voluntário, dele devendo constar o objeto e as condições de seu exercício (art. 2º da Lei n. 9.608/98).

O prestador do serviço voluntário poderá ser ressarcido pelas despesas que comprovadamente realizar no desempenho das atividades voluntárias (art. 3º da Lei n. 9.608/98). As despesas a serem ressarcidas deverão estar expressamente autorizadas pela entidade a que for prestado o serviço voluntário.

Capítulo 14

EMPREGADOR

1 INTRODUÇÃO

O empregador também é chamado de patrão, empresário, dador do trabalho. O art. 2º da CLT considera empregador "a empresa, individual ou coletiva, que, assumindo os riscos da atividade econômica, admite, assalaria e dirige a prestação pessoal de serviços". O § 1º do mesmo artigo equipara a empregador, "para os efeitos exclusivos da relação de emprego, os profissionais liberais, as instituições de beneficência, as associações recreativas ou outras instituições sem fins lucrativos, que admitirem trabalhadores como empregados".

2 EMPRESA

Numa concepção econômica, a empresa é a combinação dos fatores da produção: terra, capital e trabalho. Empresa é a atividade organizada para a produção de bens e serviços para o mercado, com fito de lucro.

A CLT declara que empregador é a empresa. Para uns, empresa é sujeito de direito, enquanto para outros é objeto de direito, analisada como um conjunto de bens, que não seria equiparável a sujeito de direito. Empregador deveria ser a pessoa física ou jurídica para aqueles que entendem que o empregador não é sujeito, mas objeto de direito. Não deixa de ser empregador a pessoa que tem atividade organizada para a venda de bens ou serviços no mercado, mas que não tem finalidade de lucro, como as associações, as entidades de beneficência etc.

Em uma concepção mais objetiva, poder-se-ia considerar empregador o ente destituído de personalidade jurídica. Não é requisito para ser empregador ter personalidade jurídica. Tanto é empregador a sociedade de fato, a sociedade irregular que ainda não tem seus atos constitutivos registrados na repartição competente, como a sociedade regularmente inscrita na Junta Comercial ou no Cartório de Registro de Títulos e Documentos. Será, também, considerado como empregador o condomínio de apartamentos, mas emprega trabalhadores sob o regime da CLT (Lei n. 2.757/56).

As entidades que não têm atividade econômica também assumem riscos, sendo consideradas empregadores. A CLT indica que essas pessoas são consideradas empregadoras por equiparação, como as entidades de beneficência ou as associações.

Outras pessoas também serão empregadores, como a União, Estados-membros, municípios, autarquias, fundações, a massa falida, o espólio, a microempresa. A empresa pública, a sociedade de economia mista e outras entidades que explorem atividade econômica têm obrigações trabalhistas, sendo consideradas empregadoras.

A pessoa física, que, *v.g.*, explora individualmente o comércio, também é considerada empregadora. É a chamada empresa individual. A microempresa também é considerada empregadora, apesar de ter tratamento diferenciado em relação à empresa comum quanto a certas obrigações trabalhistas.

Uma das características do empregador é assumir os riscos de sua atividade, ou seja, tanto os resultados positivos, como os negativos. Esses riscos da atividade econômica não podem ser transferidos para o empregado, como ocorre na falência, na recuperação judicial e quando da edição de planos econômicos governamentais.

O empregador admite o empregado, contrata-o para a prestação de serviços, pagando salários, ou seja, remunerando-o pelo trabalho prestado. Admitir vem do latim *admitio* (*ad* + *mitio, misi, missum*), significando dar acesso, acolher, deixar entrar. O empregador admite, acolhe o empregado na empresa, dá acesso a ele na empresa.

Dirige o empregador a atividade do empregado, pois tem o primeiro poder sobre o segundo, estabelecendo, inclusive, normas disciplinares no âmbito da empresa.

3 EMPRESA DE TRABALHO TEMPORÁRIO

Empresa de trabalho temporário é a pessoa jurídica, devidamente registrada na Secretaria Especial de Previdência e Trabalho, responsável pela colocação de trabalhadores à disposição de outras empresas temporariamente (art. 4º da Lei n. 6.019/74). A empresa de trabalho temporário não pode ser pessoa física. Agora, é possível que a empresa de trabalho temporário atue tanto na área urbana como na rural.

A empresa de trabalho temporário deverá ter capital social de, no mínimo, R$ 100.000,00 (art. 6º, III, da Lei n. 6.019/74). O objetivo é que possa responder pelos direitos trabalhistas do trabalhador temporário.

Considera-se empregador o fornecedor de mão de obra para os efeitos do FGTS (§ 1º do art. 15 da Lei n. 8.036/90), que é justamente a empresa de trabalho temporário.

No caso de falência da empresa de trabalho temporário, a empresa tomadora é solidariamente responsável pela remuneração e indenização devidas ao trabalhador temporário (art. 16 da Lei n. 6.019/74).

A empresa contratante é subsidiariamente responsável pelas obrigações trabalhistas referentes ao período em que ocorrer o trabalho temporário, e o recolhimento das contribuições previdenciárias observará o disposto no art. 31 da Lei n. 8.212/91, que é a retenção feita pelo tomador de serviços da contribuição previdenciária da empresa de trabalho temporário e o seu recolhimento (§ 7º do art. 10 da Lei n. 6.019/74).

4 EMPREGADOR RURAL

Empregador rural é a pessoa física ou jurídica, proprietária ou não, que explore atividade agroeconômica, em caráter permanente ou temporário, diretamente ou por meio de prepostos e com auxílio de empregados (art. 3º da Lei n. 5.889/73).

Prédio rústico é o prédio ou a propriedade imobiliária situados no campo ou na cidade que se destine à exploração agroeconômica. É um prédio que não tem, por exemplo, água encanada, luz elétrica, gás, daí ser rústico.

Equipara-se ao empregador rural a pessoa física que, habitualmente, em caráter profissional, e por conta de terceiros, execute serviços de natureza agrária mediante utilização do trabalho de outrem (art. 4º da Lei n. 5.889/73).

Distingue-se o empregador rural do urbano, pois o primeiro exerce sua atividade no campo, e o segundo, na cidade. Diferencia-se o empregador rural do doméstico, pois este é a pessoa ou família, que não tem atividade lucrativa, enquanto o primeiro tem atividade lucrativa.

5 EMPREGADOR DOMÉSTICO

O empregador doméstico é a pessoa ou família que, sem finalidade lucrativa, admite empregado doméstico para lhe prestar serviços de natureza contínua para o seu âmbito residencial. Não pode, portanto, o empregador doméstico ser pessoa jurídica.

6 GRUPO DE EMPRESAS

O § 2º do art. 2º da CLT conceitua o grupo de empresas como empregador: "Sempre que uma ou mais empresas, tendo, embora, cada uma delas, personalidade jurídica própria, estiverem sob a direção, controle ou administração de outra, ou ainda quando, mesmo guardando cada uma sua autonomia, integrem grupo econômico, serão responsáveis solidariamente pelas obrigações decorrentes da relação de emprego". Para haver grupo econômico perante o Direito do Trabalho é mister a existência de duas ou mais empresas que estejam sob comando único. No caso da solidariedade para fins trabalhistas há previsão expressa no § 2º do art. 2º da CLT.

É mister examinar se o grupo de empresas é o empregador único. A teoria da solidariedade passiva entende que não, pois existe apenas responsabilidade comum entre as empresas. A teoria da solidariedade ativa entende que o empregador é um só (o grupo), sendo que o empregado que trabalha para uma empresa presta serviços para o grupo todo.

A relação que deve haver entre as empresas do grupo econômico é uma relação de dominação, mostrando a existência de uma empresa principal, que é a controladora, e as empresas controladas. A dominação exterioriza-se pela direção, controle ou administração. O requisito principal é o controle de uma empresa sobre outra, que consiste na possibilidade de uma empresa exercer influência dominante sobre outra, mesmo não tendo a maioria das ações, mas sim o número suficiente para controlá-la.

A administração decorre da organização do grupo, do poder de que uma empresa se investe em relação a outra, quanto à orientação e ingerência de seus órgãos.

A existência do grupo de empresas é mais bem visualizada quando existem uma empresa-mãe e empresas-filhas, caracterizando o controle de uma sobre a outra, como ocorre com a *holding*.

Não caracteriza grupo econômico a mera identidade de sócios, sendo necessárias, para a configuração do grupo, a demonstração do interesse integrado, a efetiva comunhão de interesses e a atuação conjunta das empresas dele integrantes (§ 3º do art. 2º da CLT).

Deverá o grupo de empresas ter atividade industrial, comercial ou outra atividade qualquer, desde que seja econômica. Assim, o requisito básico é o de ter o grupo característica econômica. Sendo assim, não pertencem ao grupo de empresas as associações civis, os profissionais liberais, a Administração Pública. Embora os profissionais liberais exerçam atividade econômica e possam ser agrupados, não se irá considerá-los, para efeitos trabalhistas, como grupo econômico, porque assim não entendeu o legislador, visto que no § 1º do art. 2º da CLT equipara tais pessoas a empregador, mostrando que não desejou considerá-los como grupo. O mesmo ocorre com as associações, entidades beneficentes e com os sindicatos, que não são considerados como grupo de empresas, pois não têm finalidade lucrativa e prestam serviços de natureza administrativa. A sociedade de economia mista, porém, poderá formar grupo de empresas, pois nesse caso ela está exercendo atividade privada, sujeita às regras do Direito Privado, inclusive do Direito do Trabalho. Não é necessário que entre as empresas haja controle acionário, nem que exista a *holding*. É possível, também, a configuração do grupo de empresas quando o citado grupo seja dirigido por pessoas físicas com controle acionário majoritário de diversas empresas, havendo um controle comum, pois há unidade de comando, unidade de controle. No Direito do Trabalho os grupos de empresas podem ser de fato ou até de pessoas físicas.

Cada empresa do grupo é autônoma em relação às demais, mas o empregador real é o próprio grupo. Mesmo que o grupo não tenha personalidade jurídica própria não haverá sua descaracterização para os efeitos do Direito do Trabalho, pois é possível se utilizar da teoria da desconsideração da personalidade jurídica (*disregard of legal entity*) ou levantar o véu que encobre a corporação (*to lift the corporate veil*).

Poderá existir também o grupo de empresas na área rural. Sempre que uma ou mais empresas, embora tendo cada uma delas personalidade jurídica própria, estiverem sob direção, controle ou administração de outra, ou ainda quando, mesmo guardando cada uma sua autonomia, integrem grupo econômico ou financeiro rural, serão responsáveis solidariamente nas obrigações decorrentes da relação de emprego (§ 2º do art. 3º da Lei n. 5.889/73). A Lei n. 5.889 permite estabelecer o grupo por coordenação e não apenas por subordinação.

Entendo que o § 2º do art. 2º da CLT consagra o empregador único. O grupo é o empregador. O empregado pode ser transferido de uma empresa para outra do grupo, contando o respectivo tempo de serviço em cada uma delas (*accessio temporis*).

O empregado, porém, não terá direito a mais de um salário se prestar serviços a mais de uma empresa do grupo econômico, mas apenas a um salário, pois o empregador é o grupo. Existirá, portanto, apenas um único contrato de trabalho, salvo ajuste em contrário (Súmula 129 do TST).

Mesmo que o empregado não tenha trabalhado para uma das empresas do grupo, esta será responsável pelas dívidas trabalhistas de outra ou outras empresas do grupo, pois o empregador é o grupo econômico. A solidariedade tanto é passiva como ativa, pois vale "para os efeitos da relação de emprego", visto que o empregador é o grupo.

O responsável solidário, para ser executado, deve ser parte no processo desde a fase de conhecimento. Não é possível se executar uma das empresas do grupo econômico que não foi parte na fase processual de conhecimento, incluindo-a no polo passivo da ação apenas a partir da fase da execução, quando já há coisa julgada.

7 TERCEIRIZAÇÃO

Terceirização é a contratação de trabalhadores de empresa prestadora de serviços, geralmente para atividades que não são as principais da empresa que faz terceirização.

O TST entende que: I – A contratação de trabalhadores por empresa interposta é ilegal, formando-se o vínculo diretamente com o tomador dos serviços, salvo no caso de trabalho temporário (Lei n. 6.019, de 03.01.1974). II – A contratação irregular de trabalhador, mediante empresa interposta, não gera vínculo de emprego com os órgãos da Administração Pública direta, indireta ou fundacional (art. 37, II, da Constituição de 1988). III – Não forma vínculo de emprego com o tomador a contratação de serviços de vigilância (Lei n. 7.102, de 20.06.1983) e de conservação e limpeza, bem como a de serviços especializados ligados à atividade-meio do tomador, desde que inexistente a pessoalidade e a subordinação direta. IV – O inadimplemento das obrigações trabalhistas, por parte do empregador, implica a responsabilidade subsidiária do tomador dos serviços quanto àquelas obrigações, desde que haja participado da relação processual e conste também do título executivo judicial. V – Os entes integrantes da Administração Pública direta e indireta respondem subsidiariamente, nas mesmas condições do item IV, caso evidenciada a sua conduta culposa no cumprimento das obrigações da Lei n. 8.666, de 21.06.1993, especialmente na fiscalização do cumprimento das obrigações contratuais e legais da prestadora de serviço como empregadora. A aludida responsabilidade não decorre de mero inadimplemento das obrigações trabalhistas assumidas pela empresa regularmente contratada. VI – A responsabilidade subsidiária do tomador de serviços abrange todas as verbas decorrentes da condenação referentes ao período da prestação laboral (S. 331 do TST).

O STF entendeu que é possível a terceirização na atividade-fim, pois decorre da livre iniciativa e não há proibição em lei (ADPF 324, rel. Min. Barroso).

Considera-se prestação de serviços a terceiros a transferência feita pela contratante da execução de quaisquer de suas atividades, inclusive sua atividade principal, à pessoa jurídica de direito privado prestadora de serviços que possua capacidade econômica compatível com a sua execução (art. 4º-A da Lei n. 6.019/74).

A empresa prestadora de serviços contrata, remunera e dirige os serviços prestados por seus trabalhadores, ou subcontrata outras empresas para a realização desses serviços. Não se configura vínculo empregatício entre os trabalhadores, ou sócios das empresas prestadoras de serviços, qualquer que seja o seu ramo, e a empresa contratante.

A empresa de terceirização precisa ter capital social compatível com o número de empregados, observando-se os seguintes parâmetros: a) empresas com até dez empregados – capital mínimo de R$ 10.000,00; b) empresas com mais de dez e até vinte empregados – capital mínimo de R$ 25.000,00; c) empresas com mais de vinte e até cinquenta empregados – capital mínimo de R$ 45.000,00; d) empresas com mais de cinquenta e até cem empregados – capital mínimo de R$ 100.000,00; e) empresas com mais de cem empregados – capital mínimo de R$ 250.000,00. O objetivo do estabelecimento de capital mínimo para empresas de terceirização é que elas possam garantir as condenações trabalhistas dos seus empregados.

Contratante é a pessoa física ou jurídica que celebra contrato com empresa de prestação de serviços relacionados a quaisquer de suas atividades, inclusive sua atividade principal (art. 5º-A da Lei n. 6.019/74). É, portanto, possível fazer a terceirização na atividade-fim da empresa.

Não se faz distinção entre atividade-meio e fim na prestação desses serviços. É vedada à contratante a utilização dos trabalhadores em atividades distintas daquelas que foram objeto do contrato com a empresa prestadora de serviços. Os serviços contratados poderão ser executados nas instalações físicas da empresa contratante ou em outro local, de comum acordo entre as partes. É responsabilidade da contratante garantir as condições de segurança, higiene e salubridade dos trabalhadores, quando o trabalho for realizado em suas dependências ou em local previamente convencionado em contrato. A contratante poderá estender ao trabalhador da empresa de prestação de serviços o mesmo atendimento médico, ambulatorial e de refeição destinado aos seus empregados, existente nas dependências da contratante ou em local por ela designado.

São asseguradas aos empregados da empresa prestadora de serviços a que se refere o art. 4º-A da Lei n. 6.019/74, quando e enquanto os serviços, que podem ser de qualquer uma das atividades da contratante, forem executados nas dependências da tomadora, as mesmas condições (art. 4º-C da Lei n. 6.019/74): I – relativas a: a) alimentação garantida aos empregados da contratante, quando oferecida em refeitórios; b) direito de utilizar os serviços de transporte; c) atendimento médico ou ambulatorial existente nas dependências da contratante ou local por ela designado; d) treinamento adequado, fornecido pela contratada, quando a atividade o exigir. II – sanitárias, de medidas de proteção à saúde e de segurança no trabalho e de instalações adequadas à prestação do serviço.

Contratante e contratada poderão estabelecer, se assim entenderem, que os empregados da contratada farão jus a salário equivalente ao pago aos empregados da contratante, além de outros direitos não mencionados.

Nos contratos que impliquem mobilização de empregados da contratada em número igual ou superior a 20% dos empregados da contratante, esta poderá disponibilizar aos empregados da contratada os serviços de alimentação e atendimento ambulatorial em outros locais apropriados e com igual padrão de atendimento, com vistas a manter o pleno funcionamento dos serviços existentes.

O empregado que for demitido não poderá prestar serviços para esta mesma empresa na qualidade de empregado de empresa prestadora de serviços antes do decurso de prazo de dezoito meses, contados a partir da demissão do empregado (art. 5º-D da CLT).

A empresa contratante é subsidiariamente responsável pelas obrigações trabalhistas referentes ao período em que ocorrer a prestação de serviços, e o recolhimento das contribuições previdenciárias observará o disposto no art. 31 da Lei n. 8.212, de 24 de julho de 1991 (§ 5º do art. 5º-A da Lei n. 6.019/74).

Somente o contratado será responsável pelos encargos trabalhistas, previdenciários, fiscais e comerciais resultantes da execução do contrato (art. 121 da Lei n. 14.133/2021). A inadimplência do contratado em relação aos encargos trabalhistas, fiscais e comerciais não transferirá à Administração a responsabilidade pelo seu pagamento e não poderá onerar o objeto do contrato nem restringir a regularização e o uso das obras e das edificações, inclusive perante o registro de imóveis. Exclusivamente nas contratações de serviços contínuos com regime de dedicação exclusiva de mão de obra, a Administração responderá solidariamente pelos encargos previdenciários e subsidiariamente pelos encargos trabalhistas se comprovada falha na fiscalização do cumprimento das obrigações do contratado. É bancário o empregado de empresa de processamento de dados que presta serviço a banco integrante do mesmo grupo econômico, exceto quando a empresa de processamento de dados presta serviços a banco e a empresas não bancárias do mesmo grupo econômico ou a terceiros (S. 239 do TST).

O vigilante, contratado diretamente por banco ou por intermédio de empresas especializadas, não é bancário (S. 257 do TST). As empresas de vigilância e transporte de valores são regidas pela Lei n. 7.102/83.

Qualquer que seja o ramo de atividade da sociedade cooperativa, não existe vínculo empregatício entre ela e seus associados, nem entre estes e os tomadores de serviços daquela (parágrafo único do art. 442 da CLT). A cooperativa de trabalho não pode ser utilizada para intermediação de mão de obra subordinada (art. 6º da Lei n. 12.690/2012).

8 EMPREGADOR POR EQUIPARAÇÃO

O § 1º do art. 2º da CLT equipara a empregador certas pessoas. Embora não sejam "empresas" no sentido estrito da palavra, o profissional autônomo, as instituições de beneficência, as associações recreativas ou outras instituições sem fins lucrativos, como os sindicatos, se admitirem empregados, serão equiparados a empregador, exclusivamente para os efeitos da relação de emprego.

Logo, se o profissional autônomo ou o sindicato tiverem empregados serão considerados empregadores, segundo a CLT, por equiparação.

O condomínio de apartamentos também pode ser considerado equiparado a empregador, desde que possua empregados. Para que o condomínio seja considerado empregador é preciso que os seus empregados (porteiros, zeladores, faxineiros) estejam a serviço da administração do edifício e não de cada condômino em particular (art. 1º da Lei n. 2.757/56). Os condôminos responderão apenas proporcionalmente pelas obrigações previstas nas leis trabalhistas, inclusive as judiciais e extrajudiciais (art. 3º da Lei n. 2.757).

9 ALTERAÇÕES NA EMPRESA

A alteração da empresa pode ser feita de dois modos: na sua estrutura jurídica ou de sua propriedade.

A CLT possui dois artigos que tratam do tema: o art. 10 estabelece que "qualquer alteração na estrutura jurídica da empresa não afetará os direitos adquiridos por seus empregados"; e o art. 448: "a mudança na propriedade ou na estrutura jurídica da empresa não afetará os contratos de trabalho dos respectivos empregados". O art. 10 da CLT diz respeito aos direitos do empregado, enquanto o art. 448 da CLT está ligado ao contrato de trabalho.

Ocorre mudança na estrutura jurídica da empresa na transformação da empresa individual para sociedade ou vice-versa; na alteração de sociedade anônima para limitada ou de uma para outra forma de sociedade. A mudança na propriedade da empresa diria respeito aos detentores do capital, do número de cotas ou ações. Tais alterações não podem, evidentemente, prejudicar o empregado.

Caracterizada a sucessão empresarial ou de empregadores prevista nos arts. 10 e 448 da CLT, as obrigações trabalhistas, inclusive as contraídas à época em que os empregados trabalhavam para a empresa sucedida, são de responsabilidade do sucessor (art. 448-A da CLT). A empresa sucedida responderá solidariamente com a sucessora quando ficar comprovada fraude na transferência.

Capítulo 15

PODER DE DIREÇÃO DO EMPREGADOR

1 INTRODUÇÃO

O empregado está sujeito ao poder de direção do empregador, justamente por ser subordinado ao último.

O fundamento legal do poder de direção é encontrado no art. 2º da CLT, na definição de empregador, pois este é quem dirige as atividades do empregado.

Várias seriam as teorias que procuram justificar o poder de direção do empregador. O empregador dirige o empregado, pois é proprietário da empresa.

A segunda teoria esclarece que o empregado está sob subordinação do empregador, ou seja, se sujeita às ordens de trabalho. O reverso da subordinação seria o poder de direção do empregador, dirigindo a atividade do empregado. O poder de direção, assim como a subordinação, são decorrentes do contrato de trabalho.

A terceira teoria entende que a empresa é uma instituição. Considera-se instituição aquilo que perdura no tempo. O poder de direção seria decorrente do fato de o empregado estar inserido nessa instituição, devendo obedecer às suas regras.

O poder de direção seria um direito potestativo, ao qual o empregado não poderia se opor. Esse poder, porém, não é ilimitado, pois a própria lei determina as limitações do poder de direção do empregador.

Compreende o poder de direção não só o de organizar suas atividades, assim também como controlar e disciplinar o trabalho, de acordo com os fins do empreendimento.

2 PODER DE ORGANIZAÇÃO

Tem o empregador o direito de organizar o seu empreendimento, decorrente até mesmo do direito de propriedade. Irá o empregador estabelecer qual a atividade que será desenvolvida: agrícola, comercial, industrial, de serviços etc.

A estrutura jurídica também será determinada pelo empregador, que estabelecerá ser melhor o desenvolvimento de suas atividades mediante empresa individual, sociedade limitada, por ações etc.

O empregador irá determinar o número de funcionários de que precisa, os cargos, funções, local de trabalho etc.

Cabe ao empregador definir o padrão de vestimenta no meio ambiente laboral, sendo lícita a inclusão no uniforme de logomarcas da própria empresa ou de empresas parceiras e de outros itens de identificação relacionados à atividade desempenhada (art. 456-A da CLT). A higienização do uniforme é de responsabilidade do trabalhador, salvo nas hipóteses em que forem necessários procedimentos ou produtos diferentes dos utilizados para a higienização das vestimentas de uso comum.

Poderá o empregador regulamentar o trabalho, elaborando o regulamento de empresa.

Regulamento de empresa é um conjunto sistemático de regras, escritas ou não, estabelecidas pelo empregador, com ou sem a participação dos trabalhadores, para tratar de questões de ordem técnica ou disciplinar no âmbito da empresa, organizando o trabalho e a produção.

Pode o regulamento de empresa ser escrito ou não. De preferência deveria ser feito por escrito.

Normalmente o regulamento de empresa é imposto unilateralmente pelo empregador, mas nada impede que haja a participação dos trabalhadores na sua elaboração.

Os regulamentos de empresa podem ser divididos em várias modalidades, quanto à forma, validade, natureza e obrigatoriedade.

Quanto à forma de elaboração, os regulamentos de empresa podem ser unilaterais ou bilaterais. Unilaterais, quando elaborados exclusivamente pelo empregador, sendo impostos aos trabalhadores. Bilaterais, quando elaborados pelo empregador e os empregados ou com a participação do sindicato profissional ou comitê de empresa. Normalmente, os regulamentos de empresa são elaborados unilateralmente pelo empregador, embora a tendência moderna seja a participação dos trabalhadores na sua confecção, até mesmo para dar um caráter democrático ao estabelecimento das regras a serem observadas dentro da empresa.

No que diz respeito à validade, os regulamentos podem ser dependentes ou não de homologação por parte do Poder Público. No Brasil, o regulamento de empresa independe de homologação por qualquer órgão ou autoridade para que possa ter validade, muito menos há necessidade de que seja elaborado em conjunto com o sindicato ou com comitê de empresa ou órgão de representação dos trabalhadores. Pode, contudo, a empresa ter quadro de carreira e não ter regulamento e vice-versa, porém o regulamento sempre será mais amplo do que o quadro de carreira, geralmente este estará incluído naquele.

No tocante à natureza, os regulamentos podem ser públicos ou privados. São públicos se emanados do Estado, como ocorre nos regimes totalitários. Privados ou particulares, quando se originam na empresa ou são elaborados pelo empregador em conjunto com os empregados.

Quanto à obrigatoriedade os regulamentos podem ser obrigatórios ou facultativos. Obrigatórios, quando são impostos por lei. Facultativos, quando os próprios interessados verificam a conveniência de elaborar o regulamento. No Brasil os regulamentos de empresa são facultativos, pois inexiste lei que imponha a sua observância.

O requisito básico para a validade do regulamento de empresa é a sua publicidade. Para que o regulamento de empresa se torne público deve o empregador afixá-lo em local visível no estabelecimento, seja no quadro de avisos dos empregados, no grêmio dos trabalhadores ou em qualquer outro lugar, de modo a que os obreiros dele tomem conhecimento.

O prazo de vigência do regulamento de empresa pode ser por tempo determinado ou indeterminado. Normalmente, o regulamento de empresa tem sido elaborado para viger por prazo indeterminado.

O empregado se obriga a respeitar as normas do regulamento interno da empresa, quando é admitido. Por conseguinte, o regulamento passa a fazer parte integrante do contrato de trabalho. As alterações unilaterais no regulamento da empresa, ou mesmo que bilaterais, mas prejudiciais ao empregado, encontrarão obstáculo no art. 468 da CLT. As modificações de cláusulas que importem violar direitos dos trabalhadores deverão ser analisadas em consonância com o mencionado dispositivo legal. A Súmula 51 do TST esclarece que "as cláusulas regulamentares que revoguem ou alterem vantagens deferidas anteriormente só atingirão os trabalhadores admitidos após a revogação ou alteração do regulamento". Mesmo que o empregado concorde com a mudança do regulamento, mas lhe traga uma situação jurídica desfavorável, não terá validade alguma tal alteração. A alteração no regulamento apenas valerá para aqueles empregados que forem admitidos após a referida modificação e não para os empregados mais antigos. Logo, qualquer alteração feita pelo empregador no regulamento, sem a concordância do empregado, ou mesmo que com a sua concordância, mas prejudicial a seus direitos, será considerada como uma alteração ilícita.

3 PODER DE CONTROLE

O empregador tem o direito de fiscalizar e controlar as atividades de seus empregados. Os empregados poderão ser revistados no final do expediente, porém não poderá ser a revista feita de maneira abusiva ou vexatória. A revista, contudo, não poderá violar a intimidade da pessoa (art. 5º, X, da Constituição), além do que ninguém será submetido a tratamento desumano ou degradante (art. 5º, III, da Lei Maior). A própria marcação do cartão de ponto é decorrente do poder de fiscalização do empregador sobre o empregado, de modo a verificar o correto horário de trabalho do obreiro, que inclusive tem amparo legal, pois nas empresas de mais de 20 empregados é obrigatória a anotação da hora de entrada e de saída, em registro manual, mecânico ou eletrônico, devendo haver a pré-assinalação do período de repouso (§ 2º do art. 74 da CLT).

É vedado ao empregador ou preposto fazer revistas íntimas nas empregadas ou funcionárias (art. 373-A, VI, da CLT).

As empresas privadas, os órgãos e entidades da administração pública, direta e indireta, ficam proibidos de adotar qualquer prática de revista íntima de suas funcionárias e de clientes do sexo feminino (art. 1º da Lei n. 13.271/2016). O descumprimento implica que os infratores fiquem sujeitos a: I – multa de R$ 20.000,00 ao empregador, revertidos aos órgãos de proteção dos direitos da mulher; II – multa em dobro do valor estipulado no inciso I, em caso de reincidência, independentemente da indenização por danos morais e materiais e sanções de ordem penal.

O motorista tem de se submeter a exames toxicológicos com janela de detecção mínima de 90 dias e a programa de controle de uso de droga e de bebida alcoólica, instituído pelo empregador, com sua ampla ciência, pelo menos uma vez a cada dois anos e seis meses, podendo ser utilizado para esse fim o exame obrigatório previsto na Lei n. 9.503, de 23 de setembro de 1997 (Código de Trânsito Brasileiro), desde que realizado nos últimos 60 dias (art. 235-B, VII, da CLT). O motorista que não se submeter aos exames é passível de justa causa para a rescisão do contrato de trabalho.

Causa dano de natureza extrapatrimonial a ação ou omissão que ofenda a esfera moral ou existencial da pessoa física ou jurídica, as quais são as titulares exclusivas do direito à reparação (art. 223-B da CLT).

A honra, a imagem, a etnia, a intimidade, a liberdade de ação, a autoestima, a orientação sexual, a saúde, o lazer e a integridade física são os bens juridicamente tutelados inerentes à pessoa física (art. 223-C da CLT).

A imagem, a marca, o nome, o segredo empresarial e o sigilo da correspondência são bens juridicamente tutelados inerentes à pessoa jurídica (art. 223-D da CLT).

São responsáveis pelo dano extrapatrimonial todos os que tenham colaborado para a ofensa ao bem jurídico tutelado, na proporção da ação ou da omissão (art. 223-E da CLT).

A reparação por danos extrapatrimoniais pode ser pedida cumulativamente com a indenização por danos materiais decorrentes do mesmo ato lesivo (art. 223-F da CLT). Se houver cumulação de pedidos, o juízo, ao proferir a decisão, discriminará os valores das indenizações a título de danos patrimoniais e das reparações por danos de natureza extrapatrimonial. A composição das perdas e danos, assim compreendidos os lucros cessantes e os danos emergentes, não interfere na avaliação dos danos extrapatrimoniais. Na reincidência entre partes idênticas, o juízo poderá elevar ao dobro o valor da indenização.

4 PODER DISCIPLINAR

O poder disciplinar é um complemento do poder de direção, do poder de o empregador determinar ordens na empresa, que, se não cumpridas, podem gerar penalidades ao empregado, que deve se ater à disciplina e respeito ao seu patrão, por estar sujeito a ordens de serviço, que devem ser cumpridas, salvo se ilegais ou imorais. Logo, o empregador pode estabelecer penalidades aos seus empregados.

O empregado poderá ser advertido e suspenso. A advertência muitas vezes é feita verbalmente. Caso o empregado reitere o cometimento de uma falta, aí será advertido por escrito. Na próxima falta deveria ser suspenso. O empregado não poderá, porém, ser suspenso por mais de 30 dias, o que importará a rescisão injusta do contrato de trabalho (art. 474 da CLT). Normalmente o empregado é suspenso por um a cinco dias.

É desnecessária a gradação nas punições do empregado. O empregado poderá ser dispensado de imediato, sem antes ter sido advertido ou suspenso, desde que a falta por ele cometida seja realmente grave. O melhor seria que na primeira falta o empregado fosse advertido verbalmente; na segunda fosse advertido por escrito; na terceira fosse suspenso; na quarta fosse dispensado.

É claro que o Poder Judiciário poderá controlar a pena aplicada pelo empregador, como ocorreria se o empregado não tivesse cometido a falta ou a falta fosse inexistente. O mesmo pode-se dizer se o poder disciplinar for exercido ilicitamente ou arbitrariamente pelo empregador. Entende-se, entretanto, que o Poder Judiciário não poderá graduar a penalidade, que está adstrita ao empregador, pois caso contrário poderia, também, aumentar a pena imposta.

Capítulo 16

REMUNERAÇÃO

1 DENOMINAÇÃO

Vários nomes são empregados para se referir ao pagamento feito pelo que recebe a prestação de serviços e aquele que os presta. Usa-se a palavra *vencimentos* para denominar a remuneração dos professores, magistrados e funcionários públicos; *honorários* em relação aos profissionais liberais; *soldo*, para os militares; *ordenado*, quando prepondera o esforço intelectual do trabalhador em relação aos esforços físicos; *salário*, para os trabalhadores que não desenvolvem esforço intelectual, mas apenas físico. Algumas leis salariais se utilizaram da expressão *estipêndio*, que é derivada do latim *stipendium* (soldo, paga). Antigamente era o pagamento feito a pessoa incorporada ao Exército, tendo significado equivalente ao de soldo. Mais tarde veio a se generalizar, no sentido de que seria qualquer espécie de salário ou retribuição por serviços prestados.

Nossa lei (art. 457 da CLT) usa o termo *remuneração*, que se constitui num conjunto de vantagens, compreendendo o salário e as gorjetas.

2 CONCEITO

Compreendem-se na remuneração do empregado, para todos os efeitos legais, além do salário devido e pago diretamente pelo empregador, como contraprestação do serviço, as gorjetas que receber (art. 457 da CLT). *Remuneração é igual a salário mais gorjetas.*

Remuneração é o conjunto de prestações recebidas habitualmente pelo empregado pela prestação de serviços, seja em dinheiro ou em utilidades, provenientes do empregador ou de terceiros, mas decorrentes do contrato de trabalho, de modo a satisfazer as suas necessidades vitais básicas e de sua família.

Caracteriza-se a remuneração como uma prestação obrigacional de dar. Não se trata de obrigação de fazer, mas de dar, em retribuição pelos serviços prestados pelo empregado ao empregador, revelando a existência do sinalagma que é encontrado no contrato de trabalho. Essa remuneração tanto pode ser em dinheiro como em utilidades, de maneira que o empregado não necessite comprá-las, fornecendo o empregador tais coisas. O art. 458 da CLT admite o pagamento do salário em utilidades.

A remuneração tanto é a paga diretamente pelo empregador, que se constitui no salário, como é a feita por terceiro, em que o exemplo específico é a gorjeta, cobrada na nota de serviço ou fornecida espontaneamente pelo cliente.

O objetivo da remuneração é que ela possa satisfazer as necessidades vitais básicas do empregado e de sua família.

Salário é o valor pago ao empregado diretamente pelo empregador, como contraprestação do serviço (art. 457 da CLT).

Inicialmente o salário era considerado o pagamento pela contraprestação do trabalho do empregado. No caso, inexistiria salário se não houvesse trabalho (*Kein Arbeit, Kein Lohn*). Essa teoria não explicava integralmente certas situações, como o fato de o empregado estar adoentado e o salário ser devido nos 15 primeiros dias, nas férias etc.

Surge a teoria da contraprestação da disponibilidade do trabalhador. Assim, mesmo no período em que o empregado não trabalha, mas está aguardando ordens, o salário será devido.

A teoria da contraprestação do contrato de trabalho mostra que o pagamento feito a título de salário é decorrente do contrato de trabalho. Critica-se tal teoria, pois nem tudo que é pago ou prestado pelo empregador é salário, como, por exemplo, a indenização pela dispensa.

A última teoria entende que o salário é o conjunto de percepções econômicas do trabalhador. Tal conceito é desvinculado do plano objetivo. Tal teoria não considera, porém, as interrupções do contrato de trabalho.

O pagamento do salário não decorre apenas da prestação de serviços, mas também dos períodos em que o empregado está à disposição do empregador, durante os períodos de interrupção do contrato de trabalho ou outros que a lei indicar. Por isso, salário é o conjunto de prestações fornecidas diretamente ao trabalhador pelo empregador em decorrência do contrato de trabalho, seja em razão da contraprestação do trabalho, da disponibilidade do trabalhador, das interrupções contratuais ou demais hipóteses previstas em lei.

Remuneração = salário + gorjetas

3 DISTINÇÃO

A remuneração não se confunde com a indenização, que decorre da reparação de um dano. A indenização não tem por objetivo retribuir o trabalho prestado ou a disponibilidade ao empregador, mas recompor o patrimônio ou bem jurídico da pessoa, enquanto o salário tem por objetivo o pagamento da prestação dos serviços do empregado.

Distingue-se o salário do pagamento feito pelas invenções do empregado, pois estas nem sempre são de propriedade exclusiva do empregado, mas ou apenas do empregador ou até deste e do empregado. A Lei n. 9.279, de 14 de maio de 1996, trata atualmente do tema. A invenção e o modelo de utilidade pertencem exclusivamente ao empregador quando decorrerem de contrato de trabalho cuja execução ocorra no Brasil e que tenha por objeto a pesquisa ou a atividade inventiva, ou resulte esta da natureza dos serviços para os quais foi o empregado contratado. Salvo se houver expressa disposição contratual em contrário, a retribuição pelo trabalho limita-se ao salário ajustado. A propriedade da invenção ou de modelo de utilidade será comum, em partes iguais, quando resultar da contribuição pessoal do empregado e de recursos, dados, materiais, instalações ou equipamentos do empregador, ressalvada expressa disposição contratual em contrário.

A Lei n. 9.609, de 19 de fevereiro de 1998, trata de programas de computador. Salvo estipulação em contrário, pertencerão exclusivamente ao empregador, contratante de serviços ou órgão público, os direitos relativos ao programa de computador, desenvolvido e elaborado durante a vigência de contrato ou de vínculo estatutário, expressamente destinado à pesquisa e desenvolvimento, ou em que a atividade do empregado, contratado de serviço ou servidor seja prevista, ou, ainda, que decorra da própria natureza dos encargos concernentes a esses vínculos (art. 4º). Ressalvado ajuste em contrário, a compensação do trabalho ou serviço prestado limitar-se-á à remuneração ou ao salário convencionado. Pertencerão, com exclusividade, ao empregado, contratado de serviço ou servidor os direitos concernentes a programa de computador gerado sem relação com o contrato de trabalho, prestação de serviços ou vínculo estatutário, e sem a utilização de recursos, informações tecnológicas, segredos industriais e de negócios, materiais, instalações ou equipamentos do empregador, da empresa ou entidade com a qual o empregado mantenha contrato de prestação de serviços ou assemelhados, do contratante de serviços ou órgão público. Os direitos sobre as derivações autorizadas pelo titular dos direitos de programa de computador, inclusive sua exploração econômica, pertencerão a pessoa autorizada que as fizer, salvo estipulação contratual em contrário.

4 ELEMENTOS DA REMUNERAÇÃO

São elementos da remuneração: a) habitualidade; b) periodicidade; c) quantificação; (d) especialidade; e) reciprocidade.

A habitualidade é o elemento preponderante para se saber se o pagamento feito pode ou não ser considerado como salário ou remuneração. O contrato de trabalho é um pacto de trato sucessivo, em que há a continuidade na prestação de serviços e, em consequência, o pagamento habitual dos salários. Dispõe o art. 458 da CLT que para a caracterização do salário *in natura* é preciso habitualidade no fornecimento da utilidade. As horas extras só integram outras verbas se forem habituais (Súmulas 45, 63 e 172 do TST).

Deve ser a remuneração quantificável. O empregado deve saber quanto ganha por mês, de acordo com certos padrões objetivos. O obreiro não pode ficar sujeito ao pagamento de seu salário de acordo com critérios aleatórios, pois o risco do empreendimento deve ser do empregador, como se verifica do art. 2º da CLT.

A periodicidade do pagamento da remuneração irá depender de certos critérios objetivos previstos na lei, em certos prazos máximos que a norma legal fixa para o seu pagamento. O pagamento do salário deverá ser feito após a prestação dos serviços.

A remuneração é elemento essencial da relação de emprego, pois o contrato de trabalho é oneroso, sendo de sua essencialidade a prestação da remuneração. Não haverá a existência da relação de emprego se não houver o pagamento de remuneração, pois verifica-se da definição de empregador que este é quem assalaria o empregado (art. 2º da CLT).

A reciprocidade também é outro elemento da remuneração, caracterizando o caráter sinalagmático da relação de emprego, dos deveres e obrigações a que o empregado e o empregador estão sujeitos. O empregador tem de pagar salários em razão dos serviços que foram prestados pelo empregado. O empregado tem a obrigação de prestar serviços para receber os salários correspondentes.

5 CLASSIFICAÇÃO DA REMUNERAÇÃO

A remuneração poderia ser, assim, verificada sob o enfoque do modo de aferição (por unidade de tempo ou por unidade de obra) ou da natureza do pagamento (em dinheiro ou em utilidades).

5.1 Salário por unidade de tempo

O salário por unidade de tempo independe do serviço ou da obra realizada, mas, sim, do tempo gasto para a sua consecução. Assim, seria a fixação do salário por hora, por dia, por semana, por quinzena ou por mês. O critério de remuneração por unidade de tempo não se confunde, porém, com os períodos de pagamento. O empregado horista pode ter como época de pagamento o final do mês, ou seja, recebendo mensalmente.

5.2 Salário por unidade de obra

O salário por unidade de obra se aproxima bastante da empreitada, em que se visa um resultado, mas nada impede que no contrato de trabalho o empregado perceba salário por essa forma.

No salário por unidade de obra não se leva em consideração o tempo gasto na consecução do serviço, mas sim o próprio serviço realizado, independentemente do tempo despendido.

A alínea *g* do art. 483 da CLT mostra que é possível o pagamento por peça, porém o empregador não poderá reduzir o trabalho do empregado, de forma a afetar sensivelmente a importância dos salários, o que acarreta a rescisão indireta do contrato de trabalho.

5.3 Salário por tarefa

O salário por tarefa é uma forma mista de salário, que fica entre o salário por unidade de tempo e de obra. O empregado deve realizar durante a jornada de trabalho certo serviço que lhe é determinado pelo empregador. Terminado o referido serviço, mesmo antes do fim do expediente, pode o empregado se retirar da empresa, pois já cumpriu suas obrigações diárias. O § 2º do art. 142 da CLT, a alínea *g* do art. 483 da CLT e a alínea *c* do art. 7º da Lei n. 605/49 permitem o pagamento do salário por tarefa.

5.4 Salário em dinheiro

O salário deve ser pago em dinheiro, em moeda de curso forçado (art. 463 da CLT). O art. 463 da CLT não deveria se referir a prestação em espécie para significar o salário pago em moeda, pois nos países de língua espanhola se usa a palavra *espécie* para designar o salário pago em utilidades, que também é permitido em nosso país.

O objetivo principal do pagamento em dinheiro é evitar o *truck system*, ou seja, o pagamento em vales, cupons, bônus etc., e também o pagamento em moeda estrangeira.

O salário-base do empregado contratado ou transferido para prestar serviços no exterior será obrigatoriamente estipulado em moeda nacional, mas a remuneração devida durante a transferência do empregado, computado o adicional de transferência, poderá, no todo ou em parte, ser paga no exterior, em moeda estrangeira. Por opção escrita do empregado, a parcela da remuneração a ser paga em moeda nacional poderá ser depositada em conta bancária. São asseguradas ao empregado, enquanto estiver prestando serviços no exterior, a conversão e remessa dos correspondentes valores para o local de trabalho (art. 5º da Lei n. 7.064/82).

5.5 Salário em utilidades

O fornecimento da utilidade irá decorrer do contrato ou do costume. O art. 458 da CLT permite o pagamento do salário em utilidades, ou seja, além do pagamento em dinheiro o empregador poderá fornecer utilidades ao empregado, como alimentação, habitação, vestuário ou outras prestações *in natura*. Hoje já se verifica, em relação a altos executivos, que o salário destes é também pago pela empresa mediante utilização de cartão de crédito, pagamento de clube ou de escolas de seus filhos, fornecimento de passagens aéreas e outros salários indiretos, que serão considerados como salário-utilidade. O requisito principal é que essas utilidades sejam fornecidas com habitualidade, por força do contrato ou do costume.

Não se pode considerar como salário-utilidade o fornecimento de bebidas alcoólicas ou drogas nocivas (parte final do art. 458 da CLT). Cigarro não poderá servir de pagamento ao empregado, por ser uma droga nociva à saúde do ser humano (Súmula 367, II, do TST).

Os valores atribuídos à prestação *in natura* deverão ser justos e razoáveis, não podendo exceder, em cada caso, os dos porcentuais das parcelas componentes do salário mínimo.

É de se destacar que, se a utilidade não fosse fornecida, o empregado teria de comprá-la ou de despender numerário próprio para adquiri-la, mostrando que se trata realmente de um pagamento ou um ganho para o obreiro. Entretanto, o salário-utilidade deve ser fornecido gratuitamente ao empregado, pois se a utilidade for cobrada não haverá que se falar em salário.

O salário não pode ser pago integralmente em utilidades, pois 30% do salário mínimo deverão ser pagos em dinheiro. Os restantes 70% poderão ser pagos em utilidades (parágrafo único do art. 82 da CLT). Por analogia, podemos dizer que 30%, no mínimo, do salário contratual necessariamente deverão ser pagos em dinheiro, sendo que os restantes 70% poderão ser pagos em utilidades.

Os vestuários, equipamentos e outros acessórios fornecidos ao empregado e utilizados apenas no local de trabalho para a prestação de serviços não serão considerados salário (§ 2º do art. 458 da CLT). Assim, se a vestimenta (uniforme) não é usada apenas no emprego, ou o veículo é usado também nos finais de semana e férias do empregado, representando vantagem concedida pelo trabalho e não apenas para o trabalho, serão considerados como salário *in natura*. O equipamento de proteção individual do trabalhador, que lhe é fornecido gratuitamente pelo empregador (art. 166 da CLT), não é considerado salário-utilidade, pois se destina a ser usado exclusivamente no local de trabalho para proteger o empregado durante a prestação de serviços. Não terão, ainda, natureza salarial: (a) a educação, em estabelecimento de ensino próprio ou de terceiros, compreendendo os valores relativos a matrícula, mensalidade, anuidade, livros e material didático; (b) o transporte destinado ao deslocamento para o trabalho e retorno, em percurso servido ou não por transporte público; (c) a assistência médica, hospitalar e odontológica, prestada diretamente ou mediante seguro-saúde; (d) os seguros de vida e de acidentes pessoais; (e) a previdência privada.

A alimentação fornecida ao empregado em decorrência do Programa de Alimentação do Trabalhador (PAT), criado pela Lei n. 6.321, de 14 de abril de 1976, não é salário. É uma espécie de benefício fiscal. Desde que a refeição seja fornecida nos termos da Lei n. 6.321, não terá natureza salarial.

O auxílio-alimentação não é salário (§ 2º do art. 457 da CLT), mas é vedado seu pagamento em dinheiro.

O vale-transporte não é considerado salário *in natura*, por força da alínea *a*, do art. 2º da Lei n. 7.418/85.

Não serão consideradas como salário as seguintes utilidades concedidas pelo empregador: I – vestuários, equipamentos e outros acessórios fornecidos aos empregados e utilizados no local de trabalho, para a prestação do serviço; II – educação, em estabelecimento de ensino próprio ou de terceiros, compreendendo os valores relativos a matrícula, mensalidade, anuidade, livros e material didático; III – transporte destinado ao deslocamento para o trabalho e retorno, em percurso servido ou não por transporte público; IV – assistência médica, hospitalar e odontológica, prestada diretamente ou mediante seguro-saúde; V – seguros de vida e de acidentes pessoais; VI – previdência privada; VII – o valor correspondente ao vale-cultura.

O valor relativo à assistência prestada por serviço médico ou odontológico, próprio ou não, inclusive o reembolso de despesas com medicamentos, óculos, aparelhos ortopédicos, próteses, órteses, despesas médico-hospitalares e outras similares, mesmo quando concedido em diferentes modalidades de planos e coberturas, não integra o salário do empregado para qualquer efeito nem o salário de contribuição, para efeitos do previsto na alínea *q* do § 9º do art. 28 da Lei n. 8.212/91 (§ 5º do art. 457 da CLT).

O vale-cultura foi instituído pela Lei n. 12.761, de 27 de dezembro de 2012. Visa a lei que sejam fornecidos aos trabalhadores os meios para o exercício dos direitos culturais e acesso às fontes da cultura (art. 1º da Lei n. 12.761/2012). São objetivos do programa: I – possibilitar o acesso e a fruição dos produtos e serviços culturais; II – estimular a visitação a estabelecimentos culturais e artísticos; e III – incentivar o acesso a eventos e espetáculos culturais e artísticos (art. 2º da Lei n. 12.761/2012). São serviços culturais as atividades de cunho artístico e cultural fornecidas por pessoas jurídicas. São produtos culturais os materiais de cunho artístico, cultural e informativo, produzidos em qualquer formato ou mídia por pessoas físicas ou jurídicas. Consideram-se áreas culturais: I – artes visuais; II – artes cênicas; III – audiovisual; IV – literatura, humanidades e informação; V – música; e VI – patrimônio cultural. O vale-cultura, de caráter pessoal e intransferível, é válido em todo o território nacional. Visa o acesso e fruição de produtos e serviços culturais, no âmbito do Programa de Cultura do Trabalhador (art. 3º da Lei n. 12.761/2012). O vale-cultura deverá ser fornecido ao trabalhador que perceba até cinco salários mínimos mensais (art. 7º da Lei n. 12.761/2012). Os trabalhadores com renda superior a cinco salários mínimos poderão receber o vale-cultura, desde que garantido o atendimento à totalidade dos empregados, na forma que dispuser o regulamento. O valor mensal do vale-cultura, por usuário, será de R$ 50,00 (art. 8º da Lei n. 12.761/2012). O trabalhador poderá ter descontado de sua remuneração o porcentual máximo de 10% do valor do vale-cultura, na forma definida em regulamento. Os trabalhadores que percebem mais de cinco salários mínimos poderão ter descontados de sua remuneração, em porcentuais entre 20% e 90% do valor do vale-cultura, de acordo com a respectiva faixa salarial. É vedada, em qualquer hipótese, a reversão do valor do vale-cultura em pecúnia. A parcela do valor do vale-cultura cujo ônus seja da empresa beneficiária: I – não tem natureza salarial nem se incorpora à remuneração para quaisquer efeitos; II – não constitui base de incidência de contribuição previdenciária ou do Fundo de Garantia do Tempo de Serviço – FGTS; e III – não se configura como rendimento tributável do trabalhador (art. 11 da Lei n. 12.761/2012). O objetivo da Lei n. 12.761/2012 é que o vale-cultura seja fornecido ao trabalhador e o empregador não tenha incidência de qualquer contribuição sobre o referido vale, nem tenha natureza salarial o fornecimento. Do contrário, o empregador não terá interesse em conceder o vale-cultura ao trabalhador.

O cálculo da parcela do salário paga em utilidades, ou o porcentual de desconto de utilidades do salário do empregado, quando percebe salário mínimo, é feito de acordo com os critérios definidos pela Portaria n. 19, de 31 de janeiro de 1952. Para o Estado de São Paulo os porcentuais são os seguintes: 43% para alimentação; 33% para habitação; 14% para vestuário; 6% para higiene e 4% para transporte. Em se tratando de alimentação preparada pelo próprio empregador, o desconto não pode exceder a 25% do salário mínimo (art. 1º da Lei n. 3.030, de 19 de dezembro de 1956). A Súmula 258 do TST estabeleceu o entendimento de que "os percentuais fixados em lei relativos ao salário *in natura* apenas pertinem às hipóteses em que o empregado percebe salário mínimo, apurando-se nas demais o real valor da utilidade".

O § 3º do art. 458 da CLT estabelece que a habitação e a alimentação fornecidas como salário-utilidade deverão atender aos fins a que se destinam e não poderão exceder, respectivamente, a 25% e 20% do salário contratual. A hipótese refere-se ao empregado que percebe mais do que o salário mínimo. O § 4º do art. 458 da CLT esclarece que, em se tratando de habitação coletiva, o valor do salário-utilidade a ela correspondente será obtido mediante a divisão do justo valor da habitação pelo número de coocupantes, vedada, em qualquer hipótese, a utilização da mesma unidade residencial por mais de uma família.

Em relação ao empregado rural os descontos das prestações *in natura* são calculados apenas sobre o salário mínimo (art. 9º da Lei n. 5.889/73): (a) até o limite de 20% pela ocupação da moradia; (b) até 25% pelo fornecimento de alimentação sadia e farta, atendidos os preços vigentes na região; (c) adiantamentos em dinheiro (art. 9º da Lei n. 5.889/73). As deduções deverão ser previamente autorizadas, sem o que serão consideradas nulas. Entende-se que o rurícola poderá receber 55% do salário mínimo em espécie, pois pode haver o desconto de 45% de utilidades. Outras prestações *in natura* não poderão ser descontadas do salário do empregado rural, como o fornecimento de água ou de luz. Com relação à moradia, se houver mais de um empregado residindo na mesma morada, o desconto será dividido proporcionalmente ao número de empregados (§ 2º do art. 9º da Lei n. 5.889/73). Existindo plantação subsidiária ou intercalar (cultura secundária), esta não poderá compor a parte correspondente ao salário mínimo na remuneração geral do empregado, durante o ano agrícola (parágrafo único do art. 12 da Lei n. 5.889/73).

A cessão, pelo empregador, de moradia e de sua infraestrutura básica, assim como bens destinados à produção para sua subsistência e de sua família, não integram o salário do trabalhador rural, desde que caracterizados como tais em contrato escrito celebrado entre as partes, com testemunhas e notificação obrigatória ao respectivo sindicato de trabalhadores rurais.

6 TIPOS ESPECIAIS DE SALÁRIO

6.1 Abonos

O abono consiste num adiantamento em dinheiro, numa antecipação salarial ou num valor a mais que é concedido ao empregado.

O § 2º do art. 457 da CLT prevê que os abonos pagos pelo empregador não integram o salário.

6.2 Adicionais

O adicional tem sentido de alguma coisa que se acrescenta. Do ponto de vista trabalhista é um acréscimo salarial decorrente da prestação de serviços do empregado em condições mais gravosas. Pode ser dividido em adicional de horas extras, noturno, de insalubridade, de periculosidade, de transferência.

6.2.1 Adicional de horas extras

O adicional de horas extras é devido pelo trabalho extraordinário à razão de pelo menos 50% sobre a hora normal (art. 7º, XVI, da Constituição). Com isso, os dispositivos da CLT que preveem adicional de 20 ou 25% perdem vigência. Para o advogado o adicional de horas extras não pode ser inferior a 100% sobre o valor da hora normal, mesmo havendo contrato escrito (§ 2º do art. 20 da Lei n. 8.906/94).

As horas suplementares à duração do trabalho semanal normal serão pagas com o acréscimo de 50% sobre o salário-hora normal (§3º do art. 58-A da CLT). Na hipótese de o contrato de trabalho em regime de tempo parcial ser estabelecido em número inferior a vinte e seis horas semanais, as horas suplementares a este quantitativo serão consideradas horas extras para fins do pagamento estipulado no § 3º do art. 58-A da CLT, estando também limitadas a seis horas suplementares semanais. As horas suplementares da jornada de trabalho normal poderão ser compensadas diretamente até a semana imediatamente posterior à da sua execução, devendo ser feita a sua quitação na folha de pagamento do mês subsequente, caso não sejam compensadas.

Existindo habitualidade no pagamento das horas extras, haverá integração em outras verbas, como indenização (Súmula 24 do TST), 13º salário (Súmula 45 do TST), FGTS (Súmula 63 do TST), aviso prévio indenizado (§ 5º do art. 487 da CLT), gratificações semestrais (Súmula 115 do TST), férias (§ 5º do art. 142 da CLT) e descanso semanal remunerado (Súmula 172 do TST e art. 7º da Lei n. 605/49). A gratificação por tempo de serviço integrará as horas extras (Súmula 226 do TST). A remuneração do serviço suplementar é composta do valor da hora normal, integrado por parcelas de natureza salarial e acrescido do adicional previsto em lei, contrato, acordo, convenção coletiva ou sentença normativa (Súmula 264 do TST). "O cálculo do valor das horas extras habituais, para efeito de reflexos em verbas trabalhistas, observará o número das horas efetivamente prestadas e sobre ele aplica-se o valor do salário-hora da época do pagamento daquelas verbas" (Súmula 347 do TST).

O empregado, sujeito a controle de horário, remunerado à base de comissões, tem direito ao adicional de, no mínimo, 50% pelo trabalho em horas extras, calculado sobre o valor-hora das comissões recebidas no mês, considerando-se como divisor o número de horas efetivamente trabalhadas (Súmula 340 do TST).

Em caso de supressão de horas extras pelo empregador, o empregado não tem mais o direito de incorporá-las ao seu salário, como era previsto na Súmula 76 do TST. A Súmula 291 do TST esclarece que se houver a supressão do pagamento das horas extras habituais, feitas por mais de um ano, o empregado tem direito apenas a uma indenização de um mês das horas suprimidas para cada ano ou fração igual ou superior a seis meses de prestação de serviço acima da jornada normal. O cálculo será feito com base na média das horas suplementares efetivamente trabalhadas nos últimos 12 meses, multiplicada pelo valor da hora extra do dia da supressão.

6.2.2 Adicional noturno

O adicional noturno é devido ao empregado urbano e ao doméstico que trabalhar no período entre 22 e 5 h. O trabalhador rural terá direito ao adicional no período das 21 h de um dia às 5 h do dia seguinte, na lavoura, e entre as 20 h de um dia e as 4 h do dia seguinte, na pecuária (art. 7º da Lei n. 5.889/73). Para os atletas, considera-se trabalho noturno a participação em jogos e em competições realizados entre as 23h59 de um dia e as 6h59 do dia seguinte (§ 3º do art. 97 da Lei n. 14.597/2023).

O advogado terá direito ao adicional noturno no período das 20 às 5 h (§ 3º do art. 20 da Lei n. 8.906/94).

O adicional será de 20% sobre a hora diurna para o empregado urbano (art. 73 da CLT) e para o doméstico. Será de 25% sobre a remuneração normal para o empregado rural (parágrafo único, do art. 7º da Lei n. 5.889/73). O adicional noturno para o advogado é de 25% (§ 3º do art. 20 da Lei n. 8.906/94).

Havendo habitualidade no pagamento do adicional noturno, integrará o cálculo do salário do empregado para todos os efeitos (Súmula 60 do TST).

O regime de revezamento no trabalho não exclui o direito do empregado ao adicional noturno, em razão da derrogação do art. 73 da CLT pelo inciso III do art. 157 da Constituição de 1946. O vigia noturno também tem direito ao adicional noturno (Súmula 140 do TST).

6.2.3 Adicional de insalubridade

O adicional de insalubridade é devido ao empregado que presta serviços em atividades insalubres, sendo calculado à razão de 10% (grau mínimo), 20% (grau médio) e 40% (grau máximo) sobre o salário mínimo (art. 192 da CLT).

Esclarece a Súmula Vinculante 4 do STF que, salvo nos casos previstos na Constituição, o salário mínimo não pode ser usado como indexador de base de cálculo de vantagem de servidor público ou de empregado, nem ser substituído por decisão judicial. O STF suspendeu a Súmula 228 do TST, dizendo que, enquanto não for editada lei, o cálculo do adicional de insalubridade é feito sobre o salário mínimo.

Não basta a constatação da insalubridade por meio de laudo pericial para que o empregado tenha direito ao respectivo adicional, sendo necessária a classificação da atividade insalubre na relação oficial elaborada pela Secretaria Especial de Previdência e Trabalho (Súmula 448, I, do TST).

A higienização de instalações sanitárias de uso público ou coletivo de grande circulação, e a respectiva coleta de lixo, por não se equiparar à limpeza em residências e escritórios, enseja o pagamento de adicional de insalubridade em grau máximo, incidindo o disposto no Anexo 14 da NR 15 da Portaria n. 3.214/78, quanto à coleta e industrialização de lixo urbano (Súmula 448, II, do TST).

O trabalho executado em caráter intermitente, em condições insalubres, não afasta, por essa circunstância, o pagamento do adicional de insalubridade (Súmula 47 do TST).

O trabalhador rural tem direito ao adicional de insalubridade, devendo ser verificada a condição que lhe é prejudicial à saúde.

Não basta fornecer ao empregado o equipamento de proteção individual. O empregador deverá tomar as medidas que conduzam à diminuição ou eliminação da nocividade, entre as quais as relativas ao uso efetivo do EPI pelo empregado (Súmula 289 do TST).

Integrará a remuneração do empregado para o cálculo de outras verbas se for pago em caráter habitual, como das férias (§ 5º do art. 142 da CLT), 13º salário, aviso prévio, FGTS, indenização (Súmula 139 do TST). Não integrará os descansos semanais e feriados, pois o adicional tem pagamento mensal, já incluindo os últimos (§ 2º do art. 7º da Lei n. 605/49).

6.2.4 Adicional de periculosidade

O adicional de periculosidade é devido ao empregado que presta serviços em atividades ou operações perigosas, na forma da regulamentação aprovada pela Secretaria Especial de Previdência e Trabalho, aquelas que, por sua natureza ou métodos de trabalho, impliquem risco acentuado em virtude de exposição permanente do trabalhador a: I – inflamáveis, explosivos ou energia elétrica; II – roubos ou outras espécies de violência física nas atividades profissionais de segurança pessoal ou patrimonial; III – colisões, atropelamentos ou outras espécies de acidentes ou violências nas atividades profissionais dos agentes das autoridades de trânsito.

São também consideradas perigosas as atividades de trabalhador em motocicleta (§ 4º do art. 193 da CLT).

O contato permanente tem sido entendido como diário. O adicional será de 30% sobre o salário do empregado, sem os acréscimos resultantes de gratificações, prêmios ou participações nos lucros da empresa (§ 1º do art. 193 da CLT). Incide o adicional de periculosidade apenas sobre o salário básico do empregado, e não sobre tal salário acrescido de outros adicionais (Súmula 191, I, do TST). O adicional de periculosidade do empregado eletricitário, contratado sob a égide da Lei n. 7.369/85, deve ser calculado sobre a totalidade das parcelas de natureza salarial. Não é válida norma coletiva mediante a qual se determina a incidência do referido adicional sobre o salário básico. A alteração da base de cálculo do adicional de periculosidade do eletricitário promovida pela Lei n. 12.740/2012 atinge somente contrato de trabalho firmado a partir de sua vigência, de modo que, nesse caso, o cálculo será realizado exclusivamente sobre o salário básico, conforme determina o § 1º do art. 193 da CLT (Súmula 191, III, do TST).

Os empregados que operam em bomba de gasolina têm direito ao adicional de periculosidade (Súmula 39 do TST).

Não são apenas os funcionários de empresa que produz energia elétrica que têm direito ao adicional, mas também os de todas as empresas em que existam condições que impliquem perigo de vida pelo contato com equipamentos energizados, pois a lei não faz distinção nesse sentido. Reza a Lei n. 7.369/85 que o empregado, ao exercer suas funções em condições de periculosidade, tem direito ao adicional de 30% sobre o seu salário.

O trabalho exercido em condições perigosas, embora de forma intermitente, dá direito ao empregado a receber o adicional de periculosidade de forma integral, tendo em vista que a Lei n. 7.369/85 não estabeleceu qualquer proporcionalidade em relação ao seu pagamento (Súmula 361 do TST).

Tem direito ao adicional de periculosidade o empregado exposto permanentemente ou que, de forma intermitente, sujeita-se a condições de risco. Indevido, apenas, quando o contato dá-se de forma eventual, assim considerado o fortuito, ou o que, sendo habitual, dá-se por tempo extremamente reduzido (Súmula 364, I, do TST).

Não é válida a cláusula de acordo ou convenção coletiva de trabalho fixando o adicional de periculosidade em percentual inferior ao estabelecido em lei e proporcional ao tempo de exposição ao risco, pois tal parcela constitui medida de higiene, saúde e segurança do trabalho, garantida por norma de ordem pública (arts. 7º, XXII e XXIII, da CF e 193, § 1º, da CLT) (Súmula 364, II, do TST).

Os tripulantes e demais empregados em serviços auxiliares de transporte aéreo que, no momento do abastecimento da aeronave, permanecem a bordo não têm direito ao adicional de periculosidade (Súmula 447 do TST).

É devido o pagamento do adicional de periculosidade ao empregado que desenvolve suas atividades em edifício (construção vertical), seja em pavimento igual ou distinto daquele onde estão instalados tanques para armazenamento de líquido inflamável, em quantidade acima do limite legal, considerando-se como área de risco toda a área interna da construção vertical (OJ 385 da SBDI-1 do TST).

Se o adicional for pago com habitualidade, integrará as férias (§ 5º do art. 142 da CLT), o 13º salário, o aviso prévio, o FGTS, a indenização (Súmula 132, I, TST). Não haverá integração do adicional de periculosidade no DSR, pois se trata de um pagamento mensal, que já engloba o último (§ 2º do art. 7º da Lei n. 605/49).

6.2.5 Adicional de transferência

É devido o adicional de transferência ao empregado quando for transferido provisoriamente para outro local, desde que importe mudança de sua residência (art. 469, § 3º, da CLT). Não é devido nas transferências definitivas. O porcentual é de 25% sobre o salário.

6.3 Ajuda de custo

A ajuda de custo é um pagamento destinado a que o empregado possa executar seus serviços. Não depende de viagem, nem serve para custear despesas de viagens.

Tem por objetivo compensar as despesas com transporte e alimentação em razão de que o empregado vai ter uma dificuldade maior para fazer um serviço, como quando tem de trabalhar em outro bairro dentro da mesma cidade.

As ajudas de custo não integram o salário (§ 2º do art. 457 da CLT).

6.4 Comissões

A comissão integra o salário (§ 1º do art. 457 da CLT). É uma modalidade de salário normalmente estipulada para os empregados no comércio, porém os representantes comerciais também podem perceber pagamento à base de comissão, assim como os bancários, pela venda de papéis do banco.

Não se confunde a comissão com a percentagem, pois, caso contrário, o legislador ordinário não as utilizaria em separado (§ 2º do art. 142, art. 459 e art. 466 da CLT). Entendo que as comissões se referem a um valor determinado, como $ 500,00, e as percentagens, como o próprio nome indica, seriam um percentual sobre as vendas (exemplo: 2% sobre as vendas).

Os vendedores, pracistas ou viajantes podem ter seus salários determinados à base de comissões, como geralmente acontece, sendo o regime de trabalho de tais pessoas regulado pela Lei n. 3.207, de 18 de julho de 1957. O empregado vendedor tem direito à comissão avençada sobre as vendas realizadas. Se possui uma zona de trabalho fechada, onde atua com exclusividade, tem direito às comissões das vendas ali realizadas pela empresa ou por seu preposto (art. 2º).

Percebendo o empregado apenas comissões, não tendo salário fixo, o empregador deve assegurar ao obreiro pelo menos um salário mínimo no mês em que as comissões não atingirem essa importância. Assim, se as comissões foram inferiores a um salário mínimo em certo mês, deve a empresa complementar tal valor até atingir um salário mínimo (parágrafo único do art. 78 da CLT e Lei n. 8.716/93). Se a norma coletiva da categoria estabelecer piso salarial, este deve ser observado como mínimo a ser pago ao empregado, e mais as comissões.

6.5 Diárias

A expressão correta é *diárias para viagem*, como se observa do § 2º do art. 457 da CLT, mas também emprega-se o termo *viáticos* como sinônimo, com o significado do pagamento feito pelo preponente aos caixeiros viajantes ou "cometas", com origem no Direito Comercial.

Diária é o pagamento feito ao empregado para indenizar despesas com o deslocamento, hospedagem ou pousada e alimentação e a sua manutenção quando precisa viajar para executar as determinações do empregador. São, portanto, pagamentos ligados diretamente à viagem feita pelo empregado para a prestação dos serviços ao empregador, decorrentes da mobilidade do empregado.

O § 2º do art. 457 da CLT dispõe que as diárias para viagem não integram o salário. Pouco importa que elas sejam superiores ou inferiores a 50%, pois a lei não faz mais essa distinção.

6.6 Gorjeta

Gorjeta tem origem na palavra *gorja*, de garganta, no sentido de dar de beber, com significado equivalente a propina. Seria uma forma de retribuição do cliente ao empregado que o serviu, mostrando o reconhecimento pelo serviço prestado, que foi bem servido. Geralmente a gorjeta é oferecida aos garçons, ou aos trabalhadores de hotéis e restaurantes.

O § 3º do art. 457 da CLT considera gorjeta não só a importância espontaneamente dada pelo cliente ao empregado como também aquela que for cobrada pela empresa ao cliente, como serviço ou adicional, a qualquer título, e destinada à distribuição aos empregados. O pagamento da gorjeta é feito, assim, por um terceiro, o cliente, e não pelo próprio empregador, daí não ser considerada como salário, mas como remuneração, que corresponde aos salários mais as gorjetas (art. 457 da CLT).

Podem as gorjetas ser de duas espécies: as obrigatórias (sistema alemão), fixadas na nota de despesa e destinadas a um fundo para distribuição a todos os empregados; e as facultativas (sistema latino), que são as espontâneas, ficando ao livre-arbítrio do cliente. No Brasil adota-se o sistema facultativo, sendo que o cliente não é obrigado a pagar gorjeta, mesmo que ela venha incluída na conta.

As gorjetas não poderão ser utilizadas para a complementação do salário mínimo, pois este último é pago diretamente pelo empregador (art. 76 da CLT) e a gorjeta deve ser paga por um terceiro: o cliente. Assim, o obreiro deverá receber o salário mínimo e mais as gorjetas que forem pagas pelo cliente. As gorjetas, sejam cobradas pelo empregador ou oferecidas espontaneamente pelos clientes, integram a remuneração do empregado. Integrarão, assim, a remuneração para todos os efeitos, como para o cálculo das férias, 13º salário (§ 1º do art. 1º da Lei n. 4.090), havendo incidência do FGTS.

A gorjeta não é receita própria dos empregadores. Destina-se aos trabalhadores e será distribuída segundo critérios de custeio e de rateio definidos em convenção ou acordo coletivo de trabalho.

Inexistindo previsão em convenção ou acordo coletivo de trabalho, os critérios de rateio e distribuição da gorjeta e os percentuais de retenção serão definidos em assembleia geral dos trabalhadores, na forma do art. 612 da CLT.

As empresas que cobrarem a gorjeta deverão:

I – para as empresas inscritas em regime de tributação federal diferenciado (microempresas e empresas de pequeno porte), lançá-la na respectiva nota de consumo, facultada a retenção de até 20% da arrecadação correspondente, mediante previsão em convenção ou acordo coletivo de trabalho, para custear os encargos sociais, previdenciários e trabalhistas derivados da sua integração à remuneração dos empregados, devendo o valor remanescente ser revertido integralmente em favor do trabalhador;

II – para as empresas não inscritas em regime de tributação federal diferenciado, lançá-la na respectiva nota de consumo, facultada a retenção de até 33% da arrecadação correspondente, mediante previsão em convenção ou acordo coletivo de trabalho, para custear os encargos sociais, previdenciários e trabalhistas derivados da sua integração à remuneração dos empregados, devendo o valor remanescente ser revertido integralmente em favor do trabalhador;

III – anotar na Carteira de Trabalho e Previdência Social e no contracheque de seus empregados o salário contratual fixo e o percentual percebido a título de gorjeta (§ 14 do art. 457 da CLT).

A gorjeta, quando entregue pelo consumidor diretamente ao empregado, terá seus critérios definidos em convenção ou acordo coletivo de trabalho, facultada a retenção nos parâmetros do § 6º do art. 457 da CLT.

Cessada pela empresa a cobrança da gorjeta, desde que cobrada por mais de doze meses, esta se incorporará ao salário do empregado, tendo como base a média dos últimos doze meses, salvo o estabelecido em convenção ou acordo coletivo de trabalho.

Para empresas com mais de 60 empregados, será constituída comissão de empregados, mediante previsão em convenção ou acordo coletivo de trabalho, para acompanhamento e fiscalização da regularidade da cobrança e distribuição da gorjeta, cujos representantes serão eleitos em assembleia geral convocada para esse fim pelo sindicato laboral e gozarão de garantia de emprego vinculada ao desempenho das funções para que foram eleitos. Para as demais empresas, será constituída comissão intersindical para o referido fim.

Comprovado o descumprimento do disposto nos §§ 4º, 6º, 7º e 9º do art. 457 da CLT, o empregador pagará ao trabalhador prejudicado, a título de multa, o valor correspondente a 1/30 da média da gorjeta por dia de atraso, limitada ao piso da categoria, assegurados em qualquer hipótese o contraditório e a ampla defesa.

A limitação prevista no § 11 do art. 457 da CLT será triplicada caso o empregador seja reincidente.

Considera-se reincidente o empregador que, durante o período de doze meses, descumpre o disposto nos §§ 4º, 6º, 7º e 9º do art. 457 da CLT por mais de 60 dias.

6.7 Gratificações

A palavra *gratificação* deriva do latim *gratificare*, que tem o significado de dar graças, mostrar-se reconhecido. No Direito do Trabalho muitas vezes a gratificação tem o sentido de um pagamento feito como liberalidade pelo empregador.

Integram o salário as gratificações legais (§ 1º do art. 457 da CLT). Gratificação de função é a do bancário (§ 2º do art. 224 da CLT), do gerente (parágrafo único do art. 62 da CLT). Gratificação legal pode ser o 13º salário, pois é a gratificação de Natal, prevista na Lei n. 4.090/62.

Outras gratificações não integrarão o salário.

Havendo, ao mesmo tempo, "gratificação por tempo de serviço outorgada pelo empregador e outra da mesma natureza prevista em acordo coletivo, convenção coletiva ou sentença normativa, o empregado tem direito a receber, exclusivamente, a que lhe seja mais benéfica" (Súmula 202 do TST). As gratificações de produtividade e de tempo de serviço, pagas mensalmente, não repercutem no cálculo do repouso semanal remunerado (Súmula 225 do TST).

A alteração da gratificação, com ou sem justo motivo, não assegura ao empregado o direito à manutenção do seu pagamento, que não será incorporada ao salário, independentemente do tempo de exercício da respectiva função (§ 2º do art. 468 da CLT).

6.8 Décimo terceiro salário

A Lei n. 4.090, de 13 de julho de 1962, instituiu a gratificação de Natal, também denominada 13º salário, que passou a ser compulsória e não mais facultativa, como era o procedimento das empresas.

O 13º salário passa a ser devido a todo empregado (art. 1º da Lei n. 4.090/62). O inciso VIII, do art. 7º, da Constituição dispõe: "décimo terceiro salário com base na remuneração integral ou no valor da aposentadoria". O 13º salário é devido não só ao empregado urbano, mas também ao rural, segundo o *caput* do art. 7º da Constituição. Segundo a Lei Maior, o 13º salário passa a ser devido com base na remuneração integral do mês de dezembro, como já explicitava o § 1º do art. 1º da Lei n. 4.090/62. O doméstico também tem direito ao 13º salário (parágrafo único do art. 7º da Lei Maior).

O inciso XXXIV do art. 7º da Constituição prevê igualdade de direitos entre o trabalhador com vínculo empregatício permanente e o trabalhador avulso, o que mostra que o constituinte também assegurou ao avulso o direito ao 13º salário, embora a Lei n. 5.480/67 tenha sido revogada pela Lei n. 8.630/67 (art. 76).

O § 1º do art. 1º da Lei n. 4.090/62 adota a ideia, prevista posteriormente na Constituição, de que o 13º salário é calculado com base na remuneração, compreendendo o salário mais as gorjetas (art. 457 da CLT). A remuneração a ser observada é a do mês de dezembro do ano correspondente. O cálculo é de 1/12 por mês de serviço. Considera-se como mês a fração igual ou superior a 15 dias de trabalho.

A Lei n. 4.749, de 12 de agosto de 1965, dividiu o pagamento do 13º salário em duas parcelas. A primeira parcela deverá ser paga entre os meses de fevereiro e novembro (até 30 de novembro) de cada ano, o que vem a ser um adiantamento, correspondendo à metade do salário recebido pelo empregado no mês anterior ao do pagamento. O empregador não estará obrigado a pagar a 1ª parcela a todos os seus empregados no mesmo mês (§ 1º do art. 2º da Lei n. 4.749/65). Poderá, ainda, a primeira parcela ser paga na ocasião em que o empregado sair em férias, desde que este o requeira no mês de janeiro do correspondente ano (§ 2º do art. 2º da Lei n. 4.749/65). Trata-se de uma faculdade outorgada ao empregado.

A segunda metade deverá ser saldada até o dia 20 de dezembro (art. 1º da Lei n. 4.749/65), compensando-se a importância paga a título de adiantamento, ou seja, a primeira parcela, sem qualquer correção monetária.

Para os empregados que recebem salário variável, *v. g.*, fixo mais comissões, o 13º salário será calculado na base de 1/11 da soma das importâncias variáveis devidas nos meses trabalhados até novembro de cada ano. A esta gratificação se somará a que corresponder à parte do salário contratual fixo (art. 77 do Decreto n. 10.854/2021). A primeira parcela será deduzida desta segunda parcela. Até o dia 10 de janeiro de cada ano, computada a parcela do mês de dezembro, o cálculo da gratificação será revisto para 1/12 do total devido no ano anterior, processando-se à correção do valor da respectiva gratificação com o pagamento ou compensação das possíveis diferenças (parágrafo único do art. 2º do Decreto n. 57.155/65).

Havendo rescisão do contrato de trabalho sem justa causa (art. 3º da Lei n. 4.090/62) ou pedindo demissão o empregado (Súmula 157 do TST), este fará jus ao 13º salário, de maneira proporcional ou integral, dependendo do caso, calculada sobre a remuneração devida no mês da rescisão. Sendo o empregado dispensado por justa causa, não fará jus ao 13º salário (art. 3º da Lei n. 4.090/62, interpretado *a contrario sensu*). Havendo culpa recíproca de empregado e empregador, o 13º salário é devido pela metade (Súmula 14 do TST). A Lei n. 9.011, de 30 de março de 1995, acrescentou o § 3º ao art. 1º da Lei n. 4.090/62, explicitando que a gratificação será proporcional: (a) na extinção dos contratos a prazo, incluindo os de safra, ainda que a relação haja se findado antes de dezembro; (b) na cessação da relação de emprego resultante da aposentadoria do trabalhador, ainda que verificada antes de dezembro.

Tendo o 13º salário natureza salarial, é computável para efeito do cálculo da indenização (Súmula 148 da CLT). Se a empresa paga uma gratificação periódica contratual, há a integração no salário, dada a habitualidade, pelo seu duodécimo, inclusive para o cálculo do 13º salário.

Ocorrendo a extinção do contrato de trabalho antes do pagamento da 2ª parcela, mas já com o pagamento da 1ª parcela do 13º salário, poderá o empregador compensar este último adiantamento com o que seria devido a título do 13º salário, ou com outro crédito trabalhista que possua o empregado, como aviso prévio, férias etc.

6.9 Prêmios

Prêmios são as liberalidades concedidas pelo empregador, em forma de bens, serviços ou valor em dinheiro, a empregado ou a grupo de empregados, em razão de desempenho superior ao ordinariamente esperado no exercício de suas atividades (§ 4º do art. 457 da CLT). O prêmio não tem natureza salarial. Pode ser pago mais de duas vezes por ano, pois não terá natureza salarial.

Os prêmios decorrem da produtividade do trabalhador, dizendo respeito a fatores de ordem pessoal deste, como a produção, a assiduidade. Não podem, porém, ser a única forma de pagamento do salário, por serem dependentes de uma condição, devendo o obreiro perceber pelo menos um salário fixo.

A natureza jurídica do prêmio decorre de fatores de ordem pessoal relativos ao trabalhador, ou seja, seria vinculado a certa condição. Entretanto, se não for verificada a condição que dá ensejo ao pagamento, não será devido o prêmio.

O prêmio de produção diz respeito à quantidade de peças que foram produzidas pelo empregado. O prêmio de qualidade pode ser conferido ao trabalhador em virtude da excelência da peça produzida. Há, também, o prêmio de assiduidade, pago ao empregado que não chegar atrasado ao emprego durante o mês ou que não tiver faltado no mesmo período. O prêmio de zelo é aquele em que o empregado cuida corretamente dos bens da empresa durante certo período, sem causar qualquer dano ao equipamento. É o que acontece com o motorista de ônibus que não dá causa a qualquer colisão do veículo durante o mês, podendo o obreiro receber o prêmio de zelo, se assim for ajustado com o empregador.

O STF deixou claro que "o salário-produção, como outras modalidades de salário-prêmio, é devido, desde que verificada a condição a que estiver subordinado e não pode ser suprimido, unilateralmente, pelo empregador, quando pago com habitualidade" (Súmula 209).

6.10 Participação nos lucros

A primeira notícia que se tem da participação nos lucros corresponde a 1794, quando Albert Gallatin, secretário do Tesouro de Jefferson, distribuiu aos empregados parte dos lucros nas indústrias de vidro.

A participação nos lucros foi prevista efetivamente pela primeira vez no inciso IV do art. 157 da Constituição de 1946: "participação obrigatória e direta do trabalhador nos lucros da empresa, nos termos e pela forma que a lei determinar". A Constituição de 1967, no inciso V do art. 158, assegurava: "integração do trabalhador na vida e no desenvolvimento da empresa, com participação nos lucros e, excepcionalmente, na gestão, nos casos e condições que forem estabelecidos". Não mais se falava em participação obrigatória dos trabalhadores nos lucros das empresas, admitindo-se, porém, a participação na gestão das empresas, de maneira excepcional. O inciso V do art. 165 da Emenda Constitucional n. 1, de 1969, mudou um pouco a redação do direito à participação nos lucros previsto na Lei Magna anterior: "integração na vida e no desenvolvimento da empresa, com participação nos lucros e, excepcionalmente, na gestão, segundo for estabelecido em lei". Uma forma de tentar instituir a participação nos lucros foi a criação do PIS pela Lei Complementar n. 7, de 7 de setembro de 1970, que tinha por objetivo promover a integração do empregado na vida e no desenvolvimento das empresas, porém mais se aproximava de uma participação dos trabalhadores na renda nacional, pois independia do lucro das empresas, mas, sim, do seu faturamento.

Algumas empresas vinham pagando a participação nos lucros aos seus empregados. Entendeu-se que esse pagamento tinha natureza salarial, pois seria um pagamento feito sob forma de porcentagem ou uma forma imprópria de gratificação (art. 457, § 1º, da CLT).

O inciso XI do art. 7º da Constituição de 1988 estabelece como direito dos trabalhadores urbanos e rurais: "participação nos lucros, ou resultados, desvinculada da remuneração, e, excepcionalmente, participação na gestão da empresa, conforme definido em lei". O governo pretendeu regular a participação nos lucros editando várias medidas provisórias. A Medida Provisória n. 794, de 29 de dezembro de 1994, foi a primeira a tratar do tema. Atualmente, a Lei n. 10.101/2000 versa sobre o assunto.

A participação nos lucros é o pagamento feito pelo empregador ao empregado, em decorrência do contrato de trabalho, referente à distribuição do resultado positivo obtido pela empresa, o qual o obreiro ajudou a conseguir.

Seria possível enumerar vários conceitos de lucros, como o contábil, o lucro líquido para imposto de renda, lucro comercial etc. O legislador não os definiu. Entendo que o melhor conceito deveria ser o de lucro líquido, porém a própria Lei n. 10.101 delega a questão para as próprias partes.

O conceito de resultado também não é definido na Constituição. Resultado, porém, não se confunde com lucro, até porque, em Direito, cada elemento constante da regra jurídica possui significado próprio. É possível se entender, também, que o uso da palavra *resultados* seja decorrente de estabelecer uma forma de participação do trabalhador no resultado positivo obtido por empresas que não tenham por objeto o lucro, como instituições de beneficência, associações recreativas, sindicatos, hospitais etc., de maneira a que o trabalhador tenha uma participação financeira sobre a produtividade que alcançou para a referida empresa. A Lei n. 10.101/2000 entende como resultado o atingimento de metas pela empresa, os decorrentes da melhoria da produtividade, qualidade, lucratividade ou programas de metas, de redução de custos. Outros critérios, porém, podem ser utilizados, pois o § 1º do art. 2º da Lei n. 10.101/2000 usa a expressão *entre outros*, denotando ser exemplificativa a enumeração que faz, e não taxativa.

O inciso XI do art. 7º da Lei Maior estabelece que a participação nos lucros é desvinculada da remuneração.

As teorias que informam a respeito da natureza jurídica da participação nos lucros podem ser enumeradas em três. A primeira teoria é a que considera a participação nos lucros como salário, tendo por fundamento o § 1º e o *caput* do art. 457 da CLT. Seria uma espécie de gratificação ou contraprestação pelos serviços prestados pelo empregado. O TST entendeu dessa forma, por meio da antiga Súmula 251, que foi cancelada pela Resolução n. 33, de 27 de abril de 1994.

A segunda teoria entende que a participação nos lucros seria uma forma decorrente do contrato de sociedade. A referida orientação diria respeito a que a participação nos lucros decorre do contrato de sociedade, da *affectio societatis*, de que os sócios têm um objetivo comum: conseguir lucros por meio do empreendimento que pretendem realizar. Assim, se a participação nos lucros fosse conferida ao empregado, teria a característica de contrato de sociedade. Ocorre, contudo, que nem todo pagamento feito ao empregado é salário, como as gorjetas que são pagas por terceiros (clientes); nem todo pagamento decorre apenas do trabalho do empregado, mas pode ser proveniente de um esforço indireto do empregado de produzir bens e serviços para a empresa, que resulta, ao final, num benefício, que seria a participação nos lucros que ajudou a conseguir para o empregador.

A terceira teoria prega que a natureza jurídica da participação nos lucros seria de um contrato *sui generis*, pois nem seria salário, nem contrato de sociedade, mas teria elementos dos dois.

Pode-se dizer que a partir da edição da lei ordinária sobre participação nos lucros a referida participação será uma forma de complementação do salário. Sendo uma forma de participação, não é salário. Trata-se de um pagamento condicionado, ou seja, o pagamento só será feito na ocorrência de lucros, o que mostra que existindo prejuízo não haverá pagamento. Na verdade, a participação nos lucros é uma forma de participação do empregado na empresa, mediante a distribuição dos lucros desta última, os quais o trabalhador ajudou a conseguir. O empregado não se torna sócio do empregador, nem fica descaracterizado o contrato de trabalho, evidenciando que a natureza jurídica da participação nos lucros seria de uma forma de transição entre o contrato de trabalho e o contrato de sociedade, ou seja, seria possível dizer que teria uma natureza mista ou *sui generis*, uma prestação aleatória, dependente da existência de lucro.

O § 1º do art. 2º da Lei n. 10.101/2000 menciona que "dos instrumentos decorrentes da negociação deverão constar regras claras e objetivas quanto à fixação dos direitos substantivos da participação e das regras adjetivas, inclusive mecanismos de aferição das informações pertinentes ao cumprimento do acordado, periodicidade da distribuição, período de vigência e prazos para revisão do acordo". Dessa forma, qualquer meio de aferição das informações será considerado válido.

Quando forem considerados os critérios e condições definidos: I – a empresa deverá prestar aos representantes dos trabalhadores na comissão paritária informações que colaborem para a negociação; II – não se aplicam as metas referentes à saúde e segurança no trabalho.

Dispõe o art. 2º que a participação nos lucros ou resultados será objeto de negociação entre a empresa e seus empregados, mediante um dos procedimentos a seguir descritos, escolhidos pelas partes de comum acordo: a) comissão paritária escolhida pelas partes, integrada, também, por um representante indicado pelo sindicato da respectiva categoria; b) convenção ou acordo coletivo. O instrumento de acordo celebrado será arquivado na entidade sindical dos trabalhadores.

As partes podem: I – adotar os procedimentos de negociação estabelecidos nos incisos I e II do *caput* do art. 2.º da Lei n. 10.101/2000, simultaneamente; e II – estabelecer múltiplos programas de participação nos lucros ou nos resultados, observada a periodicidade prevista na Lei n. 10.101.

Na fixação dos direitos substantivos e das regras adjetivas, inclusive no que se refere à fixação dos valores e à utilização exclusiva de metas individuais, a autonomia da vontade das partes contratantes será respeitada e prevalecerá em relação ao interesse de terceiros.

Consideram-se previamente estabelecidas as regras fixadas em instrumento assinado: I – anteriormente ao pagamento da antecipação, quando prevista; e II – com antecedência de, no mínimo, 90 dias da data do pagamento da parcela única ou da parcela final, caso haja pagamento de antecipação.

A inobservância à periodicidade prevista na Lei n. 10.101 invalida exclusivamente os pagamentos feitos em desacordo com a norma, assim entendidos: I – os pagamentos excedentes ao segundo, feitos a um mesmo empregado, no mesmo ano civil; e II – os pagamentos efetuados a um mesmo empregado, em periodicidade inferior a um trimestre civil do pagamento anterior. Fica mantida a validade dos demais pagamentos.

Uma vez composta, a comissão paritária dará ciência por escrito ao ente sindical para que indique seu representante no prazo máximo de 10 dias corridos, findo o qual a comissão poderá iniciar e concluir suas tratativas.

Não se equipara a empresa: a) a pessoa física; b) a entidade sem fins lucrativos que, cumulativamente: 1) não distribua resultados, a qualquer título, ainda que indiretamente, a dirigentes, administradores ou empresas vinculadas; 2) aplique integralmente os seus recursos em sua atividade institucional e no País; 3) destine o seu patrimônio a entidades congêneres ou ao Poder Público, em caso de encerramento de suas atividades; 4) mantenha escrituração contábil capaz de comprovar a observância dos demais requisitos desta alínea, e das normas fiscais, comerciais e de direito econômico que lhe sejam aplicáveis (§ 3º do art. 2º da Lei n. 10.101/2000). A não equiparação não é aplicável às hipóteses em que tenham sido utilizados índices de produtividade ou qualidade ou programas de metas, resultados e prazos.

É vedado o pagamento de qualquer antecipação ou distribuição de valores a título de participação nos lucros ou resultados da empresa em mais de duas vezes no mesmo ano civil e em periodicidade inferior a um trimestre civil.

A participação não substitui ou complementa a remuneração devida a qualquer empregado, nem constitui base de incidência de qualquer encargo trabalhista, não se lhe aplicando o princípio da habitualidade. Não haverá, portanto, incidência de encargos sociais, como FGTS e contribuição previdenciária sobre o seu pagamento. Também inexistirão reflexos da participação nos lucros em férias, 13º salário, repouso semanal remunerado, aviso prévio etc. Não será, também, computada para o cálculo de qualquer adicional, indenização etc.

Fere o princípio da isonomia instituir vantagem mediante acordo coletivo ou norma regulamentar que condiciona a percepção da parcela da participação nos lucros e resultados ao fato de estar o contrato de trabalho em vigor na data prevista para a distribuição dos lucros. Assim, inclusive na rescisão contratual antecipada, é devido o pagamento da parcela de forma proporcional aos meses trabalhados, pois o ex-empregado concorreu para os resultados positivos da empresa (Súmula 451 do TST).

A participação nos lucros ou resultados será tributada pelo Imposto sobre a Renda exclusivamente na fonte, em separado dos demais rendimentos recebidos, no ano do recebimento ou crédito, com base na tabela progressiva anual constante do Anexo da Lei n. 10.101/2000 e não integrará a base de cálculo do imposto devido pelo beneficiário na Declaração de Ajuste Anual. Para efeito da apuração do Imposto sobre a Renda, a participação dos trabalhadores nos lucros ou resultados da empresa será integralmente tributada com base na tabela progressiva constante do Anexo. Na hipótese de pagamento de mais de uma parcela referente a um mesmo ano-calendário, o imposto deve ser recalculado, com base no total da participação nos lucros recebida no ano-calendário, mediante a utilização da tabela constante do Anexo, deduzindo-se do imposto assim apurado o valor retido anteriormente. Os rendimentos pagos acumuladamente a título de participação dos trabalhadores nos lucros ou resultados da empresa serão tributados exclusivamente na fonte, em separado dos demais rendimentos recebidos, sujeitando-se, também de forma acumulada, ao Imposto sobre a Renda com base na tabela progressiva constante do Anexo. Considera-se pagamento acumulado o pagamento da participação nos lucros relativa a mais de um ano-calendário. Na determinação da base de cálculo da participação dos trabalhadores nos lucros ou resultados, poderão ser deduzidas as importâncias pagas em dinheiro a título de pensão alimentícia em razão das normas do Direito de Família, quando em cumprimento de decisão judicial, de acordo homologado judicialmente ou de separação ou divórcio consensual realizado por escritura pública, desde que correspondentes a esse rendimento, não podendo ser utilizada a mesma parcela para a determinação da base de cálculo dos demais rendimentos. A partir do ano-calendário de 2014, inclusive, os valores da tabela progressiva anual constante do Anexo serão reajustados no mesmo percentual de reajuste da Tabela Progressiva Mensal do imposto de renda incidente sobre os rendimentos das pessoas físicas.

6.11 PIS-PASEP

O Programa de Integração Social (PIS) foi criado pela Lei Complementar n. 7, de 7 de setembro de 1970. O Programa de Formação do Patrimônio do Servidor Público (PASEP) foi instituído pela Lei Complementar n. 8, de 3 de dezembro de 1970.

Tinha o PIS-PASEP por objetivo implementar uma forma de participação do trabalhador na renda nacional, sem se olvidar da participação dos empregados nos lucros das empresas.

O art. 239 da Constituição estabeleceu que a partir de 5 de outubro de 1988 o PIS e o PASEP iriam financiar, nos termos da lei, o programa de seguro-desemprego e o abono. O seguro-desemprego foi regulado por meio da Lei n. 8.019, de 11 de abril de 1990. O § 2º do art. 239 da Lei Maior, especificou que haveria uma preservação dos patrimônios do PIS e do PASEP, mantendo-se os critérios de saque de acordo com os casos previstos na lei, eliminando-se a hipótese de saque por motivo de casamento. Ficou vedada, também, a distribuição de arrecadação do PIS-PASEP para depósito nas contas individuais dos participantes, ou seja: houve a cessação dos depósitos nas contas individuais dos trabalhadores. Foram mantidos, porém, os patrimônios acumulados até 4 de outubro de 1988.

Aos empregados que percebam até dois salários mínimos de remuneração mensal é assegurado o pagamento de um salário mínimo anual (§ 3º do art. 239 da Constituição), já computado nesse valor o rendimento das contas individuais, no caso daqueles que participavam anteriormente do sistema até a data da promulgação da Norma Ápice. Ainda se exige como requisito o fato de que o trabalhador esteja cadastrado há pelo menos cinco anos no PIS ou no Cadastro Nacional do Trabalhador para o recebimento do referido benefício.

O saldo total poderá ser sacado em caso de: a) aposentadoria; b) invalidez permanente; c) reforma militar; d) transferência para a reforma remunerada; e) morte do participante.

7 PROTEÇÃO AO SALÁRIO

O salário deve ser protegido em razão do caráter alimentar que possui.

A Convenção n. 95 da OIT, de 1949, que foi aprovada pelo Congresso Nacional pelo Decreto Legislativo n. 24, de 29 de maio de 1956, e promulgada pelo Decreto n. 41.721, de 25 de junho de 1957, trata da proteção ao salário. O salário deve ser pago em moeda de curso legal (art. 3.1). É proibido o pagamento do salário sob a forma de bônus, cupons ou outra forma que se suponha representar a moeda de curso legal (art. 3.1). Poderá ser permitido pagamento por meio de cheque ou vale postal (art. 3.2). O salário será pago diretamente ao empregado (art. 5º). O empregador fica proibido de restringir a liberdade do trabalhador de dispor de seu salário da maneira que lhe aprouver (art. 6). É vedado o *truck system* (art. 7). Os descontos dependerão da lei ou da norma coletiva (art. 8). O salário é impenhorável (art. 10.1). Deve o salário ter preferência ao pagamento de falência ou de liquidação judiciária (art. 11). O pagamento do salário será feito em intervalos regulares (art. 12.1), sendo realizado em dias úteis e no local de trabalho ou nas proximidades (art. 13.1).

Mario de la Cueva faz interessante divisão da proteção ao salário, que passarei a adotar: a) defesa do salário em relação ao empregador; b) defesa do salário em relação aos credores do empregado; c) defesa do salário em relação aos credores do empregador; d) defesa do salário em razão dos interesses da família do empregado (1954: I/697).

7.1 Defesa do salário em relação ao empregador

O salário deve ser pago ao próprio empregado (pessoalidade no pagamento), sob pena de não ser considerado realizado tal pagamento, salvo se houver prova no sentido de que o salário efetivamente reverteu ao obreiro ou se procurador devidamente habilitado o receber.

O menor de 18 anos poderá firmar recibo de pagamento de salários, porém na rescisão do contrato de trabalho deverá estar assistido por seus pais (art. 439 da CLT).

O pagamento será feito mediante recibo (art. 464 da CLT). Não se admite a prova do pagamento de salário por meio de testemunhas, pois pode dar ensejo a fraudes; contudo, se o empregado confessar que recebeu o salário, estará suprida a falta de recibo. Terá força de recibo o comprovante de depósito em conta bancária, aberta para esse fim em nome de cada empregado, com o consentimento deste, em estabelecimento de crédito próximo ao local de trabalho. Se o empregado for analfabeto ou estiver impossibilitado de assinar, deverá ser colhida a sua impressão digital ou, não sendo possível, alguém irá assinar por ele, na presença de testemunhas.

O princípio da irredutibilidade salarial é previsto no inciso VI do art. 7º da Lei Maior. Apenas mediante acordo ou convenção coletiva é que o salário poderá ser reduzido. O art. 503 da CLT foi revogado nesse ponto, pois permitia a redução de salários em caso de força maior.

Deverá o salário ser pago em moeda de curso forçado no país, entendendo-se como não realizado se for inobservada essa forma (art. 463 da CLT). Não é possível que o pagamento do salário seja feito em vales ou cupons ou em moeda estrangeira. Quando o pagamento é feito em moeda estrangeira deve haver a conversão para a nossa moeda pelo câmbio da data da celebração do contrato, aplicando-se sobre o referido salário os reajustes legais ou da categoria. Entretanto, é possível o pagamento em utilidades e mediante cheque. Para que o pagamento do salário ou de férias possa ser feito por meio de cheque é preciso que a empresa esteja situada no perímetro urbano e o empregador proporcione ao empregado: a) horário que permita o desconto imediato do cheque; b) o pagamento de qualquer despesa para o recebimento do salário, inclusive de transporte; c) tempo suficiente para o recebimento do salário; d) condição que impeça qualquer atraso no recebimento do salário ou das férias. Para o recebimento do salário ou férias por meio de conta bancária é necessário que a empresa esteja situada no perímetro urbano, devendo a conta ser aberta em nome de cada empregado e com o consentimento deste, em estabelecimento de crédito próximo ao local de trabalho. Se o trabalhador for analfabeto o salário somente poderá ser pago em dinheiro.

O pagamento de salários será efetuado em dia útil e no local de trabalho, dentro do horário de serviço ou imediatamente após o encerramento deste, salvo quando efetuado por depósito em conta bancária (art. 465 da CLT).

Qualquer que seja a modalidade do trabalho, o pagamento do salário não pode ser estipulado por período superior a um mês, salvo quanto às comissões, percentagens ou gratificações (art. 459 da CLT). Mesmo para efeito dos depósitos bancários na conta do empregado deve-se observar que o numerário deverá estar à disposição do empregado, o mais tardar até o quinto dia útil. O salário, portanto, deve ser pago com pontualidade, mais precisamente até o 5º dia útil do mês seguinte ao vencido (parágrafo único do art. 459 da CLT). As comissões, entretanto, deverão ser pagas mensalmente, à medida que haja a conclusão dos negócios (art. 4º da Lei n. 3.207/57).

Observa-se no Direito do Trabalho o princípio da intangibilidade salarial, pois os descontos que podem ser feitos no salário do obreiro são apenas os previstos em lei, norma coletiva ou decorrentes de adiantamentos (art. 462 da CLT). O mencionado princípio mostra a natureza alimentar do salário, ao evidenciar a proteção jurídica dispensada àquele, de modo a limitar a possibilidade de descontos abusivos feitos pelo empregador.

Os descontos autorizados por lei são, entre outros, da contribuição sindical (art. 582 da CLT), do pagamento de prestação alimentícia prevista em ordem judicial, do pagamento de pena criminal pecuniária, de custas judiciais, de dívidas contraídas para a aquisição da casa própria pelo Sistema Financeiro de Habitação (Lei n. 5.725/71), da retenção do saldo salarial quando o empregado pede demissão e não dá aviso prévio ao empregador (§ 2º do art. 487 da CLT), da mensalidade devida pelo empregado sindicalizado (art. 548, b, c/c o art. 545 da CLT), da multa em relação ao jogador de futebol, da contribuição previdenciária (Lei n. 8.212/91), do Imposto de Renda na fonte (Lei n. 7.713), do vale-transporte até 6% do salário do empregado (art. 9º, I, do Decreto n. 95.247/67) e até 20% do custo direto da refeição (art. 2º, I, do Decreto n. 5/91).

A Lei n. 10.820/2003 permite os descontos no salário do empregado em relação a empréstimos bancários. O desconto será de 40%. O desconto mencionado também poderá incidir sobre verbas rescisórias devidas pelo empregador, se assim previsto no respectivo contrato de empréstimo, financiamento, cartão de crédito ou arrendamento mercantil, até o limite de 40%, sendo 35% destinados exclusivamente a empréstimos, financiamentos e arrendamentos mercantis e 5% destinados exclusivamente à amortização de despesas contraídas por meio de cartão de crédito consignado ou à utilização com a finalidade de saque por meio de cartão de crédito consignado.

O § 1º do art. 462 da CLT elenca outra hipótese de desconto no salário do trabalhador, mas há necessidade da ocorrência de dolo por parte do operário ao causar prejuízo ao seu patrão. Em caso de culpa, o desconto só será admitido se houver sido estipulado no contrato de trabalho, além da necessidade da demonstração do prejuízo do empregador pelo ato praticado pelo empregado.

Do empregado rural é possível descontar: a) até o limite de 20% do salário mínimo pela ocupação da moradia; b) até 25% do salário mínimo pelo fornecimento de alimentação sadia e farta, atendidos os preços vigentes na região; c) adiantamentos em dinheiro.

É vedado ao empregador doméstico efetuar descontos no salário do empregado por fornecimento de alimentação, vestuário, higiene ou moradia, bem como por despesas com transporte, hospedagem e alimentação em caso de acompanhamento em viagem (art. 18 da Lei Complementar n. 150/2015). É facultado ao empregador efetuar descontos no salário do empregado em caso de adiantamento salarial e, mediante acordo escrito entre as partes, para a inclusão do empregado em planos de assistência médico-hospitalar e odontológica, de seguro e de previdência privada, não podendo a dedução ultrapassar 20% do salário. Poderão ser descontadas as despesas com moradia quando essa se referir a local diverso da residência em que ocorrer a prestação de serviço, desde que essa possibilidade tenha sido expressamente acordada entre as partes. As despesas referidas não têm natureza salarial nem se incorporam à remuneração para quaisquer efeitos. O fornecimento de moradia ao empregado doméstico na própria residência ou em morada anexa, de qualquer natureza, não gera ao empregado qualquer direito de posse ou de propriedade sobre a referida moradia.

O Equipamento de Proteção Individual (EPI) deverá ser fornecido gratuitamente ao empregado (art. 166 da CLT). Não poderá o empregador descontar do salário do empregado o referido equipamento.

A Súmula 342 do TST esclarece que os: "Descontos salariais efetuados pelo empregador, com a autorização prévia e por escrito do empregado, para ser integrado em planos de assistência odontológica, médico-hospitalar, de seguro, de previdência privada, ou de entidade cooperativa, cultural ou recreativa-associativa dos seus trabalhadores, em seu benefício e de seus dependentes, não afrontam o disposto no art. 462 da CLT, salvo se ficar demonstrada a existência de coação ou de outro defeito que vicie o ato jurídico".

Havendo rescisão do contrato de trabalho, seja por parte do empregado ou do empregador, este deverá pagar as verbas rescisórias incontroversas na primeira audiência a que comparecer na Justiça do Trabalho, sob pena de pagá-los com o acréscimo de 50% (art. 467 da CLT). A Súmula 69 do TST informa que se o empregador é revel e confesso quanto à matéria de fato, havendo rescisão do contrato de trabalho, deve aquele ser condenado ao pagamento das verbas rescisórias incontroversas acrescidas de 50%.

7.2 Defesa do salário em relação aos credores do empregado

Os salários são impenhoráveis, salvo para efeito de pagamento de prestação alimentícia (art. 833, IV, do CPC). Justifica-se essa regra, pois o salário é o meio de subsistência do empregado comum. As gorjetas não estão incluídas nesta regra, pois não têm natureza de salário, mas de remuneração, podendo, portanto, ser penhoradas.

7.3 Defesa do salário em relação aos credores do empregador

Os direitos oriundos do contrato de trabalho subsistem em caso de falência, recuperação judicial ou dissolução da empresa (art. 449 da CLT). A recuperação judicial não impede o empregado de ajuizar a reclamação trabalhista, nem a execução do crédito trabalhista, pois o empregador ainda tem a possibilidade de comerciar, tendo disponibilidade sobre seus bens (Súmula 227 do STF).

Na falência constituirão créditos privilegiados do empregado até 150 salários mínimos. O restante será crédito quirografário. O art. 148 da CLT estabelece também que a remuneração das férias, ainda quando devida após a cessação do contrato de trabalho, tem natureza salarial, para os efeitos do art. 449 da CLT. Os créditos trabalhistas, contudo, preferem na falência até mesmo os créditos tributários (art. 186 do CTN).

Se houver recuperação judicial na falência, será facultado aos contratantes tornar sem efeito a rescisão do contrato de trabalho e consequente indenização, desde que o empregador pague, no mínimo, a metade dos salários que seriam devidos ao empregado durante o interregno (§ 2º do art. 449 da CLT).

7.4 Defesa do salário em razão dos interesses da família do empregado

Nossa legislação não trata do tema, porém, como já se disse, o salário deve ser pago diretamente ao empregado. Se o empregador pagar o salário à mulher ou ao marido de seu empregado ou empregada, deverá provar que o pagamento reverteu em benefício do obreiro, sob pena de pagar novamente, pois quem paga mal, paga duas vezes.

Capítulo 17

EQUIPARAÇÃO SALARIAL

1 INTRODUÇÃO

O inciso XXX do art. 7º da Constituição proibiu diferença de salários, de exercício de funções e de critério de admissão por motivo de sexo, idade, cor ou estado civil.

O art. 5º da CLT estabelece que a todo trabalho de igual valor corresponderá salário igual, sem distinção de sexo. A especificação da igualdade salarial vem disciplinada no art. 461 da CLT. Sendo idêntica a função, a todo trabalho de igual valor, prestado ao mesmo empregador, no mesmo estabelecimento empresarial, corresponderá igual salário, sem distinção de sexo, etnia, nacionalidade ou idade (art. 461 da CLT).

Na hipótese de discriminação por motivo de sexo, raça, etnia, origem ou idade, o pagamento das diferenças salariais devidas ao empregado discriminado não afasta seu direito de ação de indenização por danos morais, consideradas as especificidades do caso concreto (§ 6º do art. 461 da CLT). Sem prejuízo do disposto no § 6º do art. 461 da CLT, no caso de infração ao previsto nesse artigo, a multa de que trata o art. 510 da CLT corresponderá a dez vezes o valor do novo salário devido pelo empregador ao empregado discriminado, elevada ao dobro, no caso de reincidência, sem prejuízo das demais cominações legais.

A igualdade salarial e de critérios remuneratórios entre mulheres e homens será garantida por meio das seguintes medidas: I – estabelecimento de mecanismos de transparência salarial e de critérios remuneratórios; II – incremento da fiscalização contra a discriminação salarial e de critérios remuneratórios entre mulheres e homens; III – disponibilização de canais específicos para denúncias de discriminação salarial; IV – promoção e implementação de programas de diversidade e inclusão no ambiente de trabalho que abranjam a capacitação de gestores, de lideranças e de empregados a respeito do tema da equidade entre homens e mulheres no mercado de trabalho, com aferição de resultados; e V – fomento à capacitação e à formação de mulheres para o ingresso, a permanência e a ascensão no mercado de trabalho em igualdade de condições com os homens (art. 4º da Lei n. 14.611/2023).

Fica determinada a publicação semestral de relatórios de transparência salarial e de critérios remuneratórios pelas pessoas jurídicas de direito privado com 100 (cem) ou mais empregados, observada a proteção de dados pessoais de que trata a Lei n. 13.709, de 14 de agosto de 2018 (Lei Geral de Proteção de Dados Pessoais) (art. 5º da Lei n. 14.611/2023). Os relatórios de transparência salarial e de critérios remuneratórios conterão dados anonimizados e informações que permitam a comparação objetiva entre salários, remunerações e a proporção de ocupação de cargos de direção, gerência e chefia preenchidos por mulheres e homens, acompanhados de informações que possam fornecer dados estatísticos sobre outras possíveis desigualdades decorrentes de raça, etnia, nacionalidade e idade, observada a legislação de proteção de dados pessoais e regulamento específico. Nas hipóteses em que for identificada desigualdade salarial ou de critérios remuneratórios, independentemente do descumprimento do disposto no art. 461 da CLT, a pessoa jurídica de direito privado apresentará e implementará plano de ação para mitigar a desigualdade, com metas e prazos, garantida a participação de representantes das entidades sindicais e de representantes dos empregados nos locais de trabalho. Na hipótese de descumprimento, será aplicada multa administrativa cujo valor corresponderá a até 3% da folha de salários do empregador, limitado a 100 salários mínimos, sem prejuízo das sanções aplicáveis aos casos de discriminação salarial e de critérios remuneratórios entre mulheres e homens.

O Poder Executivo federal disponibilizará de forma unificada, em plataforma digital de acesso público, observada a proteção de dados pessoais de que trata a Lei n. 13.709/2018 (Lei Geral de Proteção de Dados Pessoais), além das informações previstas no § 1º do art. 461 da CLT, indicadores atualizados periodicamente sobre mercado de trabalho e renda desagregados por sexo, inclusive indicadores de violência contra a mulher, de vagas em creches públicas, de acesso à formação técnica e superior e de serviços de saúde, bem como demais dados públicos que impactem o acesso ao emprego e à renda pelas mulheres e que possam orientar a elaboração de políticas públicas.

Ato do Poder Executivo instituirá protocolo de fiscalização contra a discriminação salarial e de critérios remuneratórios entre mulheres e homens (art. 6º da Lei n. 14.611/2023).

Para a configuração da equiparação salarial mister se faz o atendimento dos seguintes requisitos: a) identidade de funções; b) trabalho de igual valor; c) mesmo estabelecimento empresarial; d) mesmo empregador; e) simultaneidade na prestação de serviço; f) inexistência de quadro organizado em carreira.

Para a sociedade de economia mista não se aplica a vedação à equiparação salarial (art. 37, XIII, da Constituição), pois, ao admitir empregados sob o regime da CLT, equipara-se a empregador privado, conforme a previsão do art. 173, § 1º, II, da Constituição (Súmula 455 do TST).

2 IDENTIDADE DE FUNÇÕES

Deverá o empregador pagar o mesmo salário ao empregado quando existir prestação de serviços na mesma função. É irrelevante, porém, o nome dado à função pelo empregador. O importante é que, na prática, equiparando e paradigma exerçam as mesmas atividades.

Não se pode dizer que a identidade de funções deva ser plena ou absoluta, mas apenas que as atividades do modelo e do equiparando sejam as mesmas, exercendo os mesmos atos e operações.

3 TRABALHO DE IGUAL VALOR

Trabalho de igual valor será o que for feito com igual produtividade e com a mesma perfeição técnica, entre pessoas cuja diferença de tempo de serviço para o mesmo empregador não seja superior a quatro anos e a diferença de tempo na função não seja superior a dois anos (§ 1º do art. 461 da CLT).

O STF entendeu que a contagem do tempo de serviço é feita na função e não no emprego (Súmula 202). O TST adotou a mesma tese (Súmula 6, II, do TST).

O trabalho de igual valor é medido pela identidade quantitativa, no sentido de se verificar quem detém maior produtividade entre modelo e equiparando. Todas as circunstâncias que possam influir no resultado da produção devem ser verificadas.

Outro requisito para a ocorrência de equiparação salarial é a identidade qualitativa, consistente na verificação da perfeição técnica, reveladora do trabalho idêntico entre reclamante e paradigma. São obras bem acabadas, feitas com esmero, ou com qualidades inerentes ao ofício da pessoa.

Tanto a perfeição técnica como a maior produtividade do paradigma devem ser provadas pela empresa, pois são fatos modificativos ou extintivos do direito à isonomia salarial (art. 818, II, da CLT e Súmula 6, VIII, do TST).

Presentes os pressupostos do art. 461 da CLT, é irrelevante a circunstância de que o desnível salarial tenha origem em decisão judicial que beneficiou o paradigma, exceto se decorrente de vantagem pessoal ou de tese jurídica superada pela jurisprudência de Corte Superior (Súmula 6, VI, do TST).

A equiparação salarial só será possível entre empregados contemporâneos no cargo ou na função, ficando vedada a indicação de paradigmas remotos, ainda que o paradigma contemporâneo tenha obtido a vantagem em ação judicial própria (§ 5º do art. 461 da CLT).

4 MESMO EMPREGADOR

O trabalho realizado pelo equiparando e pelo paradigma deve ser prestado ao mesmo empregador. Se é prestado a empregadores diversos, a equiparação salarial é indevida.

5 MESMO ESTABELECIMENTO EMPRESARIAL

Deve o trabalho ser prestado no mesmo estabelecimento para efeito da equiparação salarial.

O trabalho não será mais o prestado para o empregador na mesma localidade.

6 SIMULTANEIDADE NA PRESTAÇÃO DE SERVIÇOS

É preciso que haja simultaneidade na prestação de serviços entre equiparando e paradigma. Assim, estas pessoas devem ter trabalhado juntas em alguma oportunidade. O TST decidiu que "é desnecessário que ao tempo da reclamação sobre equiparação salarial, reclamante e paradigma estejam a serviço do estabelecimento, desde que o pedido se relacione com situação pretérita" (Súmula 22).

Inexistindo simultaneidade na prestação de serviços, mas sucessividade, ou seja, o empregado vem a suceder outra pessoa que deixou a empresa, não é o caso de equiparação salarial.

7 QUADRO ORGANIZADO EM CARREIRA

Há causas que impedem a equiparação salarial.

A primeira delas é a adoção pelo empregador do quadro organizado em carreira ou, por meio de norma interna da empresa ou de negociação coletiva, de plano de cargos e salários, dispensada qualquer forma de homologação ou registro em órgão público (§ 2º do art. 461 da CLT). As promoções poderão ser feitas por merecimento e por antiguidade, ou por apenas um desses critérios, dentro de cada categoria profissional (§ 3º do art. 461 da CLT).

O quadro de pessoal organizado em carreira que for aprovado pelo órgão competente não obstará à reclamação trabalhista fundada em preterição, enquadramento ou reclassificação no referido quadro (Súmula 127 do TST).

A segunda causa excludente do direito de equiparação salarial é a hipótese de o paradigma estar em regime de readaptação em nova função por motivo de deficiência física ou mental declarada pela Previdência Social (§ 4º do art. 461 da CLT).

No caso de comprovada discriminação por motivo de sexo ou etnia, o juízo determinará, além do pagamento das diferenças salariais devidas, multa, em favor do empregado discriminado, no valor de 50% do limite máximo dos benefícios do Regime Geral de Previdência Social (§ 6º do art. 461 da CLT).

8 EQUIVALÊNCIA SALARIAL

A regra inserta no art. 460 da CLT não é de equiparação salarial, mas de equivalência salarial. Para a caracterização da equivalência salarial é mister que não haja sido estipulado salário, nem exista prova sobre a importância ajustada, ocasião em que o salário deva ser pago em razão do serviço equivalente, ou do que for habitualmente pago por serviço semelhante. Assim, são dois os requisitos a serem observados: a) que não haja estipulação de salário quando do início da contratação; b) que não exista prova sobre a importância ajustada. A equivalência salarial, porém, não é feita em relação ao mesmo estabelecimento, mas na própria empresa, ou seja, em relação ao mesmo empregador, excluindo também o critério localidade, que é encontrado na equiparação salarial.

9 SALÁRIO SUBSTITUIÇÃO

O empregado que substitui outra pessoa na empresa tem direito a receber o salário do substituído, desde que atendidas certas condições.

O pagamento do salário substituição tem fundamento analógico no art. 450 da CLT, quando estabelece que "ao empregado chamado a ocupar, em comissão, interinamente, ou em substituição eventual ou temporária, cargo diverso do que exercer na empresa, serão garantidas a contagem do tempo naquele serviço, bem como a volta ao cargo anterior". O substituto irá ocupar precariamente o posto do titular.

Mostra a Súmula 159 do TST que "enquanto perdurar a substituição que não tenha caráter meramente eventual, inclusive nas férias, o empregado substituto fará jus ao salário contratual do substituído" (I). A substituição não eventual ocorre quando o substituto passa a ocupar o cargo do substituído por ocasião de férias, pois há um fato previsível, compulsório e periódico; na doença prolongada, licença-maternidade etc.

A pessoa que passa a ocupar o lugar de outra na empresa, que venha a se desligar desta ou é transferida de local ou de função, não é substituto, mas sucessor. Na substituição ocorre que ambas as pessoas ainda estão na empresa. Há, portanto, simultaneidade.

A substituição que era provisória e passa a ser definitiva não dá direito ao salário do substituído, pois o que na verdade ocorreu foi sucessão no cargo ou na função. Se uma pessoa vem a ocupar o cargo de outra que veio a ser desligada da empresa, inexiste substituição, pois a substituição tem por pressuposto a contemporaneidade das pessoas na empresa. Quando alguém não mais trabalha na empresa não há substituição, mas sim uma pessoa sucede à outra no posto de trabalho. Na verdade, o que houve é vacância do cargo. Assim, a pessoa que ocupa o posto daquele que saiu da empresa não faz jus aos mesmos salários.

Entretanto, se o titular está afastado do cargo por um impedimento temporário, o substituto terá direito de perceber o mesmo salário que o substituído, desde que a substituição não venha a ocorrer de maneira meramente eventual. A lei não diz qual seria esse prazo, que deve ser analisado de acordo com o princípio da razoabilidade, como em caso de férias, doença etc.

Capítulo 18

POLÍTICA SALARIAL

1 CONCEITO

A política diz respeito à seleção de meios para a consecução de certos objetivos. A política salarial vai estabelecer um sistema de proteção ao salário do trabalhador, de distribuição de riqueza, de combate ao desemprego e à inflação, assim como vem a ser uma forma de serem evitados conflitos de natureza salarial, justamente para delimitação da forma como os salários irão ser corrigidos no passar do tempo.

2 SALÁRIO MÍNIMO

O inciso IV do art. 7º da Constituição estabelece: "salário mínimo, fixado em lei, nacionalmente unificado, capaz de atender a suas necessidades vitais básicas e às de sua família com moradia, alimentação, educação, saúde, lazer, vestuário, higiene, transporte e previdência social, com reajustes periódicos que lhe preservem o poder aquisitivo, sendo vedada sua vinculação para qualquer fim". Entende-se como lazer o descanso, divertimento, participação social, liberando a pessoa das suas obrigações normais, sejam profissionais ou sociais. É o direito ao não trabalho, direito ao ócio, seria a total ausência do trabalho. O lazer elimina a fadiga psicológica.

A primeira orientação encontrada na atual Constituição é a de que o salário mínimo só pode ser fixado por lei. Não há mais a possibilidade de se estabelecer o salário mínimo mediante decretos ou portarias, como vinha sendo feito até então, estando revogado o art. 116 da CLT, que permitia a fixação do salário mínimo por decreto.

Ficam estabelecidas as diretrizes para a política de valorização do salário mínimo a vigorar a partir de 2024, inclusive, a serem aplicadas em 1º de janeiro do respectivo ano, considerado que o valor decorrerá da soma do índice de medida da inflação do ano anterior, para a preservação do poder aquisitivo, com o índice correspondente ao crescimento real do Produto Interno Bruto (PIB) de 2 (dois) anos anteriores, para fins de aumento real (art. 3º da Lei n. 14.663/2023). Os reajustes para a preservação do poder aquisitivo do salário mínimo corresponderão à variação do Índice Nacional de Preços ao Consumidor (INPC), calculado e divulgado pelo IBGE, acumulada nos 12 meses encerrados em novembro do exercício anterior ao do reajuste. Para fins de aumento real, será aplicado, a partir de 2024, o percentual equivalente à taxa de crescimento real do PIB do segundo ano anterior ao da fixação do valor do salário mínimo, apurada pelo IBGE até o último dia útil do ano e divulgada no ano anterior ao de aplicação do aumento real. Os reajustes e os aumentos fixados na forma do art. 3º da Lei n. 14.663/2023 serão estabelecidos pelo Poder Executivo federal por meio de decreto (art. 4º da Lei n. 14.663/2023).

A segunda disposição refere-se a que o salário mínimo será nacionalmente unificado, ou seja: o salário mínimo vale para todo o país. Com isso acabou o salário mínimo regionalizado, por região, como se fazia antigamente, estando revogados os arts. 84 e 86 da CLT, que falavam sobre salário mínimo regional. A existência de salário mínimo por região proporcionava a migração de trabalhadores para áreas onde o salário mínimo era maior.

O salário mínimo deveria atender às necessidades básicas não só do trabalhador, mas também de sua família. Verificava-se que as referidas necessidades eram apenas cinco: alimentação, habitação, vestuário, higiene e transporte. Nota-se, agora, que as necessidades são nove. Mantém-se a alimentação, vestuário, higiene e transporte, mudando-se o nome de moradia para habitação, o que não tem qualquer diferença, mas acrescentam-se outros quatro requisitos, como: educação, saúde, lazer e previdência social.

A quarta ponderação que deve ser feita é a que se refere à vinculação do salário mínimo para qualquer fim. Não há, segundo a determinação da Constituição, qualquer exceção. Visa-se principalmente com tal dispositivo que o salário mínimo não seja uma forma de correção de honorários profissionais, prestações, preços ou outras formas de atualização de valores. Tem-se por objetivo evitar quaisquer efeitos inflacionários decorrentes do atrelamento de outros valores ao salário mínimo, como na prática se fazia e ainda se continua fazendo.

Assegura-se, ainda, a garantia de salário, nunca inferior ao mínimo, para os que percebem remuneração variável (inciso VII do art. 7º da Constituição). Aqueles que percebem salários à base de comissão ou por peça ou tarefa devem ter pelo menos assegurado um salário mínimo por mês a título de remuneração pelos serviços prestados. Se perceberem valor inferior a um salário mínimo a título de comissões, peça ou tarefa, deverá o empregador pagar a diferença até se atingir o salário mínimo. O art. 78 da CLT já determinava que quando o salário fosse ajustado por empreitada, ou convencionado por tarefa ou peça, seria garantido ao trabalhador uma remuneração diária nunca inferior à do salário mínimo diário. O parágrafo único do mesmo art. 78 também dispõe que aqueles que percebem salário por comissão ou percentagem, em que há uma parte fixa e outra variável do salário, devem ter assegurado um salário mínimo como remuneração mínima mensal se perceberem comissões ou percentagens em valores inferiores. Atualmente, o art. 1º da Lei n. 8.716, de 11 de outubro de 1993, declara que "aos trabalhadores que perceberem remuneração variável, fixada por comissão, peça, tarefa ou outras modalidades, será garantido um salário mensal nunca inferior ao salário mínimo". Declara o art. 2º da Lei n. 8.716/93 que àqueles que percebem salário misto, em que há uma parte fixa e outra variável, também será assegurado um salário mínimo por mês. O empregador não poderá fazer qualquer desconto no salário do obreiro, no mês subsequente, a título de compensação de eventuais complementações feitas em meses anteriores, para cumprimento do que foi anteriormente dito (art. 3º da Lei n. 8.716/93).

O salário mínimo pago em dinheiro não poderá ser inferior a 30% do salário mínimo, permitindo-se que 70% do salário possam ser pagos em utilidades.

O trabalhador em domicílio, como qualquer trabalhador, tem direito ao salário mínimo (art. 83 da CLT), mesmo desenvolvendo suas atividades em sua residência.

Não terá qualquer validade o contrato de trabalho que estipule valor inferior ao salário mínimo (art. 117 da CLT), permitindo-se ao trabalhador reclamar a diferença (art. 118 da CLT).

Atualmente esclarece o art. 6º da Lei n. 8.542/92 que o salário mínimo é a contraprestação mínima devida e paga diretamente pelo empregador a todo trabalhador. Isso quer dizer, como já se verificava no art. 76 da CLT, que o salário mínimo é aquele pago diretamente pelo empregador, não estando incluído no salário o conceito de gorjetas, que são pagas por terceiros, distintos do empregador. O salário mínimo corresponde a jornada normal de trabalho de 8 horas e ao módulo semanal de 44 horas semanais (art. 7º, XIII, da Constituição). O § 1º do art. 6º da Lei n. 8.542/92 estabelece que o salário mínimo diário corresponde a 1/30, e o salário mínimo horário a 1/220 do salário mínimo mensal. Não existe legislação sobre política salarial no momento. O art. 10 da Lei n. 10.192/2001 estabelece que os salários e as demais condições referentes ao trabalho continuam a ser fixados e revistos, na respectiva data-base anual, por intermédio da livre negociação coletiva.

3 SALÁRIO PROFISSIONAL

O inciso V do art. 7º da Lei Maior determinou o "piso salarial proporcional à extensão e à complexidade do trabalho". Na verdade, a Constituição estabeleceu o salário profissional. Não se confunde este com o salário normativo, que é aquele estabelecido em sentença normativa, em convenções ou acordos coletivos. O piso salarial diz respeito ao valor mínimo que pode ser recebido por certo trabalhador pertencente à determinada categoria profissional. Com base na Constituição anterior, o STF entendia que o piso salarial só poderia ser fixado mediante lei e não por decisão normativa (RE 101.697/DF, rel. min. Octávio Gallotti, *RTJ* 115/1.320), sendo que hoje não mais prevalece essa orientação em decorrência do inciso V do art. 7º da Constituição. O salário profissional é o mínimo que uma pessoa pode perceber a título de salário em determinada categoria profissional, como ocorre com os técnicos em radiologia (Lei n. 7.394/85), os engenheiros (Lei n. 4.950-A/66), os médicos e dentistas (Lei n. 3.999/61) etc., sendo fixado em lei.

O salário profissional não se confunde com o salário mínimo, pois este é geral, para qualquer trabalhador, enquanto o salário profissional se refere ao salário de certa profissão ou categoria de trabalhadores. O salário mínimo visa atender as necessidades básicas do trabalhador, enquanto o salário profissional também tem este objetivo, mas em relação à categoria profissional.

Os Estados e o Distrito Federal ficam autorizados a instituir, mediante lei de iniciativa do Poder Executivo, piso salarial para os empregados que não tenham piso salarial definido em lei federal, convenção ou acordo coletivo de trabalho (art. 1º da Lei Complementar n. 103/2000). O piso poderá ser estendido aos empregados domésticos.

4 POLÍTICA SALARIAL

O art. 10 da Lei n. 10.192/2001 dispõe que os salários e as demais condições referentes ao trabalho continuam a ser fixados e revistos, na respectiva data-base anual, por intermédio da livre negociação coletiva. O art. 13 da mesma norma reza que nos acordos, convenções ou dissídios coletivos é vedada a estipulação ou fixação de cláusula de reajuste salarial automática vinculada a índice de preços. Nas revisões salariais na data-base anual serão deduzidas as antecipações concedidas no período anterior à revisão. Qualquer concessão de aumento salarial a título de produtividade deverá estar amparada em indicadores objetivos.

ALTERAÇÃO DO CONTRATO DE TRABALHO

1 PRINCÍPIO DA IMODIFICABILIDADE

A regra geral é que o contrato de trabalho não pode ser modificado unilateralmente pelo empregador. Vige, assim, o princípio da imodificabilidade ou inalterabilidade do contrato de trabalho. Essa regra é observada no art. 468 da CLT: "nos contratos individuais de trabalho só é lícita a alteração das respectivas condições por mútuo consentimento, e ainda assim desde que não resultem, direta ou indiretamente, prejuízos ao empregado, sob pena de nulidade da cláusula infringente desta garantia".

É possível alterar as condições do contrato de trabalho: a) por mútuo consentimento; b) desde que não haja prejuízos ao empregado. A alteração no contrato de trabalho só será lícita, portanto, desde que haja mútuo consentimento entre as partes. Não havendo mútuo consentimento, a modificação não será possível, como ocorre numa alteração feita unilateralmente pelo empregador. Se, porém, o empregado aceita a mudança e a ela não se opõe, presume-se que tal modificação foi tacitamente convencionada. Mesmo havendo mútuo consentimento, não poderá ser feita modificação no contrato de trabalho que, direta ou indiretamente, cause prejuízos ao empregado. Alteração nesse sentido não terá qualquer validade, podendo o trabalhador reclamar na Justiça do Trabalho o restabelecimento da cláusula que lhe era mais benéfica.

O inciso VI do art. 7º da Constituição de certa forma prestigiou o princípio previsto no art. 468 da CLT, ao estabelecer que os salários não poderão ser reduzidos, salvo se houver negociação com sindicato profissional, mediante acordo ou convenção coletiva de trabalho.

2 JUS VARIANDI

O empregador poderá fazer, unilateralmente, ou em certos casos especiais, pequenas modificações no contrato de trabalho que não venham a alterar significativamente o pacto laboral, nem importem prejuízo ao operário. É o *jus variandi* que decorre do poder de direção do empregador.

É possível, portanto, as alterações de função do empregado, de seu horário de trabalho, do local da prestação de serviços. O empregado de confiança, por exemplo, pode retornar, por determinação do empregador, ao exercício do cargo que anteriormente ocupara antes do exercício do cargo de confiança. A própria CLT não considera tal alteração unilateral (parágrafo único do art. 468). O art. 450 da CLT revela a mesma regra: "ao empregado chamado a ocupar, em comissão, interinamente, ou em substituição eventual ou temporária, cargo diverso do que exercer na empresa, serão garantidas a contagem do tempo naquele serviço, bem como a volta ao cargo anterior". A alteração do horário de trabalho pode acontecer, como no fato de o trabalhador que prestava serviços à noite passar a trabalhar durante o dia, o que é admitido implicitamente na orientação da Súmula 265 do TST. O empregado que tem deficiência física ou mental atestada pelo INSS pode ser readaptado em nova função (§ 4º do art. 461 da CLT). O empregador poderá, também, alterar o local da prestação de serviços, transferindo o empregado, como ocorre nas hipóteses do art. 469 da CLT.

As cláusulas regulamentares, que revoguem ou alterem vantagens deferidas anteriormente, só atingirão os trabalhadores admitidos após a revogação ou alteração do regulamento (Súmula 51, I, do TST).

A complementação dos proventos da aposentadoria é regida pelas normas em vigor na data da admissão do empregado, observando-se as alterações posteriores, desde que mais favoráveis ao beneficiário do direito (Súmula 288, I, do TST).

Será possível ao empregado opor-se a certas modificações que lhe causem prejuízos ou sejam ilegais, que é o que se chama de *jus resistentiae*, inclusive pleiteando a rescisão indireta do contrato de trabalho (art. 483 da CLT).

3 TRANSFERÊNCIA DE EMPREGADOS

3.1 Introdução

A transferência do empregado decorre do *jus variandi* do empregador, consistente no poder que este tem de fazer pequenas modificações no contrato de trabalho, em razão de suas peculiaridades. Assim, pode o empregador transferir o operário, se atendidas certas condições previstas em lei.

Transferência, num sentido amplo, é a mudança do empregado de local de trabalho, de setor, de seção, de filial etc. A lei, porém, não conceitua transferência dessa forma.

3.2 Mudança de domicílio

Para existir transferência, segundo a parte final do art. 469 da CLT, é preciso haver mudança de domicílio do obreiro.

O art. 70 do Código Civil define domicílio como o lugar onde a pessoa "estabelece a sua residência com ânimo definitivo". Domicílio é, portanto, um conceito jurídico que não se confunde com residência. Esta é o lugar de fato em que a pessoa habita.

Deixará de ser transferência, para fins trabalhistas, se o empregado continuar residindo no mesmo local, embora trabalhando em município diferente. Assim, se o empregado trabalhava em São Paulo e passa a prestar serviços em Diadema, embora continue residindo no mesmo local, não haverá transferência para os efeitos trabalhistas. Inexistirá também transferência se o empregado permanecer trabalhando no mesmo município, embora em outro bairro deste.

3.3 Cargo de confiança

Os empregados que exerçam cargo de confiança podem ser transferidos pelo empregador, como os gerentes ou diretores.

O fato de o empregado exercer cargo de confiança legitima a transferência, não eximindo o empregador, porém, de pagar o adicional de transferência, caso esta seja provisória.

3.4 Cláusula explícita

Poderá o obreiro ser transferido em caso da existência de cláusula explícita em seu contrato de trabalho.

O sentido da expressão *cláusula explícita* deve ser entendido como expressa, escrita, não sendo verbal.

Há, porém, a decorrência de que a transferência precisa ser proveniente de "real necessidade de serviço" por parte do empregador. A "real necessidade de serviço" deve ser entendida no sentido de necessidade objetiva e insofismável do serviço, em que a empresa, para desenvolver normalmente as suas atividades, não poderá prescindir do empregado, pois no local para onde será transferido o trabalhador não existe, por exemplo, mão de obra especializada.

Se inexistir necessidade de serviço o empregado não poderá ser transferido, mesmo que haja cláusula explícita no contrato de trabalho. A Súmula 43 do TST traz orientação para a hipótese: "presume-se abusiva a transferência de que trata o § 1º do art. 469 da CLT, sem a comprovação da necessidade do serviço".

3.5 Cláusula implícita

A transferência poderá ocorrer se o contrato de trabalho contiver cláusula implícita para tanto, isto é, subentende-se que as partes pactuaram nesse sentido, apesar de a cláusula não ser expressa.

Os exemplos mais comuns de empregados que têm cláusula implícita de transferência em seus contratos de trabalho são: o aeronauta, o ferroviário, o motorista rodoviário, o vendedor viajante, o marítimo, o atleta profissional, o artista de teatro.

No caso, será preciso a prova de real necessidade de serviço para transferir o empregado.

3.6 Extinção do estabelecimento

Com a extinção do estabelecimento, o empregador poderá transferir o empregado para outra localidade (§ 2º do art. 469 da CLT). Nesse caso não há que se falar em necessidade de serviço, em razão de não mais existir o estabelecimento, configurando até, a transferência, um ato do empregador de preservar o emprego do operário que vai ser transferido.

O empregado não precisará autorizar a transferência, pois há presunção legal de que a transferência é lícita havendo extinção do estabelecimento.

Equipara-se à extinção do estabelecimento do empregador o término da obra de construção civil, tornando lícita a transferência do empregado para outra obra da empresa, havendo, assim, transferência definitiva.

3.7 Transferência provisória

Entende-se como transferência provisória a do empregado que vai montar uma máquina em outra cidade, podendo essa transferência persistir até o término do serviço naquela localidade.

É imprescindível que o serviço a ser executado seja necessário, ou seja, que o trabalho do operário não possa ser executado por outro empregado da localidade.

Não fixa a lei o prazo da transferência provisória. Dessa forma, cada caso em concreto terá que ser verificado para que se possa analisar se a transferência é realmente provisória ou definitiva.

3.8 Adicional de transferência

O adicional de transferência só será devido na transferência provisória e não na definitiva. O § 3º do art. 469 da CLT só prevê o adicional na hipótese de transferência provisória, utilizando-se da expressão *enquanto durar essa situação*. Na transferência definitiva, ao contrário, o empregado não está fora do seu local de trabalho (*habitat*), não necessitando do adicional.

O adicional de transferência vai ser mantido "enquanto durar essa situação". Logo, não é definitivo, não se incorporando ao salário do empregado, podendo ser suprimido quando do término da transferência.

O empregado que exerce cargo de confiança é aquele que tem cláusula explícita ou implícita em seu contrato de trabalho, quanto à transferência, também tem direito ao adicional, se a transferência for provisória. Se for definitiva, não o terá.

O adicional de transferência será de 25% sobre o salário que o empregado percebia na localidade.

3.9 Despesas da transferência

O empregador deverá pagar as despesas de transferência do empregado, tanto na provisória como na definitiva, que são as de mudança, de transporte, inclusive dos familiares do trabalhador, de aluguel, pagamento de multa contratual em caso de rescisão abrupta do contrato de locação do empregado no local em que residia etc. Mesmo quando o empregado é transferido para local mais distante de sua residência, tem o obreiro direito às despesas de transferência incorridas (Súmula 29 do TST).

3.10 Transferência para o exterior

A transferência de trabalhadores contratados no Brasil e transferidos para o exterior é regida pela Lei n. 7.064, de 6 de dezembro de 1982.

A referida norma não se aplica ao empregado designado para prestar serviços de natureza transitória, por período não superior a 90 dias, desde que tenha ciência expressa dessa transitoriedade e receba, além da passagem de ida e volta, diárias durante o período de trabalho no exterior, as quais, seja qual for o respectivo valor, não terão natureza salarial.

A disposição a ser aplicável ao empregado será a legislação brasileira de proteção ao trabalho, naquilo que não for incompatível com o disposto na Lei n. 7.064/82, quando mais favorável do que a legislação do local da transferência, no conjunto de normas e em relação a cada matéria (art. 3º, II, da Lei n. 7.064/82). Assim, podemos dizer que a regra é a aplicação da norma mais benéfica no seu conjunto e em relação a cada matéria.

Considera-se transferência: a) a remoção para o exterior do empregado cujo contrato estava sendo executado no território brasileiro; b) a do empregado cedido à empresa sediada no estrangeiro, para trabalhar no exterior, desde que mantido o vínculo empregatício com o empregador brasileiro; c) a do empregado contratado por empresa sediada no Brasil para trabalhar a seu serviço no exterior (art. 2º da Lei n. 7.064/82).

O empregado transferido terá direito a: a) FGTS; b) previdência social; c) PIS/PASEP; d) reajustes de acordo com a política salarial; e) após dois anos de permanência no exterior, será facultado ao empregado gozar anualmente férias no Brasil, correndo por conta da empresa empregadora, ou para a qual tenha sido cedido, o custeio da viagem, compreendendo o cônjuge e demais dependentes do empregado com ele residentes. No caso, o direito de férias no Brasil só ocorre após dois anos de permanência no exterior. A partir destes dois anos é que passa a ter direito de gozar férias anualmente no Brasil; f) custeio de seu retorno; g) cômputo do período de duração da transferência no tempo do serviço para todos os efeitos da legislação brasileira, ainda que a lei local de prestação do serviço considere essa prestação como resultante de contrato autônomo e determine a liquidação dos direitos oriundos da respectiva cessação; h) seguro de vida e acidentes pessoais; i) assistência médica e social; j) adicional de transferência.

A contratação de empregado por empresa estrangeira, para trabalhar no exteri-or, está condicionada à prévia autorização da Secretaria Especial de Previdência e Trabalho.

A permanência do trabalhador no exterior não poderá ser ajustada por período superior a três anos, salvo quando for assegurado a ele e a seus dependentes o direito de gozar férias anuais no Brasil, com despesas de viagem pagas pela empresa estrangeira.

Capítulo 20

SUSPENSÃO E INTERRUPÇÃO DO CONTRATO DE TRABALHO

1 DENOMINAÇÃO

As expressões *suspensão* e *interrupção do contrato de trabalho* não são felizes, importando distinção meramente cerebrina, principalmente no que diz respeito à paralisação parcial do contrato de trabalho. Poder-se-ia dizer que, na verdade, o que se suspende é o trabalho e não o contrato de trabalho, que permanece íntegro. A nossa lei, entretanto, faz distinção entre suspensão e interrupção do contrato de trabalho, tanto que o Capítulo IV, do Título IV, da CLT, é denominado "Da Suspensão e da Interrupção", referindo-se ao contrato de trabalho.

2 CONCEITO

Ocorre suspensão do contrato de trabalho, para a maioria dos autores, quando a empresa não deve pagar salários, nem contar o tempo de serviço do empregado que estiver afastado. Na interrupção há necessidade do pagamento dos salários no afastamento do trabalhador e, também, da contagem do tempo de serviço.

3 HIPÓTESES

3.1 Interrupção

São hipóteses, entre outras, de interrupção do contrato de trabalho as férias do empregado; os dias autorizados pela lei ou norma coletiva como de faltas justificadas, como para casamento (três dias consecutivos); falecimento de cônjuge, ascendente ou descendente (dois dias consecutivos); por 5 (cinco) dias consecutivos, em caso de nascimento de filho, de adoção ou de guarda compartilhada. O prazo será contado a partir da data de nascimento do filho; doação de sangue (um dia a cada 12 meses); alistamento eleitoral (até dois dias); nos dias em que o obreiro estiver prestando provas para exame vestibular; pelo tempo que se fizer necessário, quando tiver que comparecer a juízo; pelo tempo que se fizer necessário, quando, na qualidade de representante de entidade sindical, estiver participando de reunião oficial de organismo internacional do qual o Brasil seja membro efetivo; pelo tempo necessário para acompanhar sua esposa ou companheira em até seis consultas médicas, ou em exames complementares, durante o período de gravidez; por um dia por ano para acompanhar filho de até seis anos em consulta médica ou de faltas que foram consideradas justificadas pelo empregador; até três dias, em cada 12 meses de trabalho, em caso de realização de exames preventivos de câncer devidamente comprovada; as faltas do professor por gala ou luto (nove dias); os 15 primeiros dias de afastamento por acidente do trabalho ou auxílio-doença; licença-maternidade.

A licença-paternidade é de cinco dias (art. 10, § 1º, do ADCT). Para as empresas que aderirem ao Programa Empresa Cidadã, a licença-paternidade é prorrogada para 15 dias. O empregado terá direito a sua remuneração integral durante o referido período, que deverá ser utilizado para cuidados com o filho, sob pena de perda do direito ao benefício.

O representante dos empregados nas Comissões de Conciliação Prévia desenvolverá seu trabalho normal na empresa, afastando-se de suas atividades apenas quando convocado para atuar como conciliador, sendo computado como tempo de trabalho efetivo o despendido nessa atividade (§ 2º do art. 625-B da CLT). É, portanto, hipótese de interrupção do contrato de trabalho, pois é pago o salário e contado o tempo de serviço.

3.2 Suspensão

Ocorrerá a suspensão do contrato de trabalho: em caso de greve e desde que atendidas as condições da Lei n. 7.783/89 (art. 7º); a partir do 16º dia do afastamento em razão de auxílio-doença, porém haverá necessidade de se observar certas condições; aposentadoria por invalidez; encargo público, como de o empregado ser eleito vereador, prefeito, deputado, governador etc.

O contrato de trabalho poderá ser suspenso, por um período de dois a cinco meses, para a participação do empregado em curso ou programa de qualificação profissional oferecido pelo empregador, com duração equivalente à suspensão contratual, mediante previsão em convenção ou acordo coletivo de trabalho e aquiescência formal do empregado. Após a autorização concedida por meio de convenção ou acordo coletivo, o empregador deverá notificar o respectivo sindicato, com antecedência mínima de 15 dias, da suspensão contratual. O contrato de trabalho não poderá ser suspenso mais de uma vez no período de 16 meses. O empregador poderá conceder ao empregado ajuda compensatória mensal, sem natureza salarial, durante o período de suspensão contratual, com valor a ser definido em convenção ou acordo coletivo. Durante o período de suspensão contratual para participação em curso ou programa de qualificação profissional, o empregado fará jus aos benefícios voluntariamente concedidos pelo empregador. Se ocorrer a dispensa do empregado no transcurso do período de suspensão contratual ou nos três meses subsequentes ao seu retorno ao trabalho, o empregador pagará ao empregado, além das parcelas indenizatórias previstas na legislação em vigor, multa a ser estabelecida em convenção ou acordo coletivo, sendo de, no mínimo, 100% sobre o valor da última remuneração mensal anterior à suspensão do contrato. Se durante a suspensão do contrato não for ministrado o curso ou programa de qualificação profissional, ou o empregado permanecer trabalhando para o empregador, ficará descaracterizada a suspensão, sujeitando o empregador ao pagamento imediato dos salários e dos encargos sociais referentes ao período, às penalidades cabíveis previstas na legislação em vigor, bem como às sanções previstas em convenção ou acordo coletivo. A bolsa de qualificação profissional será custeada pelo Fundo de Amparo ao Trabalhador, à qual fará jus o trabalhador que estiver com o contrato de trabalho suspenso em virtude de participação em curso ou programa de qualificação profissional oferecido pelo empregador, em conformidade com o disposto em convenção ou acordo coletivo celebrado para esse fim. A suspensão do contrato de trabalho pode ser utilizada na construção civil, quando termina uma obra e demora um pouco para haver trabalho em outra obra.

Em relação à aposentadoria por invalidez, há suspensão dos efeitos do contrato de trabalho. O médico é que iria dizer se aposentadoria por invalidez seria definitiva ou provisória. O aposentado por invalidez não tem mais de fazer exame médico depois dos 60 anos (§ 1º do art. 101 da Lei n. 8.213/91). Assim, em princípio a aposentadoria por invalidez é definitiva depois dos 60 anos, pois não há mais necessidade de se fazer exame médico. A exceção diz respeito se o médico entender de verificar a recuperação da capacidade de trabalho, mediante solicitação do aposentado (art. 101, § 2º, II, da Lei n. 8.213/91).

4 EFEITOS

Durante a interrupção ou suspensão do contrato de trabalho, o empregado terá direito a todas as vantagens que, em sua ausência, tenham sido atribuídas à categoria a que pertencia na empresa (art. 471 da CLT).

O afastamento do empregado por motivo do serviço militar ou de encargo público não será fundamento para a alteração ou rescisão do contrato de trabalho pelo empregador (art. 472 da CLT). O empregado deverá notificar o empregador, por telegrama ou carta registrada, no prazo máximo de 30 dias a contar da baixa ou da terminação do encargo a que estava obrigado, para que tenha direito a voltar a exercer o cargo que anteriormente ocupava na empresa (§ 1º do art. 472 da CLT).

Nos contratos por prazo determinado, o período de suspensão ou interrupção do contrato de trabalho não influenciará em nada o término do referido pacto, pois as partes sabiam de antemão quando haveria a cessação do citado ajuste. Apenas se as partes acordarem é que não será computado o tempo de afastamento do empregado na contagem do prazo para a respectiva terminação (§ 2º do art. 472 da CLT).

Assegura-se o direito à manutenção de plano de saúde ou de assistência médica oferecido pela empresa ao empregado, não obstante suspenso o contrato de trabalho em virtude de auxílio-doença acidentário ou de aposentadoria por invalidez (Súmula 440 do TST).

Capítulo 21

CESSAÇÃO DO CONTRATO DE TRABALHO

1 DENOMINAÇÃO

Na doutrina não há unanimidade no uso dos termos qualificadores do término do contrato de trabalho. São empregadas muitas vezes como sinônimas as palavras *dissolução, rescisão, terminação, cessação, resolução, revogação* e *resilição*. Não vejo como estabelecer uma diferença precisa entre as referidas expressões.

Prefiro a expressão *cessação*, por ser genérica, neutra e técnica, pois, inclusive, a legislação previdenciária (Lei n. 8.213/91) também faz referência a cessação dos seus benefícios. A CLT, porém, em muitos artigos emprega a palavra *rescisão*, e muitas vezes na prática se utiliza da palavra *extinção*, que serão observadas como sinônimas.

2 CONCEITO

A cessação do contrato de trabalho é a terminação do vínculo de emprego, com a extinção das obrigações para os contratantes.

3 DISPENSA ARBITRÁRIA

O inciso I do art. 7º da Constituição estabelece que haverá "relação de emprego protegida contra despedida arbitrária ou sem justa causa, nos termos de lei complementar, que preverá indenização compensatória, dentre outros direitos". Até o momento essa lei complementar inexiste.

O conceito de dispensa arbitrária é encontrado no art. 165 da CLT, que dispõe que se entende por dispensa arbitrária a que não se fundar em motivo disciplinar, técnico, econômico ou financeiro. Motivo técnico diz respeito à organização da atividade da empresa, como o fechamento de uma filial ou de uma seção, com a despedida dos empregados. Motivo econômico ou financeiro é o relativo à insolvência da empresa, por questões, *v. g.*, relativas a receitas e despesas. Motivo disciplinar é o pertinente à dispensa por justa causa (art. 482 da CLT).

O Brasil tinha aprovado a Convenção n. 158 da OIT (Decreto n. 1.855/96), que trata da dispensa imotivada. Ela foi denunciada pelo Presidente da República (Decreto n. 2.100/96). O STF entendeu que a denúncia de convenções ou tratados internacionais pelo Presidente da República depende de aprovação do Congresso Nacional, mas os efeitos da decisão somente são válidos a partir de sua publicação, não atingindo a referida convenção (ADIn 1.625). A Convenção n. 158 da OIT não está em vigor no Brasil.

A intervenção sindical prévia é exigência procedimental imprescindível para a dispensa em massa de trabalhadores, que não se confunde com autorização prévia por parte da entidade sindical ou celebração de convenção ou acordo coletivo (Tema 638, RE 999.435, Rel. Min. Marco Aurélio).

4 CESSAÇÃO DO CONTRATO DE TRABALHO POR DECISÃO DO EMPREGADOR

4.1 Dispensa do empregado sem justa causa

O empregador pode dispensar o empregado sem justa causa, cessando, assim, o contrato de trabalho. Para tanto, porém, deverá pagar as reparações econômicas pertinentes. Terá direito o empregado a aviso prévio, 13º salário proporcional, férias vencidas e proporcionais, saldo de salários, levantamento do FGTS e indenização de 40%.

O contrato de trabalho por prazo indeterminado dos empregados da Administração Pública direta, das fundações e autarquias somente poderá ser rescindido por ato unilateral da Administração nas seguintes hipóteses: a) prática de falta grave, entre as enumeradas no art. 482 da CLT; b) acumulação ilegal de cargos, empregos ou funções públicas; c) necessidade de redução do quadro de pessoal, por excesso de despesa; d) insuficiência de desempenho, apurada em procedimento no qual se assegurem pelo menos um recurso hierárquico dotado de efeito suspensivo, que será apreciado em 30 dias, e o prévio conhecimento dos padrões mínimos exigidos para continuidade da relação de emprego, obrigatoriamente estabelecidos de acordo com as peculiaridades das atividades exercidas (art. 3º da Lei n. 9.962/2000).

As dispensas imotivadas individuais, plúrimas ou coletivas equiparam-se para todos os fins, não havendo necessidade de autorização prévia de entidade sindical ou de celebração de convenção coletiva ou acordo coletivo de trabalho para sua efetivação (art. 477-A da CLT).

O STF entendeu que o Programa de Demissão Incentivada, com a participação do Sindicato dos Trabalhadores, por intermédio de negociação coletiva, importa quitação ampla e irrestrita de todas as parcelas do contrato de trabalho, caso conste expressamente da norma coletiva (Pleno, RE 590.415-SC, j. 30-4-15, rel. Min. Luís Roberto Barroso). No caso, houve pagamento de um valor e a manutenção do plano de saúde por um ano.

Plano de Demissão Voluntária ou Incentivada, para dispensa individual, plúrima ou coletiva, previsto em convenção coletiva ou acordo coletivo de trabalho, enseja quitação plena e irrevogável dos direitos decorrentes da relação empregatícia, salvo disposição em contrário estipulada entre as partes (art. 477-B da CLT).

4.2 Dispensa do empregado com justa causa

4.2.1 Introdução

Poderá o empregador dispensar o empregado que comete falta grave, ou seja, com justa causa. A justa causa é o ato incorreto do empregado, tipificado na lei, que dá ensejo à ruptura do vínculo empregatício.

Deverá a justa causa ser prevista na lei, pois poderíamos aplicar a regra do Direito Penal e adaptá-la no Direito do Trabalho, no sentido de que inexistirá justa causa se não houver previsão na lei. Assim, existem as hipóteses previstas no art. 482 da CLT, como também em outros dispositivos consolidados, v. g., no parágrafo único do art. 240 da CLT.

A doutrina é praticamente unânime no sentido de que o art. 482 da CLT é taxativo e não meramente exemplificativo.

4.2.2 Elementos

Os elementos da justa causa podem ser descritos como objetivos e subjetivos.

O elemento subjetivo é a vontade do empregado, e pode ser verificado se agiu com culpa (negligência, imprudência ou imperícia) ou com dolo, se o obreiro realmente teve a intenção de fazer certo ato.

Os requisitos objetivos são vários. O primeiro requisito é o de que a justa causa seja tipificada em lei, isto é, não haverá justa causa se não houver determinação da lei. É a aplicação da regra do Direito Penal de que *nullum crimen nulla poena sine lege* (art. 5º, XXXIX, da Constituição).

O segundo elemento objetivo vem a ser a gravidade do ato praticado pelo empregado, de modo a abalar a fidúcia que deve existir na relação de emprego.

O terceiro requisito diz respeito ao nexo de causalidade ou nexo de causa e efeito entre a falta praticada e a dispensa. O empregado não pode ser dispensado pelo fato de ter cometido uma falta anterior. Por exemplo: o empregado falta seguidamente ao serviço e o empregador o dispensa pelo fato de ter sido apanhado bêbado no mês passado. Não existe nexo de causa e efeito no exemplo mencionado.

Deve haver proporcionalidade entre o ato faltoso e a punição. O poder de aplicar penalidades ao empregado é decorrente do poder de direção, ou, mais especificamente, do poder disciplinar do empregador. Esse poder admite que o empregado seja advertido verbalmente, por escrito, suspenso e dispensado. Os atletas profissionais de futebol são também passíveis de multa. O empregador, porém, não poderá usar arbitrariamente ou abusivamente o poder que lhe é conferido. Deve, assim, o empregador punir as faltas mais leves com penas mais brandas, e as faltas mais graves com penas mais severas. O despedimento deve ficar reservado para a última falta ou para a mais grave. Dessa forma, uma falta sem grande importância deveria ser punida com advertência verbal, outra falta praticada pelo mesmo empregado seria punido com advertência por escrito. Numa próxima seria suspenso. Se o empregado não atende aos aspectos pedagógicos das penas que lhe foram aplicadas e continua recalcitrante, na última falta deve ser punido com a dispensa. É claro que necessariamente o empregador não deve observar essa ordem, principalmente quando o ato cometido pelo empregado é tão grave, ocasião em que deve ser dispensado de imediato.

A imediação é um dos principais requisitos objetivos na aplicação da sanção ao empregado. A pena deve ser aplicada o mais rápido possível, ou logo após o empregador ter conhecimento da falta, para não descaracterizá-la. Se o empregador abre sindicância ou inquérito interno para a apuração da falta, é a partir da sua conclusão que a penalidade deve ser aplicada. Caso o empregador assim não faça, há uma presunção de que a falta não foi tão grave assim, a ponto de abalar a relação de emprego, havendo perdão tácito por parte do empregador em relação ao ato praticado. Dessa maneira, deve haver atualidade na punição do empregado ou na sua dispensa, para que a falta cometida não fique descaracterizada.

O empregador não poderá aplicar duas vezes a sanção pela mesma falta praticada pelo empregado, ou seja, *non bis in idem*. Por exemplo: o empregado sofre pena de advertência por ter chegado atrasado ao serviço em vários dias seguidos. Posteriormente o empregador, entendendo que a pena é muito branda, resolve aplicar a dispensa por justa causa ao empregado. Deve o empregador, portanto, aplicar uma pena distinta para cada ato faltoso do empregado, sendo que a causa da dispensa deve ser um fato totalmente diverso dos anteriores praticados pelo obreiro, ou a reiteração, ou agravamento de atos já praticados anteriormente, que são praticados mais uma vez. Esta última falta é que será punida com justa causa.

A falta praticada pelo empregado deverá ter conexidade com o serviço. Se o empregado vende entorpecentes em sua residência, apesar de praticar um ato ilícito, não poderá ser dispensado por justa causa, pois o fato nada tem a ver com o serviço.

4.2.3 Culpa recíproca

A cessação do contrato de trabalho pode ter sido decorrência de uma falta praticada tanto pelo empregado como por parte do empregador, daí a existência de culpa recíproca. A falta do empregado estaria capitulada no art. 482 da CLT e a falta do empregador estaria elencada no art. 483 da CLT. Havendo culpa recíproca, a indenização devida ao empregado será reduzida à metade (art. 484 da CLT), tendo direito a 50% do aviso prévio, férias proporcionais e 13º salário proporcional (Súmula 14 do TST).

4.2.4 Ônus da prova

O ônus da prova da existência de justa causa para a dispensa do empregado é do empregador, por se tratar de fato impeditivo ao direito das verbas rescisórias (art. 373, II, do CPC). Ele é que deterá o encargo de provar que o empregado praticou o ato causador da justa causa. Ao empregado caberá provar, por exemplo, que agiu em legítima defesa em razão das ofensas do empregador ou de terceiros.

4.2.5 Hipóteses legais

4.2.5.1 Improbidade

Provém a palavra *improbidade* do latim *improbitas*, que significa má qualidade, imoralidade, malícia. A improbidade revela mau caráter, perversidade, maldade, desonestidade. Ímproba é uma pessoa que não é honrada. O ato ensejador da falta grave pode ocorrer com o furto ou roubo de materiais da empresa, a falsificação de documentos para obtenção de horas extras não prestadas, a apropriação indébita de importância da empresa, o empregado justificar suas faltas com atestados médicos falsos etc.

4.2.5.2 Incontinência de conduta

A incontinência de conduta está ligada ao desregramento do empregado no tocante à vida sexual. São obscenidades praticadas, a libertinagem, a pornografia, que configuram a incontinência de conduta.

Caracteriza-se a incontinência de conduta quando há assédio sexual de uma pessoa a outra, que não corresponde a corte, ficando esta constrangida, por inexistir reciprocidade, evidenciando a falta grave para o despedimento.

4.2.5.3 Mau procedimento

O mau procedimento vem a ser um ato faltoso que não pode ser enquadrado nas demais alíneas do art. 482 da CLT. Tudo o que não possa ser encaixado em outras faltas será classificado no mau procedimento. Será, portanto, uma atitude irregular do empregado, incompatível com as regras a serem observadas pelo homem comum perante a sociedade. Não se confunde com a incontinência de conduta, pois esta está ligada ao ato de natureza sexual.

4.2.5.4 Negociação habitual

A negociação diz respeito aos atos de comércio praticados pelo empregado. Essa negociação, segundo a lei trabalhista, deve ser a feita sem permissão do empregador e com habitualidade. Se houver permissão do empregador, a justa causa estará descaracterizada. O mesmo ocorre se não houver habitualidade.

4.2.5.5 Condenação criminal

Para a existência da justa causa em comentário é mister que o empregado seja condenado criminalmente com sentença transitada em julgado. Se a sentença ainda estiver em fase recursal, não se caracteriza a justa causa.

É preciso também que a sentença criminal transitada em julgado não tenha concedido a suspensão da execução da pena, ou seja, inexista *sursis*. Havendo o *sursis*, o empregado poderá trabalhar normalmente e não estará caracterizada a justa causa.

4.2.5.6 Desídia

O empregado labora com desídia no desempenho de suas funções quando o faz com negligência, preguiça, má vontade, displicência, desleixo, indolência, omissão, desatenção, indiferença, desinteresse, relaxamento. A desídia pode também ser considerada como um conjunto de pequenas faltas, que mostram a omissão do empregado no serviço, desde que haja repetição dos atos faltosos. Uma só falta não vai caracterizar a desídia. As faltas anteriores devem, porém, ter sido objeto de punição ao empregado, ainda que sob a forma de advertência verbal. A configuração se dará com a última falta.

4.2.5.7 Embriaguez

A embriaguez é proveniente de álcool ou de drogas. Configura-se de duas maneiras a embriaguez: habitual ou em serviço. Se o empregado embriaga-se contumazmente fora do serviço, transparecendo este ato no serviço, está caracterizada a falta grave. De outro lado, se a embriaguez não é habitual, mas realizada no próprio serviço, a justa causa também será observada. A lei trabalhista tipifica como justa causa a embriaguez e não o ato de beber; somente o empregado embriagado será dispensado e não aquele que vez ou outra toma um aperitivo e não fica embriagado. A embriaguez em serviço não precisa ser habitual.

Para a caracterização da embriaguez habitual há necessidade da sua repetição. No entanto, a embriaguez no serviço pode ser caracterizada apenas por uma falta.

Há quem entenda que a embriaguez não é motivo para a dispensa por falta grave do empregado, por se tratar de doença. Tanto que a Organização Mundial de Saúde já a considera como doença. Assim, o empregado deve ser tratado e não dispensado, sendo enviado ao INSS.

4.2.5.8 Violação de segredo da empresa

Comete falta grave de violação de segredo da empresa o empregado que divulga marcas e patentes, fórmulas do empregador, sem o seu consentimento, o que não deveria ser tornado público, configurando prejuízo àquele. Seria a hipótese de um funcionário da empresa conseguir a fórmula da Coca-Cola e divulgá-la para os concorrentes.

4.2.5.9 Indisciplina

A indisciplina no serviço diz respeito ao descumprimento de ordens gerais de serviço. O empregado, por exemplo, descumpre as ordens gerais dadas pelo empregador, como as contidas no regulamento da empresa, em ordens de serviço, circulares, portarias. Configura-se indisciplina se o empregado se recusa a ser revistado na saída do serviço, desde que agindo o empregador moderadamente.

4.2.5.10 Insubordinação

Está relacionada a insubordinação com o descumprimento de ordens pessoais de serviço. Não são ordens gerais do próprio empregador, mas ordens do chefe, do encarregado, ligadas ao serviço, como o fato de o empregado não fazer serviço que lhe foi determinado no dia. Se a ordem do superior é imoral ou ilegal não se configura a insubordinação.

4.2.5.11 Abandono de emprego

Para a caracterização do abandono de emprego é mister que haja faltas ao serviço durante certo período de tempo (elemento objetivo), além de se verificar a clara intenção do empregado de não mais retornar ao emprego (elemento subjetivo). Este último requisito vem a configurar o *animus* de abandonar. É preciso que exista prova do abandono, em razão do princípio da continuidade da relação de emprego.

A orientação jurisprudencial em certos casos se fixa no sentido de que o período a ser considerado deve ser de 30 dias, com base analógica no art. 474 da CLT. Em prazos menores pode ser evidenciado o abandono de emprego desde que seja comprovado que o empregado não mais teve interesse de retornar ao trabalho.

Esclarece a Súmula 32 do TST que se presume o abandono de emprego se o trabalhador não retornar ao serviço no prazo de 30 dias após a cessação do benefício previdenciário, nem justificar o motivo de não o fazer.

O fato de o empregado não atender à comunicação publicada na imprensa pelo empregador pedindo o seu retorno ao serviço, sob pena da caracterização da justa causa, não revela ânimo de abandonar o serviço, pois muitas vezes ele não lê aquele jornal, ou não tem condições de comprar o periódico. Deve o empregador mandar uma carta com aviso de recebimento, ou telegrama, convocando o empregado para o retorno ao trabalho.

4.2.5.12 Ato lesivo à honra e boa fama

A justa causa em análise é a praticada pelo empregado ao ferir a honra e a boa fama do empregador ou superiores hierárquicos ou de qualquer outra pessoa, salvo quando a exercer em caso de legítima defesa, própria ou de outrem.

Os atos mencionados originam calúnia, injúria e difamação. Os referidos atos poderão ser praticados por palavras ou gestos.

O juiz deverá examinar os vários elementos caracterizadores da falta grave, como a intenção do empregado, o ambiente, a sua escolaridade e principalmente a gravidade de tais acusações. Há necessidade de que os atos em comentário sejam divulgados. A legítima defesa, própria ou de outrem, excluirá a justa causa.

4.2.5.13 Ofensa física

Ocorre a ofensa física com a agressão do empregado contra qualquer pessoa, o empregador e superiores hierárquicos, salvo em caso de legítima defesa, própria ou de outrem. A ofensa física ocorre no local de trabalho, no serviço, mas poderá ocorrer fora do local de trabalho se, *v. g.*, o empregado trabalhar externamente.

A falta grave independerá da existência de lesão corporal ou ferimento, bastando apenas a ofensa física, como o fato de um empregado esmurrar outro.

A legítima defesa irá excluir a falta grave em comentário, sendo que caberá ao empregado a prova de tal fato.

4.2.5.14 Prática constante de jogos de azar

A falta grave ocorre quando o empregado continuamente pratica jogos de azar. Se a prática é isolada, uma única vez, ou poucas vezes, não há a justa causa. Há, por conseguinte, a necessidade da habitualidade para a confirmação da falta grave em comentário. Pouco importa, porém, se o jogo é ou não a dinheiro.

4.2.5.15 Perda de habilitação

O empregado poderá ser dispensado por justa causa em razão de perda da habilitação ou dos requisitos estabelecidos em lei para o exercício da profissão, em decorrência de conduta dolosa do empregado. Por exemplo, o empregado que exerce a função de motorista pode perder a sua habilitação para dirigir veículos.

4.2.5.16 Atos atentatórios à segurança nacional

Só se considera justa causa para a dispensa do empregado a prática, devidamente comprovada em inquérito administrativo, de atos atentatórios contra a segurança nacional, como seriam os atos de terrorismo, de malversação da coisa pública etc. Atualmente, a Lei de Segurança Nacional é a Lei n. 7.170, de 14 de dezembro de 1983.

4.2.5.17 Outras hipóteses

Para o empregado doméstico, considera-se justa causa: a) submissão a maus tratos de idoso, de enfermo, de pessoa com deficiência ou de criança sob cuidado direto ou indireto do empregado; b) prática de ato de improbidade; c) incontinência de conduta ou mau procedimento; d) condenação criminal do empregado transitada em julgado, caso não tenha havido suspensão da execução da pena; e) desídia no desempenho das respectivas funções; f) embriaguez habitual ou em serviço; g) ato de indisciplina ou de insubordinação; h) abandono de emprego, assim considerada a ausência injustificada ao serviço por, pelo menos, 30 (trinta) dias corridos; i) ato lesivo à honra ou à boa fama ou ofensas físicas praticadas em serviço contra qualquer pessoa, salvo em caso de legítima defesa, própria ou de outrem; j) ato lesivo à honra ou à boa fama ou ofensas físicas praticadas contra o empregador doméstico ou sua família, salvo em caso de legítima defesa, própria ou de outrem; k) prática constante de jogos de azar (art. 27 da Lei Complementar n. 150/2015).

Constitui justa causa para despedimento do empregado a não observância das normas de segurança e medicina do trabalho e o não uso dos equipamentos de proteção individual fornecidos pela empresa (art. 158, parágrafo único, da CLT).

Em casos de urgência ou de acidente na estrada de ferro, o empregado não poderá se recusar, sem causa justificada, a executar serviço extraordinário, sob pena de ser dispensado por justa causa (parágrafo único do art. 240 da CLT).

A recusa do motorista empregado em submeter-se ao teste ou ao programa de controle de uso de droga e de bebida alcoólica previstos será considerada infração disciplinar, passível de punição por justa causa (parágrafo único do art. 235-B da CLT).

Havendo justa causa, o empregado não terá direito a aviso prévio, férias proporcionais, 13º salário, levantamento do FGTS e indenização de 40%, nem ao fornecimento do seguro-desemprego. Fará jus apenas ao saldo de salários e às férias vencidas, se houver.

A justa causa pode ser cometida no decorrer do aviso prévio, implicando a perda do direito ao restante do respectivo prazo (art. 491 da CLT).

5 CESSAÇÃO DO CONTRATO DE TRABALHO POR DECISÃO DO EMPREGADO

O empregado pode deliberar pela cessação do contrato de trabalho: pedindo demissão, na rescisão indireta ou por aposentadoria.

5.1 Pedido de demissão

O pedido de demissão é o aviso que o empregado faz ao empregador de que não mais deseja trabalhar na empresa. Não se confunde com a dispensa, que é o ato do empregador de despedir o empregado. É um ato unilateral, não havendo necessidade de que o empregador aceite o pedido.

Não tem o empregado direito a indenização, ao levantamento do FGTS e às guias do seguro-desemprego. Fará jus, porém, ao 13º salário proporcional (Súmula 157 do TST), a férias vencidas e férias proporcionais (Súmulas 171 e 261 do TST).

5.2 Rescisão indireta

A rescisão indireta ou dispensa indireta é a forma de cessação do contrato de trabalho por decisão do empregado em virtude da justa causa praticada pelo empregador (art. 483 da CLT).

A única maneira de se verificar a justa causa cometida pelo empregador é o empregado ajuizar ação na Justiça do Trabalho postulando a rescisão indireta de seu contrato de trabalho, pois dificilmente o patrão irá admitir que cometeu falta.

As hipóteses de rescisão indireta estão arroladas nas alíneas do art. 483 da CLT.

A primeira hipótese seria a exigência de serviços superiores às forças do empregado. A expressão *serviços superiores às forças do empregado* deve ser interpretada no sentido amplo, como força física ou intelectual. São serviços superiores à capacidade normal do empregado. Seria o caso de se fazer com que as mulheres ou menores empregassem força muscular de 25 quilos para trabalho contínuo, quando o permitido seria apenas até 20 quilos (art. 390 e § 5º do art. 405 da CLT).

A segunda hipótese ocorre com a exigência de serviços proibidos por lei. Seria o caso de o menor fazer serviços perigosos, insalubres ou trabalho noturno, que são vedados pelo inciso XXXIII do art. 7º da Lei Maior.

A terceira hipótese diz respeito à exigência de serviços contrários aos bons costumes. Seriam serviços contrários à moral, como se uma recepcionista de casa de tolerância tivesse que se submeter a conjunção carnal com os frequentadores da casa.

A quarta hipótese se refere à exigência de serviços alheios ao contrato de trabalho. Vamos supor que o empregado é pedreiro e foi contratado para esse mister. A partir de certo dia o empregador pretende exigir serviços de carpinteiro dessa mesma pessoa.

A quinta hipótese mostra o tratamento com rigor excessivo por parte do empregador ou de seus superiores hierárquicos em relação ao empregado. Seria o caso de o empregador punir com rigor excessivo um empregado numa dada situação e em relação a outro, em situação idêntica, assim não fazer.

A sexta hipótese evidencia o fato de o empregado correr perigo de mal considerável. É o que ocorreria se o empregador exigisse do empregado o trabalho em local em que este pudesse contrair doença ou moléstia grave, ou outro fato que viesse a pôr em risco sua saúde, sua vida ou sua integridade física.

A sétima hipótese seria o descumprimento pelo empregador das obrigações contratuais. A principal delas seria o não pagamento dos salários do empregado. Considera-se a empresa em mora contumaz quando o atraso ou a sonegação de salários devidos ao empregado ocorram por período igual ou superior a três meses, sem motivo grave e relevante, excluídas as causas pertinentes ao risco do empreendimento (§ 1º do art. 2º do Decreto-Lei n. 368/68).

A oitava hipótese ocorre se o empregador ou seus prepostos ofenderem a honra e boa fama do empregado ou pessoas de sua família. É o que aconteceria com atos caluniosos, injuriosos ou de difamação.

A nona hipótese diz respeito a ofensas físicas praticadas pelo empregador contra o empregado, salvo em caso de legítima defesa, própria ou de outrem.

A última hipótese do art. 483 da CLT trata do fato de o empregador reduzir o trabalho do empregado, sendo este por peça ou tarefa, de modo a afetar sensivelmente os salários mensais recebidos.

O parágrafo único do art. 407 da CLT prevê outra hipótese de rescisão indireta, quando a empresa não tomar as medidas possíveis e recomendadas pela autoridade competente para que o menor mude de função.

O contrato de trabalho do empregado doméstico poderá ser rescindido por culpa do empregador quando: I – o empregador exigir serviços superiores às forças do empregado doméstico, defesos por lei, contrários aos bons costumes ou alheios ao contrato; II – o empregado doméstico for tratado pelo empregador ou por sua família com rigor excessivo ou de forma degradante; III – o empregado doméstico correr perigo manifesto de mal considerável; IV – o empregador não cumprir as obrigações do contrato; V – o empregador ou sua família praticar, contra o empregado doméstico ou pessoas de sua família, ato lesivo à honra e à boa fama; VI – o empregador ou sua família ofender o empregado doméstico ou sua família fisicamente, salvo em caso de legítima defesa, própria ou de outrem; VII – o empregador praticar qualquer das formas de violência doméstica ou familiar contra mulheres de que trata o art. 5º da Lei n. 11.340/2006.

O empregado poderá suspender a prestação dos serviços ou rescindir o contrato quando tiver de desempenhar obrigações legais incompatíveis com a continuação do serviço.

Em caso de não cumprimento pelo empregador das obrigações contratuais e na redução por peça ou tarefa que implique diminuição de salários, o empregado pode permanecer ou não no serviço até a final decisão no processo. Nas hipóteses das alíneas *a*, *b*, *c*, *e* e *f* do art. 483 da CLT, deve-se entender que o empregado deve afastar-se do emprego e propor a ação com as reparações respectivas. Se a pretensão do empregado, pleiteando a rescisão indireta, for acolhida, a empresa irá lhe pagar aviso prévio, férias proporcionais, 13º salário proporcional e levantará o FGTS, acrescido da indenização de 40%.

Rejeitada a pretensão do empregado, não terá direito às reparações econômicas pertinentes, apenas ao saldo de salário e férias vencidas, estando, provavelmente, o contrato de trabalho em vigor.

5.3 Aposentadoria

O TST entende que a aposentadoria espontânea não é causa de extinção do contrato de trabalho se o empregado permanece prestando serviços ao empregador após a jubilação. Assim, por ocasião da sua dispensa imotivada, o empregado tem direito a indenização de 40% do FGTS sobre a totalidade dos depósitos efetuados no curso do pacto laboral (OJ 361 da SBDI-1).

6 CESSAÇÃO DO CONTRATO POR DESAPARECIMENTO DE UMA DAS PARTES

6.1 Morte do empregado

Falecendo o empregado e havendo herdeiros, certos direitos serão transferíveis, como o FGTS, o saldo de salários, as férias vencidas e as férias proporcionais (Súmulas 171 e 261 do TST) e o 13º salário proporcional. Outros direitos não são transferíveis, pois a indenização só se dá na dispensa por parte do empregador; o mesmo ocorre com o aviso prévio.

6.2 Morte do empregador pessoa física

O § 2º do art. 483 da CLT atribui uma faculdade ao empregado no caso de falecer o empregador constituído em empresa individual. Se a empresa individual encerra sua atividade, o empregado está automaticamente despedido; porém, se alguém continua com o negócio, faculta-se ao empregado rescindir ou não o contrato. Preferindo o empregado sair da empresa, na última hipótese, não terá de dar aviso prévio ao empregador.

6.3 Extinção da empresa

Na extinção da empresa ou de uma de suas filiais, o empregado fará jus a todos os direitos previstos na legislação, pois não foi ele quem deu causa à cessação do contrato de trabalho.

Na falência do empregador, o empregado fará jus a todos os direitos trabalhistas, como se houvesse sido dispensado. Os riscos do negócio não podem ser transferidos para o trabalhador. O administrador judicial, porém, pode preferir continuar o contrato de trabalho dos empregados do falido. O que realmente importa na cessação do contrato de trabalho é a extinção da empresa, pois os contratos bilaterais não se resolvem pela falência e podem ser executados pelo administrador judicial, se achar de conveniência para a massa (art. 117 da Lei n. 11.101/2005). Assim, se houver a continuidade do trabalho na falida, os contratos de trabalho não se resolvem.

7 CESSAÇÃO DO CONTRATO DE TRABALHO POR MÚTUO ACORDO DAS PARTES

Empregado e empregador poderão pactuar, mediante acordo, a cessação do contrato de trabalho. Os próprios interessados estabelecerão quais serão as formas e consequências do rompimento do vínculo de emprego.

Serão devidas as seguintes verbas trabalhistas: I – por metade: a) o aviso prévio, se indenizado; e b) a indenização sobre o saldo do Fundo de Garantia do Tempo de Serviço, prevista no § 1º do art. 18 da Lei n. 8.036/90, que será de 20%; II – na integralidade, as demais verbas trabalhistas (art. 484-A da CLT).

Os salários e as férias vencidas não poderão ser transacionados.

A extinção do contrato em discussão permite o saque da conta vinculada do trabalhador no Fundo de Garantia do Tempo de Serviço limitada a até 80% do valor dos depósitos.

A extinção do contrato por acordo não autoriza o ingresso no Programa de Seguro-Desemprego.

8 CESSAÇÃO POR ADVENTO DO TERMO DO CONTRATO

Há também cessação do contrato de trabalho com o advento do termo respectivo.

No término normal do contrato de trabalho de prazo determinado, o empregado tem direito ao levantamento do FGTS, 13º salário proporcional, férias proporcionais. Não há direito a aviso prévio, pois as partes sabem de antemão quando é o término do pacto, nem há pagamento da indenização de 40% do FGTS, pois a iniciativa do rompimento não foi do empregador.

O empregador que rescindir o contrato de trabalho antes do termo deverá indenizar o empregado com a metade da remuneração a que teria direito até o termo do contrato (art. 479 da CLT).

O empregado que se desligar antes do término do contrato por prazo determinado deverá indenizar o empregador dos prejuízos que desse fato lhe resultarem (art. 480 da CLT). A indenização não poderá exceder àquela a que teria direito o empregado em idênticas condições (§ 1º do art. 480 da CLT).

Durante a vigência dos contratos previstos nos incisos I e II do art. 4º, o empregado não poderá se desligar do contrato sem justa causa, sob pena de ser obrigado a indenizar o empregador dos prejuízos que desse fato lhe resultarem (art. 7º da Lei Complementar n. 150/2015). A indenização não poderá exceder aquela a que teria direito o empregado em idênticas condições.

Nos contratos de prazo determinado que contiverem cláusula assecuratória do direito recíproco de rescisão antecipada aplicam-se, caso seja exercido tal direito por qualquer das partes, os princípios que regem a rescisão dos contratos por prazo indeterminado (art. 481 da CLT). É o caso de contratos por prazo determinado que contêm cláusula de aviso prévio.

9 FORÇA MAIOR

O contrato de trabalho poderá terminar por motivo de força maior. Considera-se força maior o acontecimento inevitável, em relação à vontade do empregador, e para a realização do qual este não concorreu, direta ou indiretamente (art. 501 da CLT). Exemplos de força maior seriam o incêndio, o terremoto, a inundação etc. A imprevidência do empregador exclui a razão de força maior (§ 1º do art. 501 da CLT). À ocorrência do motivo de força maior que não afetar substancialmente, nem for suscetível de afetar, em tais condições, a situação econômica e financeira da empresa não se aplicam as restrições previstas na lei, como a indenização pela metade, o pagamento pela metade da indenização do FGTS etc., devendo pagar as verbas pertinentes por inteiro.

A falência do empregador não será considerada como força maior, pois está inserida nos riscos do empreendimento. O mesmo ocorre com os planos econômicos do governo.

Não se aplica a responsabilidade do ente público prevista no art. 486 da CLT na hipótese de paralisação ou suspensão de atividades empresariais determinada por ato de autoridade municipal, estadual ou federal para o enfrentamento do estado de calamidade pública reconhecido pelo Decreto Legislativo n. 6/2020, e da emergência de saúde pública de importância internacional decorrente do coronavírus, de que trata a Lei n. 13.979/2020 (art. 29 da Lei n. 14.020/2020).

10 ASSISTÊNCIA À RESCISÃO CONTRATUAL

Em se tratando de empregado da União, dos Estados, do Distrito Federal, dos Municípios e das autarquias e fundações de direito público federais, estaduais ou municipais que não explorem atividade econômica, presumem-se válidos os recibos de quitação ou pedidos de demissão de seus empregados, ainda que não submetidos à assistência do sindicato ou a Secretaria Especial de Previdência e Trabalho (art. 1º, I, do Decreto-Lei n. 779/69). Assim, aquelas entidades não necessitam ter assistência nas rescisões dos contratos de trabalho de seus empregados.

O pagamento das verbas rescisórias devidas ao empregado será efetuado em dinheiro ou em cheque visado. Não se admite, portanto, pagamento em parcelas.

Permite-se a compensação de valores já recebidos pelo empregado na rescisão do contrato de trabalho, porém essa compensação não pode ser superior a um mês de remuneração do empregado (§ 5º do art. 477 da CLT). Se houver adiantamento superior a um mês, a compensação na rescisão somente poderá se ater ao referido valor, presumindo-se que o restante venha a ser dívida de natureza civil.

No instrumento de rescisão ou recibo de quitação deve ser especificada a natureza de cada parcela paga ao empregado e discriminado o seu valor, sendo válida a quitação, apenas, relativamente às mesmas parcelas (§ 2º do art. 477 da CLT).

O pedido de demissão do empregado estável só será válido com a assistência do sindicato, da Secretaria Especial de Previdência e Trabalho ou da Justiça do Trabalho (art. 500 da CLT).

Esclarece a Súmula 330 do TST que a quitação passada pelo empregado, com assistência da Entidade sindical de sua categoria, ao empregador, com observância dos requisitos exigidos nos parágrafos do art. 477 da CLT, tem eficácia liberatória em relação às parcelas expressamente consignadas no recibo, salvo se oposta ressalva expressa e especificada ao valor dado à parcela ou parcelas impugnadas. A quitação não abrange parcelas não consignadas no recibo de quitação e, consequentemente, seus reflexos em outras parcelas, ainda que essas constem desse recibo. Quanto a direitos que deveriam ter sido satisfeitos durante a vigência do contrato de trabalho, a quitação é válida em relação ao período expressamente consignado no recibo de quitação.

É facultado a empregados e empregadores, na vigência ou não do contrato de emprego, firmar o termo de quitação anual de obrigações trabalhistas, perante o sindicato dos empregados da categoria (art. 507-B da CLT). O termo discriminará as obrigações de dar e fazer cumpridas mensalmente e dele constará a quitação anual dada pelo empregado, com eficácia liberatória das parcelas nele especificadas.

11 PRAZO PARA PAGAMENTO DAS VERBAS RESCISÓRIAS

O pagamento a que fizer jus o empregado será efetuado: I – em dinheiro, depósito bancário ou cheque visado, conforme acordem as partes; ou II – em dinheiro ou depósito bancário quando o empregado for analfabeto (§ 4º do art. 477 da CLT).

Na extinção do contrato de trabalho, o empregador deverá proceder à anotação na Carteira de Trabalho e Previdência Social, comunicar a dispensa aos órgãos competentes e realizar o pagamento das verbas rescisórias no prazo legal (art. 477 da CLT).

A entrega ao empregado de documentos que comprovem a comunicação da extinção contratual aos órgãos competentes, bem como o pagamento dos valores constantes do instrumento de rescisão ou recibo de quitação, deverão ser efetuados em até dez dias contados a partir do término do contrato.

A anotação da extinção do contrato na Carteira de Trabalho e Previdência Social é documento hábil para requerer o benefício do seguro-desemprego e a movimentação da conta vinculada no Fundo de Garantia do Tempo de Serviço, nas hipóteses legais, desde que a comunicação tenha sido realizada.

As parcelas constantes do instrumento de rescisão ou termo de quitação do contrato de trabalho devem ser pagas em até 10 dias após a partir do término do contrato (§ 6º do art. 477 da CLT).

Na inobservância do prazo previsto no § 6º do art. 477 da CLT, o empregador deverá pagar uma multa ao empregado no valor de seu salário, devidamente corrigido pelo BTN, exceto se o trabalhador, comprovadamente, der causa à mora (§ 8º do art. 477 da CLT), além da multa administrativa devida à União.

A circunstância de a relação de emprego ter sido reconhecida apenas em juízo não tem o condão de afastar a incidência da multa prevista no § 8º do art. 477 da CLT. A referida multa não será devida apenas quando, comprovadamente, o empregado der causa à mora no pagamento das verbas rescisórias (Súmula 462 do TST).

Capítulo 22

AVISO PRÉVIO

1 ORIGENS

O aviso prévio não é um instituto previsto apenas no Direito do Trabalho, mas também em relação a contratos. A Lei n. 62, de 5 de junho de 1935, especificou o aviso prévio no art. 6º, em que tal comunicação só era exigida do empregado em favor do empregador. A CLT tratou do aviso prévio nos arts. 487 a 491. O inciso XXI do art. 7º da Constituição determinou o "aviso prévio proporcional ao tempo de serviço, sendo no mínimo de trinta dias, nos termos da lei". O art. 599 do Código Civil prevê aviso prévio nos contratos de prestação de serviços.

2 CONCEITO

Aviso prévio é a comunicação que uma parte do contrato de trabalho deve fazer à outra de que pretende rescindir o referido pacto sem justa causa, de acordo com o prazo previsto em lei, sob pena de pagar uma indenização substitutiva.

3 NATUREZA JURÍDICA

O aviso prévio tem tríplice natureza. A primeira é de comunicar à outra parte do contrato de trabalho que não há mais interesse na continuação do pacto. Num segundo plano, o aviso prévio também pode ser analisado como o tempo mínimo que a lei determina para que seja avisada a parte contrária de que vai ser rescindido o contrato de trabalho, de modo a que o empregador possa conseguir novo empregado para a função ou o empregado possa procurar novo emprego. Em terceiro lugar, diz respeito ao pagamento que vai ser efetuado pelo empregador ao empregado pela prestação de serviços durante o restante do contrato de trabalho, ou à indenização substitutiva pelo não cumprimento do aviso prévio por qualquer das partes. Há, assim, a combinação dos elementos comunicação, prazo e pagamento.

4 IRRENUNCIABILIDADE

O aviso prévio é um direito irrenunciável do empregado. O pedido de dispensa do seu cumprimento "não exime o empregador de pagar o valor respectivo, salvo comprovação de haver o prestador dos serviços obtido novo emprego" (Súmula 276 do TST). Dessa forma, o empregado não poderia renunciar ao aviso prévio, salvo prova de ter obtido novo emprego, que é a finalidade do instituto, ficando o empregador obrigado a pagar o valor correspondente.

5 CABIMENTO

É cabível o aviso prévio nos contratos por prazo indeterminado (art. 487 da CLT). Havendo prazo estipulado para a cessação do contrato de trabalho não haveria que se falar em aviso prévio, pois as partes já sabem de antemão quando é que vai terminar o pacto laboral. É possível afirmar, portanto, que, regra geral, não cabe o aviso prévio nos contratos de prazo determinado, inclusive os de experiência.

O segundo elemento para o cabimento do aviso prévio é de que o contrato deve ser rescindido sem justo motivo, ou seja, no pedido de demissão do empregado ou na dispensa por parte do empregador. Havendo dispensa por justa causa, o contrato de trabalho termina de imediato, inexistindo direito a aviso prévio.

A Lei n. 7.108, de 5 de julho de 1983, acrescentou o § 4º ao art. 487 da CLT, determinando ser devido o aviso prévio na despedida indireta.

É devido 50% do valor do aviso prévio em caso de culpa recíproca, segundo o entendimento da Súmula 14 do TST. Nesse caso, o que ocorre é que há justo motivo para rescisão do contrato de trabalho (art. 487 da CLT), que foi dado por ambas as partes, ficando prejudicado o aviso prévio, pois o contrato de trabalho termina de imediato. Se o contrato de trabalho é rescindido por acordo entre as partes, não cabe aviso prévio.

No contrato por prazo determinado as partes já sabem quando será o término do pacto laboral, daí inexistir necessidade de aviso prévio. O art. 481 da CLT esclareceu que se houver uma cláusula nos contratos por prazo determinado assegurando o direito recíproco de rescisão antecipada do pacto, aplicam-se, caso seja exercido tal direito, as regras que tratam da rescisão do contrato por prazo indeterminado, sendo devido, então, o aviso prévio. O requisito seria a existência da referida cláusula no contrato de trabalho, que geraria o direito ao aviso prévio. Tal fato valeria para qualquer contrato de prazo determinado, inclusive o de experiência. A Súmula 163 do TST esclareceu que é cabível o aviso prévio nas rescisões antecipadas dos contratos de experiência, na forma do art. 481 da CLT.

No contrato de trabalho temporário, regido pela Lei n. 6.019/74, não há direito a aviso prévio, pois as partes já conhecem antecipadamente o final do pacto, que não poderá ser celebrado por mais de três meses. O art. 12 da referida norma não menciona o direito a aviso prévio, justamente porque as partes já conhecem quando se encerrará o citado ajuste.

6 FORMA

A lei não estabelece a forma para a concessão do aviso prévio. Admite-se que o aviso prévio possa ser concedido verbalmente, pois até mesmo o contrato de trabalho pode ser feito dessa forma. Se a parte reconhece que o aviso prévio foi concedido, ainda que verbalmente, será plenamente válido. O ideal é que o aviso prévio seja concedido por escrito, para evitar dúvidas.

7 PRAZO

O art. 487 da CLT previa dois prazos de aviso prévio em razão do tempo de pagamento do salário: a) de 8 dias, se o pagamento fosse efetuado por semana ou tempo inferior; b) de 30 dias aos que percebessem por quinzena ou mês, ou que tivessem mais de 12 meses de serviço na empresa.

O inciso XXI do art. 7º da Constituição determina que o aviso prévio será de no mínimo 30 dias, norma essa autoaplicável. O aviso prévio para o empregado doméstico, que não tinha direito a aviso prévio e passou a tê-lo com a Constituição (parágrafo único do art. 7º), também será de 30 dias. Nada impede que as partes ou a norma coletiva fixem prazo de aviso prévio superior a 30 dias, pois deve-se apenas obedecer ao mínimo de 30 dias, mas não há um prazo máximo. Não poderão, porém, as partes fixar um prazo inferior a 30 dias, diante do texto da Constituição, principalmente quando o aviso prévio é dado pelo empregador ao empregado.

Alguns autores admitem que o prazo do aviso prévio dado pelo empregado ao empregador poderia ser inferior a 30 dias, pois se configuraria uma disposição mais favorável ao obreiro.

A proporcionalidade do aviso prévio prevista no inciso XXI do art. 7º da Lei Maior é que será objeto de lei ordinária. Como o legislador constituinte estabelece o mínimo de 30 dias para o aviso prévio, nada impede que a legislação ordinária fixe prazo superior.

A Lei n. 12.506, de 11 de outubro de 2011, regulamentou o aviso prévio proporcional ao tempo de serviço. Será concedido na proporção de 30 dias aos empregados que contém um ano de serviço no mesmo empregador. A esse aviso prévio serão acrescidos três dias por ano de serviço prestado no mesmo empregador, até o máximo de 60 dias, perfazendo um total de até 90 dias. A mesma regra se aplica aos domésticos (§§ 1º e 2º do art. 23 da Lei Complementar n. 150/2015).

Para o doméstico, o aviso prévio será concedido na proporção de 30 dias ao empregado que conte com até um ano de serviço para o mesmo empregador. Ao aviso prévio de 30 dias, devido ao empregado, serão acrescidos três dias por ano de serviço prestado para o mesmo empregador, até o máximo de 60 dias, perfazendo um total de até 90 dias (§ 2º do art. 23 da Lei Complementar n. 150/2015).

O direito ao aviso prévio proporcional ao tempo de serviço somente é assegurado nas rescisões de contrato de trabalho ocorridas a partir da publicação da Lei n. 12.506, em 13 de outubro de 2011 (Súmula 441 do TST).

8 EFEITOS

O primeiro efeito do aviso prévio é que o tempo de serviço irá integrar o contrato de trabalho para todos os efeitos, inclusive para o cálculo de mais 1/12 de 13º salário e férias em razão da sua projeção. O pacto laboral não termina de imediato, mas apenas após expirado o prazo do aviso prévio, com o que há a integração do tempo de serviço no contrato de trabalho. Mesmo no aviso prévio indenizado ocorre a sua integração no tempo de serviço do empregado, para todos os efeitos.

Em decorrência da integração do aviso prévio no contrato de trabalho para todos os efeitos, temos que, se houver reajuste salarial coletivo (§ 6º do art. 487 da CLT) ou determinado por norma legal, o empregado será beneficiado, mesmo que já tenha recebido antecipadamente os salários do aviso.

Outra consequência do aviso prévio integrar o tempo de serviço diz respeito ao cômputo do respectivo prazo para efeito da indenização adicional, de que trata o art. 9º da Lei n. 7.238/84. Mesmo sendo o aviso prévio indenizado, haverá o cômputo do respectivo prazo para efeito de se verificar se o empregado foi dispensado nos 30 dias que antecedem a data-base da categoria, o que lhe daria o direito a indenização adicional de um salário mensal (Súmula 182 do TST).

Dado o aviso prévio e sobrevindo durante esse lapso de tempo a estabilidade provisória, tem o empregado direito a tal garantia. O próprio art. 489 da CLT deixa claro que só há a cessação do contrato de trabalho após expirado o prazo do referido aviso. Não é possível a coincidência do aviso prévio dado pelo empregador com os últimos 30 dias de estabilidade provisória do trabalhador, nem mesmo a concessão do mencionado aviso durante o período de garantia de emprego (Súmula 348 do TST).

A falta de aviso prévio por parte do empregador dá ao empregado o direito aos salários do respectivo aviso (§ 1º do art. 487 da CLT), garantindo-se sempre a integração do citado aviso no tempo de serviço do empregado, inclusive para o doméstico. A falta de aviso prévio por parte do empregado que pretende se desligar da empresa dá ao empregador o direito de descontar o saldo de salários correspondentes ao prazo respectivo (§ 2º do art. 487 da CLT), inclusive em relação ao doméstico.

O art. 488 da CLT estabelece que o horário de trabalho do empregado será reduzido em duas horas, inclusive se o trabalho for noturno, sem prejuízo do salário integral, inclusive em relação ao doméstico (art. 24 da Lei Complementar n. 150/2015). Essa redução normalmente é feita no final da jornada de trabalho, mas nada impede que seja feita no início da jornada, porque a lei nada menciona sobre o assunto.

O empregado poderá optar entre trabalhar sem a redução de duas horas diárias no seu horário normal de trabalho, faltando no serviço por sete dias corridos, sem prejuízo do salário. Essa regra se aplica também em relação ao doméstico (parágrafo único do art. 24 da Lei Complementar n. 150/2015). A Súmula 230 do TST deixa claro que "é ilegal substituir o período que se reduz da jornada de trabalho, no aviso prévio, pelo pagamento das horas correspondentes". Era o que se fazia antigamente, pagando-se ao empregado 60 horas (30 dias × 2 horas diárias). Logo, se a empresa pagar como extras as horas que deveriam corresponder à redução do horário de trabalho, deve pagar novamente o aviso prévio, pois não se possibilitou ao trabalhador a busca de outro emprego.

O art. 15 da Lei n. 5.889/73 prevê que, durante o aviso prévio, se a rescisão for promovida pelo empregador, o empregado rural terá direito a um dia por semana para procurar novo emprego, sem prejuízo de seu salário.

O art. 489 da CLT determina que a rescisão do contrato de trabalho só se torna efetiva depois de expirado o prazo do aviso prévio. Há, porém, a possibilidade de reconsideração do aviso prévio, que deve ser feita, em princípio, antes de expirado o seu prazo. À outra parte caberá ou não aceitar a reconsideração, mostrando a bilateralidade do contrato de trabalho, pois a reconsideração dependerá da concordância da outra parte. Aceita a reconsideração ou continuando a prestação dos serviços (reconsideração tácita) após o término do aviso prévio, o contrato continuará normalmente, como se não houvesse sido dado o aviso (parágrafo único ao art. 489 da CLT).

Se o empregador, durante o aviso prévio dado ao empregado, cometer ato que justifique a rescisão imediata do contrato, deverá pagar a remuneração correspondente ao aviso prévio, sem prejuízo da indenização que for devida (art. 490 da CLT). O empregado que cometer justa causa durante o aviso prévio perde o direito ao restante do respectivo prazo (art. 491 da CLT) e ao pagamento das indenizações legais. Entende-se que no caso do art. 491 da CLT o empregado perde o direito à indenização, pois a lei não faz qualquer ressalva nesse sentido, ao contrário do art. 490 da CLT. A Súmula 73 do TST esclarece que "a ocorrência de justa causa, salvo a de abandono de emprego, no decurso do prazo do aviso prévio dado pelo empregador, retira do empregado qualquer direito às verbas rescisórias de natureza indenizatória". Os dias de aviso prévio já trabalhados deverão, porém, ser pagos ao trabalhador.

9 REMUNERAÇÃO DO AVISO PRÉVIO

O aviso prévio deve corresponder ao salário do empregado na ocasião do despedimento. Se o empregado percebe salário pago à base de tarefa, o cálculo do aviso prévio será feito de acordo com a média dos últimos 12 meses de serviço (§ 3º do art. 487 da CLT), multiplicado pelo valor da última tarefa. A gratificação semestral não repercute, porém, no cálculo do aviso prévio, ainda que indenizado (Súmula 253 do TST).

Os adicionais que forem pagos com habitualidade deverão integrar o aviso prévio indenizado, como os de insalubridade, periculosidade, adicional noturno. O valor das horas extraordinárias habituais integra o aviso prévio indenizado (§ 5º do art. 487 da CLT). Se, contudo, o aviso prévio for trabalhado, os adicionais serão pagos à parte, não integrando o aviso, pois se trata de salário e não de indenização.

Capítulo 23

ESTABILIDADE

1 HISTÓRIA

A primeira norma que efetivamente veio a tratar da estabilidade no setor privado foi o Decreto n. 4.682, de 24 de janeiro de 1923, a chamada Lei Eloy Chaves, constituindo-se num marco histórico. O art. 42 declarava que "depois de 10 anos de serviços efetivos, o empregado das empresas a que se refere a presente lei só poderá ser demitido no caso de falta grave constatada em inquérito administrativo, presidido por um engenheiro da Inspetoria e Fiscalização das Estradas de Ferro".

A estabilidade foi estendida a outras categorias, como ao pessoal das empresas de navegação marítima ou fluvial (Lei n. 5.109, de 20 de dezembro de 1926), aos empregados em empresas de transportes urbanos, luz, força, telefone, telégrafos, portos, água e esgoto (Decreto n. 20.465, de 1º de outubro de 1930) e para os bancários (Decreto n. 24.615, de 9 de julho de 1934). A Lei n. 62, de 5 de junho de 1935, estendeu a estabilidade aos empregados da indústria e comércio.

A CLT, de 1943, disciplinou a estabilidade nos arts. 492 a 500. Todo empregado que completasse 10 anos na empresa não poderia ser dispensado, salvo motivo de falta grave, devidamente verificada em inquérito judicial para sua apuração, ou por força maior efetivamente comprovada (art. 492 da CLT).

A Constituição de 24 de janeiro de 1967 estabeleceu um sistema alternativo entre estabilidade ou fundo de garantia, ou seja, havia um sistema optativo para o obreiro: "estabilidade, com indenização ao trabalhador despedido, ou fundo de garantia equivalente" (art. 158, XIII). A Emenda Constitucional n. 1, de 17 de outubro de 1969, não alterou essa orientação: "estabilidade, com indenização ao trabalhador ou fundo de garantia equivalente" (art. 165, XIII). A Constituição de 1988 modificou o sistema que até então vinha sendo seguido, pois extinguiu a estabilidade e a alternatividade que existia com o fundo de garantia, eliminando-a ao estabelecer, no inciso I do art. 7º: "relação de emprego protegida contra despedida arbitrária ou sem justa causa, nos termos de lei complementar, que preverá indenização compensatória, dentre outros direitos". A Lei n. 7.839, de 12 de outubro de 1989, no seu art. 12, ressalvou o direito adquirido dos trabalhadores que à data da promulgação da Constituição de 1988 já tinham direito à estabilidade no emprego. O atual art. 14 da Lei n. 8.036, de 11 de maio de 1990, que trata do FGTS, fez a mesma ressalva.

2 DENOMINAÇÃO

A estabilidade, assim como a indenização e o aviso prévio, é uma das limitações ao poder de despedir do empregador. Não se pode dizer, entretanto, que exista uma estabilidade absoluta, pois a justa causa, o motivo de força maior ou outras causas previstas em lei podem determinar o fim do contrato de trabalho.

Há que se distinguir a estabilidade da garantia de emprego. A garantia de emprego é o gênero que compreende medidas tendentes ao trabalhador obter o primeiro emprego, a manutenção do emprego conseguido e, até mesmo, de maneira ampla, a colocação do trabalhador em novo serviço. Está, portanto, a garantia de emprego ligada à política de emprego. Uma forma de garantia de emprego é o art. 429 da CLT, ao assegurar o emprego a menores aprendizes na indústria.

3 CONCEITO

A estabilidade que irei analisar é a estabilidade jurídica, prevista na legislação, que impede a dispensa do empregado. Pode ser a garantia de emprego decorrente de norma coletiva, do regulamento de empresa ou do próprio contrato de trabalho, se as partes assim dispuserem, como ocorre com a garantia do emprego do menor em época de serviço militar, do empregado às vésperas de sua aposentadoria etc.

Consiste a estabilidade no direito do empregado de continuar no emprego, mesmo à revelia do empregador, desde que inexista uma causa objetiva a determinar a sua despedida. Tem, assim, o empregado o direito ao emprego, de não ser despedido, salvo determinação de lei em sentido contrário.

4 ESTABILIDADE POR TEMPO DE SERVIÇO

A estabilidade por tempo de serviço era garantida pelo art. 492 da CLT ao empregado que tivesse mais de 10 anos de serviço na mesma empresa, que não poderia ser dispensado a não ser por motivo de falta grave ou força maior, devidamente comprovadas. Os dez anos de serviço na empresa poderiam ser contados em razão do trabalho do empregado no grupo de empresas.

No sistema da Emenda Constitucional n. 1, 17 de outubro de 1969, estabelecia-se a estabilidade, com indenização ao trabalhador ou fundo de garantia equivalente (art. 165, XIII). A jurisprudência esclareceu que "a equivalência entre os regimes do FGTS e da estabilidade da CLT é meramente jurídica e não econômica, sendo indevidos quaisquer valores a título de reposição de diferença" (Súmula 98, I, do TST).

A estabilidade prevista nos arts. 492 a 500 da CLT fica prejudicada com o inciso I do art. 7º da Constituição, que determina que a dispensa arbitrária ou sem justa causa será objeto de lei complementar. O inciso III do art. 7º da Lei Maior, ao tratar de FGTS, não mencionou o sistema alternativo de estabilidade ou fundo de garantia equivalente que existia na Constituição anterior, com o que a estabilidade decenal prevista na CLT foi extinta. Apenas aquelas pessoas que já tinham direito adquirido antes de 5 de outubro de 1988 é que ainda a possuem, e são poucas, normalmente empregados que trabalham para o Estado sob o regime da CLT. O art. 12 da Lei n. 7.839/89 e o art. 14 da Lei n. 8.036/90 ressalvaram expressamente o direito à estabilidade em relação às pessoas que já o possuíam, ou seja, que tinham 10 anos de empresa em 5 de outubro de 1988 e não eram optantes do FGTS.

O pedido de demissão do empregado estável só será válido quando feito com a assistência do sindicato da categoria e, se não o houver, perante a autoridade local da Secretaria Especial de Previdência e Trabalho ou da Justiça do Trabalho (art. 500 da CLT).

5 EXCLUSÃO DO DIREITO À ESTABILIDADE

Os domésticos não têm direito à estabilidade por tempo de serviço, pois a Lei Complementar n. 150/2015 assim não determinou.

O art. 499 da CLT reza que não haverá estabilidade no exercício de cargos de diretoria, gerência ou outros de confiança imediata do empregador, ressalvando-se apenas o cômputo do tempo de serviço para todos os efeitos legais. Ao empregado garantido pela estabilidade que deixar de exercer cargo de confiança assegura-se, salvo no caso de falta grave, a reversão ao cargo efetivo que haja anteriormente ocupado.

A estabilidade por tempo de serviço não é aplicável ao empregado em consultório ou escritório de profissional liberal (art. 507 da CLT). O profissional liberal vem a ser a pessoa física e não a sociedade.

6 GARANTIAS DE EMPREGO

A verdadeira estabilidade era a estabilidade por tempo de serviço, em que se considerava estável o empregado que tivesse 10 anos na empresa. Garantia de emprego é, porém, o nome adequado para o que se chama estabilidade provisória, pois, se há estabilidade, ela não pode ser provisória.

6.1 Dirigente sindical

O § 3º do art. 543 da CLT dispõe que o dirigente sindical e de associação profissional não podem ser dispensados desde a comunicação da candidatura até um ano após o término de seus mandatos. O inciso VIII do art. 8º da Constituição de 1988 veio apenas erigir em nível constitucional o disposto no § 3º do art. 543 da CLT: "é vedada a dispensa do empregado sindicalizado a partir do registro da candidatura a cargo de direção ou representação sindical e, se eleito, ainda que suplente, até um ano após o final do mandato, salvo se cometer falta grave nos termos da lei". Encerra o mandamento constitucional em exame norma constitucional de eficácia plena, exceto quanto à falta grave que será apurada "nos termos da lei", que é norma de eficácia limitada. A expressão *nos termos da lei* refere-se a falta grave e já está normatizada pelo art. 482 da CLT, que prevê quais as faltas que ensejarão o despedimento do obreiro. Ressalta, contudo, o dispositivo constitucional que a garantia de emprego é para o empregado sindicalizado. Nada impede, portanto, que a lei ordinária estenda a estabilidade ao associado que se candidata a cargo de direção ou de representação de associação profissional, como menciona o § 3º do art. 543 da CLT, visto que é livre a associação para fins lícitos (art. 5º, XVII, da Constituição).

O mandato do dirigente sindical é de três anos.

O membro de conselho fiscal de sindicato não tem direito à garantia de emprego do dirigente sindical, pois representa ou atua na defesa de direitos da categoria respectiva, tendo sua competência limitada à fiscalização da gestão financeira do sindicato (OJ 365 da SBDI-1 do TST).

O delegado sindical não é beneficiário da garantia de emprego prevista no inciso VIII do art. 8º da Constituição, a qual é dirigida, exclusivamente, àqueles que exerçam ou ocupem cargos de direção nos sindicatos, submetidos a processo eletivo.

É assegurada a estabilidade provisória ao empregado dirigente sindical, ainda que a comunicação do registro da candidatura ou da eleição e da posse seja realizada fora do prazo previsto no art. 543, § 5º, da CLT, desde que a ciência ao empregador, por qualquer meio, ocorra na vigência do contrato de trabalho (Súmula 368, I, do TST).

O art. 522 da CLT foi recepcionado pela Constituição de 1988. Fica limitada, assim, a estabilidade a que alude o art. 543, § 3º, da CLT a sete dirigentes sindicais e igual número de suplentes (Súmula 368, II, do TST).

O empregado de categoria diferenciada eleito dirigente sindical só goza de estabilidade se exercer na empresa atividade pertinente à categoria profissional do sindicato para o qual foi eleito dirigente (Súmula 368, III, do TST).

Havendo extinção da atividade empresarial no âmbito da base territorial do sindicato, não há razão para subsistir a garantia de emprego (Súmula 368, IV, do TST).

O registro da candidatura do empregado a cargo de dirigente sindical durante o período de aviso prévio, ainda que indenizado, não lhe assegura a garantia de emprego, por ser inaplicável a regra do § 3º do art. 543 da Consolidação das Leis do Trabalho (Súmula 368, V, do TST).

6.2 Membro da CIPA

Reza o art. 165 da CLT que "os titulares da representação dos empregados nas CIPAs não poderão sofrer despedida arbitrária, entendendo-se como tal a que não se fundar em motivo disciplinar, técnico, econômico ou financeiro". CIPA é a Comissão Interna de Prevenção de Acidentes.

A Constituição de 1988 prevê garantia de emprego para empregado "eleito para o cargo de direção, desde o registro de sua candidatura até um ano após o final de seu mandato"; da CIPA, "até que seja promulgada a lei complementar a que se refere o art. 7º, I", da Lei Maior (art. 10, II, *a*, do ADCT).

Parte III ▪ Direito Individual do Trabalho

Veda-se, portanto, a dispensa arbitrária ou sem justa causa do cipeiro. Logo, a dispensa com justa causa (art. 482 da CLT) não é proibida. Considera-se como dispensa arbitrária a que não se fundar em motivo disciplinar, técnico, econômico ou financeiro, nos termos do disposto na parte final do art. 165 da CLT.

O mandato dos membros eleitos da CIPA é de um ano, permitida uma reeleição.

O suplente da CIPA também tem direito à garantia de emprego, pois a qualquer momento pode substituir o titular (Súmula 339 do TST e Súmula 676 do STF).

6.3 Gestante

Assegura a alínea b do inciso II do art. 10 do ADCT à empregada gestante a impossibilidade de ser dispensada sem justa causa ou arbitrariamente, desde a confirmação da gravidez até cinco meses após o parto.

Nos casos em que ocorrer o falecimento da genitora será assegurado o direito à garantia de emprego a quem detiver a guarda de seu filho (art. 1º da Lei Complementar n. 146/2014).

O desconhecimento da gravidez pelo empregador não afasta o direito ao pagamento da indenização decorrente da garantia de emprego (Súmula 244, I, do TST).

A garantia de emprego à gestante só autoriza a reintegração se esta se der durante o período de estabilidade. Do contrário, a garantia restringe-se aos salários e demais direitos correspondentes ao período de estabilidade (Súmula 244, II, do TST).

É vedada a dispensa arbitrária ou sem justa causa da empregada doméstica gestante desde a confirmação da gravidez até cinco meses após o parto.

A confirmação do estado de gravidez durante o curso do contrato de trabalho da empregada e da doméstica, ainda que durante o prazo do aviso prévio trabalhado ou indenizado, garante à empregada gestante a estabilidade provisória prevista na alínea b do inciso II do art. 10 do ADCT (art. 391-A da CLT e parágrafo único do art. 25 da Lei Complementar n. 150/2015). A garantia de emprego aplica-se ao empregado urbano ou rural adotante ao qual tenha sido concedida guarda provisória para fins de adoção (parágrafo único do art. 391-A da CLT).

A empregada gestante tem direito à garantia de emprego mesmo na hipótese de admissão mediante contrato por tempo determinado (Súmula 244, III, do TST).

6.4 Acidentado

O art. 118 da Lei n. 8.213/91 prevê outra forma de garantia de emprego: "o segurado que sofreu acidente do trabalho tem garantida, pelo prazo mínimo de doze meses, a manutenção do seu contrato de trabalho na empresa, após a cessação do auxílio-doença acidentário, independentemente da percepção de auxílio-acidente".

A garantia de emprego de 12 meses ao empregado acidentado no trabalho somente ocorre após a cessação do auxílio-doença acidentário, independentemente da percepção de auxílio-acidente. Assim, não havendo a concessão de auxílio-doença acidentário, o empregado não faz jus à estabilidade provisória do art. 118 da Lei n. 8.213/91. Se o empregado se afasta apenas por até 15 dias da empresa, não há a concessão do auxílio-doença, e, não sendo concedido este, não haverá garantia de emprego.

O STF considerou constitucional o art. 118 da Lei n. 8.213/91, que assegura o direito à estabilidade provisória por período de 12 meses após a cessação do auxílio-doença ao empregado acidentado (Súmula 378, I, do TST).

São pressupostos para a concessão da estabilidade o afastamento superior a 15 dias e a consequente percepção do auxílio-doença acidentário, salvo se constatada, após a despedida, doença profissional que guarde relação de causalidade com a execução do contrato de emprego (Súmula 378, II, do TST).

O empregado submetido a contrato de trabalho por tempo determinado goza da garantia provisória de emprego decorrente de acidente de trabalho prevista no art. 118 da Lei n. 8.213/91 (Súmula 378, III, do TST).

6.5 Membro das Comissões de Conciliação Prévia

É vedada a dispensa dos representantes dos empregados membros das Comissões de Conciliação Prévia, titulares e suplentes, até um ano após o final do mandato, salvo se cometerem falta grave, nos termos da lei (§ 1º do art. 625-B da CLT).

Os membros do empregador não têm direito à garantia de emprego.

Os membros dos empregados têm mandato de um ano, podendo ser reeleitos uma vez.

6.6 Representante dos trabalhadores

Desde o registro da candidatura até um ano após o fim do mandato, o membro da comissão de representantes dos empregados não poderá sofrer despedida arbitrária, entendendo-se como tal a que não se fundar em motivo disciplinar, técnico, econômico ou financeiro (§ 3º do art. 510-D da CLT). O mandato é de um ano.

6.7 Doente de AIDS

Não há preceito legal assegurando garantia de emprego ao doente de AIDS.

Presume-se discriminatória a despedida de empregado portador do vírus HIV ou de outra doença grave que suscite estigma ou preconceito. Inválido o ato, o empregado tem direito à reintegração no emprego (Súmula 443 do TST).

Constituem crimes as seguintes condutas discriminatórias contra o portador de HIV e o doente de AIDS, em razão da sua condição de portador ou de doente: negar emprego ou trabalho (art. 1º, II, da Lei n. 12.984/2014), exonerar ou demitir de seu cargo ou emprego (III), segregar no ambiente de trabalho (IV). Em razão do estabelecimento de crime, o ato do empregador é ilícito e o empregado não pode ser dispensado.

6.8 Garçons

Nas empresas com mais de 60 empregados, será constituída comissão de empregados, mediante previsão em convenção ou acordo coletivo de trabalho, para acompanhamento e fiscalização da regularidade da cobrança e distribuição da gorjeta, cujos representantes serão eleitos em assembleia geral convocada para esse fim pelo sindicato laboral e gozarão de garantia de emprego vinculada ao desempenho das funções para que foram eleitos (§ 10 do art. 457 da CLT). O início e o término da garantia de emprego terão de ser definidos na convenção ou acordo coletivo, pois a lei é omissa sobre isso.

7 EXTINÇÃO DA ESTABILIDADE

Cessa a estabilidade do empregado com a sua morte, com a aposentadoria espontânea, com a ocorrência de força maior, falta grave praticada pelo obreiro ou com o seu pedido de demissão. Com a morte do empregado não há que se falar em transferência da estabilidade para seus herdeiros, pois ela era pessoal, por dizer respeito apenas ao trabalhador. O empregado, ao se aposentar ou pedir demissão, renuncia ao direito de estabilidade que detinha.

O ajuizamento de ação trabalhista após decorrido o período de garantia de emprego não configura abuso do exercício do direito de ação, pois este está submetido apenas ao prazo prescricional inscrito no art. 7º, XXIX, da Constituição de 1988, sendo devida a indenização desde a dispensa até a data do término do período de garantia de emprego (OJ 399 da SBDI-1 do TST).

Capítulo 24

INDENIZAÇÃO

1 CONCEITO

No Direito Civil a indenização corresponde ao ressarcimento feito por uma pessoa em virtude de dano ou prejuízo causado a outrem.

A indenização trabalhista também vem a ser um pagamento realizado pelo empregador ao empregado quando este é dispensado sem justa causa, visando recompensá-lo da perda do emprego e devendo corresponder ao tempo de serviço prestado ao empregador.

2 FUNDAMENTOS

Aqueles trabalhadores que não optaram pelo FGTS até 5 de outubro de 1988, ou que optaram pelo FGTS, mas têm tempo anterior ao da opção, é que terão direito à indenização, quando dispensados pelo empregador.

3 NATUREZA JURÍDICA

A teoria do abuso de direito foi criada na França com base no Código Civil francês (art. 1.382). O seu fundamento era o de que o empregador, ao rescindir o contrato de trabalho do empregado, cometia um abuso de direito, salvo se houvesse motivo justificado para a mencionada rescisão. Esse era o entendimento da jurisprudência francesa. Não havendo motivos plausíveis para a rescisão, o empregado deveria ser indenizado. No Brasil, a teoria do abuso de direito é fundamentada no inciso I do art. 188 do Código Civil, que determina que o ato é lícito quando há o exercício regular de direito, o que importa dizer que o ato será ilícito se praticado abusivamente ou contrariamente ao direito.

A teoria do crédito tem por base uma lei italiana de 1919. O empregado tem direito a uma compensação, consistente num crédito acumulado, na forma de indenização, quando for despedido. O crédito diria respeito à ajuda que o empregado deu ao empregador para o aumento do seu fundo de comércio e seria relativo ao tempo de serviço prestado à empresa. Na verdade, o empregado não tem direito a nenhum crédito em relação ao empregador, pois a lei não o prevê. Ressalte-se que, quando o empregado pede demissão, perderia também direito ao suposto crédito, que, se realmente existisse, lhe deveria ser pago na rescisão do contrato de trabalho em qualquer hipótese.

A teoria do risco informa que não se deveria verificar se houve ou não culpa na rescisão do contrato de trabalho, apenas quem suporta o risco correspondente. Como o empregador é quem assume os riscos de sua atividade econômica (art. 2º da CLT), deveria pagar uma indenização pelo despedimento. Essa teoria não pode ser observada, pois, se o empregado pedisse demissão, também teria direito à indenização em razão do risco que o empregador deve suportar, o que não tem fundamento, pois a indenização é devida na despedida efetuada pelo empregador.

O fundamento da indenização é o fato de o empregado perder o emprego e a contagem do tempo de serviço na empresa. Não se trata de um dano causado ao empregado, como já vimos, nem de abuso de direito, pois o empregador exercita um direito previsto na lei, que apenas ampara o empregado com uma compensação pela despedida abrupta em razão do seu tempo de serviço.

4 CONTRATOS POR PRAZO INDETERMINADO

O FGTS passa a partir de 5 de outubro de 1988 a ser um direito do trabalhador e não mais uma opção, como era antes. O inciso I do art. 10 do ADCT trata da indenização de 40% do FGTS, enquanto não seja editada a lei complementar que preverá indenização compensatória, entre outros direitos, para o empregado dispensado arbitrariamente ou sem justa causa.

O tempo de serviço do trabalhador não optante do FGTS anterior a 5 de outubro de 1988 será indenizado, caso seja dispensado sem justa causa pelo empregador. Essa ressalva é feita pelo § 1º do art. 14 da Lei n. 8.036/90.

A indenização devida pela rescisão do contrato por prazo indeterminado que for feita pelo empregador será de um mês de remuneração por ano de serviço efetivo, ou por ano e fração igual ou superior a seis meses (art. 478 da CLT). Se o salário for pago por dia, o cálculo da indenização terá por base 30 dias. Se pago por hora, a indenização será apurada na base de 220 horas por mês. Para os comissionistas ou aqueles que recebem percentagens, a indenização será calculada pela média das comissões ou percentagens percebidas nos últimos 12 meses de serviço. Para os empregados que trabalhem por tarefa ou serviço feito, a indenização será calculada na base média do tempo costumeiramente gasto pelo interessado para realização de seu serviço, tomando-se em conta o valor do que seria feito durante 30 dias. No cálculo da indenização, será computável a gratificação de Natal à razão de 1/12 por ano (Súmula 148 do TST). A gratificação periódica contratual também irá ser computada para o cálculo da indenização (Súmula 253 do TST e Súmula 207 do STF), assim como as horas extras prestadas habitualmente (Súmula 24 do TST), o adicional de periculosidade (Súmula 132, I, do TST) e o adicional de insalubridade pagos em caráter permanente (Súmula 139 do TST). Para efeito da contagem do tempo de serviço para a indenização, consideram-se tempo à disposição do empregador os períodos em que o empregado estiver afastado do trabalho prestando serviço militar e por motivo de acidente do trabalho (parágrafo único do art. 4º da CLT).

Se o empregado for readmitido, serão computados como tempo de serviço os períodos, ainda que descontínuos, em que tiver trabalhado anteriormente na empresa, salvo se houver sido despedido por falta grave, recebido indenização legal ou se aposentado espontaneamente (art. 453 da CLT). Mesmo se o empregado tiver pedido demissão, na hipótese de readmissão conta-se o período de serviço anterior encerrado com a sua saída espontânea (Súmula 138 do TST).

Há que se ressaltar, porém, que o primeiro ano de duração do contrato de trabalho por prazo indeterminado é considerado como período de experiência e, antes que se complete, nenhuma indenização é devida (§ 1º do art. 478 da CLT).

Admitindo-se que o empregado percebesse $ 300,00 por mês e tivesse oito anos de casa; é feita a soma de $ 300,00 com o duodécimo do 13º salário (Súmula 148 do TST), totalizando $ 325,00, e multiplica-se pelo número de anos trabalhados (8); o total é $ 2.600,00.

5 CONTRATOS POR PRAZO DETERMINADO

O art. 479 da CLT assegura ao empregado demitido sem justa causa, antes do término do contrato por prazo determinado, uma indenização, que é calculada pela metade do valor da remuneração que seria devida ao obreiro até a cessação do referido pacto. Assim, se o empregado tinha direito de receber uma remuneração de $ 1.000,00 até o término do pacto laboral por prazo determinado, irá receber metade dessa remuneração a título de indenização, ou seja, $ 500,00.

Na extinção normal do contrato a termo, o empregado optante do FGTS poderá sacá-lo (art. 20, IX, da Lei n. 8.036/90). Se a rescisão do contrato a prazo for feita antes do tempo pelo empregador, terá este de pagar a indenização pela metade do art. 479 da CLT. O art. 14 do Decreto n. 99.684/90 dispõe que é possível utilizar o FGTS depositado para abater a indenização devida pela metade, preconizada pelo art. 479 da CLT.

O empregado também é obrigado a pagar uma indenização ao empregador se sair da empresa antes do término do contrato por prazo determinado, desde que ocasione prejuízo ao empregador (art. 480 da CLT). A indenização, contudo, não poderá exceder àquela a que teria direito o empregado em idênticas condições.

Nos contratos por prazo determinado, que contiverem cláusula assecuratória do direito recíproco de rescisão antes de expirado o termo ajustado, aplicam-se, caso seja exercido tal direito por qualquer das partes, os princípios que regem a rescisão dos contratos por prazo indeterminado (art. 481 da CLT). Nesse caso, a indenização a ser paga será a prevista para os contratos por prazo indeterminado.

No contrato de safra, expirado normalmente o contrato, a empresa pagará ao safrista, a título de indenização do tempo de serviço, a importância de 1/12 do salário mensal, por mês de serviço ou fração superior a 14 dias (art. 14 da Lei n. 5.889/73). O empregado rural passou a ter direito ao FGTS em 5 de outubro de 1988, sendo que este substitui a referida indenização.

Nos contratos de trabalhadores na construção civil realizados por obra certa, rescindido o contrato em razão do término da obra ou serviço, tendo o empregado mais de 12 meses de serviço, terá direito a indenização por tempo de trabalho, na forma do art. 478 da CLT, com 30% de redução (art. 2º da Lei n. 2.959/56). Aqui nota-se também que o legislador prestigiou a regra de que o primeiro ano de duração do contrato é considerado período de experiência, não sendo devida qualquer indenização, como ocorre nos contratos de prazo indeterminado. O FGTS substitui a referida indenização a partir de 5 de outubro de 1988. Os trabalhadores temporários também tinham direito a uma indenização por dispensa sem justa causa ou término normal do contrato, correspondente a 1/12 do pagamento recebido (art. 12, *f*, da Lei n. 6.019/74). Como o trabalhador temporário passou a ter direito ao FGTS (§ 2º do art. 15 da Lei n. 8.036/90), não é mais devida a referida indenização.

6 ESTABILIDADE

O empregado com mais de 10 anos na empresa não poderia ser dispensado, a não ser na ocorrência de falta grave devidamente apurada mediante inquérito judicial (art. 492 c/c o art. 853 da CLT).

Quando se verificar que o empregado não cometeu a falta grave, o empregador deve readmiti-lo no serviço; porém, se for desaconselhável a reintegração do estável, em razão de incompatibilidade, o tribunal do trabalho poderá converter a obrigação de reintegrar na obrigação de o empregador pagar uma indenização em dobro (art. 496 da CLT).

Os empregados estáveis que forem dispensados em caso de fechamento de estabelecimento, filial ou agência, ou supressão necessária de atividade, têm direito a indenização em dobro, salvo motivo de força maior (art. 498 da CLT).

O empregador que dispensasse o empregado com o objetivo de que não viesse a adquirir estabilidade deveria pagar em dobro a indenização (§ 3º do art. 499 da CLT).

7 CULPA RECÍPROCA

Havendo culpa recíproca para a dispensa, pois tanto empregado como empregador cometeram faltas que deram origem à rescisão, a indenização será devida pela metade (art. 484 da CLT). Se o empregado era estável, a indenização será simples. Se não era, a indenização simples será devida pela metade.

8 FORÇA MAIOR

Em caso de força maior, que é o acontecimento inevitável a que o empregador não deu causa, por ter afetado substancialmente sua atividade econômica ou financeira, decorrente de extinção da empresa ou de um estabelecimento, o empregado estável terá direito a indenização simples, na forma do art. 478 da CLT; o empregado sem direito a estabilidade terá metade da indenização que seria devida na rescisão sem justa causa, ou seja, metade da indenização do art. 478 da CLT; se o contrato for por prazo determinado, a indenização será metade da prevista no art. 479 da CLT, ou seja, 1/4 da remuneração que seria devida até o termo do pacto (art. 502 da CLT).

9 FACTUM PRINCIPIS

No caso de paralisação temporária ou definitiva do trabalho, motivada por ato de autoridade municipal, estadual ou federal, ou pela promulgação de lei ou resolução que impossibilite a continuação da atividade, prevalecerá o pagamento da indenização, que ficará a cargo do governo responsável (art. 486 da CLT). Isso vem a ser o *factum principis* para efeitos trabalhistas. Se o Estado provoca a paralisação temporária ou definitiva do trabalho, deve responder pelo pagamento da indenização aos trabalhadores.

10 MORTE DO EMPREGADOR

Se o empregador era pessoa física e vem a falecer, a indenização devida ao empregado será simples ou em dobro, dependendo de o empregado ser ou não estável (art. 485 da CLT).

11 APOSENTADORIA

Se o empregado é que pede a aposentadoria, não há que se falar em pagamento de indenização. Todavia, se o requerimento da aposentadoria é feito pelo empregador, pelo fato de o empregado ter 70 anos ou a empregada 65 anos (art. 51 da Lei n. 8.213/91), a empresa deverá responder pela indenização.

12 INDENIZAÇÃO ADICIONAL

A indenização adicional foi criada pelo art. 9º da Lei n. 6.708, de 30 de outubro de 1979. É devida a indenização adicional quando o empregado fosse dispensado, sem justa causa, no período de 30 dias que antecedesse a data-base de sua correção salarial, equivalendo a um salário mensal do obreiro. A instituição da indenização adicional teve por objetivo impedir ou tornar mais onerosa a dispensa do empregado nos 30 dias que antecedessem sua data-base, pois os empregadores tinham por prática dispensar empregados com o objetivo de não pagar o salário reajustado, contratando logo a seguir outro empregado com salário inferior.

A Lei n. 7.238, de 29 de outubro de 1984, reproduziu o mesmo art. 9º da Lei n. 6.708/79, no seu art. 9º, que também concede a indenização adicional.

Não foi revogada a Lei n. 7.238/84 pelos Decretos-Leis n. 2.283/86 e 2.284/86 (Plano Cruzado), que tiveram por objeto a extinção da correção monetária e o congelamento de salários, pois não regularam inteiramente a matéria, nem eram incompatíveis com o citado art. 9º da Lei n. 7.238/84, muito menos o revogaram expressamente (art. 2º e seus parágrafos da Lei de Introdução).

O aviso prévio, mesmo indenizado, integra o tempo de serviço do empregado para todos os efeitos (§ 1º do art. 487 da CLT), inclusive o fazendo para efeito da contagem de tempo para o pagamento da indenização adicional (Súmula 182 do TST). Dessa forma, se o empregado é dispensado e com o cômputo do aviso prévio alcança o período de 30 dias que antecede a data-base, terá direito de receber um salário a título de indenização adicional.

A indenização adicional corresponde à importância do salário mensal do operário, "no valor devido à data da comunicação do despedimento, integrado pelos adicionais legais ou convencionados, ligados à unidade de tempo mês, não sendo computável a gratificação natalina" (Súmula 242 do TST).

A Súmula 314 do TST entende que, se o empregado é despedido no período de 30 dias que antecede a data-base, já incluído o aviso prévio indenizado, mesmo que o empregador pague as verbas rescisórias com o salário já reajustado, não afasta o direito do obreiro à indenização adicional.

FUNDO DE GARANTIA DO TEMPO DE SERVIÇO – FGTS

1 EVOLUÇÃO LEGISLATIVA

Foi criado o Fundo de Garantia do Tempo de Serviço (FGTS) pela Lei n. 5.107, de 13 de setembro de 1966, tendo sido alterado pelo Decreto-Lei n. 20, de 14 de setembro de 1966. Foi regulamentado pelo Decreto n. 59.820, de 20 de dezembro de 1966.

Segundo o art. 1º da Lei n. 5.107/66, visava o FGTS assegurar aos empregados uma garantia pelo tempo de serviço prestado às empresas, mediante opção do empregado. O referido sistema era compatível com a estabilidade decenal, porém o que ocorreu na prática é que nenhuma empresa admitia empregado se não fosse optante do FGTS, visando, assim, a que o empregado não adquirisse a estabilidade.

A finalidade da instituição do FGTS foi proporcionar uma reserva de numerário ao empregado para quando fosse dispensado da empresa, podendo sacar o FGTS inclusive em outras hipóteses previstas na lei. Ao mesmo tempo pretendia-se, com os recursos arrecadados, financiar a aquisição de imóveis pelo Sistema Financeiro da Habitação.

O inciso XIII do art. 158 da Constituição de 1967 passou a prever "estabilidade, com indenização ao trabalhador despedido, ou fundo de garantia equivalente". Era um regime alternativo, cabendo ao empregado fazer a opção. O inciso XIII do art. 165 da Emenda Constitucional n. 1, de 17 de outubro de 1969, adotou a mesma expressão.

A Súmula 98 do TST esclarece que a "equivalência entre os regimes do FGTS e da estabilidade da CLT é meramente jurídica e não econômica, sendo indevidos quaisquer valores a título de reposição de diferença" (I).

A Lei n. 5.958, de 10 de dezembro de 1973, determinou que o empregado poderia optar retroativamente a 1º de janeiro de 1967 ou à data da admissão ao emprego se posterior àquela, desde que houvesse concordância por parte do empregador (art. 1º). A Lei n. 6.919, de 2 de junho de 1981, facultou às empresas estenderem a seus diretores não empregados o regime do FGTS (art. 1º).

O inciso III do art. 7º da Constituição determinou que o FGTS é um direito do trabalhador. Desapareceu o sistema alternativo que vigorava até então de estabilidade ou FGTS. A Lei n. 7.839, de 12 de outubro de 1989, passou a tratar do tema, revogando a Lei n. 5.107. Foi regulamentada pelo Decreto n. 98.813, de 10 de janeiro de 1990. A Lei n. 8.036, de 11 de maio de 1990, revogou a Lei n. 7.839/89 (art. 32), passando a versar sobre o tema. Foi regulamentada pelo Decreto n. 99.684, de 8 de novembro de 1990.

2 CONCEITO

A denominação do instituto em estudo é Fundo de Garantia do Tempo de Serviço (FGTS).

O FGTS é um depósito bancário destinado a formar uma poupança para o trabalhador, que poderá ser sacado nas hipóteses previstas na lei, principalmente quando é dispensado sem justa causa. Servem, ainda, os depósitos como forma de financiamento para aquisição de moradia pelo Sistema Financeiro da Habitação.

3 NATUREZA JURÍDICA

A natureza jurídica do FGTS é controvertida. Ela tem de ser analisada sob o ângulo do empregado e sob a ótica do empregador, daí por que se poderia dizer que a sua natureza jurídica é híbrida.

No que diz respeito ao empregado, várias teorias poderiam ser lembradas para justificar a natureza jurídica do FGTS, como do salário diferido, do salário socializado, do salário atual, do prêmio etc. Na verdade, o FGTS vem a ser um crédito feito na conta vinculada do trabalhador, uma espécie de poupança forçada feita em seu proveito, ou até um prêmio pelo número de anos trabalhados na empresa. Visa esse depósito reparar a dispensa injusta por parte do empregador, relativo ao período de tempo de serviço do operário na empresa. Assim, tem natureza compensatória, de compensar o tempo de serviço do empregado na empresa. Não se confunde, porém, com a indenização, pois esta visa apenas ao ressarcimento pelo "dano" causado pelo empregador ao empregado, pela perda do emprego deste, além do que o FGTS foi criado justamente para substituí-la. Servirá também o depósito para quando o empregado venha a adquirir a sua casa própria pelo Sistema Financeiro da Habitação, ocasião em que poderá utilizá-lo para amortização total ou parcial da dívida, ou nas outras hipóteses previstas na lei. Não se pode negar, contudo, que o FGTS é um instituto de natureza trabalhista, no concernente ao empregado, um direito do trabalhador, previsto inclusive na Constituição (art. 7º, III).

No tocante ao empregador, três teorias poderiam ser analisadas: teoria fiscal, parafiscal e da contribuição previdenciária. Entendo que o FGTS tem natureza tributária, enquadrado na espécie contribuição social de intervenção no domínio econômico, prevista no art. 149 da Constituição. O FGTS é uma prestação pecuniária, compulsória, em moeda ou valor que nela possa se exprimir, não constituindo sanção de ato ilícito, instituída em lei (Lei n. 8.036/90) e cobrada mediante atividade administrativa plenamente vinculada (lançamento), enquadrando-se, portanto, na definição do art. 3º do CTN. O inciso IV do art. 217 do CTN prevê que os dispositivos nele contidos não excluem a incidência e a exigibilidade de outras contribuições, entre as quais: "a contribuição destinada ao Fundo de Garantia do Tempo de Serviço, criado pelo art. 2º da Lei n. 5.107, de 13 de setembro de 1966".

4 OPÇÃO

Com a Constituição de 1988 (art. 7º, III) desaparece o sistema de opção ao FGTS, passando este a ser um direito do trabalhador.

Passa o FGTS a ser devido não só aos empregados urbanos, mas também aos empregados rurais.

As pessoas que tinham direito adquirido à estabilidade, pois já contavam com mais de 10 anos no emprego em 4 de outubro de 1988, não irão perdê-la com o direito ao FGTS a partir de 5 de outubro de 1988. O próprio art. 14 da Lei n. 8.036/90 demonstra isso. Dispõe o § 1º do art. 14 da Lei n. 8.036/90 que o tempo de serviço anterior à opção do empregado ou antes de 5 de outubro de 1988 será regido mediante o pagamento de indenização simples ou em dobro, dependendo se o empregado tinha mais ou menos de 10 anos de emprego naquela data.

O tempo de serviço anterior à opção do empregado pelo FGTS poderia ser elidido desde que a empresa depositasse na conta vinculada do obreiro os valores pertinentes ao FGTS do período. Empregado e empregador poderão transacionar o período anterior à opção, porém a indenização não poderá ser inferior ao mínimo de 60% da verba prevista (§ 2º do art. 14 da Lei n. 8.036/90).

Havendo o empregado transacionado com o empregador o direito à indenização sobre o período anterior à opção, não terá direito à opção retroativa, assim como quando a indenização do tempo anterior à opção já tiver sido depositada na sua conta vinculada (art. 4º, parágrafo único, *a* e *b*, do Decreto n. 99.684/90).

Dispõe o § 4º do art. 14 da Lei n. 8.036/90 que os trabalhadores poderão optar a qualquer momento pelo FGTS, com efeito retroativo a 1º de janeiro de 1967 (época da vigência do FGTS) ou à data de sua admissão, quando posterior àquela. A opção retroativa do FGTS não se aplica ao trabalhador rural, pois este, antes de 5 de outubro de 1988, não tinha direito ao FGTS, e a partir da referida data não existe mais opção, mas direito ao FGTS.

5 ADMINISTRAÇÃO

O FGTS será regido segundo as determinações do Conselho Curador, integrado por representantes da categoria dos trabalhadores, dos empregadores e por órgãos governamentais.

A presidência do Conselho Curador do FGTS será exercida pelo Ministro do Trabalho e da Previdência ou por representante por ele indicado. A Caixa Econômica Federal (CEF) terá o papel de agente operador. O gestor da aplicação dos recursos do FGTS será o órgão do Poder Executivo responsável pela política de habitação.

Os representantes dos trabalhadores e dos empregadores e seus suplentes serão indicados pelas respectivas centrais sindicais e confederações nacionais e nomeados pelo Poder Executivo. Terão mandato de dois anos, podendo ser reconduzidos uma única vez, vedada a permanência de uma mesma pessoa como membro titular, como suplente ou, de forma alternada, como titular e suplente, por período consecutivo superior a quatro anos no Conselho. Os membros efetivos e suplentes dos trabalhadores terão garantia de emprego, desde a nomeação até um ano após o término do mandato de representação, somente podendo ser dispensados por motivo de falta grave, apurada mediante processo sindical (§ 9º do art. 3º da Lei n. 8.036/90). As faltas ao trabalho dos representantes dos trabalhadores serão abonadas, computando-se como jornada efetivamente trabalhada para todos os fins.

Os depósitos do FGTS serão corrigidos pelo sistema das cadernetas de poupança, rendendo juros de 3% ao ano.

6 CONTRIBUINTES

São contribuintes do FGTS o empregador, seja pessoa física ou jurídica, de direito privado ou de direito público, da administração direta, indireta ou fundacional de qualquer dos Poderes da União, dos Estados-membros, do Distrito Federal e dos Municípios, que admitir trabalhadores regidos pela CLT a seu serviço. A empresa de trabalho temporário (Lei n. 6.019/74) também é contribuinte do sistema. A própria lei determina que se considera como empregador o fornecedor ou tomador de mão de obra.

7 BENEFICIÁRIOS

Terão direito aos depósitos os trabalhadores regidos pela CLT, os avulsos, os empregados rurais, o empregado doméstico, o trabalhador temporário, ficando excluídos os autônomos, eventuais e os servidores públicos civis e militares.

As empresas poderão equiparar seus diretores não empregados aos demais trabalhadores sujeitos ao regime do FGTS. Considera-se diretor a pessoa que exerça cargo de administração previsto em lei, estatuto ou contrato social, independentemente da denominação do cargo (art. 16 da Lei n. 8.036/90).

8 DEPÓSITOS

Os depósitos serão feitos na conta vinculada do trabalhador, que, se não a possuir, será aberta pelo empregador.

Os valores pertinentes aos depósitos não recolhidos deverão ser pagos e creditados na conta vinculada do empregado, sendo vedado o pagamento direto ao trabalhador. O art. 18 da Lei n. 8.036/90 determina também o depósito dos valores relativos ao mês da rescisão e ao imediatamente anterior que ainda não houverem sido recolhidos.

O FGTS incidirá sobre a remuneração paga ao empregado, como os salários, as gorjetas, as comissões, as percentagens, as gratificações legais.

Incidirá o FGTS sobre as horas extras prestadas (Súmula 63 do TST) ou sobre outros adicionais pagos ao empregado, como adicional de transferência, noturno, de insalubridade, periculosidade etc.

Não se incluem na remuneração para efeito da incidência do FGTS as parcelas elencadas no § 9º do art. 28 da Lei n. 8.212/91, que trata da não incidência da contribuição previdenciária.

O depósito será obrigatório no período em que o empregado estiver prestando serviço militar e em caso de licença decorrente de acidente do trabalho (§ 5º do art. 15 da Lei n. 8.036/90), pois tais períodos serão computados no tempo de serviço do empregado para efeito de indenização e estabilidade (§ 1º do art. 4º da CLT).

As entidades filantrópicas, na vigência da Lei n. 5.107/66, não estavam obrigadas a fazer os depósitos do FGTS. Por ocasião da dispensa pagavam os valores diretamente ao empregado. A partir de 13 de outubro de 1989, data da publicação da Lei n. 7.839/89, as entidades filantrópicas ficaram obrigadas a depositar o FGTS (art. 27 do Decreto n. 99.684/90).

A alíquota do FGTS é de 8% sobre a remuneração. Os contratos de aprendizagem terão a alíquota de 2% (§ 7º do art. 15 da Lei n. 8.036/90).

É devida a inclusão do empregado doméstico no FGTS, na forma do regulamento a ser editado pelo Conselho Curador e pelo agente operador do FGTS, no âmbito de suas competências, conforme disposto nos arts. 5º e 7º da Lei n. 8.036/90, de 11 de maio de 1990, inclusive no que tange aos aspectos técnicos de depósitos, saques, devolução de valores e emissão de extratos, entre outros determinados na forma da lei (art. 21 da Lei Complementar n. 150/2015).

Com a edição da Lei n. 8.036/90, o prazo do depósito do FGTS passou a ser até o dia 20 de cada mês subsequente ao vencido.

Se a empresa não recolher o FGTS no prazo supraindicado, ficará responsável pela atualização monetária correspondente. Sobre o valor atualizado incidirão juros de mora de 1% ao mês e multa de 20%. A atualização monetária será feita diariamente. Se o débito for pago até o último dia útil do mês do seu vencimento, a multa será reduzida para 10%. Tal multa de 20% ou de 10% não reverte ao trabalhador, mas ao sistema do FGTS.

O empregador ou o responsável fica obrigado a elaborar folha de pagamento e a declarar os dados relacionados aos valores do FGTS e outras informações de interesse do Ministério da Economia, por meio de sistema de escrituração digital, na forma, no prazo e nas condições estabelecidos em regulamento do Conselho Curador (art. 17-A da Lei n. 8.036/90). As informações constituem declaração e reconhecimento dos créditos delas decorrentes, caracterizam confissão de débito e constituem instrumento hábil e suficiente para a cobrança do crédito de FGTS. O lançamento da obrigação principal e das obrigações acessórias relativas ao FGTS será efetuado de ofício pela autoridade competente, no caso de o empregador não apresentar a declaração, e será revisto de ofício, nas hipóteses de omissão, erro, fraude ou sonegação.

9 SAQUES

O FGTS poderá ser sacado nas seguintes hipóteses:

I) dispensa sem justa causa por parte do empregador; nos casos de despedida indireta, de culpa recíproca e de força maior;
II) extinção do contrato de trabalho prevista no art. 484-A da CLT.
III) extinção total da empresa, fechamento de quaisquer de seus estabelecimentos, filiais ou agências, supressão de parte de suas atividades, ou, ainda, falecimento do empregador pessoa física, sempre que qualquer dessas ocorrências implique a rescisão do contrato de trabalho, comprovada por declaração escrita da empresa, suprida, quando for o caso, por decisão judicial transitada em julgado;
IV) aposentadoria concedida pela Previdência Social;
V) pagamento de parte das prestações decorrentes do financiamento habitacional concedido no âmbito do Sistema Financeiro da Habitação, desde que:
   1 – o mutuário conte com o mínimo de três anos de trabalho sob o regime do FGTS na mesma empresa ou em empresas diferentes;
   2 – o valor bloqueado seja utilizado, no mínimo, durante o prazo de 12 meses;
   3 – o valor do abatimento atinja, no máximo, 80% do montante da prestação;
VI) liquidação ou amortização extraordinária do saldo devedor de financiamento imobiliário, observadas as condições estabelecidas pelo Conselho Curador, entre elas a de que o financiamento seja concedido no âmbito do SFH e haja interstício mínimo de dois anos para cada movimentação;
VII) pagamento total ou parcial do preço da aquisição de moradia própria, observado o seguinte:
   1 – o mutuário deverá contar com o mínimo de três anos de trabalho sob o regime do FGTS, na mesma empresa ou empresas diferentes;
   2 – seja a operação financiável nas condições vigentes para o SFH;
VIII) quando o trabalhador permanecer três anos ininterruptos fora do regime do FGTS;
IX) extinção normal do contrato a termo, inclusive a dos trabalhadores temporários regidos pela Lei n. 6.019/74;
X) suspensão total do trabalho do avulso por período igual ou superior a 90 dias, comprovada mediante declaração do sindicato da categoria;

XI) falecimento do trabalhador, sendo o saldo pago a seus dependentes, para esse fim habilitados perante a Previdência Social, segundo critério adotado para a concessão de pensões por morte. Na falta de dependentes, farão jus ao recebimento do saldo da conta vinculada seus sucessores previstos na lei civil, indicados em alvará judicial, expedido a requerimento do interessado, independentemente de inventário ou arrolamento. A Lei n. 6.858, de 24 de novembro de 1980, estabelece que os valores devidos pelos empregadores aos empregados e os montantes das contas individuais do FGTS não recebidos em vida pelos respectivos titulares serão pagos, em quotas iguais, aos dependentes habilitados perante a Previdência Social ou na forma da legislação específica dos servidores civis e militares, e, na sua falta, aos sucessores previstos na lei civil, indicados em alvará judicial, independentemente de inventário ou arrolamento. As quotas atribuídas a menores ficarão depositadas em caderneta de poupança, rendendo juros e correção monetária, e só serão disponíveis após o menor completar 18 anos, salvo autorização do juiz para aquisição do imóvel destinado à residência do menor e de sua família ou para dispêndio necessário à subsistência e educação do menor. Inexistindo menores ou sucessores, os valores reverterão ao FGTS;
XII) quando o trabalhador ou qualquer de seus dependentes for acometido de neoplasia maligna, isto é, tumor maligno;
XIII) aplicação em cotas de Fundos Mútuos de Privatização, regidos pela Lei n. 6.385, de 7 de dezembro de 1976, permitida a utilização máxima de 50% do saldo existente e disponível em sua conta vinculada do FGTS, na data em que exercer a opção;
XIV) quando o trabalhador ou qualquer de seus dependentes for portador do vírus HIV;
XV) quando o trabalhador ou qualquer de seus dependentes estiver em estágio terminal, em razão de doença grave, nos termos do regulamento;
XVI) quando o trabalhador tiver idade igual ou superior a setenta anos;
XVII) necessidade pessoal, cuja urgência e gravidade decorra de desastre natural, conforme disposto em regulamento, observadas as seguintes condições:
1 – o trabalhador deverá ser residente em áreas comprovadamente atingidas de Município ou do Distrito Federal em situação de emergência ou em estado de calamidade pública, formalmente reconhecidos pelo Governo Federal;
2 – a solicitação de movimentação da conta vinculada será admitida até 90 (noventa) dias após a publicação do ato de reconhecimento, pelo Governo Federal, da situação de emergência ou de estado de calamidade pública; e

3 – o valor mínimo do saque da conta vinculada será definido na forma do regulamento.

XVIII) integralização de cotas do FI-FGTS, respeitado o disposto na alínea *i* do inciso XIII do art. 5º da Lei n. 8.036/90, permitida a utilização máxima de 30% do saldo existente e disponível na data em que exercer a opção;

XIX) quando o trabalhador com deficiência, por prescrição, necessite adquirir órtese ou prótese para promoção de acessibilidade e de inclusão social;

XX) pagamento total ou parcial do preço de aquisição de imóveis da União inscritos em regime de ocupação ou aforamento, a que se referem o art. 4º da Lei n. 13.240, de 30 de dezembro de 2015, e o art. 16-A da Lei n. 9.636, de 15 de maio de 1998, respectivamente, observadas as seguintes condições:

1 – o mutuário deverá contar com o mínimo de três anos de trabalho sob o regime do FGTS, na mesma empresa ou em empresas diferentes;

2 – seja a operação financiável nas condições vigentes para o Sistema Financeiro da Habitação (SFH) ou ainda por intermédio de parcelamento efetuado pela Secretaria do Patrimônio da União (SPU), mediante a contratação da Caixa Econômica Federal como agente financeiro dos contratos de parcelamento;

3 – sejam observadas as demais regras e condições estabelecidas para uso do FGTS.

XXI) anualmente, no mês de aniversário do trabalhador, por meio da aplicação dos valores constantes do Anexo, observado o disposto no art. 20-D da Lei n. 8.036/90;

XXII) a qualquer tempo, quando seu saldo for inferior a R$ 80,00 e não houver ocorrido depósitos ou saques por, no mínimo, um ano, exceto na hipótese prevista no inciso I do § 5º do art. 13 da Lei n. 8.036/90;

XXIII) quando o trabalhador ou qualquer de seus dependentes for, nos termos do regulamento, pessoa com doença rara, consideradas doenças raras aquelas assim reconhecidas pelo Ministério da Saúde, que apresentará, em seu sítio na internet, a relação atualizada dessas doenças.

A Lei n. 7.670, de 8 de setembro de 1988, permite o levantamento do FGTS ao doente de AIDS, independentemente de rescisão do contrato de trabalho ou de qualquer outro tipo de pecúlio a que o paciente tenha direito.

A extinção do contrato por acordo entre empregado e empregador permite o saque da conta vinculada do trabalhador no Fundo de Garantia do Tempo de Serviço limitada a até 80% do valor dos depósitos (§ 1º do art. 484-A da CLT).

O trabalhador poderá sacar os valores decorrentes da situação de movimentação de que trata o inciso XX do art. 20 da Lei n. 8.036/90 até o último dia útil do segundo mês subsequente ao da aquisição do direito de saque.

O titular de contas vinculadas do FGTS estará sujeito a somente uma das seguintes sistemáticas de saque:

I – saque-rescisão; ou
II – saque-aniversário (art. 20-A da Lei n. 8.036/90).

Todas as contas do mesmo titular estarão sujeitas à mesma sistemática de saque.

O titular de contas vinculadas do FGTS estará sujeito originalmente à sistemática de saque-rescisão e poderá optar por alterá-la, observado o disposto no art. 20-C da Lei n. 8.036/90.

A primeira opção pela sistemática de saque-aniversário poderá ser feita a qualquer tempo e terá efeitos imediatos. Caso o titular solicite novas alterações de sistemática, será observado o seguinte:

I – a alteração será efetivada no primeiro dia do vigésimo quinto mês subsequente ao da solicitação, desde que não haja cessão ou alienação de direitos futuros aos saques anuais de que trata o § 3º do art. 20-D da Lei n. 8.036/90;
II – a solicitação poderá ser cancelada pelo titular antes da sua efetivação; e
III – na hipótese de cancelamento, a nova solicitação estará sujeita ao disposto no inciso I do art. 20-C da Lei n. 8.036/90.

As situações de movimentação obedecerão à sistemática a que o titular estiver sujeito no momento dos eventos que as ensejarem.

10 INDENIZAÇÃO

Com a promulgação da Constituição da República de 1988, e enquanto não for instituída a lei complementar que irá prever indenização compensatória por despedida arbitrária ou sem justa causa (art. 7º, I), o legislador constituinte elevou a indenização prevista no art. 6º, *caput* e § 1º, da Lei n. 5.107/66, de 10% para 40% e de 5% para 20% (casos de culpa recíproca ou força maior).

O § 1º do art. 18 da Lei n. 8.036/90 assegurou também a indenização de 40% sobre o montante de todos os depósitos realizados na conta vinculada durante a vigência do contrato de trabalho, atualizados monetariamente, e acrescidos dos respectivos juros. Havendo culpa recíproca ou força maior, reconhecida pela Justiça do

Trabalho, o porcentual é reduzido para 20% (§ 2º do art. 18 da Lei n. 8.036/90). A indenização de 40% ou 20% deve ser depositada na conta vinculada do empregado.

Quando a rescisão do contrato de trabalho for feita pelo empregador é devida a indenização ao empregado, inclusive na rescisão indireta. Essa indenização não será devida na hipótese de pedido de demissão do empregado, ou de dispensa por justa causa, até porque nesses casos o empregado não irá levantar o FGTS.

Em casos de extinção normal do contrato a termo, inclusive dos trabalhadores temporários, não será devida a indenização, pois as partes conheciam de antemão o término do contrato de trabalho e o empregador não deu causa à rescisão contratual. Na aposentadoria requerida pelo empregado a indenização é indevida, pois o empregador não deu causa à cessação do contrato de trabalho. Quando há o falecimento do trabalhador não ocorre dispensa por parte da empresa, mas apenas a cessação do contrato de trabalho, pelo desaparecimento de um dos seus sujeitos, sendo indevida a indenização de 40%.

O empregador doméstico depositará a importância de 3,2% sobre a remuneração devida, no mês anterior, a cada empregado, destinada ao pagamento da indenização compensatória da perda do emprego, sem justa causa ou por culpa do empregador, não se aplicando ao empregado doméstico o disposto nos §§ 1º a 3º do art. 18 da Lei n. 8.036/90 (art. 20 da Lei Complementar n. 150/2015). Nas hipóteses de dispensa por justa causa ou a pedido, de término do contrato de trabalho por prazo determinado, de aposentadoria e de falecimento do empregado doméstico, os valores serão movimentados pelo empregador. Na hipótese de culpa recíproca, metade dos valores será movimentada pelo empregado, enquanto a outra metade será movimentada pelo empregador. Os valores serão depositados na conta vinculada do empregado, em variação distinta daquela em que estiverem os valores oriundos dos depósitos de que trata o inciso IV do art. 34 da Lei Complementar n. 150/2015, e somente poderão ser movimentados por ocasião da rescisão contratual. À importância monetária, aplicam-se as disposições da Lei n. 8.036/90, e da Lei n. 8.844/94, inclusive quanto a sujeição passiva e equiparações, prazo de recolhimento, administração, fiscalização, lançamento, consulta, cobrança, garantias, processo administrativo de determinação e exigência de créditos tributários federais.

11 PRESCRIÇÃO

O prazo de prescrição do FGTS quanto à cobrança do empregador pela Procuradoria da Fazenda Nacional, por ser uma contribuição social, é de cinco anos, aplicando-se o art. 174 do CTN c/c o art. 146, III, *b*, da Constituição. Entretanto, o § 5º do art. 23 da Lei n. 8.036/90 estabeleceu que o processo de fiscalização, de autuação e de imposição de multas será o regulado pela CLT, respeitado o privilégio do FGTS à prescrição trintenária.

A notificação do empregador relativa aos débitos com o FGTS, o início de procedimento administrativo ou a medida de fiscalização interrompem o prazo prescricional (art. 23-A da Lei n. 8.036/90). O contencioso administrativo é causa de suspensão do prazo prescricional. A data de publicação da liquidação do crédito será considerada como a data de sua constituição definitiva, a partir da qual será retomada a contagem do prazo prescricional. Todos os documentos relativos às obrigações perante o FGTS, referentes a todo o contrato de trabalho de cada trabalhador, devem ser mantidos à disposição da fiscalização por até cinco anos após o fim de cada contrato.

Para fins de apuração e lançamento, considera-se não quitado o valor relativo ao FGTS pago diretamente ao trabalhador, vedada a sua conversão em indenização compensatória (art. 26-A da Lei n. 8.306/90). Os débitos reconhecidos e declarados por meio de sistema de escrituração digital serão recolhidos integralmente, acrescidos dos encargos devidos.

O prazo de prescrição do FGTS para o empregado ajuizar a ação é de dois anos, contados da cessação do contrato de trabalho, e cinco anos, contados do ajuizamento da ação, desde que observados os dois anos (art. 7º, XXIX, *a*, da Constituição).

O STF entendeu que o prazo de prescrição do FGTS é de cinco anos a contar do ajuizamento da ação (Pleno, ARE 709.212/DF, j. 13-11-2014, rel. Min. Gilmar Mendes).

Para os casos em que a ciência da lesão ocorreu a partir de 13-11-2014, é quinquenal a prescrição do direito de reclamar contra o não recolhimento de contribuição para o FGTS, observado o prazo de dois anos após o término do contrato (Súmula 362, I, do TST). Para os casos em que o prazo prescricional já estava em curso em 13 de novembro de 2014, aplica-se o prazo prescricional que se consumar primeiro: trinta anos, contados do termo inicial, ou cinco anos, a partir de 13 de novembro de 2014 (STF-ARE-709212/DF) (Súmula 362, II, do TST).

A prescrição bienal relativa às parcelas remuneratórias alcança o respectivo recolhimento da contribuição para o FGTS (Súmula 206 do TST). Dessa forma, se o principal já estava prescrito, não há incidência do FGTS sobre o acessório.

Parte IV

DIREITO TUTELAR DO TRABALHO

Capítulo 26

DIREITO TUTELAR DO TRABALHO

1 DENOMINAÇÃO

Alguns autores preferem dar a esse segmento do Direito do Trabalho o nome de *Direito disciplinar*, *Direito administrativo* ou *Direito regulamentar*. Entendo que o nome mais correto realmente é Direito Tutelar do Trabalho, ou seja, aquele Direito que vai promover a tutela do trabalhador em certos aspectos. O Direito Administrativo do Trabalho é parte do Direito Administrativo, dizendo respeito à relação entre a Administração Pública e os seus administrados, quando o que ocorre na hipótese em estudo é que certas regras são disciplinadas com proteção mais rigorosa, como ocorre com as férias, o trabalho da mulher, sendo que estas últimas dizem respeito ao contrato de trabalho entre empregado e empregador e não à relação entre Administração Pública e administrados. Não se trata de Direito disciplinar, pois o Direito, num sentido amplo, já vai disciplinar as regras de conduta, além do que aquele estaria incluído no poder de direção do empregador. Da mesma forma, não seria possível falar em Direito regulamentar, pois tanto poderia dizer respeito ao poder do empregador de regulamentar as normas dentro de sua empresa, como ocorre com o regulamento de empresa, como no que diz respeito ao Direito Administrativo, quando o Poder Executivo vem regulamentar as leis, por meio de decretos.

A CLT adota no Título II a denominação "Das Normas Gerais de Tutela do Trabalho", tratando da duração do trabalho, das férias, de segurança e medicina do trabalho etc., e no Título III a denominação "Das Normas Especiais de Tutela do Trabalho", versando sobre a nacionalização do trabalho, o trabalho da mulher e da criança etc.

2 CONCEITO

Direito Tutelar do Trabalho é o segmento do Direito do Trabalho que trata das regras de proteção ao empregado quanto à sua saúde, ao ambiente e às condições físicas de trabalho, assim como da fiscalização, a ser exercida sobre o empregador, desses mesmos direitos. Sendo segmento, não é ramo autônomo do Direito do Trabalho.

O intuito primordial do segmento em estudo é tutelar a condição psicossomática do trabalhador. Por fim, quem irá verificar se essas regras são cumpridas pelo empregador é a fiscalização trabalhista.

3 MATÉRIA A SER ESTUDADA

A matéria a ser analisada será esta, na seguinte ordem: identificação e registro profissional, jornada de trabalho, período de descanso, repouso semanal remunerado, férias, trabalho da mulher, trabalho da criança e do adolescente, nacionalização do trabalho, segurança e medicina do trabalho e fiscalização do trabalho.

IDENTIFICAÇÃO E REGISTRO PROFISSIONAL

1 CONCEITO

A CTPS é um documento de identificação do trabalhador que serve não só para constatar que ele mantém contrato de trabalho com o empregador, provando a sua existência, mas também comprova o tempo de serviço que foi prestado a outras empresas, pelo obreiro, servindo como verdadeiro atestado de antecedentes do trabalhador.

Não deixa de ser a CTPS um documento, não só porque contém a identificação do trabalhador, filiação, nascimento, naturalidade etc., mas também é o instrumento que prova a existência do contrato de trabalho mantido com o atual empregador e também com os anteriores, servindo tanto de meio de prova do contrato de trabalho, como para efeitos de prova de tempo de serviço perante a Previdência Social.

2 DESTINATÁRIOS

Hoje a CTPS é utilizada não só pelos trabalhadores urbanos, mas também pelos trabalhadores temporários (§ 1º do art. 12 da Lei n. 6.019/74), empregados domésticos (art. 9º da Lei Complementar n. 150/2015), atletas profissionais de futebol (§ 1º do art. 28 da Lei n. 9.615/98), treinador de futebol (art. 6º da Lei n. 8.650/93), trabalhadores rurais (art. 13 da CLT). Exige ainda o art. 13 da CLT que "para o exercício por conta própria de atividade profissional remunerada" é obrigatória a CTPS. Isso mostra que os trabalhadores autônomos devem ter CTPS, principalmente para os efeitos previdenciários. Não há mais CTPS específica para o empregado menor de 18 anos.

O trabalhador, portanto, não poderá prestar serviços ao empregador sem a sua CTPS. Caso trabalhe sem a anotação na CTPS, o empregador poderá sofrer multa administrativa (art. 55 da CLT).

3 CONTEÚDO DA CTPS

A CTPS terá como identificação única do empregado o número de inscrição no Cadastro de Pessoas Físicas (CPF) (art. 16 da CLT).

Será fornecida a CTPS mediante a apresentação de duas fotografias 3x4 e de qualquer documento de identificação pessoal, desde que seja oficial, em que estejam o nome completo, a filiação, a data e o lugar do nascimento

Não mais se exige como requisito o comprovante de escolaridade e autorização do pai para o trabalho, assim como prova de alistamento ou quitação com o serviço militar, que estavam nas antigas alíneas *d* e *e* do parágrafo único do art. 16 da CLT, de acordo com a redação da Lei n. 5.686/71.

4 OBTENÇÃO DA CTPS

A CTPS será emitida pelo Ministério da Economia preferencialmente em meio eletrônico (art. 14 da CLT).

Excepcionalmente, a CTPS poderá ser emitida em meio físico, desde que:

I – nas unidades descentralizadas do Ministério da Economia que forem habilitadas para a emissão;

II – mediante convênio, por órgãos federais, estaduais e municipais da administração direta ou indireta;

III – mediante convênio com serviços notariais e de registro, sem custos para a administração, garantidas as condições de segurança das informações.

Os procedimentos para emissão da CTPS ao interessado serão estabelecidos pelo Ministério da Economia em regulamento próprio, privilegiada a emissão em formato eletrônico (art. 15 da CLT).

A Carteira de Trabalho e Previdência Social (CTPS) obedecerá aos modelos que o Ministério da Economia adotar (§ 2º do art. 13 da CLT).

5 ANOTAÇÕES

As anotações na CTPS do empregado deverão ser feitas pelo empregador. Nenhum empregado pode trabalhar sem apresentar a sua CTPS ao empregador. Se o empregado não quer apresentá-la, por qualquer motivo, deve o empregador não admitir o empregado, ou, admitindo-o, fazer as anotações pertinentes na ficha de registro de empregados e demais comunicações pertinentes.

O empregador terá o prazo de cinco dias úteis para anotar na CTPS, em relação aos trabalhadores que admitir, a data de admissão, a remuneração e as condições especiais, se houver, facultada a adoção de sistema manual, mecânico ou eletrônico, conforme instruções a serem expedidas pelo Ministério da Economia (art. 29 da CLT).

Deve, também, o empregador anotar a CTPS do empregado quanto a condições especiais de trabalho do empregado, como condições insalubres ou perigosas, inclusive de contratos de prazo determinado, como o de experiência ou de trabalho temporário.

A Carteira de Trabalho e Previdência Social será obrigatoriamente apresentada, contra recibo, pelo empregado ao empregador que o admitir, o qual terá o prazo de 48 horas para nela anotar, especificamente, a data de admissão, a remuneração e, quando for o caso, os contratos previstos de prazo determinado (art. 9º da Lei Complementar n. 150/2015).

Deverão as anotações ser feitas, quanto ao salário, especificando a sua forma de pagamento, se é em dinheiro ou se há também o fornecimento de utilidades, bem como a estimativa de gorjeta. As demais anotações serão feitas: a) na data-base; b) a qualquer tempo, por solicitação do trabalhador; c) no caso de rescisão contratual; d) na hipótese de necessidade de comprovação perante a Previdência Social.

A comunicação pelo trabalhador do número de inscrição no CPF ao empregador equivale à apresentação da CTPS em meio digital, dispensado o empregador da emissão de recibo (§ 6º do art. 29 da CLT).

Os registros eletrônicos gerados pelo empregador nos sistemas informatizados da CTPS em meio digital equivalem às anotações escritas (§ 7º do art. 29 da CLT).

O trabalhador deverá ter acesso às informações da sua CTPS no prazo de até 48 horas a partir de sua anotação (§ 8º do art. 29 da CLT).

É vedado ao empregador efetuar anotações desabonadoras à conduta do empregado em sua CTPS, como de que foi dispensado por justa causa.

A microempresa e a empresa de pequeno porte não ficam dispensadas de efetuar as anotações na CTPS de seus empregados.

6 VALOR DAS ANOTAÇÕES

A CTPS serve de prova nos seguintes casos: a) de dissídio na Justiça do Trabalho entre a empresa e o empregado por motivo de salário, férias, ou tempo de serviço; b) para cálculo de indenização por acidente do trabalho ou moléstia profissional; c) como prova de filiação à Previdência Social, relação de emprego, tempo de serviço e salário de contribuição.

Dispõe o art. 456 da CLT que a prova do contrato de trabalho será feita pelas anotações constantes da CTPS do empregado ou por instrumento escrito, ou também por todos os meios de prova admitidos em direito.

As empresas anotarão na Carteira de Trabalho e Previdência Social de seus empregados o salário fixo e a média dos valores das gorjetas referente aos últimos doze meses (§ 16 do art. 457 da CLT).

Discute-se se as anotações na CTPS geram presunção absoluta (*juris et de jure*) ou relativa (*juris tantum*). A Súmula 12 do TST esclareceu a questão dizendo que as anotações na CTPS do empregado geram presunção relativa e não absoluta, permitindo prova em sentido contrário.

7 RECLAMAÇÕES POR FALTA OU RECUSA DE ANOTAÇÕES

Recusando-se a empresa a fazer as anotações na CTPS do empregado, este, pessoalmente, ou por seu sindicato, poderá comparecer perante a DRT ou órgão autorizado, para apresentar reclamação. A DRT enviará notificação, para que, em dia e hora previamente designados, o empregador venha prestar esclarecimentos ou efetuar as devidas anotações na CTPS do empregado. Não comparecendo, o reclamado será tido por revel e confesso. Ocorre que a revelia e a confissão só podem ser aplicadas pela Justiça, em processo, e não pela DRT.

Poderá o empregador comparecer à DRT e recusar-se a fazer as anotações. Nesse caso lhe é assegurado um prazo de 48 horas para apresentar defesa. Apresentada esta, o processo será enviado à autoridade administrativa de primeira instância, para se determinarem as diligências necessárias, que completem a instrução do feito, ou para julgamento, se o caso estiver suficientemente esclarecido.

Verificando-se que as alegações feitas pelo reclamado referem-se à não existência da relação de emprego, ou sendo impossível se verificar essa questão, o processo será encaminhado à Justiça do Trabalho, ficando sobrestado o julgamento do auto de infração que houver sido lavrado. Nesse ponto do procedimento administrativo, que se iniciou na DRT, passamos a ter um processo judicial, impulsionado de ofício pelo juiz.

8 PRESCRIÇÃO

Se a relação de emprego está prescrita porque a parte não entrou com a ação em dois anos a contar do término do contrato de trabalho, a anotação na CTPS não vai ser feita.

O § 1º do art. 11 da CLT reza que "o disposto neste artigo não se aplica às ações que tenham por objeto anotações para fins de prova junto à Previdência Social". Entretanto, examinado a *contrario sensu*, entende-se que se observa para anotações para fins de prova trabalhista, isto é, para a anotação na CTPS do empregado relativa ao seu tempo de serviço.

Não trata exatamente o § 1º do art. 11 da CLT da anotação na CTPS do empregado, apenas para fins de previdência social.

9 LIVRO DE REGISTRO

Os livros ou fichas de registros de empregados são obrigatórios. Entretanto, estes documentos não se confundem com a CTPS, pois esta pertence ao empregado, e os outros, ao empregador.

Nos livros ou fichas de registro de empregados deverá constar a qualificação civil ou profissional de cada trabalhador, com as anotações relativas à data de admissão no emprego, duração e efetividade do trabalho, férias, acidentes do trabalho e demais circunstâncias inerentes ao contrato de trabalho, como contribuição sindical etc.

Não há necessidade de autenticação de livros ou fichas de registro de empregados pelo fiscal do trabalho ou pela DRT, pois o art. 42 da CLT foi revogado pela Lei n. 10.243/2001.

10 MULTAS

O empregador que infringir o disposto no *caput* e no § 1º do art. 29 da CLT (sobre anotação de remuneração) ficará sujeito a multa no valor de R$ 3.000,00 (três mil reais) por empregado prejudicado, acrescido de igual valor em cada reincidência (art. 29-A da CLT). No caso de microempresa ou de empresa de pequeno porte, o valor final da multa aplicada será de R$ 800,00 por empregado prejudicado. A infração mencionada constitui exceção ao critério da dupla visita.

Na hipótese de não serem realizadas as anotações a que se refere o § 2º do art. 29 da CLT, o empregador ficará sujeito a multa no valor de R$ 600,00 por empregado prejudicado.

Capítulo 28

JORNADA DE TRABALHO

1 HISTÓRIA

Na maioria dos países da Europa, por volta de 1800, a jornada de trabalho era entre 12 e 16 horas, principalmente para mulheres e menores. Passou a haver movimentos reivindicatórios visando à diminuição da jornada de trabalho, principalmente a instituição da jornada de 8 horas.

A alínea c do § 1º do art. 121 da Constituição de 1934 estabelecia "trabalho diário não excedente de 8 horas, reduzíveis, mas só prorrogáveis nos casos previstos em lei". A Constituição de 1937 especificou "dia de trabalho de oito horas, que poderá ser reduzido, e somente suscetível de aumento nos casos previstos em lei" (art. 137, i). A Constituição de 1946 estabeleceu "duração diária do trabalho não excedente a 8 horas, exceto nos casos e condições previstos em lei" (art. 157, V). A Constituição de 1967 determinou "duração diária do trabalho não excedente de 8 horas, com intervalo para descanso, salvo casos especialmente previstos" (art. 158, VI). A Emenda Constitucional n. 1, de 17 de outubro de 1969, praticamente tem a mesma redação: "duração diária do trabalho não excedente a 8 horas, com intervalo para descanso, salvo casos especialmente previstos" (art. 165, VI).

A Constituição de 1988 modificou a orientação que vinha sendo seguida em nível constitucional, estabelecendo no seu art. 7º: "duração do trabalho normal não superior a oito horas diárias e quarenta e quatro semanais, facultada a compensação de horários e a redução da jornada, mediante acordo ou convenção coletiva de trabalho" (XIII); "jornada de seis horas para o trabalho realizado em turnos ininterruptos de revezamento, salvo negociação coletiva" (XIV).

2 DENOMINAÇÃO

O vocábulo *giornata*, em italiano, significa dia. Jornada significa aquilo que é diário. Para as 44 horas semanais, fala-se em módulo semanal.

A jornada de trabalho diz respeito ao número de horas diárias de trabalho que o trabalhador presta à empresa. O horário de trabalho é o espaço de tempo em que o empregado presta serviços ao empregador, contado do momento em que se inicia o trabalho até o seu término, não se computando, porém, o tempo de intervalo. O horário de trabalho do empregado seria, por exemplo, das 9 às 12 h e das 13 às 18 h. A duração do trabalho tem um aspecto mais amplo, podendo compreender as férias e o descanso semanal remunerado.

3 CONCEITO

O conceito de jornada de trabalho tem que ser analisado sob três prismas: do tempo efetivamente trabalhado, do tempo à disposição do empregador e do tempo *in itinere*.

O tempo efetivamente trabalhado não considera as paralisações do empregado, como o fato de o empregado estar na empresa, em hora de serviço, mas não estar produzindo. Somente é considerado o tempo em que o empregado efetivamente presta serviços ao empregador. Essa teoria não é aplicada em nossa legislação, pois nos serviços de mecanografia, escrituração ou cálculo o intervalo de 10 minutos a 90 minutos de trabalho é computado na duração normal do trabalho (art. 72 da CLT), embora o empregado não trabalhe nesse período.

A segunda teoria é a que determina que jornada de trabalho é considerada o tempo à disposição do empregador. A partir do momento em que o empregado chega à empresa até o momento em que dela se retira há o cômputo da jornada de trabalho. Computar-se-ão, na contagem de tempo de serviço, para efeito de indenização e estabilidade, os períodos em que o empregado estiver afastado do trabalho prestando serviço militar e por motivo de acidente do trabalho (§ 1º do art. 4º da CLT). É o que ocorre com os mineiros (art. 294 da CLT), que, embora trabalhem no interior da mina, têm o tempo contado como jornada de trabalho a partir do momento em que chegam à boca da mina até o momento em que dela saem.

A terceira teoria explicita o tempo *in itinere*, considerado como jornada de trabalho desde o momento em que o empregado sai de sua residência até quando a ela regressa. Não se poderia considerar o tempo *in itinere* em todos os casos, pois o empregado pode residir muito distante da empresa e o empregador nada tem com isso, ou o empregado ficar parado horas no trânsito da cidade no trajeto de sua residência para o trabalho ou vice-versa. Haveria dificuldade em controlar a citada jornada e o empregador não poderia ser responsabilizado em todas as hipóteses pelo pagamento de tais horas. Entretanto, o § 2º do art. 58 da CLT entende que o tempo de trajeto não é computado na jornada.

Como se verifica, a nossa legislação admite um sistema híbrido das teorias do tempo à disposição do empregador e do tempo *in itinere* para identificar a jornada de trabalho.

4 NATUREZA JURÍDICA

A natureza jurídica da jornada de trabalho abrange dois aspectos. Num primeiro plano, tem natureza pública, pois é interesse do Estado limitar a jornada de trabalho, de modo a que o trabalhador possa descansar e não venha prestar serviços em jornadas extensas. Num segundo momento, tem natureza privada, visto que as partes do contrato de trabalho podem fixar jornadas inferiores às previstas na legislação ou nas normas coletivas. A legislação apenas estabelece o limite máximo, podendo as partes fixar limite inferior. Assim, a jornada de trabalho teria natureza mista, coexistindo elementos com características públicas e privadas.

5 CLASSIFICAÇÃO

A jornada de trabalho pode ser dividida quanto à duração, ao período, à profissão e à flexibilidade.

Quanto à duração, a jornada de trabalho pode ser normal, que é a comum, a ordinária, de 8 horas. Presume-se no contrato de trabalho que o trabalhador se obriga a prestar 8 horas diárias de trabalho e 44 semanais (art. 7º, XIII, da Constituição), salvo disposição em sentido contrário; a extraordinária ou suplementar, que são as horas que excederem os limites legais, como as que suplantarem às 8 horas diárias e 44 semanais; limitada, quando há um balizamento na lei, como a dos médicos, em que há um limite máximo de 4 horas diárias (art. 8º, *a*, da Lei n. 3.999/61); ilimitada, quando a lei não determina um limite para a sua prestação.

Quanto ao período, a jornada pode ser diurna, no interregno compreendido entre as 5 e as 22 h; noturna, no lapso de tempo entre as 22 e as 5 h (art. 73, § 2º, da CLT); e mista, como, por exemplo, das 15 às 23 h, que compreende parte do período considerado pela lei como diurno e parte do período noturno (art. 73, § 4º, da CLT).

Quanto à profissão, nossa lei também distingue o trabalhador em relação à sua jornada de trabalho; por exemplo: o bancário tem jornada de 6 horas contínuas (art. 224 da CLT); a telefonista tem jornada de 6 horas contínuas ou 36 horas semanais (art. 227 da CLT); os jornalistas têm jornada de 5 horas (art. 303 da CLT) etc.

Quanto à flexibilidade, as jornadas são flexíveis e inflexíveis. Nossa legislação não trata do tema.

6 FUNDAMENTOS

Os fundamentos para a limitação da jornada de trabalho são pelo menos três: a) biológicos, que dizem respeito aos efeitos psicofisiológicos causados ao empregado, decorrentes da fadiga; b) sociais, para que o empregado possa dispor de horas de lazer, para a família; c) econômicos, contribuindo para o aumento da produtividade e diminuindo o desemprego.

Há, ainda, fundamentos sociais e familiares da limitação da jornada de trabalho, pois com a limitação o empregado passa a desfrutar de maior tempo com a família, pode ir ao clube, à igreja, estudar etc.

7 JORNADA DE TRABALHO

O inciso XIII do art. 7º da Constituição permite que a jornada seja apenas compensada ou reduzida, mediante acordo ou convenção coletiva, não possibilitando o aumento da jornada, ao contrário da Norma Ápice anterior, que fazia ressalva de trabalho superior a 8 horas em casos especiais previstos em lei. A lei também poderá reduzir a jornada de trabalho do empregado, pois o máximo é previsto na Constituição: 8 horas, mas não o mínimo.

Os empregados domésticos têm jornada de 8 horas e módulo semanal de 44 horas. Eles fazem jus às horas extras, pois se lhes aplica o inciso XIII do art. 7º da Constituição (parágrafo único do art. 7º da mesma norma). Os intervalos, o tempo de repouso, as horas não trabalhadas, os feriados e os domingos livres em que o empregado que mora no local de trabalho nele permaneça não serão computados como horário de trabalho (§ 7º do art. 2º da Lei Complementar n. 150/2015).

Em relação ao empregado doméstico responsável por acompanhar o empregador prestando serviços em viagem, serão consideradas apenas as horas efetivamente trabalhadas no período, podendo ser compensadas as horas extraordinárias em outro dia (art. 11 da Lei Complementar n. 150/2015). O acompanhamento do empregador pelo empregado em viagem será condicionado à prévia existência de acordo escrito entre as partes. A remuneração-hora do serviço em viagem será, no mínimo, 25% superior ao valor do salário-hora normal. O disposto anteriormente poderá ser, mediante acordo, convertido em acréscimo no banco de horas, a ser utilizado a critério do empregado.

Não serão descontadas nem computadas como jornada extraordinária as variações de horário do registro de ponto não excedentes de cinco minutos, observado o limite máximo de dez minutos diários. Se ultrapassado esse limite, será considerada como extra a totalidade do tempo que exceder a jornada normal, pois configurado tempo à disposição do empregador, não importando as atividades desenvolvidas pelo empregado ao longo do tempo residual (troca de uniforme, lanche, higiene pessoal etc.) (Súmula 366 do TST).

Por não se considerar tempo à disposição do empregador, não será computado como período extraordinário o que exceder a jornada normal, ainda que ultrapasse o limite de cinco minutos previsto no § 1º do art. 58 desta Consolidação, quando o empregado, por escolha própria, buscar proteção pessoal, em caso de insegurança nas vias públicas ou más condições climáticas, bem como adentrar ou permanecer nas dependências da empresa para exercer atividades particulares, entre outras: I – práticas religiosas; II – descanso; III – lazer; IV – estudo; V – alimentação; VI – atividades de relacionamento social; VII – higiene pessoal; VIII – troca de roupa ou uniforme, quando não houver obrigatoriedade de realizar a troca na empresa (§ 1º do art. 4º da CLT).

A duração normal do trabalho dos bancários é de 6 horas (art. 224 da CLT); dos empregados em serviços de telefonia, telegrafia submarina e subfluvial, de radiotelegrafia e radiotelefonia é de 6 horas diárias ou 36 horas semanais (art. 227 da CLT); dos operadores cinematográficos é de 6 horas (art. 234 da CLT); dos empregados em minas de subsolo é de 6 horas diárias ou 36 semanais (art. 293 da CLT); dos jornalistas profissionais é de 5 horas (art. 303 da CLT); o professor poderá lecionar em um mesmo estabelecimento por mais de um turno, desde que não ultrapasse o módulo semanal de trabalho de 44 horas, assegurado o intervalo de uma hora, que não será computado na jornada (art. 318 da CLT). A duração normal do trabalho dos médicos será de 2 horas, no mínimo, e de 4 horas, no máximo, sendo que seus auxiliares trabalharão 4 horas diárias (art. 8º da Lei n. 3.999/61). O art. 1º da Lei n. 3.270, de 30 de setembro de 1957, fixa em 6 horas de trabalho a jornada dos cabineiros de elevador. A duração do trabalho do assistente social é de 30 horas semanais (art. 5º-A da Lei n. 8.662/93). A jornada do bombeiro civil é de 12 horas de trabalho por 36 horas de descanso, num total de 36 horas semanais (art. 5º da Lei n. 11.901/2009).

O advogado tem jornada de trabalho de 4 horas contínuas e de 20 horas semanais, salvo acordo ou convenção coletiva ou em caso de dedicação exclusiva.

Para os que trabalham 8 horas diárias e 44 semanais o divisor é 220 (§ 1º do art. 6º da Lei n. 8.542).

O horário do trabalho será anotado em registro de empregados (art. 74 da CLT).

Para os estabelecimentos de mais de 20 empregados será obrigatória a anotação da hora de entrada e de saída, em registro manual, mecânico ou eletrônico, conforme instruções a serem expedidas pela Secretaria Especial de Previdência e Trabalho do Ministério da Economia, permitida pré-assinalação do período de repouso. As empresas que tiverem até 20 empregados não precisarão anotar o horário de entrada e saída.

As microempresas e empresas de pequeno porte são dispensadas de afixação de quadro de trabalho em suas dependências (art. 51, I, da Lei Complementar n. 123/2006).

Se o trabalho for executado fora do estabelecimento, como dos motoristas, o horário dos empregados constará do registro manual, mecânico ou eletrônico em seu poder (§ 3º do art. 74 da CLT).

Fica permitida a utilização de registro de ponto por exceção à jornada regular de trabalho, mediante acordo individual escrito, convenção coletiva ou acordo coletivo de trabalho (§ 4º do art. 74 da CLT).

A jornada de trabalho do motorista profissional será de 8 horas e o módulo semanal será de 44 horas. É admitida a prorrogação por até duas horas extraordinárias ou, mediante previsão em convenção ou acordo coletivo, por até 4 horas extraordinárias (art. 235-C da CLT). Será considerado como trabalho efetivo o tempo que o motorista estiver à disposição do empregador, excluídos os intervalos para refeição, repouso e descanso e o tempo de espera (§ 1º do art. 235-C da CLT). São consideradas tempo de espera as horas em que o motorista profissional empregado ficar aguardando carga ou descarga do veículo nas dependências do embarcador ou do destinatário e o período gasto com a fiscalização da mercadoria transportada em barreiras fiscais ou alfandegárias, não sendo computados como jornada de trabalho e nem como horas extraordinárias (§ 8º do art. 235-C da CLT). As horas relativas ao período do tempo de espera serão indenizadas na proporção de 30% do salário-hora normal. Em nenhuma hipótese, o tempo de espera do motorista empregado prejudicará o direito ao recebimento da remuneração correspondente ao salário-base diário (§ 10 do art. 235-C da CLT). Quando a espera for superior a duas horas ininterruptas e for exigida a permanência do motorista empregado junto ao veículo, caso o local ofereça condições adequadas, o tempo será considerado como de repouso para os fins do intervalo de que tratam os §§ 2º e 3º do art. 235-C. Durante o tempo de espera, o motorista poderá realizar movimentações necessárias do veículo, as quais não serão consideradas como parte da jornada de trabalho, ficando garantido, porém, o gozo do descanso de 8 horas ininterruptas. Salvo previsão contratual, a jornada de trabalho do motorista empregado não tem horário fixo de início, de final ou de intervalos. O empregado é responsável pela guarda, preservação e exatidão das informações contidas nas anotações em diário de bordo, papeleta ou ficha de trabalho externo, ou no registrador instantâneo inalterável de velocidade e tempo, ou nos rastreadores ou sistemas e meios eletrônicos, instalados nos veículos, normatizados pelo Contran, até que o veículo seja entregue à empresa. Os dados poderão ser enviados a distância, a critério do empregador, facultando-se a anexação do documento original posteriormente. Aplicam-se as disposições do art. 235-C da CLT ao ajudante empregado nas operações em que acompanhe o motorista (§ 16 do art. 235-C da CLT). O motorista empregado, em viagem de longa distância, que ficar com o veículo parado após o cumprimento da jornada normal ou das horas extraordinárias fica dispensado do serviço, exceto se for expressamente autorizada a sua permanência junto ao veículo pelo empregador, hipótese em que o tempo será considerado de espera. Não será considerado como jornada de trabalho, nem ensejará o pagamento de qualquer remuneração, o período em que o motorista empregado ou o ajudante ficarem espontaneamente no veículo usufruindo dos intervalos de repouso. Nos casos em que o empregador adotar dois motoristas trabalhando no mesmo veículo, o tempo de repouso poderá ser feito com o veículo em movimento, assegurado o repouso mínimo de seis horas consecutivas fora do veículo em alojamento externo ou, se na cabine leito, com o veículo estacionado, a cada 72 horas. Em situações excepcionais de inobservância justificada do limite de jornada de que trata o art. 235-C da CLT, devidamente registradas, e desde que não se comprometa a segurança rodoviária, a duração da jornada de trabalho do motorista profissional empregado poderá ser elevada pelo tempo necessário até o veículo chegar a um local seguro ou ao seu destino. Nos casos em que o motorista tenha que acompanhar o veículo transportado por qualquer meio onde ele siga embarcado e em que o veículo disponha de cabine leito ou a embarcação disponha de alojamento para gozo do intervalo de repouso diário previsto no § 3º do art. 235-C da CLT, esse tempo será considerado como tempo de descanso. Para o transporte de cargas vivas, perecíveis e especiais em longa distância ou em território estrangeiro poderão ser aplicadas regras conforme a especificidade da operação de transporte realizada, cujas condições de trabalho serão fixadas em convenção ou acordo coletivo de modo a assegurar as adequadas condições de viagem e entrega ao destino final. O disposto no art. 235-C da CLT aplica-se também aos operadores de automotores destinados a puxar ou a arrastar maquinaria de qualquer natureza ou a executar trabalhos de construção ou pavimentação e aos operadores de tratores, colheitadeiras, autopropelidos e demais aparelhos automotores destinados a puxar ou a arrastar maquinaria agrícola ou a executar trabalhos agrícolas (§ 17 do art. 235-C da CLT). Convenção e acordo coletivo poderão prever jornada especial de 12 horas de trabalho por 36 horas de descanso para o trabalho do motorista profissional empregado em regime de compensação (art. 235-F da CLT). É permitida a remuneração do motorista em razão da distância percorrida, do tempo de viagem ou da natureza e quantidade de produtos transportados, inclusive mediante oferta de comissão ou qualquer outro tipo de vantagem, desde que essa remuneração ou comissionamento não comprometa a segurança da rodovia e da coletividade ou possibilite a violação das normas previstas na Lei n. 13.103/2015 (art. 235-G da CLT). Muitas vezes, o que ocorre é justamente comprometer a segurança da rodovia e o descanso do trabalhador.

O STF declarou inconstitucionais: (a) por maioria, a expressão "sendo facultados o seu fracionamento e a coincidência com os períodos de parada obrigatória na condução do veículo estabelecida pela Lei n. 9.503/1997 (CTB), garantidos o mínimo de 8 horas ininterruptas no primeiro período e o gozo do remanescente dentro das 16 horas seguintes ao fim do primeiro período", prevista na parte final do § 3º do art. 235-C; (b) a expressão "não sendo computadas como jornada de trabalho e nem como horas extraordinárias", prevista na parte final do § 8º do art. 235-C; (c) por unanimidade, a expressão "e o tempo de espera", disposta na parte final do § 1º do art. 235-C, por arrastamento; (d) por unanimidade, o § 9º do art. 235-C da CLT, sem efeito repristinatório; (e) a expressão "as quais não serão consideradas como parte da jornada de trabalho, ficando garantido, porém, o gozo do descanso de 8 (oito) horas ininterruptas aludido no § 3º" do § 12 do art. 235-C; (f) por maioria, a expressão "usufruído no retorno do motorista à base (matriz ou filial) ou ao seu domicílio, salvo se a empresa oferecer condições adequadas para o efetivo gozo do referido repouso", constante do *caput* do art. 235-D; (g) por unanimidade, o § 1º do art. 235-D; (h) por unanimidade, o § 2º do art. 235-D; (i) por unanimidade, o § 5º do art. 235-D; (j) por unanimidade, o inciso III do art. 235-E da CLT, com a redação dada pelo art. 6º da Lei n. 13.103/2015; e (k) por maioria, a expressão "que podem ser fracionadas, usufruídas no veículo e coincidir com os intervalos mencionados no § 1º, observadas no primeiro período de 8 (oito) horas ininterruptas de descanso", na forma prevista no § 3º do art. 67-C do CTB, com redação dada pelo art. 7º da Lei n. 13.103/2015 (ADIn 5.322-DF, Rel. Min. Alexandre de Moraes, *DJe* 30-8-2023).

Nas viagens de longa distância, assim consideradas aquelas em que o motorista profissional empregado permanece fora da base da empresa, matriz ou filial e de sua residência por mais de 24 horas, o repouso diário pode ser feito no veículo ou em alojamento do empregador, do contratante do transporte, do embarcador ou do destinatário ou em outro local que ofereça condições adequadas (§ 4º do art. 235-C da CLT).

É válida, em caráter excepcional, a jornada de 12 horas de trabalho por 36 de descanso, prevista em lei ou ajustada exclusivamente mediante acordo coletivo de trabalho ou convenção coletiva de trabalho, assegurada a remuneração em dobro dos feriados trabalhados. O empregado não tem direito ao pagamento de adicional referente ao labor prestado na décima primeira e décima segunda horas (Súmula 244 do TST).

8 EMPREGADOS EXCLUÍDOS

Certos empregados são excluídos da proteção normal da jornada de trabalho, como se verifica do art. 62 da CLT. São os empregados que exercem atividade externa incompatível com a fixação do horário de trabalho, os empregados em regime de teletrabalho e os gerentes, diretores ou chefes de departamento. Isso quer dizer que não têm direito a horas extras e a adicional de horas extras.

O inciso I do art. 62 da CLT dispõe que não fazem jus a horas extras os empregados que exercem atividade externa incompatível com a fixação de horário de trabalho, devendo tal condição ser anotada na CTPS e no registro dos empregados. São os vendedores, viajantes ou pracistas, que são os empregados que não trabalham internamente na empresa, mas externamente, tendo uma região de trabalho onde fazem suas vendas. Da mesma forma, estão incluídos nesse conceito os carteiros, os motoristas em geral, como os de caminhões, de carretas, de ônibus etc., que têm atividade externa ou fazem viagens, mas também os vendedores pracistas, os viajantes ou outras pessoas que exercem atividade externa não sujeita à anotação de jornada de trabalho, como os cobradores ou propagandistas.

Reza o inciso II do art. 62 da CLT que também não fazem jus a horas extras os gerentes, assim considerados os exercentes de cargos de gestão, aos quais se equiparam os diretores e chefes de departamento ou filial. É gerente aquele que tem poderes de gestão, como de admitir ou demitir funcionários, adverti-los, puni-los, suspendê--los, de fazer compras ou vendas em nome do empregador, sendo aquele que tem subordinados, pois não se pode falar num chefe que não tem chefiados.

O cargo de confiança poderá ter uma gratificação de função, que será de 40%.

9 CONCEITO DE HORAS EXTRAS

Horas extras são as prestadas além do horário contratual, legal ou normativo, que devem ser remuneradas com o adicional respectivo. A hora extra pode ser realizada tanto antes do início do expediente, como após o seu término normal ou durante os intervalos destinados a repouso e alimentação. São usadas as expressões *horas extras*, *horas extraordinárias* ou *horas suplementares*, que têm o mesmo significado.

Não serão descontadas nem computadas como jornada extraordinária as variações de horário no registro de ponto não excedentes de cinco minutos, observado o limite máximo de dez minutos diários (§ 1º do art. 58 da CLT).

A duração diária do trabalho poderá ser acrescida de horas extras, em número não excedente de duas, por acordo individual, convenção coletiva ou acordo coletivo de trabalho (art. 59 da CLT).

O adicional de horas extras é de pelo menos 50% (art. 7º, XVI, da Constituição), inclusive para o doméstico, ficando derrogados os artigos da CLT que dispõem em contrário. O advogado terá adicional de horas extras de 100% (§ 2º do art. 20 da Lei n. 8.906/94).

10 ACORDO DE PRORROGAÇÃO DE HORAS

O acordo de prorrogação de horas é o ajuste de vontade feito pelas partes no sentido de que a jornada de trabalho possa ser elastecida além do limite legal, mediante o pagamento de adicional de horas extras. O acordo pode ser feito por prazo determinado ou indeterminado.

Será o acordo necessariamente escrito, podendo ser um adendo ao contrato de trabalho ou inserido no próprio pacto laboral ou, ainda, por meio de acordo ou convenção coletiva.

O limite da prorrogação de horas é de mais 2 horas por dia, totalizando 10 horas (art. 59 da CLT). Os cabineiros de elevadores não podem, porém, prorrogar a sua jornada de trabalho (art. 1º da Lei n. 3.270/57).

Estabelece o art. 60 da CLT que nas atividades insalubres "quaisquer prorrogações" só poderão ser feitas por intermédio de licença prévia das autoridades competentes em matéria de segurança e higiene de trabalho, sendo nula a prorrogação que não atenda a essa regra de ordem pública. O trabalho prorrogado em atividade insalubre é mais nocivo ao empregado, atentando contra a sua saúde, diminuindo a sua atenção e podendo favorecer a ocorrência de acidentes, em virtude de seu cansaço; daí a necessidade de autorização prévia da autoridade da Secretaria Especial de Previdência e Trabalho para o prolongamento do horário de trabalho nessas atividades. Poucas, contudo, foram as empresas que conseguiram obter a citada licença prévia da DRT para a prorrogação do horário de trabalho. É possível a compensação de horário de trabalho ser feita por acordo ou convenção coletiva nas atividades insalubres, e prescindindo da inspeção prévia da autoridade competente em matéria de higiene do trabalho.

Excetuam-se da exigência de licença prévia as jornadas de 12 horas de trabalho por 36 horas ininterruptas de descanso (parágrafo único do art. 60 da CLT).

Para os empregados a que alude o art. 58, *caput*, da CLT, quando sujeitos a 40 horas semanais de trabalho, aplica-se o divisor 200 para o cálculo do valor do salário-hora (Súmula 431 do TST).

O divisor aplicável para o cálculo das horas extras do bancário será: a) 180, para os empregados submetidos à jornada de seis horas prevista no *caput* do art. 224 da CLT; b) 220, para os empregados submetidos à jornada de oito horas, nos termos do § 2º do art. 224 da CLT (Súmula 124 do TST).

O empregado, sujeito a controle de horário, remunerado à base de comissões, tem direito ao adicional de, no mínimo, 50% pelo trabalho em horas extras, calculado sobre o valor-hora das comissões recebidas no mês, considerando-se como divisor o número de horas efetivamente trabalhadas (Súmula 340 do TST).

O empregado que recebe remuneração mista, ou seja, uma parte fixa e outra variável, tem direito a horas extras pelo trabalho em sobrejornada. Em relação à parte fixa, são devidas as horas simples acrescidas do adicional de horas extras. Em relação à parte variável, é devido somente o adicional de horas extras, aplicando-se à hipótese o disposto na Súmula 340 do TST (OJ 397 da SBDI-1 do TST).

As horas extras prestadas com habitualidade integram a indenização por antiguidade (Súmula 24 do TST), o 13º salário (Súmula 45 do TST), o FGTS (Súmula 63 do TST), o aviso prévio indenizado (§ 5º do art. 487 da CLT), as gratificações semestrais (Súmula 115 do TST), as férias (§ 5º do art. 142 da CLT) e o descanso semanal remunerado (Súmula 172 do TST e art. 7º, *a* e *b*, da Lei n. 605/49).

11 COMPENSAÇÃO DA JORNADA DE TRABALHO

A compensação da jornada de trabalho ocorre quando o empregado trabalha mais horas num determinado dia para prestar serviços em um número menor de horas noutro dia, ou não prestá-las em certo dia da semana. Normalmente as empresas costumam fazer com que o empregado trabalhe uma hora a mais por dia, de segunda a sexta-feira, e não há trabalho aos sábados. Por exemplo: o empregado trabalha das 8 às 12h e das 13 às 18h, de segunda a quinta-feira, e nas sextas-feiras sai às 17h, porém não presta serviços aos sábados. Nesse caso não se excede o módulo semanal de 44 horas, pois há exatamente 44 horas semanais.

É lícito o regime de compensação de jornada estabelecido por acordo individual, tácito ou escrito, para a compensação no mesmo mês (§ 6º do art. 59 da CLT).

Não é válido acordo de compensação de jornada em atividade insalubre, ainda que estipulado em norma coletiva, sem a necessária inspeção prévia e permissão da autoridade competente, na forma do art. 60 da CLT (Súmula 85, VI, do TST).

No acordo de compensação, o excesso de horas de um dia é compensado pela correspondente diminuição em outro dia, de maneira que não exceda, no período máximo de um ano, à soma das jornadas semanais de trabalho previstas, nem seja ultrapassado o limite máximo de dez horas diárias (§ 2º do art. 59 da CLT).

O banco de horas de que trata o § 2º do art. 59 da CLT poderá ser pactuado por acordo individual escrito, desde que a compensação ocorra no período máximo de seis meses (§ 5º do art. 59 da CLT).

O não atendimento das exigências legais para compensação de jornada, inclusive quando estabelecida mediante acordo tácito, não implica a repetição do pagamento das horas excedentes à jornada normal diária se não ultrapassada a duração máxima semanal, sendo devido apenas o respectivo adicional (art. 59-B da CLT). A prestação de horas extras habituais não descaracteriza o acordo de compensação de jornada e o banco de horas.

Na hipótese de rescisão do contrato de trabalho, sem que tenha havido a compensação integral da jornada extraordinária, fará jus o empregado ao pagamento das horas extras não compensadas, calculadas sobre o valor da remuneração na data da rescisão (§ 3º do art. 59 da CLT).

Em relação ao doméstico, poderá ser dispensado o acréscimo de salário e instituído regime de compensação de horas, mediante acordo escrito entre empregador e empregado, se o excesso de horas de um dia for compensado em outro dia (§ 4º do art. 2º da Lei Complementar n. 150/2015). No regime de compensação: I – será devido o pagamento, como horas extraordinárias, das primeiras 40 horas mensais excedentes ao horário normal de trabalho; II – das 40 horas referidas no inciso I, poderão ser deduzidas, sem o correspondente pagamento, as horas não trabalhadas, em razão de redução do horário normal de trabalho ou de dia útil não trabalhado, durante o mês; III – o saldo de horas que excederem as 40 primeiras horas mensais de que trata o inciso I, com a dedução prevista no inciso II, quando for o caso, será compensado no período máximo de um ano. Na hipótese de rescisão do contrato de trabalho sem que tenha havido a compensação integral da jornada extraordinária, o empregado doméstico fará jus ao pagamento das horas extras não compensadas, calculadas sobre o valor da remuneração na data de rescisão.

Em exceção ao disposto no art. 59 da CLT, é facultado às partes, mediante acordo individual escrito, convenção coletiva ou acordo coletivo de trabalho, estabelecer horário de trabalho de 12 horas seguidas por 36 horas ininterruptas de descanso, observados ou indenizados os intervalos para repouso e alimentação (art. 59-A da CLT). Aqui só se pode estabelecer o regime 12 x 36 por meio de convenção ou acordo coletivo. Não pode ser feito por acordo individual.

A remuneração mensal pactuada pelo horário abrange os pagamentos devidos pelo descanso semanal remunerado e pelo descanso em feriados, e serão considerados compensados os feriados e as prorrogações de trabalho noturno, quando houver, de que tratam o art. 70 e o § 5º do art. 73 da CLT (§ 1º do art. 59-A da CLT).

É facultado às partes, mediante acordo escrito entre essas, estabelecer horário de trabalho de 12 horas seguidas por 36 horas ininterruptas de descanso no trabalho doméstico, observados ou indenizados os intervalos para repouso e alimentação (art. 10 da Lei Complementar n. 150/2015). A remuneração mensal pactuada pelo horário anteriormente mencionado abrange os pagamentos devidos pelo descanso semanal remunerado e pelo descanso em feriados, e serão considerados compensados os feriados e as prorrogações de trabalho noturno, quando houver, de que tratam o art. 70 da CLT e o art. 9º da Lei n. 605, de 5 de janeiro de 1949.

12 REDUÇÃO DA JORNADA

O inciso XIII do art. 7º da Constituição permite a redução da jornada mediante acordo ou convenção coletiva de trabalho, não mediante acordo individual. A redução dos salários também é lícita, pois o inciso VI do art. 7º da mesma norma assegura a redução por meio de acordo ou convenção coletiva de trabalho. O art. 503 da CLT, que tratava da redução de salários em casos de força maior, foi revogado pela Lei Maior, que só permite a redução da remuneração por intermédio de negociação coletiva.

13 NECESSIDADE IMPERIOSA

Permite-se a prorrogação da jornada normal de trabalho ocorrendo necessidade imperiosa. Esta pode ser entendida como a decorrente de força maior, para atendimento de serviços inadiáveis ou cuja inexecução possa acarretar prejuízo manifesto (art. 61 da CLT).

O excesso pode ser exigido independentemente de convenção coletiva ou acordo coletivo de trabalho (§ 1º do art. 61 da CLT).

13.1 Força maior

O art. 61 da CLT permite que em casos de força maior a jornada seja prorrogada além do limite legal ou contratual. Não há necessidade de previsão contratual ou de acordo ou convenção coletiva para a citada prorrogação.

Conceitua o art. 501 da CLT a força maior como o acontecimento inevitável, para o qual o empregador não deu causa, direta ou indiretamente, como ocorre em casos de incêndio, inundação, terremoto, furacão etc.

Em casos de força maior a lei não determina quanto seria o máximo da jornada de trabalho do trabalhador, o que leva a crer que não há limite. O empregador deverá fazer a comunicação da prorrogação à DRT no prazo de 10 dias (§ 1º do art. 61 da CLT). Entendo que haverá necessidade de pagamento de adicional de horas extras, por se tratar de horas suplementares, sendo que a Constituição não faz qualquer distinção quanto a este aspecto. O adicional será de 50% (art. 7º, XVI). Nesse ponto não mais prevalece a primeira parte do § 2º do art. 61 da CLT, que dizia que a remuneração não será inferior à da hora normal, o que mostrava que não havia adicional de horas extras.

O menor poderá fazer horas extras em casos de força maior, até o limite máximo de 12 horas, desde que o seu trabalho seja imprescindível ao funcionamento do estabelecimento, mediante o pagamento do adicional de 50% (art. 413, II, da CLT e art. 7º, XVI, da Constituição). A prorrogação da jornada do menor deverá ser comunicada à autoridade competente em 48 horas (parágrafo único do art. 413 c/c o parágrafo único do art. 376 da CLT).

13.2 Serviços inadiáveis

Serviços inadiáveis são os que não podem ser terminados durante a própria jornada de trabalho. Como exemplo temos o trabalho com produtos perecíveis, que devem ser acondicionados em refrigeradores e que não podem ser interrompidos, sob pena da deterioração do produto.

Não há necessidade de acordo individual ou acordo ou convenção coletiva para a prorrogação. Haverá, porém, necessidade de pagamento de adicional de 50% e o limite máximo da jornada não poderá ser superior a 12 horas (§ 2º do art. 61 da CLT).

O menor não poderá prorrogar sua jornada no caso presente, pois o art. 413 da CLT só trata de prorrogação em casos de força maior e para a compensação da jornada.

13.3 Recuperação de tempo em razão de paralisações

O § 3º do art. 61 da CLT mostra a possibilidade da prorrogação da jornada em virtude de interrupção do trabalho da empresa como um todo, resultante de causas acidentais, ou de força maior, que determinem a impossibilidade da realização do serviço. A prorrogação será de no máximo 2 horas, durante o número de dias indispensáveis à recuperação do tempo perdido, desde que não sejam excedidas 10 horas diárias, em período não superior a 45 dias por ano. Há necessidade de prévia autorização da DRT. Assim, o empregado fará no máximo 90 horas por ano, isto é, duas horas por dia e até 45 dias por ano.

O empregado deverá receber as horas trabalhadas além da jornada normal como extras, pois se trata de tempo à disposição do empregador (art. 4º da CLT), além do que o empregador é que deve assumir os riscos da atividade econômica decorrentes da paralisação (art. 2º da CLT). A Constituição também não faz distinção quanto às horas extras para a recuperação em razão de paralisações, pois não deixam de ser horas suplementares, revelando, assim, que haverá pagamento de adicional de horas extras, que será de 50%.

14 TURNOS ININTERRUPTOS DE REVEZAMENTO

O inciso XIV do art. 7º da Constituição dispõe: "jornada de seis horas para o trabalho realizado em turnos ininterruptos de revezamento, salvo negociação coletiva".

Pretendeu o constituinte, com o inciso XIV do art. 7º da Constituição, conceder uma jornada de trabalho menor àqueles trabalhadores que prestavam serviços em plataformas de petróleo ou em siderúrgicas, que uma semana trabalhavam pela manhã, noutra à tarde e na seguinte à noite, como das 6 às 14, das 14 às 22 ou das 22 às 6 horas. Sabe-se que esse trabalho é muito desgastante para o empregado, pois o ritmo circadiano, correspondente ao relógio biológico do ser humano, que controla variações de temperatura, segregação de hormônios, digestão, sono, é alterado constantemente, tratando-se, portanto, de um trabalho penoso. Assim, o intuito foi o de diminuir a jornada para o trabalho realizado nos referidos turnos, pelo maior desgaste que causa ao empregado, e não o de favorecer a atividade produtiva do empregador. A exceção foi a negociação coletiva, em que poderia ser estabelecida jornada superior a seis horas.

Turno quer dizer turma de trabalho. O trabalho por turno é aquele em que grupos de trabalhadores se sucedem nas mesmas máquinas do empregador, cumprindo horários que permitam o funcionamento ininterrupto da empresa. O substantivo *turno* refere-se, portanto, às divisões dos horários de trabalho, dizendo respeito ao trabalhador.

O substantivo *revezamento* trata dos trabalhadores escalados para prestar serviços em diferentes períodos de trabalho (manhã, tarde ou noite), em forma de rodízio. É a troca de posição dos trabalhadores, a substituição de um empregado por outro no posto de trabalho. Os trabalhadores têm diferentes horários de trabalho e trabalham em diferentes dias da semana.

A palavra *ininterrupto* quer dizer contínuo, habitual, seguido. Se a empresa trabalha apenas em duas turmas, não tendo um dos turnos, não se aplica a regra do inciso XIV do art. 7º da Constituição. O adjetivo *ininterrupto* refere-se, portanto, ao turno, e não ao revezamento, pois ininterrupto está qualificando o substantivo *turno*. A ininterruptividade vai dizer respeito à forma como a empresa opera, no sentido de que uma turma termina a jornada e imediatamente é substituída por outra, e também de o trabalhador prestar serviços, por exemplo, nos três horários anteriormente mencionados.

Por turno ininterrupto de revezamento deve-se entender o trabalho realizado pelos empregados que se sucedem no posto de serviço, na utilização dos equipamentos, de maneira escalonada, para períodos distintos de trabalho.

Não se pode dizer que, havendo intervalo para refeição, não se aplica o turno de seis horas. O intervalo para refeição não vai descaracterizar o turno, assim como o repouso semanal também não o desqualificaria (art. 7º, XV, da Constituição), por serem direitos do trabalhador, visto que a Lei Maior apenas estabelece direitos mínimos, cabendo ao legislador ordinário complementá-los. O intervalo intrajornada é, porém, norma de ordem pública, tendo que ser concedido em todo trabalho superior a quatro horas (§ 1º do art. 71 da CLT). No mesmo sentido é a orientação da Súmula 675 do STF e da Súmula 360 do TST.

O turno poderá ser fixado pelo empregador, como no caso de o empregado trabalhar sempre das 6 às 14 horas, sem o revezamento. A jornada será então de oito horas.

Para o cálculo do salário-hora do empregado horista, submetido a turnos ininterruptos de revezamento, considerando a alteração da jornada de 8 para 6 horas diárias, aplica-se o divisor 180, em observância ao disposto no art. 7º, VI, da Constituição, que assegura a irredutibilidade salarial (OJ 396 da SBDI-1 do TST).

O trabalho em regime de turnos ininterruptos de revezamento não retira o direito à hora noturna reduzida, não havendo incompatibilidade entre as disposições contidas nos arts. 73, § 1º, da CLT e 7º, XIV, da Constituição (OJ 395 da SBDI-1 do TST).

15 HORAS *IN ITINERE*

O tempo despendido pelo empregado desde a sua residência até a efetiva ocupação do posto de trabalho e para o seu retorno, caminhando ou por qualquer meio de transporte, inclusive o fornecido pelo empregador, não será computado na jornada de trabalho, por não ser tempo à disposição do empregador (§ 2º do art. 59 da CLT).

Se existe transporte público para o trabalho, mas ele é insuficiente, não há direito a pagamento de horas *in itinere* (Súmula 90, II, do TST).

16 SOBREAVISO, PRONTIDÃO

Ocorre sobreaviso quando o empregado efetivo, que permanecer em sua própria casa, aguardando a qualquer momento o chamado para o serviço. Cada escala de sobreaviso será, no máximo, de 24 horas. As horas de sobreaviso serão contadas à razão de 1/3 do salário normal (§ 2º do art. 244 da CLT).

O uso de instrumentos telemáticos ou informatizados fornecidos pela empresa ao empregado, por si só, não caracteriza o regime de sobreaviso (Súmula 428, I, do TST).

Considera-se em sobreaviso o empregado que, a distância e submetido a controle patronal por instrumentos telemáticos ou informatizados, permanecer em regime de plantão ou equivalente, aguardando a qualquer momento o chamado para o serviço durante o período de descanso (Súmula 428, II, do TST).

Prontidão ocorrerá quando o empregado ficar nas dependências da estrada de ferro, aguardando ordens. A escala de prontidão será, no máximo, de 12 horas. As horas de prontidão serão, para todos os efeitos, contadas à razão de 2/3 do salário-hora normal.

17 TRABALHO NOTURNO

Considera-se horário noturno para o empregado urbano e o doméstico o trabalho executado entre as 22h de um dia e 5h do dia seguinte (§ 2º do art. 73 da CLT). Para os empregados rurais o horário noturno será das 21 às 5h, na lavoura, e das 20 às 4h na pecuária. Para o advogado será das 20 às 5 horas (§ 3º do art. 20 da Lei n. 8.906/94). Para os atletas, trabalho noturno é a participação em jogos e em competições realizados entre as 23h59 do dia seguinte (§3.º do art. 97 da Lei n. 14.597/23). § 4º A hora do trabalho noturno será calculada como de 52 (cinquenta e dois) minutos e 30 (trinta) segundos.

O horário considerado noturno é determinado pela lei, não o sendo no período que vai do pôr ao nascer do sol, o que seria mais lógico, mas dependeria das estações do ano, quando o sol nasce ou se põe mais cedo ou mais tarde.

A CLT dispõe no § 4º do art. 73 que se consideram horários mistos aqueles que abranjam períodos diurnos e noturnos. Não são horários mistos os abrangidos por períodos noturnos e diurnos.

A Constituição de 1988 dispõe que o trabalho noturno deve ter remuneração superior à do diurno (art. 7º, IX).

O art. 73 da CLT determina que "o trabalho noturno terá remuneração superior à do diurno e, para esse efeito, sua remuneração terá um acréscimo de 20%, pelo menos, sobre a hora diurna". O adicional noturno do atleta também é de 20% (art. 97, VII, da Lei n. 14.597/2023). O adicional noturno do empregado doméstico é de 20%. Os trabalhadores rurais têm adicional de 25% sobre a hora normal (parágrafo único do art. 7º da Lei n. 5.889/73). O adicional noturno do advogado é de 25% (§ 3º do art. 20 da Lei n. 8.906/94).

Os vigias noturnos, como qualquer trabalhador, têm direito ao adicional (Súmula 402 do STF), pois o art. 62 da CLT foi modificado, retirando-se o vigia da previsão legal que não concedia a ele horas extras. O TST deixou claro que "é assegurado ao vigia, sujeito ao trabalho noturno, o direito ao respectivo adicional" (Súmula 140).

O trabalhador temporário, porém, terá direito ao adicional noturno (art. 12, *e*, da Lei n. 6.019/74).

O obreiro que trabalhava no período noturno e passa a trabalhar no período diurno perde o direito ao adicional noturno (Súmula 265 do TST), pois o fato gerador é o trabalho à noite, que deixa de existir.

O adicional noturno que for pago com habitualidade integra o salário do empregado para todos os efeitos, como férias, 13º salário, aviso prévio indenizado, DSR, FGTS etc. (Súmula 60 do TST).

A lei estabeleceu, ainda, uma ficção jurídica, no sentido de que a hora noturna é considerada reduzida, ou seja, a hora do trabalho noturno será computada como 52 minutos e 30 segundos (§ 1º do art. 73 da CLT). O empregado doméstico também tem direito à mesma hora noturna de 52 minutos e 30 segundos. O mesmo ocorre com o atleta (§ 4º do art. 97 da Lei n. 14.597/2023).

O trabalhador rural não é beneficiário da hora noturna reduzida, pois o adicional de 25% visa compensar a inexistência da hora noturna reduzida (parágrafo único do art. 7º da Lei n. 5.889/73).

O vigia noturno também tem direito à hora noturna reduzida de 52 minutos e 30 segundos (Súmula 65 do TST). Entretanto, "o trabalho noturno dos empregados nas atividades de exploração, perfuração, produção e refinação do petróleo, industrialização do xisto, indústria petroquímica e transporte de petróleo e seus derivados por meio de dutos é regulado pela Lei n. 5.811, de 11 de outubro de 1972, não se lhes aplicando a hora reduzida de 52' e 30" do art. 73, § 1º, da CLT" (Súmula 112 do TST).

O *caput* do art. 73 da CLT determina que nos casos de revezamento semanal ou quinzenal não há direito ao adicional noturno. Essa disposição foi derrogada pelo inciso III do art. 157 da Constituição de 1946, pois foi prevista na Constituição de 1937, mas não foi repetida na Norma Ápice de 1946, que, portanto, derrogou o *caput* do art. 73 da CLT no que diz respeito à exceção da não incidência do adicional noturno no regime de revezamento. O STF já decidiu que "é devido o adicional de serviço noturno ainda que sujeito o empregado ao regime de revezamento" (Súmula 213). O regime de revezamento no trabalho não exclui o direito do empregado ao adicional noturno, em razão da derrogação do art. 73 da CLT pelo inciso III do art. 157 da Constituição de 18 de setembro de 1946.

O STF entende que, "provada a identidade entre o trabalho diurno e o noturno, é devido o adicional, quanto a este, sem a limitação do art. 73, § 3º, da CLT, independentemente da natureza da atividade do empregador" (Súmula 313).

Capítulo 29

INTERVALOS PARA DESCANSO

1 CONCEITO

Intervalos para descanso são períodos de tempo na jornada de trabalho, ou entre uma e outra, em que o empregado não presta serviços, seja para se alimentar ou para descansar.

Do conceito já se nota que vamos tratar neste capítulo apenas dos intervalos que dizem respeito à jornada de trabalho. Não será versado sobre outros períodos de descanso, como o repouso semanal remunerado e as férias, que serão estudados em capítulos separados.

2 INTERVALOS INTRAJORNADA

Os intervalos intrajornada são os realizados dentro da própria jornada de trabalho.

O art. 71, *caput* e § 1º, da CLT, revelam um dos exemplos de intervalo intrajornada: "em qualquer trabalho contínuo cuja duração exceda de 6 (seis) horas, é obrigatória a concessão de um intervalo para repouso ou alimentação, o qual será, no mínimo, de 1 (uma) hora e, salvo acordo escrito ou contrato coletivo em contrário, não poderá exceder de 2 (duas) horas. Não excedendo de 6 (seis) horas o trabalho, será, entretanto, obrigatório um intervalo de 15 (quinze) minutos quando a duração ultrapassar 4 (quatro) horas".

Se o empregado trabalhar menos de 4 horas diárias, não será obrigatória a concessão de nenhum intervalo. Prestando serviços o obreiro entre 4 e 6 horas, será obrigatório um intervalo de 15 minutos. Se a duração do trabalho for de mais de 6 horas, será concedido um intervalo de, no mínimo, 1 hora até 2 horas.

Ultrapassada habitualmente a jornada de 6 horas de trabalho, é devido o gozo do intervalo intrajornada mínimo de 1 hora, obrigando o empregador a remunerar o período para descanso e alimentação não usufruído como extra, acrescido do respectivo adicional, na forma prevista no art. 71, *caput* e § 4º, da CLT (OJ 380 da SBDI-1 do TST).

O intervalo concedido será para o trabalhador poder se alimentar ou descansar, recompondo seu organismo para que possa continuar a jornada de trabalho.

Se o trabalho do empregado não for contínuo, sofrendo várias interrupções, não terá direito o obreiro a intervalo para refeição e descanso, pois provavelmente já o terá feito.

O intervalo tem que ser de, no mínimo, uma hora, mas pode ser superior a esse horário, até 2 horas. Para que o intervalo seja superior a duas horas há necessidade de acordo escrito com o empregado, seja por intermédio de cláusula do contrato de trabalho ou termo em separado, ou de contrato coletivo.

Os intervalos disciplinados no art. 71 da CLT não são computados na duração do trabalho, ou seja, são deduzidos da jornada normal de trabalho, não sendo considerados como tempo à disposição do empregador (§ 2º do art. 71 da CLT). As pausas realizadas pelo empregado para atendimento de necessidades fisiológicas não serão, porém, deduzidas da jornada normal de trabalho, sendo computadas como tempo à disposição do empregador.

É obrigatória a concessão para o doméstico de intervalo para repouso ou alimentação pelo período de, no mínimo, uma hora e, no máximo, duas horas, admitindo-se, mediante prévio acordo escrito entre empregador e empregado, sua redução a 30 minutos (art. 13 da Lei Complementar n. 150/2015). Caso o empregado resida no local de trabalho, o período de intervalo poderá ser desmembrado em dois períodos, desde que cada um deles tenha, no mínimo, uma hora, até o limite de 4 horas ao dia. Em caso de modificação do intervalo, é obrigatória a sua anotação no registro diário de horário, vedada sua prenotação.

As telefonistas, que têm jornada de trabalho variável, devem ter no máximo 7 horas diárias de trabalho, com 17 horas de folga, deduzindo-se desse tempo 20 minutos para descanso, de cada um dos empregados, sempre que se verificar um esforço contínuo de mais de três horas (art. 229 da CLT). O intervalo de 20 minutos é deduzido da jornada de trabalho, não sendo computado como tempo de serviço à disposição do empregador.

O trabalhador rural tem seu intervalo um pouco diferente do intervalo do empregado urbano. Nos serviços intermitentes, que são os considerados os executados em duas ou mais etapas diárias, não serão computados como tempo de serviço os intervalos entre etapas, desde que haja ressalva de tal hipótese na CTPS do empregado (art. 6º da Lei n. 5.889/73). Em qualquer trabalho contínuo de duração superior a 6 horas será obrigatória a concessão de um intervalo para repouso e alimentação de acordo com os usos e costumes da região, e não conforme a previsão da CLT (art. 5º da Lei n. 5.889/73). O art. 10 do Decreto n. 73.626/74 considera serviço intermitente aquele que, por sua natureza, seja normalmente executado em duas ou mais etapas diárias distintas, desde que haja interrupção de trabalho de, no mínimo, 5 horas entre uma e outra parte da execução da tarefa.

A não concessão ou a concessão parcial do intervalo intrajornada mínimo, para repouso e alimentação, a empregados urbanos e rurais, implica o pagamento, de natureza indenizatória, apenas do período suprimido, com acréscimo de 50% sobre o valor da remuneração da hora normal de trabalho (§ 4º do art. 71 da CLT). Não se paga todo o período, mas apenas o período suprimido do intervalo. O pagamento não terá natureza salarial, mas indenizatória.

O intervalo pode ser reduzido para 30 minutos nas jornadas superiores a 6 horas, por meio de convenção ou acordo coletivo (art. 611-A, III, da CLT.)

Ultrapassada habitualmente a jornada de 6 horas de trabalho, é devido o gozo do intervalo intrajornada mínimo de uma hora, obrigando o empregador a remunerar o período para descanso e alimentação não usufruído como extra, acrescido do respectivo adicional, na forma prevista no art. 71, *caput* e § 4º, da CLT (Súmula 347, IV, do TST).

Nos serviços permanentes de mecanografia (datilografia, escrituração e cálculo), a cada período de 90 minutos de trabalho consecutivo haverá um intervalo de 10 minutos, que não será deduzido da duração normal de trabalho (art. 72 da CLT). Os digitadores têm direito ao mesmo intervalo (Súmula 346 do TST).

Nos serviços em frigoríficos, como aqueles em que os empregados trabalham em câmaras frias, havendo movimentação de mercadorias do ambiente quente ou normal para o frio e vice-versa, após 1 hora e 40 minutos de trabalho contínuo será assegurado um intervalo de 20 minutos de repouso, computada essa pausa como de trabalho efetivo (art. 253 da CLT).

O empregado submetido a trabalho contínuo em ambiente artificialmente frio, nos termos do parágrafo único do art. 253 da CLT, ainda que não labore em câmara frigorífica, tem direito ao intervalo intrajornada previsto no *caput* do art. 253 da CLT (Súmula 438 do TST).

A garantia ao intervalo intrajornada, prevista no art. 71 da CLT, por constituir-se em medida de higiene, saúde e segurança do empregado, é aplicável também ao ferroviário maquinista integrante da categoria "c" (equipagem de trens em geral), não havendo incompatibilidade entre as regras inscritas no § 4º do art. 71 e no § 5º do art. 238 da CLT (Súmula 446 do TST).

Os mineiros devem ter um intervalo de 15 minutos para repouso após cada período de 3 horas consecutivas de trabalho (art. 298 da CLT). Esse intervalo também será computado na duração normal, sendo considerado como tempo de serviço à disposição do empregador.

O motorista profissional empregado também terá intervalo mínimo de uma hora para refeição, podendo esse período coincidir com o tempo de parada obrigatória na condução do veículo (§ 2º do art. 235-C da CLT). O intervalo intrajornada poderá ser reduzido e/ou fracionado, e aquele estabelecido no § 1º do art. 71 da CLT poderá ser fracionado, quando compreendidos entre o término da primeira hora trabalhada e o início da última hora trabalhada, desde que previsto em convenção ou acordo coletivo de trabalho, ante a natureza do serviço e em virtude das condições especiais de trabalho a que são submetidos estritamente os motoristas, cobradores, fiscalização de campo e afins nos serviços de operação de veículos rodoviários, empregados no setor de transporte coletivo de passageiros, mantida a remuneração e concedidos intervalos para descanso menores ao final de cada viagem (§ 5º do art. 71 da CLT).

É vedado ao motorista profissional dirigir por mais de 5 horas e meia ininterruptas veículos de transporte rodoviário coletivo de passageiros ou de transporte rodoviário de cargas (art. 67-C do Código de Trânsito). Serão observados 30 minutos para descanso dentro de cada 6 horas na condução de veículo de transporte de carga, sendo facultado o seu fracionamento e o do tempo de direção desde que não ultrapassadas 5 horas e 30 minutos contínuos no exercício da condução. Serão observados 30 minutos para descanso a cada 4 horas na condução de veículo rodoviário de passageiros, sendo facultado o seu fracionamento e o do tempo de direção. Em situações excepcionais de inobservância justificada do tempo de direção, devidamente registradas, o tempo de direção poderá ser elevado pelo período necessário para que o condutor, o veículo e a carga cheguem a um lugar que ofereça a segurança e o atendimento demandados, desde que não haja comprometimento da segurança rodoviária. O condutor é obrigado, dentro do período de 24 horas, a observar o mínimo de 11 horas de descanso, que podem ser fracionadas, usufruídas no veículo e coincidir com os intervalos mencionados no § 1º do art. 67 do Código de Trânsito, observadas no primeiro período 8 horas ininterruptas de descanso. Entende-se como tempo de direção ou de condução apenas o período em que o condutor estiver efetivamente ao volante, em curso entre a origem e o destino. Entende-se como início de viagem a partida do veículo na ida ou no retorno, com ou sem carga, considerando-se como sua continuação as partidas nos dias subsequentes até o destino. O condutor somente iniciará uma viagem após o cumprimento integral do intervalo de descanso previsto no § 3º do art. 67-C do Código de Trânsito. Nenhum transportador de cargas ou coletivo de passageiros, embarcador, consignatário de cargas, operador de terminais de carga, operador de transporte multimodal de cargas ou agente de cargas ordenará a qualquer motorista a seu serviço, ainda que subcontratado, que conduza veículo referido sem a observância do disposto no § 6º do art. 67-C do Código de Trânsito.

Em relação ao transporte de passageiros, serão observados: I – é facultado o fracionamento do intervalo de condução do veículo previsto na Lei n. 9.503/97 – Código de Trânsito Brasileiro, em períodos de no mínimo 5 minutos; II – será assegurado ao motorista intervalo mínimo de uma hora para refeição, podendo ser fracionado em dois períodos e coincidir com o tempo de parada obrigatória na condução do veículo estabelecido pela Lei n. 9.503/97 (Código de Trânsito Brasileiro), exceto quando se tratar do motorista profissional enquadrado no § 5º do art. 71 da CLT; III – nos casos em que o empregador adotar dois motoristas no curso da mesma viagem, o descanso poderá ser feito com o veículo em movimento, respeitando-se os horários de jornada de trabalho, assegurado, após 72 horas, o repouso em alojamento externo ou, se em poltrona correspondente ao serviço de leito, com o veículo estacionado (art. 235-E da CLT).

Outros intervalos não previstos em lei são considerados como tempo de serviço à disposição do empregador (art. 4º da CLT), devendo ser remunerados como horas extras, se acrescidos ao final da jornada (Súmula 118 do TST).

3 INTERVALO INTERJORNADA

O intervalo interjornada diz respeito ao espaço de tempo que deve haver entre uma jornada de trabalho e outra, ou seja, o intervalo entre jornadas. O art. 66 da CLT menciona que entre duas jornadas de trabalho deve haver um intervalo mínimo de 11 horas consecutivas para descanso, inclusive para o doméstico (art. 15 da Lei Complementar n. 150/2015). Esse intervalo, portanto, é para descanso.

Para o motorista, dentro do período de 24 horas, são asseguradas 11 horas de descanso, sendo facultados o seu fracionamento e a coincidência com os períodos de parada obrigatória na condução do veículo estabelecida pela Lei n. 9.503, de 23 de setembro de 1997 (Código de Trânsito Brasileiro), garantidos o mínimo de 8 horas ininterruptas no primeiro período e o gozo do remanescente dentro das 16 horas seguintes ao fim do primeiro período (§ 3º do art. 235-C da CLT).

O TST entende que, "no regime de revezamento, as horas trabalhadas em seguida ao repouso semanal de 24 horas com prejuízo do intervalo mínimo de onze horas consecutivas, para descanso entre jornadas, devem ser remuneradas como extraordinárias, inclusive com o respectivo adicional" (Súmula 110 do TST). O adicional de horas extras será de, no mínimo, 50% (art. 7º, XVI, da Constituição).

Capítulo 30

REPOUSO SEMANAL REMUNERADO

1 HISTÓRIA

A origem do repouso semanal remunerado é encontrada nos costumes religiosos. Os hebreus, por exemplo, descansavam aos sábados, palavra que era proveniente de *sabath*, que tem o significado de descanso.

De acordo com a Bíblia, Deus, ao criar o Mundo, trabalhou seis dias e no sétimo repousou (Gênesis).

A partir da morte de Cristo o descanso aos sábados foi substituído pelo descanso aos domingos, do latim *dies domini*, que significa celebrar o dia do Senhor, recordando a ressurreição de Jesus Cristo, que ocorreu num domingo.

A Constituição de 1934 dispunha que o trabalhador teria direito ao repouso hebdomadário, de preferência aos domingos (art. 121, § 1º, *e*). Esclarecia a Constituição de 1937 que o "operário terá direito ao repouso semanal aos domingos e, nos limites das exigências técnicas da empresa, aos feriados civis e religiosos, de acordo com a tradição local" (art. 137, *d*). A Constituição de 1946 estabelecia "repouso semanal remunerado, preferentemente aos domingos e, no limite das exigências técnicas das empresas, nos feriados civis e religiosos, de acordo com a tradição local" (art. 157, VI).

A Lei n. 605, de 5 de janeiro de 1949, versou especificamente sobre o repouso semanal remunerado e o pagamento de salário nos dias feriados civis e religiosos. O Decreto n. 27.048, de 12 de agosto de 1949, regulamentou a Lei n. 605/49.

Mostrava a Constituição de 1967 que o trabalhador teria direito ao "repouso semanal remunerado e nos feriados civis e religiosos, de acordo com a tradição local" (art. 158, VII). A Emenda Constitucional n. 1, de 17 de outubro de 1969, repetia a redação da Norma Ápice anterior no inciso VII do art. 165.

A Constituição de 1988 foi mais sintética, mencionando apenas "repouso semanal remunerado, preferencialmente aos domingos" (art. 7º, XV).

2 DENOMINAÇÃO

Várias são as denominações empregadas para o instituto em estudo, como as seguintes: *repouso semanal remunerado, descanso semanal remunerado, repouso hebdomadário, descanso hebdomadário, folga semanal, repouso dominical, descanso dominical, descanso semanal, repouso semanal*.

A palavra *hebdômada* diz respeito não só ao período de tempo de sete dias, mas também a sete semanas ou sete anos, razão pela qual as expressões *repouso hebdomadário* e *descanso hebdomadário* são impróprias.

Utilizam-se as expressões *repouso dominical* ou *descanso dominical*, que não servem também para identificar a matéria em exame, pois o descanso é de preferência aos domingos, podendo ocorrer a folga compensatória em outro dia da semana, e não só nos domingos. O uso apenas da denominação *repouso semanal* é inadequado, pois desde a Lei n. 605/49 o descanso semanal passou a ser remunerado.

São usadas, ainda, as expressões *repouso semanal remunerado* (RSR), *descanso semanal remunerado* (DSR) ou *folga semanal*. Todas elas são sinônimas, pois indicam a ausência de trabalho uma vez por semana, tanto em relação ao repouso, como ao descanso ou à folga.

Prefiro empregar a expressão *repouso semanal remunerado* em razão de que é o nome utilizado pela Constituição (art. 7º, XV) e pela Lei n. 605/49.

3 CONCEITO

O repouso semanal remunerado é o período em que o empregado deixa de prestar serviços uma vez por semana ao empregador, de preferência aos domingos, e nos feriados, mas percebendo remuneração. Esse período é de 24 horas consecutivas (art. 1º da Lei n. 605/49), em que o trabalhador não presta serviços ao empregador. Isso ocorre de preferência aos domingos e, também, nos feriados, sendo incorreto dizer que seria um intervalo a cada seis dias de trabalho, justamente porque o descanso pode não recair no domingo, porém em outro dia da semana (folga compensatória).

Parte IV ▪ Direito Tutelar do Trabalho

4 NATUREZA JURÍDICA

O repouso semanal remunerado não deixa de ter natureza salarial, pois o empregado desfruta do descanso, mas recebe pelo dia que não presta serviços. O Estado também tem interesse em que o empregado goze efetivamente do descanso, daí a natureza tutelar do instituto, de ordem pública e higiênica, para que o operário possa recuperar as energias gastas na semana inteira de trabalho que enfrentou, inclusive para ter convivência com a família ou a sociedade, desfrutando, até mesmo, de lazer.

Para o trabalhador, o repouso semanal remunerado é o direito de se abster de trabalhar, percebendo remuneração; e o empregador estará obrigado a não exigir trabalho, tendo a obrigação de pagar o salário correspondente, isto é, uma obrigação de não fazer e de pagar.

5 TRABALHADORES BENEFICIADOS

A Constituição estabelece no inciso XV do art. 7º que o repouso semanal remunerado é devido aos trabalhadores urbanos e rurais. Quanto a estes últimos já havia previsão do direito ao repouso no art. 2º da Lei n. 605/49, que estendia suas determinações ao referido trabalhador. O parágrafo único do art. 7º da Constituição, ao tratar do direito dos empregados domésticos, também assegurou o repouso semanal remunerado, de preferência aos domingos, com o que aqueles trabalhadores passaram a ter direito ao descanso semanal. O inciso XXXIV do art. 7º daquela norma outorga os mesmos direitos do trabalhador com vínculo empregatício permanente ao avulso, mostrando que este também tem direito ao repouso semanal remunerado. Nesse ponto, o art. 3º da Lei n. 605/49 estende as suas disposições àqueles que, sob forma autônoma, trabalhem agrupados, por intermédio de sindicato, caixa portuária ou entidade congênere, que são os trabalhadores avulsos. O trabalhador temporário também tem direito ao repouso semanal remunerado (art. 12, *d*, da Lei n. 6.019/74).

Nas viagens de longa distância com duração superior a sete dias, o repouso semanal será de 24 horas por semana ou fração trabalhada, sem prejuízo do intervalo de repouso diário de 11 horas, totalizando 35 horas, usufruído no retorno do motorista à base (matriz ou filial) ou ao seu domicílio, salvo se a empresa oferecer condições adequadas para o efetivo gozo do referido repouso (art. 235-D da CLT). É permitido o fracionamento do repouso semanal em dois períodos, sendo um destes de, no mínimo, 30 horas ininterruptas, a serem cumpridos na mesma semana e em continuidade a um período de repouso diário, que deverão ser usufruídos no retorno da viagem (§ 1º do art. 235-D da CLT). A cumulatividade de descansos semanais em viagens de longa distância fica limitada ao número de três descansos consecutivos.

6 REMUNERAÇÃO

Corresponde a remuneração do repouso semanal remunerado: a) para os que trabalham por dia, semana, quinzena ou mês, à de um dia de serviço; b) para os que trabalham por hora, à de sua jornada normal de trabalho; c) para os que trabalham por tarefa ou peça, ao equivalente ao salário das tarefas ou peças feitas durante a semana, no horário normal de trabalho, dividido pelos dias de serviço efetivamente prestados ao empregador; d) para o empregado em domicílio, equivalente ao quociente da divisão por 6 da importância total da sua produção na semana (art. 7º da Lei n. 605/49); (e) para o trabalhador avulso, consistirá no acréscimo de 1/6 calculado sobre os salários efetivamente percebidos pelo trabalhador e pago juntamente com tais salários (art. 3º da Lei n. 605/49).

Os empregados cujos salários não sofram descontos por motivo de feriados civis ou religiosos são considerados já remunerados por esses dias de repouso, tendo direito, entretanto, à remuneração dominical.

O empregado mensalista ou quinzenalista já tem remunerados os dias de repouso semanal, pois as faltas são calculadas com base no número de dias do mês ou de 30 e 15 dias, respectivamente (§ 2º do art. 7º da Lei n. 605/49).

A Lei n. 7.415, de 9 de dezembro de 1985, deu nova redação às alíneas *a* e *b* do art. 7º da Lei n. 605/49, determinando que as horas extras habitualmente prestadas deveriam integrar o repouso semanal remunerado, mesmo que o trabalhador preste serviços por hora, por dia, semana, quinzena ou mês.

É devida a remuneração do repouso semanal e dos dias feriados ao empregado comissionista, ainda que pracista (Súmula 27 do TST).

É indevido o pagamento dos repousos semanais e feriados intercorrentes nas férias indenizadas.

O sábado do bancário é dia útil não trabalhado e não dia de repouso remunerado, não cabendo assim a repercussão do pagamento de horas extras habituais sobre a sua remuneração (Súmula 113 do TST).

O empregado terá direito ao repouso semanal remunerado se tiver trabalhado durante toda a semana anterior, cumprindo integralmente seu horário de trabalho (art. 6º da Lei n. 605/49). Logo, verifica-se que são dois os requisitos para pagamento do repouso semanal: assiduidade e pontualidade. A assiduidade diz respeito ao fato de o empregado ter trabalhado durante toda a semana anterior, não tendo faltas no referido período de tempo. A pontualidade implica o empregado chegar todo dia no horário determinado pelo empregador, não se atrasando para o início da prestação dos serviços, daí por que se falar em cumprimento de todo seu horário de trabalho de maneira integral.

No caso de imposição de isolamento em razão da Covid-19, o trabalhador poderá apresentar como justificativa válida, no oitavo dia de afastamento, além do disposto neste artigo, documento de unidade de saúde do Sistema Único de Saúde (SUS) ou documento eletrônico regulamentado pelo Ministério da Saúde.

A majoração do valor do repouso semanal remunerado, em razão da integração das horas extras habitualmente prestadas, não repercute no cálculo das férias, da gratificação natalina, do aviso prévio e do FGTS, sob pena de caracterização de *bis in idem* (OJ 394 da SBDI-1 do TST).

7 FERIADOS

Podem os feriados ser classificados como civis e religiosos. A Lei n. 9.033, de 12 de setembro de 1995, estabelece que são feriados civis: a) os declarados em lei federal; b) a data magna do Estado fixada em Lei Estadual. Os civis são os seguintes: 1º de janeiro (Dia da Paz Mundial, Lei n. 662, de 6 de abril de 1949), 21 de abril (Tiradentes, conforme Lei n. 1.266, de 8 de dezembro de 1950), 1º de maio (Dia do Trabalho, conforme Lei n. 662/49), 7 de setembro (Independência do Brasil, conforme Lei n. 662/49), 12 de outubro (Nossa Senhora Aparecida, padroeira do Brasil, Lei n. 6.802, de 30 de junho de 1980), 2 de novembro (Finados, Lei n. 662/49), 15 de novembro (Proclamação da República, conforme Lei n. 662/49) e 25 de dezembro (Natal, conforme Lei n. 662/49). O dia de eleições gerais também será considerado feriado civil (Lei n. 1.266/50, art. 1º).

São feriados religiosos os dias de guarda, declarados em lei municipal, de acordo com a tradição local e em número não superior a quatro, nestes incluída a sexta-feira da Paixão. Normalmente nesses feriados são incluídos os dias de fundação dos próprios municípios, como 25 de janeiro (fundação da Cidade de São Paulo), 28 de junho (fundação da Cidade de Ilhéus). Na Cidade de São Paulo é incluído, ainda, o dia de *Corpus Christi*, conforme a Lei Municipal n. 7.008, de 6 de abril de 1967.

São também feriados os dias do início e do término do ano do centenário de fundação do Município, fixados em lei municipal (art. 1º, III, da Lei n. 9.335/96).

Além dos feriados mencionados, outros não poderão ser estabelecidos, a não ser mediante lei federal.

O empregado doméstico também tem direito a descanso nos feriados (art. 16 da Lei Complementar n. 150/2015).

8 DIAS DE REPOUSO TRABALHADOS

Nos feriados civis e religiosos, assim como no dia de repouso, é vedado o trabalho, porém o empregado perceberá a remuneração respectiva, embora não preste serviços (art. 8º da Lei n. 605/49). Há casos, porém, em que a execução do serviço é necessária em virtude de exigências técnicas das empresas (como hospitais, prontos-socorros, siderúrgicas, serviços públicos e transportes), em casos de força maior ou de serviços inadiáveis, em que o empregado deverá prestar serviços.

Consideram-se exigências técnicas as que, pelas condições peculiares às atividades da empresa, ou em razão do interesse público, tornem indispensável a continuidade do serviço (§ 5º do art. 5º da Lei n. 605/49).

Viola o inciso XV do art. 7º da Constituição a concessão de repouso semanal remunerado após o sétimo dia consecutivo de trabalho, importando no seu pagamento em dobro (OJ 410 da SBDI-1 do TST).

Não há, entretanto, a possibilidade do trabalho em todos os domingos. Os elencos teatrais e congêneres, como atividades circenses e desportivas, não terão a referida escala. O art. 386 da CLT estabelece que se houver trabalho aos domingos para as mulheres, será organizada uma escala de revezamento quinzenal, de modo a favorecer o repouso dominical.

Fica autorizado o trabalho aos domingos nas atividades do comércio em geral, observada a legislação municipal (art. 6º da Lei n. 10.101/2000). O repouso semanal remunerado deverá coincidir, pelo menos uma vez no período máximo de três semanas, com o domingo, respeitadas as demais normas de proteção ao trabalho e outras a serem estipuladas em negociação coletiva. É permitido o trabalho em feriados nas atividades do comércio em geral, desde que autorizado em convenção coletiva de trabalho e observada a legislação municipal.

8.1 Remuneração

Se o funcionário trabalha em dias de repouso ou feriados, deve receber em dobro (art. 9º da Lei n. 605/49), exceto se o empregador conceder a folga em outro dia. O art. 9º da Lei n. 605/49 só trata dos feriados, e não dos domingos, mas se aplica por analogia aos domingos trabalhados sem folga compensatória.

Parte IV ▪ Direito Tutelar do Trabalho

A Súmula 146 do TST mostra que o trabalho prestado em domingos e feriados, não compensado, deve ser pago em dobro, sem prejuízo da remuneração relativa ao repouso semanal. Nesse caso, o pagamento estará sendo feito em triplo, fazendo-se a remuneração uma vez mais do que o correto. O STF entende que "é duplo, e não triplo, o pagamento de salário nos dias destinados a descanso" (Súmula 461).

Capítulo 31

FÉRIAS

1 INTRODUÇÃO

As férias visam proporcionar descanso ao trabalhador, após certo período de trabalho, quando já se acumularam toxinas no seu organismo, que não foram eliminadas adequadamente. Os estudos da medicina do trabalho revelam que o trabalho contínuo sem férias é prejudicial ao organismo. Sabe-se que após o quinto mês de trabalho sem férias o empregado já não tem mais o mesmo rendimento, principalmente em serviço intelectual. Pode-se, ainda, dizer, em relação às férias, que elas são um complemento ao descanso semanal remunerado.

2 HISTÓRICO

Em 1943 foram consolidados na CLT todos os diversos textos a respeito do assunto. Em 13 de abril de 1977, o Decreto-Lei n. 1.535 deu nova redação a todo o Capítulo IV da CLT, que versa sobre o direito de férias anuais.

A primeira Constituição brasileira a tratar de férias foi a de 1934, prevendo férias anuais remuneradas (art. 121, § 1º, *f*). A Constituição de 1937 estabeleceu a observância de um prazo de aquisição para que as férias fossem concedidas: "Depois de um ano de serviço ininterrupto em uma empresa de trabalho contínuo, o operário terá direito a uma licença anual remunerada" (art. 137, *e*). A Constituição de 1946 voltou a usar a expressão prevista na Constituição de 1934, *férias anuais remuneradas* (art. 157, VII), sem especificar mais detalhes. A Constituição de 1967 (art. 158, VIII) e a Emenda Constitucional n. 1, de 17 de outubro de 1969 (art. 165, VIII), mantiveram o uso da mesma expressão. A novidade veio com a Constituição de 1988 que, além de prever o gozo de férias anuais remuneradas, concedeu um terço a mais do que o salário normal (art. 7º, XVII).

3 CONCEITO

Existem vários descansos que ocorrem no curso do contrato de trabalho. Há descansos, dentro da jornada, de 15 minutos a 2 horas. Existem descansos, entre uma jornada e outra, de 11 horas. Há o descanso semanal remunerado, de preferência aos domingos. Por fim, existe um descanso mais longo, que são as férias.

As férias são o período do contrato de trabalho em que o empregado não presta serviços, mas aufere remuneração do empregador, após ter adquirido o direito no decurso dos 12 primeiros meses de vigência de seu contrato de trabalho. Visam, portanto, as férias à restauração do organismo após um período de tempo em que foram despendidas energias no trabalho.

4 NATUREZA JURÍDICA

A natureza jurídica das férias pode ser analisada sob dois aspectos: o negativo e o positivo. Sob o ponto de vista negativo, é o período em que o empregado não deve trabalhar e o empregador não pode exigir serviços do obreiro. No tocante ao aspecto positivo, podemos dizer que é o período em que o empregador deve conceder as férias e pagar a remuneração, o que mostra a existência de obrigação de fazer e de dar ao mesmo tempo.

Sob o ângulo do empregado, é o direito de exigi-las do empregador e de se abster de trabalhar no referido período. No enfoque do empregador, é o período em que este deve se abster de exigir trabalho do empregado e pagar a remuneração correspondente.

Verifica-se que as férias têm um aspecto de direito irrenunciável para o empregado, de que este não pode abrir mão. O Estado, por outro lado, também tem o interesse de verificar a concessão das férias, assegurando a saúde física e mental do trabalhador.

5 PERÍODO AQUISITIVO

Para o empregado ter direito às férias há necessidade de cumprir um período que é denominado aquisitivo daquele direito. Assim, após cada período de 12 meses de vigência do contrato de trabalho do empregado é que haverá o direito às férias, ou seja, houve o cumprimento da condição, do interstício legal para a sua concessão.

É certo que esse direito de concessão de férias anuais é remunerado. Ocorre a suspensão do trabalho, mas o empregador continua tendo a obrigação de pagar os salários.

Em relação ao empregado regido pela CLT, os dias de férias são corridos, de acordo com a tabela prevista no art. 130:

Número de faltas injustificadas no período aquisitivo	Período de gozo de férias
até 5	30 dias corridos
de 6 a 14	24 dias corridos
de 15 a 23	18 dias corridos
de 24 a 32	12 dias corridos

Acima de 32 faltas o empregado não tem direito a férias.

Será o período de férias computado como tempo de serviço do empregado na empresa, para todos os efeitos (§ 2º do art. 130 da CLT). Entretanto, o período de férias indenizadas, após a cessação do contrato de trabalho, não será considerado como tempo de serviço do empregado, em razão do término do contrato de trabalho.

Durante as férias, porém, a empresa não poderá combinar com o empregado que irá descontar as faltas deste no curso do período aquisitivo, pois as férias têm por natureza proporcionar descanso ao trabalhador.

6 FALTAS

O art. 131 da CLT estabelece as hipóteses em que não se considera a falta para efeito da concessão de férias.

A primeira hipótese é a dos casos previstos no art. 473 da CLT. Assim, se o empregado falta dois dias por motivo de falecimento do cônjuge; três dias em virtude de casamento; um dia por nascimento de filho; um dia a cada 12 meses de trabalho em caso de doação voluntária de sangue; até dois dias em decorrência de alistamento eleitoral; pelo período em que o empregado tiver de cumprir as exigências do Serviço Militar etc.

A segunda hipótese diz respeito ao período em que a empregada tem direito a licença compulsória por motivo de maternidade ou aborto, observados os requisitos para percepção do salário-maternidade custeado pela Previdência Social. O período de licença da empregada para efeito de gravidez é de 120 dias. Em caso de aborto não criminoso, comprovado por atestado médico oficial, a mulher terá um repouso remunerado de duas semanas (art. 395 da CLT).

A terceira hipótese é a concernente ao acidente do trabalho ou enfermidade atestada pelo INSS, excetuando o caso previsto no inciso IV do art. 133 da CLT, isto é, tiver percebido da Previdência Social prestações de acidente do trabalho ou de auxílio-doença por mais de seis meses, embora descontínuos. Deixa claro a Súmula 46 do TST que "as faltas ou ausências decorrentes de acidente do trabalho não são consideradas para os efeitos de duração de férias". O STF tem a mesma orientação: "As ausências motivadas por acidente do trabalho não são descontáveis do período aquisitivo de férias" (Súmula 198).

A quarta hipótese é a correspondente às faltas que já foram consideradas justificadas pela empresa, ou seja, aquelas em que não houve desconto no salário do empregado.

A quinta hipótese é a condizente ao caso de o empregado ser suspenso, preventivamente, para responder a inquérito para apuração de falta grave de empregado estável ou para prisão preventiva, quando for pronunciado ou absolvido.

A sexta hipótese é a que versa sobre os dias em que não tenha havido serviço, por determinação do próprio empregador.

Os atrasos ou saídas injustificadas não são faltas. Mesmo perdendo o empregado o direito ao DSR, por ter chegado atrasado em certo dia da semana, não se considera tal fato como falta para efeito de férias, pois o empregado chegou a trabalhar no referido dia.

7 PERDA DO DIREITO DE FÉRIAS

O empregado não terá direito a férias se no curso do período aquisitivo: a) deixar o emprego e não for readmitido dentro dos 60 dias subsequentes à sua saída; b) permanecer em gozo de licença, com percepção de salários, por mais de 30 dias; c) deixar de trabalhar, com percepção de salário, por mais de 30 dias, em virtude de paralisação parcial ou total dos serviços da empresa; d) tiver percebido da Previdência Social prestações de acidente do trabalho ou de auxílio-doença por mais de seis meses, ainda que descontínuos.

Na hipótese da letra *c*, "a empresa comunicará ao órgão local do Ministério do Trabalho, com antecedência mínima de quinze dias, as datas de início e fim da paralisação total ou parcial dos serviços da empresa, e, em igual prazo, comunicará, nos mesmos termos, ao sindicato representativo da categoria profissional, bem como afixará avisos nos respectivos locais de trabalho" (§ 3º do art. 133 da CLT). O objetivo desse dispositivo foi evitar a concessão indiscriminada de licença remunerada ao empregado com a finalidade de não pagar o terço constitucional; daí a necessidade da comunicação. A comunicação será feita tanto à DRT, como ao sindicato da categoria profissional. Deverá ser indicado o período em que existir a paralisação (início e término).

O período em que houver a interrupção da prestação de serviços deverá ser anotado na CTPS do empregado. Inicia-se novo período aquisitivo quando o empregado incorrer em quaisquer das situações expostas nos itens de *a* a *d*, anteriormente descritos, a partir do momento do seu retorno ao serviço (§ 2º do art. 133 da CLT).

Quando o empregado estiver servindo às Forças Armadas, terá 90 dias para se apresentar ao serviço, a contar da baixa, para poder contar o período anterior à sua incorporação ao Serviço Militar, para efeito das férias. Verifica-se que a condição para o empregado contar o tempo anterior que trabalhou na empresa, antes de se engajar no Serviço Militar, é que compareça à empresa nos 90 dias seguintes após a baixa.

8 PERÍODO CONCESSIVO

O período concessivo é o interregno de 12 meses após o empregado ter adquirido o direito às férias. Essa regra também se aplica ao doméstico (§ 6º do art. 17 da Lei Complementar n. 150/2015).

Assim, existem 12 meses para que o empregado adquira o direito às suas férias, tendo o empregador mais 12 meses para concedê-las.

O empregador irá fixar a data da concessão das férias do empregado e não este, de acordo com a época que melhor atenda aos interesses da empresa (art. 136 da CLT).

É lícito ao empregado doméstico que reside no local de trabalho nele permanecer durante as férias (§ 5º do art. 17 da Lei Complementar n. 150/2015).

A regra geral é que as férias sejam concedidas num só período.

Desde que haja concordância do empregado, as férias poderão ser usufruídas em até três períodos, sendo que um deles não poderá ser inferior a 14 dias corridos e os demais não poderão ser inferiores a cinco dias corridos, cada um (§ 1º do art. 134 da CLT).

O período de férias do doméstico poderá, a critério do empregador, ser fracionado em até dois períodos, sendo um deles de, no mínimo, 14 dias corridos (§ 2º do art. 17 da Lei Complementar n. 150/2015).

Os membros de uma mesma família, que trabalhem no mesmo estabelecimento ou na mesma empresa, terão direito de gozar suas férias num mesmo período, desde que assim o requeiram e não cause prejuízo ao serviço. A outra exceção à regra é que o empregado estudante, que tenha menos de 18 anos, terá direito a fazer coincidir suas férias com as férias escolares (§ 2º do art. 136 da CLT). A empresa poderá exigir do empregado uma declaração da escola para confirmar o período de férias escolares.

É vedado o início das férias no período de dois dias que antecede feriado ou dia de repouso semanal remunerado (§ 3º do art. 134 da CLT).

A antecipação de férias individuais poderá ser concedida ao empregado ou à empregada que se enquadre nos critérios estabelecidos no § 1º do art. 8º da Lei n. 14.457/2022, ainda que não tenha transcorrido o seu período aquisitivo (art. 10 da Lei n. 10.457/2022). As férias antecipadas não poderão ser usufruídas em período inferior a cinco dias corridos. Para as férias concedidas de forma antecipada, o empregador poderá optar por efetuar o pagamento do adicional de 1/3 de férias após a sua concessão, até a data em que for devida a gratificação. O pagamento da remuneração da antecipação das férias poderá ser efetuado até o quinto dia útil do mês subsequente ao início do gozo das férias, hipótese em que não se aplicará o disposto no art. 145 da CLT. Na hipótese de rescisão do contrato de trabalho, os valores das férias ainda não usufruídas serão pagos juntamente com as verbas rescisórias devidas. No caso de período aquisitivo não cumprido, as férias antecipadas e usufruídas serão descontadas das verbas rescisórias devidas ao empregado no caso de pedido de demissão.

9 COMUNICAÇÃO DAS FÉRIAS

As férias devem ser comunicadas por escrito ao empregado. Não há a possibilidade da comunicação das férias de maneira verbal. A comunicação das férias deve ser feita com antecedência de, no mínimo, 30 dias. Dessa participação o empregado dará recibo (art. 135 da CLT).

As férias deverão ser anotadas na CTPS do empregado, que não poderá entrar em seu gozo sem apresentá-la ao empregador, para a devida anotação. A concessão das férias será também anotada no livro ou na ficha de registro de empregados.

Nos casos em que o empregado possua a CTPS em meio digital, a anotação será feita nos sistemas a que se refere o § 7º do art. 29 desta Consolidação, na forma do regulamento, dispensadas as anotações de que tratam os §§ 1º e 2º do art. 135 da CLT (§ 3º do art. 135 da CLT).

As microempresas e empresas de pequeno porte são dispensadas da anotação das férias dos empregados nos respectivos livros ou fichas de registro (art. 51, II, da Lei Complementar n. 123/2006).

O pagamento das férias deverá ser feito até dois dias antes do início do período de gozo (art. 145 da CLT).

Durante as férias, o empregado está proibido de prestar serviços a outro empregador, salvo se estiver obrigado a fazê-lo em virtude da existência de outro contrato de trabalho mantido com outro empregador.

10 FÉRIAS CONCEDIDAS APÓS O PERÍODO CONCESSIVO

Sempre que as férias forem concedidas após o período concessivo, ou seja, nos 12 meses subsequentes à aquisição do direito, deverão ser pagas em dobro (art. 137 da CLT).

Se houver o vencimento do período concessivo de férias sem que o empregador as conceda, o empregado poderá ajuizar reclamação trabalhista pedindo a sua fixação, por sentença, para efeito de gozá-las. Assim, o juiz é que irá fixar os dias em que as férias serão concedidas ao empregado. A sentença irá cominar pena diária de 5% do salário mínimo da região, que é devida ao empregado, até que seja cumprida a concessão das férias. Transitada em julgado a sentença, o juiz irá remeter uma cópia da decisão à Superintendência Regional do Trabalho para o fim de aplicar a multa administrativa pela concessão das férias fora do prazo legal (§ 3º do art. 137 da CLT).

Há que se esclarecer que se o descanso anual é integralmente gozado fora do período concessivo, todos os dias correspondentes às férias serão devidos em dobro. Se houver a concessão de parte das férias dentro do período concessivo e parte fora desse lapso de tempo, apenas a remuneração dos últimos dias é que será paga em dobro (Súmula 81 do TST).

A licença-maternidade não prejudica o direito à contagem de férias, embora a empregada não preste serviços. Quando a empregada retornar da licença-maternidade serão concedidas as férias, sem se falar em pagamento em dobro caso tenha sido excedido o prazo de concessão, pois as condições da empregada é que impediram o direito de fruição das férias. Se a criança nasce no decurso das férias, há a suspensão destas, que serão gozadas pelo prazo remanescente quando do término da licença de 120 dias.

Se o empregado recebe as férias dentro do prazo concessivo, mas não as goza, há pagamento em dobro. É preciso o pagamento ser feito mais uma vez para atingir a dobra, pois o intuito do legislador é também que o trabalhador goze as férias, e não apenas receba seu pagamento. Se as férias não foram gozadas, o objetivo do legislador não foi alcançado. É a hipótese do art. 137 da CLT que determina que, se as férias forem concedidas fora do período concessivo, o empregador deverá pagá-las em dobro.

É devido o pagamento em dobro da remuneração de férias, incluído o terço constitucional, com base no art. 137 da CLT, quando, ainda que gozadas na época própria, o empregador tenha descumprido o prazo previsto no art. 145 do mesmo diploma legal (Súmula 450 do TST).

11 FÉRIAS COLETIVAS

As férias são chamadas coletivas quando são concedidas não apenas a um empregado, mas a todos os empregados da empresa ou de determinados estabelecimentos ou setores da empresa (art. 139 da CLT).

Há a possibilidade de que as férias coletivas sejam gozadas em dois períodos anuais, desde que nenhum deles seja inferior a 10 dias corridos.

O empregador deverá comunicar à DRT e aos sindicatos das categorias profissionais (pois pode existir mais de uma categoria profissional na empresa, como categoria diferenciada), com antecedência mínima de 15 dias, as datas de início e término de férias, esclarecendo quais os setores ou estabelecimentos da empresa foram abrangidos pela referida medida. O aviso das férias coletivas também será afixado no local de trabalho. Em se tratando de microempresas e empresas de pequeno porte, estas ficam desobrigadas de comunicar à Superintendência Regional do Trabalho a concessão de férias coletivas (art. 51, V, da Lei Complementar n. 123/2006).

Os empregados que tiverem menos de 12 meses na empresa gozarão de férias proporcionais, iniciando-se, então, novo período aquisitivo. Caso seja concedido ao empregado um número de dias de férias que aquele não teria, em razão do seu pouco tempo de serviço na empresa, o restante deverá ser considerado como licença remunerada por parte da empresa.

Se as férias coletivas forem inferiores ao período de férias a que o empregado teria direito, o empregador deverá conceder o saldo restante em outra oportunidade.

Em casos de férias coletivas que forem inferiores ao direito desses empregados, o empregador deverá conceder integralmente as férias ou, na sua impossibilidade, considerar as férias coletivas como licença remunerada. Adotando-se a licença remunerada, as férias individuais serão gozadas em outra época.

12 REMUNERAÇÃO

Durante as férias o empregado não deixa de receber o seu salário, nem poderia isso ocorrer, pois as férias são remuneradas. No entanto, a remuneração das férias é a que seria devida ao empregado na data da sua concessão, ainda que se refira a período anterior.

A Constituição inovou quanto à remuneração (art. 7º, XVII), afirmando que o empregado tem direito a um terço a mais do que o salário normal, inclusive o doméstico. O TST entende que o terço é devido não só quando as férias são gozadas, mas também quando são indenizadas, sejam integrais ou proporcionais (Súmula 328 do TST), pois caso contrário estar-se-ia desvirtuando a sua finalidade, que é de proporcionar uma remuneração maior ao empregado. Nas férias coletivas o terço também será devido, assim como nas férias pagas em dobro.

Se a jornada de trabalho é variável, apurar-se-á a média do período aquisitivo, aplicando-se o valor do salário na data da concessão das férias.

Quando o salário é pago por tarefa ou peça, toma-se por base a média da produção no período aquisitivo das férias, aplicando-se o valor da remuneração da tarefa na data da concessão das férias (§ 2º do art. 142 da CLT e Súmula 149 do TST).

Sendo o salário pago por porcentagem, comissão ou viagem, apura-se a média percebida pelo empregado nos 12 meses que precederem à concessão das férias.

Se o empregador paga salário em utilidade, como alimentação, habitação etc., há necessidade de que essas utilidades sejam apuradas para efeito do cálculo das férias, mediante, inclusive, anotação na CTPS do trabalhador.

Os adicionais de horas extras, noturno (Súmula 60 do TST), insalubre ou perigoso serão computados no salário para efeito do cálculo da remuneração das férias (§ 5º do art. 142 da CLT).

A gratificação semestral não repercute no cálculo das férias, ainda que indenizadas (Súmula 253 do TST). É indevido o pagamento dos repousos semanais e feriados intercorrentes nas férias indenizadas se o empregado recebe salário à razão de 30 dias.

13 ABONO

O empregado tem a faculdade de converter 1/3 de suas férias em abono pecuniário, no valor da remuneração que lhe seria devida nos dias correspondentes (art. 143 da CLT), inclusive o doméstico (§ 3º do art. 17 da Lei Complementar n. 150/2015).

Esse abono não se confunde com o terço constitucional, não tendo sido revogado o art. 143 da CLT pela Constituição.

Na verdade, o abono e o terço constitucional têm a mesma finalidade, que é proporcionar recursos financeiros ao trabalhador para que possa gozar as férias. Entretanto, a natureza jurídica de ambos não é a mesma. Enquanto o abono é uma opção assegurada ao empregado, ou seja, é um direito do empregado, ao qual o empregador não poderá se opor, o terço constitucional é irrenunciável por parte do obreiro. Mesmo que o trabalhador renuncie ao direito ao terço constitucional, isso não terá validade alguma, pois uma coisa não substitui a outra.

O abono de férias deverá, porém, ser requerido 15 dias antes do término do período aquisitivo e não 15 dias antes do início das férias.

Deverá ser requerido o abono de férias do doméstico deverá ser requerido até 30 dias antes do término do período aquisitivo (§ 4º do art. 17 da Lei Complementar n. 150/2015).

Em se tratando de férias coletivas, a conversão será objeto de acordo coletivo entre o empregador e o sindicato da categoria profissional, independendo de requerimento individual a concessão do abono (art. 143, § 2º, da CLT).

Não sendo excedente de 20 dias do salário do obreiro, o abono não integra a remuneração para os efeitos da legislação do trabalho (art. 144 da CLT). Logo, não há incidência do FGTS.

O pagamento do abono deverá ser feito até dois dias antes do início das férias, assim como ocorre com o pagamento das férias.

Os empregados submetidos ao regime de tempo parcial fazem jus ao abono de férias (§ 6º do art. 58-A da CLT).

14 DOS EFEITOS DA CESSAÇÃO DO CONTRATO DE TRABALHO

As férias podem ser divididas da seguinte forma, quando da cessação do contrato de trabalho: a) férias vencidas, que se referem ao período aquisitivo de 12 meses já transcorrido; b) férias proporcionais, correspondentes ao período incompleto de férias que não atingiu os 12 meses para efeito de aquisição. Haverá direito a férias em dobro se elas não forem concedidas no período concessivo apropriado.

Na cessação do contrato de trabalho, o empregado doméstico, desde que não tenha sido demitido por justa causa, terá direito à remuneração relativa ao período incompleto de férias, na proporção de um doze avos por mês de serviço ou fração superior a 14 dias (§ 1º do art. 17 da Lei Complementar n. 150/2015).

Tendo o empregado mais ou menos de um ano de empresa e não sendo demitido por justa causa, terá direito à remuneração das férias do período incompleto, à razão de 1/12 por mês de serviço ou fração superior a 14 dias. Mesmo pedindo demissão o empregado, tendo menos de um ano de empresa, terá direito às férias proporcionais correspondentes ao período incompleto de 12 meses anteriores (Súmulas 171 e 261 do TST).

Se o empregado requer sua aposentadoria e tem menos de um ano de casa, terá direito a férias proporcionais (Súmulas 171 e 261 do TST).

Quanto às férias vencidas, o empregado fará jus a elas, mesmo pedindo demissão ou sendo demitido com justa causa, ou se aposentado espontaneamente, pois já adquiriu o direito.

Para os efeitos de falência ou recuperação judicial, a remuneração das férias, mesmo após a cessação do contrato de trabalho, terá natureza salarial (art. 148 da CLT).

O cálculo das férias indenizadas será feito com base na remuneração devida ao empregado à época da reclamação, ou, se for o caso, à da época da cessação do contrato de trabalho (Súmula 7 do TST).

15 PRESCRIÇÃO

O art. 149 da CLT regula os prazos de prescrição para efeito de férias. Estabelece o referido artigo que o prazo começa a correr do término do período concessivo de férias, ou, se for o caso, da cessação do contrato de trabalho.

Entendo que há necessidade de se observar os prazos prescricionais previstos no inciso XXIX do art. 7º da Constituição. Começa o prazo de prescrição a ser contado a partir do término do período concessivo, tendo o empregado cinco anos para reclamar a concessão das férias, estando em vigor o contrato de trabalho. O empregado terá dois anos a contar da cessação do contrato de trabalho para propor a ação. Ajuizada a ação nesse prazo, poderá reclamar as férias dos últimos cinco anos a contar do término do período concessivo correspondente.

16 OUTROS TIPOS DE EMPREGADOS

Os temporários têm direito a férias proporcionais (art. 12, c, da Lei n. 6.019/74).

O doméstico tem direito a férias proporcionais, segundo o TST. O doméstico também faz jus a férias em dobro (art. 19 da Lei Complementar n. 150/2015).

TRABALHO DA MULHER

1 HISTÓRICO

As mulheres se sujeitavam a jornadas de 14 a 16 horas por dia e a salários baixos, trabalhando em condições prejudiciais à saúde e cumprindo obrigações além das que lhes eram possíveis, só para não perder o emprego. Além de tudo, a mulher deveria, ainda, cuidar dos afazeres domésticos e dos filhos. Não se observava uma proteção na fase de gestação da mulher ou de amamentação. Com base nesses problemas é que começou a surgir uma legislação protecionista em favor da mulher.

A Constituição 1988 não proibiu o trabalho da mulher em atividades insalubres, o que o tornou permitido. Assegurou a licença à gestante, sem prejuízo do emprego e do salário, com a duração de 120 dias (art. 7º, XVIII), quando anteriormente era apenas de 84 dias. Passou a haver uma previsão de proteção do mercado de trabalho da mulher, mediante incentivos específicos, conforme fossem determinados em lei (art. 7º, XX). Proibiu a diferença de salários, de exercício de funções e de critérios de admissão por motivo de sexo (art. 7º, XXX). O inciso I do art. 5º da Constituição assegura que homens e mulheres são iguais em direitos e obrigações, não mais se justificando qualquer distinção entre ambos. O art. 10, II, *b*, do ADCT prevê a garantia de emprego à mulher gestante, desde a confirmação da gravidez até cinco meses após o parto, o que nunca havia sido previsto em nível constitucional ou legal, apenas em normas coletivas de certas categorias.

2 FUNDAMENTOS DA PROTEÇÃO AO TRABALHO DA MULHER

Os fundamentos da proteção ao trabalho da mulher dizem respeito à sua fragilidade física. As medidas de proteção ao seu trabalho só se justificam em relação ao período de gravidez e após o parto, de amamentação e a certas situações peculiares à mulher, como de sua impossibilidade física de levantar pesos excessivos, que são condições inerentes à mulher. As demais formas de discriminação deveriam ser abolidas.

Muitas vezes nota-se que os motivos de proteção ao trabalho da mulher são conservadores e, em vez de protegê-la, acabam discriminando-a.

3 DURAÇÃO DO TRABALHO

A duração do trabalho da mulher é igual à de qualquer outro trabalhador: de 8 horas diárias e 44 horas semanais, nos termos do inciso XIII do art. 7º da Constituição.

A compensação da jornada de trabalho da mulher só pode ser feita mediante acordo ou convenção coletiva (art. 7º, XIII, da Constituição).

Na hipótese de rescisão do contrato de trabalho de empregado ou empregada em regime de compensação de jornada por meio de banco de horas, as horas acumuladas ainda não compensadas serão: I – descontadas das verbas rescisórias devidas ao empregado ou à empregada, na hipótese de banco de horas em favor do empregador, quando a demissão for a pedido e o empregado ou empregada não tiver interesse ou não puder compensar a jornada devida durante o prazo do aviso prévio; ou II – pagas juntamente com as verbas rescisórias, na hipótese de banco de horas em favor do empregado ou da empregada (art. 9º da Lei n. 14.457/2022).

Quando a atividade permitir, os horários fixos da jornada de traba-lho poderão ser flexibilizados ao empregado ou à empregada que se enquadre nos critérios estabelecidos no *caput* do art. 8º da Lei n. 14.457/2022 (art. 14 da Lei n. 14.457/2022). A flexibilização de que trata o *caput* desse artigo ocorrerá em intervalo de horário previamente estabelecido, considerados os limites inicial e final de horário de trabalho diário.

4 SALÁRIO

Não se justifica diferença de salário entre o homem e a mulher. A Constituição traz a mesma ideia no inciso XXX do art. 7º. O art. 5º da CLT também veda a distinção de salário por motivo de sexo. Esclarece, ainda, o art. 377 da CLT que "a adoção de medidas de proteção ao trabalho das mulheres é considerada de ordem pública, não justificando, em hipótese alguma, a redução de salário". É claro que as questões pertinentes à equiparação salarial serão reguladas pelo art. 461 da CLT.

5 TRABALHO NOTURNO

A Lei n. 7.855/89 revogou os arts. 379 e 380 da CLT, que versavam sobre a proibição do trabalho noturno da mulher. O trabalho noturno da mulher é permitido em qualquer local, devendo-se observar as determinações do art. 73 da CLT quanto ao adicional de 20% sobre a hora diurna, hora noturna reduzida de 52 minutos e 30 segundos, compreendida entre as 22 e às 5h. Logo, não há qualquer distinção entre o trabalho noturno do homem e o da mulher, só em relação ao menor, que é proibido.

6 PERÍODOS DE DESCANSO

Os períodos de descanso quanto ao homem e à mulher são aproximadamente iguais.

Entre duas jornadas de trabalho deve haver um intervalo de 11 horas, no mínimo, destinado ao repouso.

A mulher também tem direito ao descanso semanal remunerado de 24 horas, de preferência aos domingos, salvo motivo de conveniência pública ou necessidade imperiosa de serviço, quando poderá recair em outro dia. A mulher que trabalhar aos domingos terá uma escala de revezamento quinzenal para coincidir o repouso semanal com o domingo (art. 386 da CLT).

Terá a mulher um descanso para refeição, que não poderá ser inferior a uma hora nem superior a duas horas, salvo a hipótese da redução do limite mínimo de uma hora de repouso por ato do Ministro do Trabalho, quando se verificar que o estabelecimento atende integralmente às exigências concernentes à organização dos refeitórios e quando os respectivos empregados não estiverem sob regime de trabalho prorrogado em horas suplementares. Trabalhando a mulher mais de 4 horas e menos de 6 horas, terá um intervalo de 15 minutos.

7 TRABALHOS PROIBIDOS

A Lei n. 7.855/89 revogou o art. 387 da CLT, sendo que agora não é mais proibido o trabalho em subterrâneos, nas minerações em subsolo, nas pedreiras e obras de construção pública e particular. Quanto às atividades perigosas e insalubres, a própria Constituição não mais veda o trabalho na última condição, além do que a alínea *b* do art. 387 da CLT foi também revogada pela Lei n. 7.855/89. Como consequência, a mulher pode trabalhar em locais perigosos, insalubres ou penosos, mesmo em postos de gasolina, como vem ocorrendo.

Ao empregador será vedado empregar a mulher em serviço que demande o emprego de força muscular superior a 20 quilos para o trabalho contínuo, ou 25 quilos para o trabalho ocasional. Entretanto, se esse trabalho for feito por impulsão ou tração de vagonetes sobre trilhos, de carros de mão ou quaisquer aparelhos mecânicos, haverá permissão legal (parágrafo único do art. 390 da CLT).

8 MÉTODOS E LOCAIS DE TRABALHO

Toda empresa deverá: a) prover os estabelecimentos de medidas concernentes à higienização dos métodos e locais de trabalho, principalmente ventilação e iluminação e outros que se fizerem necessários à segurança e ao conforto das mulheres; b) instalar bebedouros, lavatórios, aparelhos sanitários; dispor de cadeiras ou bancos, em número suficiente, que permitam às mulheres trabalhar sem grande esforço físico; c) instalar vestiários com armários individuais privativos das mulheres, exceto os estabelecimentos comerciais, escritórios, bancos e atividades afins, em que não seja exigida a troca de roupa e outros, admitindo-se como suficientes as gavetas ou escaninhos, onde possam as empregadas guardar seus pertences; d) fornecer, gratuitamente, os recursos de proteção individual, como óculos, máscaras, luvas e roupas especiais, para a defesa dos olhos, do aparelho respiratório e da pele, de acordo com a natureza do trabalho (art. 389 da CLT). Essas regras não diferem da proteção do trabalho masculino.

Mediante requisição formal da empregada interessada, para estimular a qualificação de mulheres e o desenvolvimento de habilidades e de competências em áreas estratégicas ou com menor participação feminina, o empregador poderá suspender o contrato de trabalho para participação em curso ou em programa de qualificação profissional oferecido pelo empregador (art. 15 da Lei n. 14.457/2022). A suspensão do contrato de trabalho será formalizada por meio de acordo individual, acordo coletivo ou convenção coletiva de trabalho, nos termos do art. 476-A da CLT. O curso ou o programa de qualificação profissional oferecido pelo empregador priorizará áreas que promovam a ascensão profissional da empregada ou áreas com baixa participação feminina, tais como ciência, tecnologia, desenvolvimento e inovação. Durante o período de suspensão do contrato de trabalho, a empregada fará jus à bolsa de qualificação profissional de que trata o art. 2º-A da Lei n. 7.998/90. Além da bolsa de qualificação profissional, durante o período de suspensão do contrato de trabalho, o empregador poderá conceder à empregada ajuda compensatória mensal, sem natureza salarial. Para fins de pagamento da bolsa de qualificação profissional, o empregador encaminhará ao Ministério do Trabalho e Previdência os dados referentes às empregadas que terão o contrato de trabalho suspenso. Se ocorrer a dispensa da empregada no transcurso do período de suspensão ou nos seis meses subsequentes ao seu retorno ao trabalho, o empregador pagará à empregada, além das parcelas indenizatórias previstas na legislação, multa a ser estabelecida em convenção ou em acordo coletivo, que será de, no mínimo, 100% sobre o valor da última remuneração mensal anterior à suspensão do contrato de trabalho.

9 PROTEÇÃO À MATERNIDADE

Inicialmente, o empregador era quem pagava o período de tempo em que a gestante ficava afastada para dar à luz. Em consequência, a contratação de mulheres era mais escassa, pois o empregador não se interessava em ter esse encargo. Havia necessidade de a legislação determinar que o pagamento da licença-maternidade ficasse a cargo da Previdência Social, principalmente como uma forma de incentivar a contratação de mulheres como empregadas.

O Brasil ratificou a Convenção n. 103 da OIT, de 1952, promulgada pelo Decreto n. 58.020, de 14 de junho de 1966, que reviu a Convenção n. 3, dispondo que "em caso algum o empregador deverá ficar pessoalmente responsável pelo custo das prestações devidas à mulher que emprega"; as prestações devidas à empregada gestante, tanto antes como depois do parto, devem ficar a cargo de um sistema de seguro social ou fundo público, sendo que a lei não pode impor esse ônus ao empregador, inclusive com o objetivo de evitar a discriminação do trabalho da mulher.

Somente com a edição da Lei n. 6.136, de 7 de novembro de 1974, é que o salário-maternidade passou a ser uma prestação previdenciária, não mais tendo o empregador que pagar o salário da empregada que vai dar à luz. O custeio do salário-maternidade era de 0,3% (art. 4º da Lei n. 6.136/74), que foi extinto pela Lei n. 7.787/89, pois ficou englobado no porcentual de 20% que a empresa deve recolher sobre a folha de pagamento (§ 1º do art. 3º da Lei n. 7.787/89). Essa orientação foi repetida no inciso I do art. 22 da Lei n. 8.212/91.

A Constituição de 1988 aumentou o período de afastamento da mulher em fase de gestação para 120 dias (art. 7º, XVIII), sem prejuízo do emprego e do salário. A Lei n. 8.213/91 especificou que a segurada empregada, a trabalhadora avulsa, a empregada doméstica e a segurada especial terão direito à licença de 28 dias antes e 92 dias depois do parto (art. 71), totalizando os 120 dias (aproximadamente 17 semanas). Mesmo em caso de parto antecipado a segurada terá direito aos 120 dias de salário-maternidade.

O salário-maternidade da empregada urbana ou rural será pago pela empresa, que desconta da contribuição previdenciária devida o que pagou à trabalhadora. O benefício da doméstica será pago diretamente pelo INSS e não pelo empregador doméstico. O mesmo ocorrerá com o salário-maternidade da segurada especial e da segurada contribuinte individual.

À empregada que adotar ou obtiver guarda judicial para fins de adoção de criança ou adolescente será concedida licença-maternidade nos termos do art. 392 da CLT (art. 392-A da CLT). Não há mais distinção em relação à idade da criança para fins de adoção. A adoção ou guarda judicial conjunta ensejará a concessão de licença-maternidade a apenas um dos adotantes ou guardiães empregado ou empregada. Em caso de morte da genitora, é assegurado ao cônjuge ou companheiro empregado o gozo de licença por todo o período da licença-maternidade ou pelo tempo restante a que teria direito a mãe, exceto no caso de falecimento do filho ou de seu abandono (art. 392-B da CLT).

O início do afastamento será determinado por atestado médico, que deverá ser visado pela empresa.

Em casos excepcionais, os períodos de repouso antes e depois do parto poderão ser aumentados por mais duas semanas cada um, mediante atestado médico. Em caso de parto antecipado, a mulher também terá direito aos 120 dias. Em casos excepcionais, a empregada poderá mudar de função mediante determinação do médico. A mulher grávida também poderá rescindir o contrato de trabalho em razão da gravidez, desde que a continuação do trabalho lhe seja prejudicial à saúde, conforme determinação médica, não sendo necessário conceder aviso prévio ao empregador. Mesmo em caso de parto antecipado, a mulher terá direito aos 120 dias do salário-maternidade.

Os atestados médicos serão fornecidos pelo SUS, exceto no caso de a empresa dispor de serviço médico próprio ou em convênio com o SUS, quando o atestado deverá ser fornecido pelo serviço médico da empresa. O atestado médico deverá indicar os períodos antes e após o parto e a data do afastamento do trabalho. O início do afastamento será determinado pelo atestado médico. Quando o parto ocorrer sem acompanhamento médico, o atestado será fornecido pela perícia médica do INSS.

Havendo aborto não criminoso, comprovado por atestado médico, a mulher terá direito a um repouso remunerado de duas semanas, podendo retornar à função que ocupava antes do seu afastamento. Em caso de aborto criminoso não terá direito a licença remunerada.

O art. 1º, I, da Lei n. 11.770/2008 dispõe que "é instituído o Programa Empresa Cidadã, destinado a prorrogar por 60 dias a duração da licença-maternidade prevista no inciso XVIII do *caput* do art. 7º da Constituição". É uma opção da empresa, que será paga por ela e não pelo INSS. O requerimento deve ser feito pela empregada até o final do primeiro mês após o parto. O benefício também será concedido à empregada que adotar ou obtiver guarda judicial para fins de adoção de criança. Durante a prorrogação pelo período de 60 dias a empregada terá direito a sua remuneração integral, nos mesmos moldes devidos no período de percepção do salário-maternidade pago pelo Regime Geral de Previdência Social (RGPS) (art. 3º, I, da Lei n. 11.770/2008). Fica proibido: a) durante os 60 dias da prorrogação exercer a empregada qualquer atividade remunerada e a criança deverá ser mantida sob seus cuidados; b) a criança não poderá ser mantida em creche ou organização similar durante o referido período (art. 4º da Lei n. 11.770/2008), justamente para que a mãe fique com a criança, inclusive amamentando-a. Em caso de descumprimento da norma, a empregada perde o direito à prorrogação.

O contrato de trabalho da empregada não poderá ser rescindido sob o argumento de que a obreira contraiu matrimônio ou estava grávida. Da mesma forma, os regulamentos de empresa, contratos de trabalho ou normas coletivas não poderão fazer qualquer restrição nesse sentido.

Sem prejuízo de sua remuneração, nesta incluído o valor do adicional de insalubridade, a empregada deverá ser afastada de: I – atividades consideradas insalubres em grau máximo, enquanto durar a gestação; II – atividades consideradas insalubres em grau médio ou mínimo, quando apresentar atestado de saúde, emitido por médico de confiança da mulher, que recomende o afastamento durante a gestação. O STF considerou inconstitucional a expressão "quando apresentar atestado de saúde, emitido por médico de confiança da mulher, que recomende o afastamento", contida nos incisos II e III do art. 394-A da CLT (ADIn 5.938, rel. Min. Alexandre de Moraes, *DJe* 23-9-2019); III – atividades consideradas insalubres em qualquer grau (art. 394-A da CLT).

Cabe à empresa pagar o adicional de insalubridade à gestante ou à lactante, efetivando-se a compensação, observado o disposto no art. 248 da Constituição, por ocasião do recolhimento das contribuições incidentes sobre a folha de salários e demais rendimentos pagos ou creditados, a qualquer título, à pessoa física que lhe preste serviço (§ 2º do art. 394-A da CLT).

Quando não for possível que a gestante ou a lactante afastada exerça suas atividades em local salubre na empresa, a hipótese será considerada como gravidez de risco e ensejará a percepção de salário-maternidade, nos termos da Lei n. 8.213/91, durante todo o período de afastamento.

A empregada lactante será afastada de atividades e operações consideradas insalubres em qualquer grau quando apresentar atestado de saúde emitido por médico de sua confiança, do sistema privado ou público de saúde, que recomende o afastamento durante a lactação.

9.1 Práticas discriminatórias contra a mulher

A Lei n. 9.029, de 13 de abril de 1995, estabeleceu normas quanto à proibição de exigência de atestados de gravidez e esterilização, e outras práticas discriminatórias, para efeitos admissionais ou de permanência da relação jurídica de trabalho.

Pelo que se verifica do art. 1º da Lei n. 9.029/95, é vedada a prática de ato discriminatório e limitativo para efeito do ingresso na relação de trabalho ou para a sua manutenção, por motivo de sexo, origem, raça, cor, estado civil, situação familiar, deficiência, reabilitação profissional, idade, entre outros, ressalvadas, nesse caso, as hipóteses de proteção à criança e ao adolescente. Os atos discriminatórios também estarão ligados: 1) à exigência de teste, exame, perícia, laudo, atestado, declaração ou qualquer outro procedimento relativo à esterilização ou a estado de gravidez; 2) à adoção de quaisquer medidas, de iniciativa do empregador, que configurem: a) indução ou instigamento à esterilização genética; b) promoção de controle de natalidade, salvo os realizados por instituições públicas ou privadas, submetidas às normas do SUS (art. 2º).

O rompimento da relação de trabalho por ato discriminatório, além do direito à reparação pelo dano moral, faculta ao empregado optar entre: a) a reintegração com ressarcimento integral de todo o período de afastamento, mediante pagamento das remunerações devidas, corrigidas monetariamente e acrescidas de juros legais; b) a percepção, em dobro, da remuneração do período de afastamento, corrigida monetariamente e acrescida dos juros legais. A faculdade da rescisão ou readmissão é uma opção da empregada e não do empregador, e será exercida como a primeira o desejar.

10 AMAMENTAÇÃO

Para amamentar seu filho, inclusive se advindo de adoção, a empregada terá direito a dois intervalos de descansos especiais de meia hora cada um até que seu filho complete seis meses de idade (art. 396 da CLT). Esse período de seis meses poderá ser dilatado, a critério da autoridade competente. No entanto, a lei não dispõe que o intervalo seja remunerado. Isso quer dizer que a empresa não é obrigada a pagar por esse intervalo, ao contrário do intervalo previsto no art. 72 da CLT, que é remunerado e não deduzido da jornada normal de trabalho.

Os horários dos descansos deverão ser definidos em acordo individual entre a mulher e o empregador (§ 2º do art. 396 da CLT).

Os estabelecimentos que tiverem pelo menos 30 mulheres com mais de 16 anos de idade terão local apropriado onde seja permitido às empresas guardar sob vigilância os seus filhos no período de amamentação. A referida exigência poderá ser suprida mediante creches distritais mantidas, diretamente ou mediante convênios, com outras entidades públicas ou privadas, pelas próprias empresas, em regime comunitário, ou a cargo do SESI e do SESC ou de entidades sindicais. O SESI e o SESC poderão subvencionar essa assistência à infância, de acordo com suas possibilidades financeiras, para efeito das escolas maternais e jardins de infância, distribuídas nas zonas de maior densidade de trabalhadores, destinadas especialmente aos filhos das mulheres empregadas.

"Os locais destinados à guarda dos filhos das operárias durante o período de amamentação deverão possuir, no mínimo, um berçário, uma saleta de amamentação, uma cozinha dietética e uma instalação sanitária" (art. 400 da CLT).

11   GARANTIA DE EMPREGO

A mulher somente deveria ter tratamento especial da legislação quando em época de gravidez, amamentação e em razão da proteção do seu mercado de trabalho. No mais, as normas deveriam ser as mesmas, tanto para o homem quanto para a mulher.

A gravidez não é doença. Assim, não se pode tratar a gestante como doente ou como incapaz.

Quanto à garantia de emprego, justifica-se essa discriminação no período em que a empregada esteja grávida, ou no período pós-parto, pois com certeza não iria encontrar outro serviço no referido lapso de tempo.

O art. 10, II, *b*, do ADCT assegura garantia provisória no emprego à empregada gestante, desde a confirmação da gravidez até cinco meses após o parto.

A confirmação do estado de gravidez durante o curso do contrato de trabalho, ainda que no decurso do prazo do aviso prévio trabalhado ou indenizado, garante à empregada gestante a estabilidade provisória desde a confirmação da gravidez até cinco meses após o parto (art. 10, II, *b*, do ADCT) (parágrafo único do art. 25 da Lei Complementar n. 150/2015).

Capítulo 33

TRABALHO DA CRIANÇA E DO ADOLESCENTE

1 HISTÓRICO

A preocupação com o trabalho do menor vem da época das Corporações de Ofício, em que sua assistência era feita no sentido de preparação profissional e moral, no sentido de conferir-lhe aprendizagem.

Os menores trabalhavam longas jornadas, com baixos salários. Daí a necessidade de proteção ao seu trabalho. No passado, os menores eram equiparados às mulheres, como se verifica em dois capítulos da CLT sobre a tutela que deva ser dada a essas pessoas. A tutela do trabalho do menor apenas se evidencia no momento em que o trabalho interfere na sua formação moral, física, cultural etc.

A Constituição de 1988 proíbe a diferença de salários, de exercício de funções e de critério de admissão por motivo de idade (art. 7º, XXX). Vedou o trabalho noturno, perigoso ou insalubre aos menores de 18 anos e qualquer trabalho a menores de 16 anos, salvo na condição de aprendiz, a partir dos 14 anos (art. 7º, XXXIII). O limite de 14 anos para o menor trabalhar era previsto nas Constituições de 1934, 1937 e 1946.

2 DENOMINAÇÃO

A CLT emprega a palavra *menor*, tendo um capítulo inteiro (Capítulo IV) destinado à proteção do trabalho desse trabalhador. Esclarece o art. 402 que menor é "o trabalhador de 14 a 18 anos". Nota-se que menor é a pessoa que ainda não tem capacidade plena, ou seja, é a pessoa não adulta.

A palavra *menor* normalmente é utilizada no Direito Civil ou Penal para significar inimputabilidade daquela pessoa, o que não ocorre no Direito do Trabalho. A rigor, a palavra *menor* nada significa, apenas coisa pequena.

Os termos mais corretos são, realmente, *criança e adolescente*. A atual Constituição, nesse aspecto, adotou a referida nomenclatura. Nota-se no inciso II do art. 203 uma regra de assistência social destinada a dar amparo "às crianças e adolescentes". O Capítulo VII do Título VIII ("Da Ordem Social") da Constituição empregou expressamente a denominação "*Da Criança e do Adolescente*", destinando proteção especial a essas pessoas; utiliza a Constituição a expressão *criança e adolescente* no art. 227, § 1º, § 3º, VII, §§ 4º e 7º. Quando o constituinte quis se referir à incapacidade, utilizou a expressão *menor*, como no art. 228, que informa que o menor de 18 anos é penalmente inimputável.

A Lei n. 8.069, de 13 de julho de 1990, que é denominada de "Estatuto da Criança e do Adolescente", determinou no art. 2º que criança é a pessoa que tem de 0 a 12 anos incompletos, e adolescente, de 12 a 18 anos de idade.

3 PROTEÇÃO DO TRABALHO DA CRIANÇA E DO ADOLESCENTE

Os principais fundamentos da proteção do trabalho da criança e do adolescente são quatro: de ordem cultural, moral, fisiológica e de segurança. Justifica-se o fundamento cultural, pois o menor deve poder estudar, receber instrução. No que diz respeito ao aspecto moral, deve haver uma proibição, no sentido de o menor não trabalhar em locais que prejudiquem a moralidade. No atinente ao aspecto fisiológico, o menor não deve trabalhar em locais insalubres, perigosos, penosos ou à noite, para que possa ter desenvolvimento físico normal. Por último, o menor, assim como qualquer trabalhador, deve ser resguardado com normas de proteção que evitem os acidentes do trabalho, que podem prejudicar sua formação normal.

O inciso XXXIII do art. 7º da Constituição proibiu o trabalho noturno, perigoso ou insalubre aos menores de 18 anos e qualquer trabalho a menores de 16 anos, salvo na condição de aprendiz, a partir de 14 anos. O aprendiz é o menor entre 14 e 18 anos que esteja sujeito à formação metódica de um mister em que exerça o seu trabalho.

É vedada a contratação de menor de 18 anos para desempenho de trabalho doméstico (parágrafo único do art. 1º da Lei Complementar n. 150/2015).

Não se observam as regras de proteção quando o menor esteja laborando em empresas em que trabalhem exclusivamente pessoas de sua família, desde que esteja sob a direção do pai, mãe ou tutor (art. 402, parágrafo único), exceto as proibições do trabalho noturno, perigoso ou insalubre (arts. 404 e 405 da CLT).

O trabalho noturno é realmente prejudicial não só ao menor como a todos os trabalhadores, pois é sabido que o período noturno se destina ao repouso ou descanso de todos os obreiros para voltarem a enfrentar o trabalho no dia seguinte, de às vezes até 10 horas por dia. A própria legislação ordinária já previa a proibição do trabalho noturno do menor (art. 404 da CLT), que é aquele realizado das 22 às 5 horas na atividade urbana; das 20 às 4 horas, na pecuária, das 21 às 5 horas na lavoura, para o empregado rural.

O inciso I do art. 405 da CLT já vedava o trabalho do menor em locais insalubres, conforme quadro aprovado pela Secretaria Especial de Previdência e Trabalho.

É vedado o trabalho perigoso para os adolescentes, que é aquele que utiliza explosivos ou inflamáveis, e mais recentemente para empregados que manipulam energia elétrica, fios de alta tensão. Tais serviços são realmente perniciosos para o menor, sendo acertada sua proibição, que é feita, inclusive, no inciso I do art. 405 da CLT.

A Constituição vedou o trabalho do menor nas atividades noturnas, insalubres ou perigosas, mas nada mencionou sobre o trabalho penoso. O inciso II do art. 67 da Lei n. 8.069 supriu essa deficiência, proibindo o trabalho do menor em atividades penosas.

O inciso II do art. 405 da CLT proíbe o trabalho da criança e do adolescente em locais ou serviços prejudiciais à sua moralidade. O § 3º do art. 405 da CLT menciona que se considera prejudicial à moralidade do menor o trabalho: a) prestado em teatros de revista, cinemas, boates, cassinos, cabarés, danceterias e outros; b) em empresas circenses, em funções de acrobata, saltimbanco, ginasta; c) de produção, composição, entrega ou venda de escritos, impressos, cartazes, desenhos, gravuras, pinturas, emblemas, imagens e quaisquer outros objetos que possam, a juízo da autoridade competente, prejudicar sua formação moral; d) consistente na venda, a varejo, de bebidas alcoólicas. Esclarece, ainda, o art. 67 da Lei n. 8.069 que é vedado o trabalho do menor que seja realizado em locais prejudiciais à sua formação e ao seu desenvolvimento físico, psíquico, moral e social (inciso III) e o realizado em horários e locais que não permitam a frequência à escola (inciso IV). Daí chega-se à conclusão de que não será permitido o trabalho do menor em salões de bilhar, bochas, sinuca ou boliche, até porque nem se permite a entrada dele nesses locais (art. 80 da Lei n. 8.069/90).

A alínea *a* do inciso II do art. 15 da Lei n. 12.852/2013 prevê a oferta de condições especiais de jornada de trabalho por meio de compatibilização entre os horários de trabalho e de estudo.

O juiz poderá autorizar o trabalho do menor nas hipóteses previstas nas alíneas *a* e *b* do § 3º do art. 405 da CLT, desde que: a representação tenha fim educativo ou a peça de que participe não possa ser prejudicial à sua formação moral; se certifique ser a ocupação do menor indispensável à própria subsistência ou à de seus pais, avós, irmãos e não advir nenhum prejuízo à sua formação moral.

O menor também não poderá fazer serviços que demandem o emprego de força muscular superior a 20 quilos para o trabalho contínuo, ou 25 quilos, para o trabalho ocasional. A remoção de material feita por impulsão ou tração de vagonetes sobre trilhos, de carros de mão ou quaisquer aparelhos mecânicos será permitida ao menor (art. 390 e seu parágrafo único, c/c o § 5º do art. 405 da CLT).

O trabalho exercido nas ruas, praças e outros logradouros dependerá de prévia autorização do juiz, que irá verificar se a ocupação é indispensável à subsistência do menor, de seus pais, avós ou irmãos e se dessa ocupação não poderá advir prejuízo moral (§ 2º do art. 405 da CLT). Esse dispositivo, se fosse cumprido à risca, impediria o trabalho dos *office boys*, que é exercido, praticamente na maior parte do tempo, nas ruas.

4 DEVERES E RESPONSABILIDADES EM RELAÇÃO AO MENOR

Os responsáveis legais dos menores, pais, mães ou tutores, deverão afastá-los de empregos que diminuam consideravelmente o seu tempo de estudo, reduzam o tempo de repouso necessário à sua saúde e constituição física ou prejudiquem a sua educação moral (art. 424 da CLT). Não se trata de faculdade, mas de obrigação. Em relação aos demais responsáveis pelos menores, que não os indicados no art. 424 da CLT, é que a lei determina a faculdade de pleitear a cessação do contrato de trabalho do menor, desde que o serviço possa acarretar para ele prejuízos de ordem física ou moral (art. 408 da CLT). Entende-se que nesse caso não haverá necessidade de aviso prévio por parte do menor ao empregador.

Quando a autoridade competente, que é o juiz de menores, verificar que o trabalho executado pelo menor é prejudicial à sua saúde, ao seu desenvolvimento físico ou à sua moralidade, poderá obrigá-lo a abandonar o serviço, devendo a respectiva empresa, quando for o caso, proporcionar ao menor todas as facilidades para mudar de funções. Não tomando a empresa as medidas possíveis e recomendadas pelo juiz para que o menor mude de função, configurar-se-á a rescisão indireta do contrato de trabalho, na forma do art. 483 da CLT (art. 407 da CLT e seu parágrafo único). O empregador terá o dever de proporcionar ao menor todas as facilidades para mudar de serviço, quando constatado pelo juiz de menores que o menor trabalha em atividades que lhe são prejudiciais (art. 426 da CLT).

Os empregadores de menores de 18 anos são obrigados a velar pela observância, nos seus estabelecimentos ou empresas, dos bons costumes e da decência pública, bem como das regras de higiene e medicina do trabalho (art. 425 da CLT).

O empregador deve proporcionar tempo suficiente ao menor para que este possa frequentar aulas (art. 427 da CLT), o que é medida louvável. O inciso I do art. 63 da Lei n. 8.069 determinou que a formação técnico-profissional, a aprendizagem, deve garantir o acesso e frequência obrigatória ao ensino regular. Não há que se falar, porém, que o empregador tem de pagar a escola do menor, o que ocorre apenas na aprendizagem.

O menor de 18 anos poderá firmar recibo de pagamento de salários, sendo que, quanto a isso, não haverá necessidade da assistência de seus pais ou responsáveis. Quanto à rescisão do contrato de trabalho, o menor terá que ser assistido pelos seus responsáveis legais, quando for dar quitação das verbas que estiver recebendo (art. 439 da CLT), sob pena de nulidade.

Contra menores de 18 anos não corre nenhum prazo de prescrição (art. 440 da CLT).

5 DURAÇÃO DO TRABALHO DO MENOR

A duração do trabalho do menor é regida, hoje, pelo inciso XIII do art. 7º da Constituição, pois a CLT determina que a jornada de trabalho do menor é a mesma de qualquer trabalhador, observadas certas restrições (art. 411 da CLT). Assim, o menor, como qualquer trabalhador, fará 8 horas diárias e 44 horas semanais.

Após cada período de trabalho efetivo, quer contínuo, quer dividido em dois turnos, haverá um intervalo de repouso, não inferior a 11 horas (art. 412 da CLT). Os menores terão direito de intervalo para repouso e alimentação de uma a duas horas, para trabalhos com jornadas superiores a 6 horas, e 15 minutos quando estiverem sujeitos a jornada superior a 4 horas e inferior a 6 horas de trabalho. Para maior segurança do trabalho e garantia da saúde dos menores, a autoridade fiscalizadora poderá proibir-lhes o gozo dos períodos de repouso nos locais de trabalho (art. 409 da CLT).

A duração normal diária do trabalho do menor não pode ser prorrogada, exceto: a) até mais duas horas, independentemente de acréscimo salarial, mediante convenção ou acordo coletivo de trabalho, desde que o excesso de horas em um dia seja compensado pela diminuição em outro, de modo a ser observado o limite máximo de 44 horas semanais; b) excepcionalmente, apenas em casos de força maior, até o máximo de 12 horas, com acréscimo salarial de 50% sobre a hora normal e desde que o trabalho do menor seja imprescindível ao funcionamento do estabelecimento.

A prorrogação extraordinária deverá ser comunicada a Secretaria Especial de Previdência e Trabalho, dentro do prazo de 48 horas.

Quando o menor de 18 anos for empregado em mais de um estabelecimento, as horas de trabalho em cada um serão totalizadas (art. 414 da CLT). Deve-se entender, porém, que a CLT quis se referir a mais de um empregador, e não a mais de um estabelecimento.

6 APRENDIZAGEM

Contrato de aprendizagem é o contrato de trabalho especial, ajustado por escrito e por prazo determinado, em que o empregador se compromete a assegurar ao maior de 14 anos e menor de 24 anos inscrito em programa de aprendizagem, formação técnico-profissional metódica, compatível com o seu desenvolvimento físico, moral e psicológico, e o aprendiz, a executar com zelo e diligência, as tarefas necessárias a essa formação (art. 428 da CLT).

Os aprendizes com deficiência poderão ter mais de 24 anos, sem qualquer limite de idade (§ 5º do art. 428 da CLT).

A natureza do contrato de aprendizagem é de um contrato especial de prazo determinado.

Não pode ser celebrado por mais de dois anos, exceto quando se tratar de aprendiz que tenha deficiência. Só pode ser prorrogado uma única vez, observado o prazo máximo de dois anos.

A validade do contrato de aprendizagem pressupõe anotação na CTPS, matrícula e frequência do aprendiz à escola, caso não haja concluído o ensino médio, e inscrição em programa de aprendizagem desenvolvido sob a orientação de entidade qualificada em formação técnico-profissional metódica.

Ao aprendiz, salvo condição mais favorável, será garantido o salário mínimo hora.

A formação técnico-profissional caracteriza-se por atividades teóricas e práticas, metodicamente organizadas em tarefas de complexidade progressiva desenvolvidas no ambiente de trabalho. Será prestada pelos Serviços Nacionais de Aprendizagem (SENAI, SENAC, SENAR, SENAT).

Na hipótese de os Serviços Nacionais de Aprendizagem não oferecerem cursos ou vagas suficientes para atender à demanda dos estabelecimentos, esta poderá ser suprida por outras entidades qualificadas em formação técnico-profissional metódica: a) Escolas Técnicas de Educação; b) entidades sem fins lucrativos, que tenham por objetivo a assistência ao adolescente e à educação profissional, registradas no Conselho Municipal dos Direitos da Criança e do Adolescente; c) entidades de prática desportiva das diversas modalidades filiadas ao Sistema Nacional do Desporto e aos Sistemas de Desporto dos Estados, do Distrito Federal e dos Municípios. As referidas entidades deverão contar com estrutura adequada ao desenvolvimento dos programas de aprendizagem, de forma a manter a qualidade do processo de ensino, bem como acompanhar e avaliar os resultados. Aos aprendizes que concluírem os cursos de aprendizagem, com aproveitamento, será concedido certificado de qualificação profissional. A Secretaria Especial de Previdência e Trabalho fixará normas para avaliação da competência das entidades mencionadas nas alíneas *b* e *c*.

Deverão as entidades mencionadas nas alíneas *b* e *c* acima cadastrar seus cursos, turmas e aprendizes matriculados na Secretaria Especial de Previdência e Trabalho.

Poderão as entidades citadas firmar parcerias entre si para o desenvolvimento dos programas de aprendizagem, conforme regulamento.

Nas localidades onde não houver oferta de ensino médio para o cumprimento da contratação do aprendiz, poderá ocorrer sem a frequência à escola, desde que ele já tenha concluído o ensino fundamental.

A contratação do aprendiz poderá ser efetivada pela empresa onde se realizará a aprendizagem ou pelas entidades mencionadas acima, caso em que não gera vínculo de emprego com a empresa tomadora dos serviços.

A duração do trabalho do aprendiz não excederá de 6 horas diárias, sendo vedadas a prorrogação e a compensação de jornada. O limite mencionado poderá ser de até 8 horas diárias para os aprendizes que já tiverem completado o ensino fundamental, se nelas forem computadas as horas destinadas à aprendizagem teórica.

O contrato de aprendizagem extinguir-se-á no seu termo ou quando o aprendiz completar 18 anos, ou ainda antecipadamente nas seguintes hipóteses: a) desempenho insuficiente ou inadaptação do aprendiz; b) falta disciplinar grave; c) ausência injustificada à escola que implique perda do ano letivo; d) a pedido do aprendiz.

Os estabelecimentos de qualquer natureza são obrigados a empregar e matricular nos cursos dos Serviços Nacionais de Aprendizagem número de aprendizes equivalente a 5%, no mínimo, e 15%, no máximo, dos trabalhadores existentes em cada estabelecimento, cujas funções demandem formação profissional" (art. 429 da CLT). O cálculo é feito por estabelecimento e não em relação a todos os empregados da empresa. O limite fixado não se aplica quando o empregador for entidade sem fins lucrativos, que tenha por objetivo a educação profissional. As frações de unidade, no cálculo da porcentagem, darão lugar à admissão de um aprendiz.

Os estabelecimentos poderão destinar o equivalente a até 10% de sua cota de aprendizes à formação técnico-profissional metódica em áreas relacionadas a práticas de atividades desportivas, à prestação de serviços relacionados à infraestrutura, incluindo as atividades de construção, ampliação, recuperação e manutenção de instalações esportivas e à organização e promoção de eventos esportivos.

Os estabelecimentos poderão ofertar vagas de aprendizes a adolescentes usuários do Sistema Nacional de Políticas Públicas sobre Drogas – Sisnad, nas condições a serem dispostas em instrumentos de cooperação celebrados entre os estabelecimentos e os gestores locais responsáveis pela prevenção do uso indevido, atenção e reinserção social de usuários e dependentes de drogas (§ 3º do art. 429 da CLT).

As microempresas e as empresas de pequeno porte são dispensadas de empregar e matricular seus aprendizes nos cursos dos Serviços Nacionais de Aprendizagem (art. 51, III, da Lei Complementar n. 123/2006).

Capítulo 34

NACIONALIZAÇÃO DO TRABALHO

1 PROPORCIONALIDADE

Getúlio Vargas entendia que o trabalhador brasileiro deveria ser protegido contra os exploradores estrangeiros. O Decreto n. 19.482, de 12 de dezembro de 1930, impôs às empresas que estas deveriam ter em seus quadros de empregados dois terços de trabalhadores nacionais. Era a chamada lei dos dois terços.

Indica o art. 352 da CLT que as empresas, individuais ou coletivas, que explorem serviços públicos dados em concessão, ou que exerçam atividades industriais ou comerciais, são obrigadas a ter em seu quadro de pessoal, quando composto de três ou mais empregados, uma proporção de brasileiros de 2/3 (art. 354 da CLT). O mesmo se observa em relação aos químicos (art. 349 da CLT) e quanto aos tripulantes de navios ou embarcações nacionais (art. 369 da CLT). O art. 352 da CLT pode ser considerado revogado pelo art. 5º da Constituição, que prevê igualdade entre brasileiros e estrangeiros. A Convenção n. 111 da OIT também proíbe a diferença de tratamento entre nacionais e estrangeiros, tendo sido ratificada pelo Brasil.

O art. 353 da CLT estabelece que se equiparam a brasileiros os estrangeiros que, residindo no País há mais de 10 anos, tenham cônjuge ou filho brasileiro. A proporcionalidade deverá ser observada na empresa, ou seja, inclusive em cada um de seus estabelecimentos ou na empresa como um todo. O parágrafo único do art. 354 da CLT mostra esse fato ao falar em proporcionalidade sobre a folha de salários, que vai incluir todos os estabelecimentos da empresa.

A proporcionalidade, de acordo com o art. 352 da CLT, pode ser reduzida por decreto do Presidente da República, porém não poderá ser aumentada.

No cômputo da proporcionalidade podem ser incluídos os trabalhadores que exerçam funções técnicas especializadas, a não ser que a Secretaria Especial de Previdência e Trabalho venha a excluí-los da relação, em razão de falta de trabalhadores nacionais (art. 357 da CLT).

Se a empresa explorar várias atividades, tendo empregados sujeitos a proporções inferiores a dois terços, deverá observar, em relação a cada uma delas, a proporção que lhe corresponder (art. 356 da CLT). É o que ocorreria numa empresa em que, por exemplo, se exigisse a proporcionalidade de 1/3 de brasileiros para motoristas, tendo ela 30 desses profissionais. Supondo que a empresa tivesse três mil funcionários no total e desempenhasse atividade comercial, dois mil deveriam ser brasileiros, e, dos motoristas, 10 deveriam ser brasileiros.

2 EMPRESAS

O art. 352 da CLT determina que a proporcionalidade de 2/3 se aplica às empresas que exerçam atividades industriais e comerciais. Por exclusão: não se aplica essa proporcionalidade às sociedades civis.

Nas indústrias rurais não se observa a proporcionalidade, desde que, em zona agrícola, se destinem ao beneficiamento ou transformação de produtos da região e a atividades industriais de natureza extrativa, salvo a mineração (§ 2º do art. 352).

3 EQUIPARAÇÃO SALARIAL

A equiparação salarial entre brasileiros e estrangeiros se faz por analogia, de acordo com o que se depreende do art. 358 da CLT. Não se poderia dizer que esse artigo teria sido revogado pelo inciso XI do art. 157 da Constituição de 1946, que vedava distinção de salários por motivo da nacionalidade, pois, no caso, a equiparação é do brasileiro com o estrangeiro e não vice-versa, pois o art. 358 da CLT não traz prejuízo ao estrangeiro, apenas aumenta o direito dos empregados brasileiros. Tal artigo foi revogado pelo art. 5º da atual Constituição.

Ao se falar em equiparação por analogia não se aplica a regra do art. 461 da CLT, bastando apenas que as funções sejam semelhantes.

A equiparação salarial por analogia se excetua quando, nos estabelecimentos em que não haja quadro organizado em carreira, o brasileiro contar menos de dois anos de tempo de serviço na empresa e não na função e o estrangeiro mais de dois anos. Havendo quadro homologado em carreira pela Secretaria Especial de Previdência e do Trabalho, em que seja garantido o acesso por antiguidade, não se aplica a equiparação. O mesmo se observa quando a remuneração resultar de maior produção, para os que trabalham à base de comissão ou tarefa.

A alínea *c* do art. 358 da CLT ainda distingue outra hipótese em que se exclui a equiparação, que é a de ser o empregado brasileiro aprendiz, ajudante ou servente, e não o for o estrangeiro. Quanto ao aprendiz, é justa a determinação, pois este não tem formação completa e o estrangeiro a possui.

4 DESPEDIMENTO

O parágrafo único do art. 358 da CLT trata de outra regra discriminatória ao dizer que "a dispensa do empregado estrangeiro deve preceder à do brasileiro que exerça função análoga", nos casos de falta ou cessação do serviço. Essa disposição já deveria ser considerada revogada pelas Constituições anteriores, pois fere o princípio da igualdade, ou pela Convenção n. 111 da OIT, e mais ainda com o advento do art. 5º da atual Lei Maior.

As repartições às quais competir a fiscalização do disposto no Capítulo da CLT de Nacionalização do Trabalho manterão fichário especial de empresas, do qual constem as anotações referentes ao respectivo cumprimento, e fornecerão aos interessados as certidões de quitação que se tornarem necessárias, no prazo de 30 dias, contados da data do pedido (art. 362 da CLT). As certidões de quitação farão prova até 30 de setembro do ano seguinte àquele a que se referiram e estarão sujeitas à taxa correspondente a 1/10 do salário mínimo regional. Sem elas, nenhum fornecimento ou contrato poderá ser feito com o Governo da União, dos Estados ou Municípios, ou com as instituições paraestatais a eles subordinadas, nem será renovada autorização a empresa estrangeira para funcionar no País. O disposto não se aplica às contratações de operações de crédito realizadas com instituições financeiras criadas por lei própria ou autorizadas a funcionar pelo Banco Central do Brasil (§ 4º do art. 362 da CLT).

SEGURANÇA E MEDICINA DO TRABALHO

1 HISTÓRICO

Até o início do século XVIII não havia preocupação com a saúde do trabalhador. Com o advento da Revolução Industrial e de novos processos industriais – a modernização das máquinas –, começaram a surgir doenças ou acidentes decorrentes do trabalho. A partir desse momento há necessidade de elaboração de normas para melhorar o ambiente de trabalho nos seus mais diversos aspectos, de modo a que o trabalhador não possa ser prejudicado com agentes nocivos à sua saúde. O direito passou a determinar certas condições mínimas que deveriam ser observadas pelo empregador, inclusive aplicando sanções para tanto e exercendo fiscalização sobre o cumprimento de tais regras pelas empresas.

A Constituição de 1967 reconheceu o direito dos trabalhadores à higiene e segurança no trabalho (art. 158, IX). A Emenda Constitucional n. 1, de 1969, repetiu a mesma orientação da Lei Maior anterior no inciso IX do art. 165.

Os arts. 154 a 201 da CLT tiveram nova redação determinada pela Lei n. 6.514, de 22 de dezembro de 1977, passando a tratar da segurança e medicina do trabalho e não de higiene e segurança no trabalho. A Portaria n. 3.214, de 8 de junho de 1978, especificou as atividades insalubres e perigosas.

A Constituição de 1988 modificou a orientação das normas constitucionais anteriores, determinando que o trabalhador teria direito a "redução dos riscos inerentes ao trabalho, por meio de normas de saúde, higiene e segurança" (art. 7º, XXII).

2 DENOMINAÇÃO

Anteriormente o nome que se dava à matéria em estudo era *higiene e segurança do trabalho*, por força de que assim estava disposto na CLT. Com a edição da Lei n. 6.514, de 22 de dezembro de 1977, passou-se a utilizar a denominação *segurança e medicina do trabalho*. O uso da palavra *higiene* mostrava o enfoque que era feito apenas quanto à conservação da saúde do trabalhador. O vocábulo *medicina* é mais abrangente, pois evidencia não só o aspecto saúde, mas a cura das doenças e a sua prevenção no trabalho.

3 CONCEITO

A segurança e medicina do trabalho é o segmento do Direito do Trabalho incumbido de oferecer condições de proteção à saúde do trabalhador no local de trabalho, e da sua recuperação, quando estiver em condições de prestar serviços ao empregador.

4 GENERALIDADES

As empresas têm por obrigação: a) cumprir e fazer cumprir as normas de segurança e medicina do trabalho; b) instruir os empregados, por meio de ordens de serviço, quanto às precauções a tomar no sentido de evitar acidentes do trabalho ou doenças ocupacionais; c) adotar as medidas que lhes sejam determinadas pelo órgão regional competente; (d) facilitar o exercício da fiscalização pela autoridade competente (art. 157 da CLT).

Os empregados deverão observar as normas de segurança e medicina do trabalho, inclusive as instruções ou ordens de serviços quanto às precauções no local de trabalho, de modo a evitar acidentes do trabalho ou doenças ocupacionais. Devem, também, colaborar com a empresa na aplicação das normas de medicina e segurança do trabalho. Considera-se falta grave do empregado quando este não observa as instruções expedidas pelo empregador, assim como não usa os equipamentos de proteção individual que lhe são fornecidos pela empresa (art. 158 da CLT). A falta grave do empregado dependerá da gravidade do ato praticado ou da sua reiteração, sendo passível, antes, de advertência ou suspensão, se o ato não foi considerado grave o bastante para rescindir o contrato de trabalho.

As Delegacias do Trabalho deverão promover a fiscalização do cumprimento das normas de segurança e medicina do trabalho nas empresas, adotando as medidas necessárias, determinando obras e reparos que, em qualquer local de trabalho, sejam exigíveis e impondo as penalidades pelo descumprimento de tais regras (art. 156 da CLT).

5 CONDIÇÕES DE SEGURANÇA

Com base no art. 200 da CLT foi expedida a Portaria n. 3.214/78, que trata de uma série de normas complementares no que diz respeito a condições de segurança no trabalho.

As empresas devem fornecer obrigatoriamente aos empregados o Equipamento de Proteção Individual (EPI), gratuitamente, de maneira a protegê-los contra os riscos de acidentes do trabalho e danos à sua saúde. A NR 6 da Portaria n. 3.214/78 especifica regras sobre EPIs. São considerados EPIs: luvas, botas, máscaras, capacetes, óculos, vestimentas etc.

As empresas estão obrigadas a manter serviços especializados em segurança e em medicina do trabalho, nos quais será necessária a existência de profissionais especializados exigidos em cada empresa (médico e engenheiro do trabalho). São os Serviços Especializados em Engenharia de Segurança e em Medicina do Trabalho (SESMT). Suas regras são especificadas na NR 4 da Portaria n. 3.214/78.

De acordo com o art. 163 da CLT, é obrigatória a constituição de Comissão Interna de Prevenção de Acidentes (CIPA), conforme as instruções que estão contidas na NR 5 da Portaria n. 3.214/78.

A CIPA tem por objetivo observar e relatar as condições de risco nos ambientes de trabalho e solicitar as medidas para reduzir até eliminar os riscos existentes e/ou neutralizá-los, discutindo os acidentes ocorridos e solicitando medidas que previnam os acidentes, assim como orientando os trabalhadores quanto à sua prevenção.

A CIPA será composta de representantes da empresa e dos empregados. Os representantes do empregador, titulares e suplentes, serão por ele designados, anualmente, entre os quais o presidente da CIPA. Os representantes dos empregados, titulares e suplentes, serão eleitos em escrutínio secreto pelos interessados, independentemente de serem sindicalizados, entre os quais estará o vice-presidente da CIPA. O mandato dos membros eleitos da CIPA é de um ano, permitida uma reeleição. Os representantes titulares do empregador não poderão ser reconduzidos por mais de dois mandatos consecutivos.

Nos estabelecimentos com mais de 20 empregados será obrigatória a constituição de CIPA.

A CLT ainda traz outras regras de medicina e segurança do trabalho, como sobre edificações (arts. 170 a 174), iluminação (art. 175), conforto térmico (arts. 176 a 178), instalações elétricas (arts. 179 a 181), movimentação, armazenagem e manuseio de materiais (arts. 182 e 183), máquinas e equipamentos (arts. 184 a 186), caldeiras, fornos e recipientes sob pressão (arts. 187 e 188), prevenção da fadiga (arts. 198 e 199), medidas especiais de proteção (art. 200). O art. 201 trata das penalidades pelo descumprimento do capítulo. Outras regras são especificadas e complementadas na Portaria n. 3.214/78.

Serão exigidos exames toxicológicos, previamente à admissão e por ocasião do desligamento do motorista profissional, assegurados o direito à contraprova em caso de resultado positivo e a confidencialidade dos resultados dos respectivos exames (§ 6º do art. 168 da CLT). Para tais exames, será obrigatório exame toxicológico com janela de detecção mínima de 90 dias, específico para substâncias psicoativas que causem dependência ou, comprovadamente, comprometam a capacidade de direção, podendo ser utilizado para essa finalidade o exame toxicológico previsto na Lei n. 9.503, de 23 de setembro de 1997 (Código de Trânsito Brasileiro), desde que realizado nos últimos 60 dias (§ 7º do art. 168 da CLT).

6 INSALUBRIDADE

Esclarece o art. 189 da CLT que "serão consideradas atividades ou operações insalubres aquelas que, por sua natureza, condições ou métodos de trabalho, exponham os empregados a agentes nocivos à saúde, acima dos limites de tolerância fixados em razão da natureza e da intensidade do agente e do tempo de exposição aos seus efeitos". É preciso verificar se os agentes insalutíferos estão acima dos limites permitidos para que se possa configurar a insalubridade, o que revela um aspecto quantitativo na determinação legal.

O quadro das atividades e operações insalubres será aprovado pela Secretaria Especial de Previdência e Trabalho. Nesse ponto, a NR 15 da Portaria n. 3.214/78 especifica as condições de insalubridade nos seus vários anexos. Por exemplo: anexo 1, ruídos; anexo 11, agentes químicos etc.

O trabalhador rural também tem direito ao adicional de insalubridade, de acordo com as condições nocivas à sua saúde. A Portaria n. 3.067, de 12 de abril de 1988, da Secretaria Especial de Previdência e Trabalho, trata, na NR 5, dos agentes químicos prejudiciais ao trabalhador rural, como agrotóxicos, fertilizantes e corretivos.

O adicional de insalubridade será devido à razão de 40% (grau máximo), 20% (grau médio) e 10% (grau mínimo), calculado sobre o salário mínimo (art. 192 da CLT). Não poderá o adicional de insalubridade ser acumulado com o de periculosidade, cabendo ao empregado a opção por um dos dois (§ 2º do art. 193 da CLT).

A eliminação ou a neutralização da insalubridade ocorrerá: a) com a adoção de medidas que conservem o ambiente de trabalho dentro dos limites de tolerância; b) com a utilização de equipamentos de proteção individual ao trabalhador, que diminua a intensidade do agente agressivo a limites de tolerância (art. 191 da CLT). A Súmula 80 do TST mostra que "a eliminação da insalubridade pelo fornecimento de aparelhos protetores aprovados pelo órgão competente do Poder Executivo exclui a percepção do adicional respectivo". Aqui, o que ocorre é a eliminação da insalubridade com o fornecimento do EPI. A Súmula 289 esclarece, porém, que o simples fornecimento do aparelho de proteção pelo empregador não o exime do pagamento do adicional de insalubridade, cabendo-lhe tomar as medidas que conduzam à diminuição ou eliminação da nocividade, entre as quais as relativas ao uso efetivo do equipamento pelo empregado.

A caracterização e a classificação da insalubridade e da periculosidade serão feitas por meio de perícia a cargo de Médico do Trabalho ou Engenheiro do Trabalho, registrados na Secretaria Especial de Previdência e Trabalho (art. 195 da CLT).

Os efeitos pecuniários da insalubridade serão devidos a contar da data da inclusão da respectiva atividade nos quadros aprovados pelo Ministério do Trabalho (art. 196 da CLT). A Súmula 248 do TST lembra que "a reclassificação ou descaracterização da insalubridade, por ato da autoridade competente, repercute na satisfação do respectivo adicional, sem ofensa a direito adquirido ou ao princípio da irredutibilidade salarial".

7 PERICULOSIDADE

São consideradas atividades ou operações perigosas aquelas que, por sua natureza ou métodos de trabalho, impliquem contato permanente com inflamáveis ou explosivos em condições de risco acentuado. O contato do empregado com energia elétrica, exposição a roubos ou outras espécies de violência física nas atividades profissionais de segurança pessoal ou patrimonial e colisões, atropelamentos ou outras espécies de acidentes ou violências nas atividades profissionais dos agentes das autoridades de trânsito também dá direito ao adicional de periculosidade. O trabalhador que presta serviços com motocicleta também tem direito ao adicional.

O adicional de periculosidade será de 30% sobre o salário contratual do empregado, sem os acréscimos resultantes de gratificações, prêmios ou participações nos lucros da empresa. A Súmula 191, I, do TST esclarece que o adicional de periculosidade incide, apenas, sobre o salário básico e não sobre este acrescido de outros adicionais. Os empregados que operam bomba de gasolina têm direito ao adicional de periculosidade (Súmula 39 do TST).

A NR 16 da Portaria n. 3.214/78 trata da periculosidade, especificando as situações em que será devido o adicional.

8 PENOSIDADE

O inciso XXIII do art. 7º da Constituição prevê o adicional de remuneração para atividades penosas. Logo, quem trabalhar em atividades penosas terá direito ao adicional, porém até o momento não existe norma legal tratando do tema.

Exemplo de atividade penosa era o trabalho da mulher em subterrâneos, minerações em subsolo, pedreiras e obras de construção civil, que tinha previsão no art. 387 da CLT, que foi revogado pela Lei n. 7.855/89.

FISCALIZAÇÃO TRABALHISTA

1 HISTÓRICO

Hoje a atividade da fiscalização trabalhista é exercida por funcionários públicos que são subordinados à Secretaria Especial de Previdência e Trabalho.

O Decreto n. 4.552, de 27 de dezembro de 2002, aprovou o Regulamento da Inspeção do Trabalho (RIT). A finalidade principal do RIT é assegurar a observância das disposições legais e regulamentares do trabalho. A organização interna da fiscalização pode ser assim enunciada: a) inspetores do trabalho; b) médicos do trabalho; c) engenheiros do trabalho; d) assistentes sociais. Os agentes de inspeção do trabalho deverão ter cursos com o intuito de aperfeiçoamento da sua especialização.

A Constituição de 1988 determina no inciso XXIV do art. 21 que compete à União "organizar, manter e executar a inspeção do trabalho". A inspeção do trabalho é privativa dos agentes federais, sendo vedada a agentes do poder municipal ou estadual.

2 INTRODUÇÃO

A palavra *fiscalizar*, em sentido amplo, quer dizer examinar, inspecionar, sindicar, censurar. Em sentido estrito, ou seja, para o Direito do Trabalho, tem o sentido de verificar a observância da norma legal e orientação na sua aplicação.

O fiscal do trabalho, porém, não tem apenas a função de aplicador de multas ou de fiel cumpridor das leis, mas também de orientador, no sentido de mostrar às empresas como a lei deve ser aplicada, principalmente em se tratando de legislação recente. Na verdade, o fiscal do trabalho vai mostrar os erros cometidos pela empresa, para esta se enquadrar na legislação trabalhista, inclusive quanto à medicina e segurança do trabalho.

3 ESTRUTURA ADMINISTRATIVA

São órgãos do Ministério do Trabalho e Emprego:

I – a Secretaria Especial de Previdência e Trabalho, com até duas Secretarias;

II – o Conselho Nacional do Trabalho;

III – o Conselho Curador do Fundo de Garantia do Tempo de Serviço;

IV – o Conselho Deliberativo do Fundo de Amparo ao Trabalhador.

4 ATUAÇÃO DOS AGENTES

A inspeção do trabalho pode determinar aos inspetores a verificação de todas as normas de proteção ao trabalhador, ou apenas tarefas específicas e determinadas. O primeiro sistema chama-se generalista e o segundo, especialista.

Consiste o sistema generalista em conferir ao inspetor do trabalho todas as questões relacionadas a emprego e condições de trabalho, adotado na França. Já na Inglaterra observa-se o sistema especialista.

O Brasil adotou o sistema generalista, conforme se verifica do Decreto n. 4.552, de 27 de dezembro de 2002 (RIT). A matéria de fiscalização trabalhista fica adstrita apenas a Secretaria da Previdência e Trabalho. A inspeção do trabalho está mais ligada aos pormenores do contrato de trabalho do que à saúde e à segurança do trabalho.

5 ATRIBUIÇÕES E PODERES DOS INSPETORES

Os inspetores exercem funções internas ou externas na DRT. As funções internas estão relacionadas à assistência. Nas rescisões contratuais de empregados estáveis, quanto ao seu pedido de demissão (art. 500 da CLT); reclamações por falta ou recusa de anotação na CTPS (art. 36 da CLT). Os serviços externos consistem na fiscalização das empresas. O inspetor, ao fiscalizar a empresa, deve se identificar (art. 630 da CLT). Nenhum agente fiscal poderá exercer suas funções sem sua carteira de identidade fiscal, sem a qual não terá livre acesso às dependências da empresa.

O fiscal tem livre acesso à empresa, exigindo os documentos necessários e prestando os esclarecimentos que lhe forem solicitados (arts. 627, 628, §§ 1º e 2º, e 630, § 3º, da CLT).

O inspetor tem o dever de instruir o empregador na primeira visita que faz à empresa, orientando-o com relação ao descumprimento de leis ou portarias recentes ou na primeira inspeção do trabalho em estabelecimento recentemente inaugurado (art. 627 da CLT). Nesses casos, se observa o critério da dupla visita, significando que somente na segunda visita é que o inspetor deverá aplicar multa, caso a empresa não observe a legislação.

A fiscalização, no que se refere aos aspectos trabalhista, metrológico, sanitário, ambiental, de segurança e de uso e ocupação do solo, das microempresas e empresas de pequeno porte, deverá ter natureza prioritariamente orientadora, quando a atividade ou situação, por sua natureza, comportar grau de risco compatível com esse procedimento (art. 55 da Lei Complementar n. 123/2006). Será observado o critério da dupla visita para lavratura de autos de infração, salvo quando for constatada infração por falta de registro de empregado ou anotação da CTPS, ou, ainda, na ocorrência de reincidência, fraude, resistência ou embaraço à fiscalização.

A inobservância do critério da dupla visita implica nulidade do auto de infração lavrado, independentemente da natureza principal ou acessória da obrigação.

6 LIVRE ACESSO

O inspetor do trabalho tem o direito de ingressar nas dependências da empresa, no que diz respeito ao objeto da fiscalização. Havendo resistência, poderá o inspetor requisitar força policial (art. 630, § 8º, da CLT).

7 EXIBIÇÃO DE DOCUMENTOS

A empresa deverá possuir, em cada estabelecimento, o livro de inspeção do trabalho. Nele será registrada a visita do inspetor ao estabelecimento, data, hora, dia, assim como o início e término da fiscalização, consignando as irregularidades verificadas.

Deverá o empregador apresentar ao fiscal o livro de inspeção do trabalho (art. 628, §§ 1º e 2º, da CLT), no qual serão observadas as últimas anotações das visitas anteriores e se foram cumpridas as determinações lançadas pelo inspetor anterior. O inspetor poderá solicitar fichas de registro, guias de recolhimento de contribuição sindical, cartões de ponto, acordo de compensação e prorrogação de horas, atestados médicos etc. O inspetor também poderá fazer anotações a respeito de escadas de incêndio, extintores, vestiários, instalações sanitárias, armários, chuveiros etc.

As microempresas e empresas de pequeno porte são dispensadas da posse do livro Inspeção do Trabalho (art. 51, IV, da Lei Complementar n. 123/2006).

O inspetor deverá prestar os esclarecimentos que forem necessários ao empregador, seu chefe de pessoal ou contador da empresa. Poderá também o inspetor se dirigir aos empregados, fazendo-lhes perguntas sobre as condições de trabalho e a respeito dos itens fiscalizados.

8 AUTUAÇÕES E MULTAS

Quando as irregularidades forem sanáveis, o inspetor deverá conceder um prazo à empresa para que cumpra as determinações. Sendo a infração insanável, a fiscalização irá autuar a empresa, impondo-lhe multa. O auto de infração será feito em duplicata, especificando os motivos e fundamentos legais da autuação. Recolhida a multa no prazo de 10 dias contados da data da notificação, ela será reduzida em 50% (art. 636, § 6º, da CLT).

O descumprimento do disposto na Lei n. 6.019/74, que trata do trabalho temporário e da terceirização, sujeita a empresa infratora ao pagamento de multa (art. 19-A da Lei n. 6.019/74). A fiscalização, a autuação e o processo de imposição das multas reger-se-ão pelo Título VII da CLT.

O empregador que mantiver empregado não registrado nos termos do art. 41 da CLT ficará sujeito a multa no valor de R$ 3.000,00 por empregado não registrado, acrescido de igual valor em cada reincidência (art. 47 da CLT). Especificamente quanto à infração mencionada, o valor final da multa aplicada será de R$ 800,00 por empregado não registrado, quando se tratar de microempresa ou empresa de pequeno porte. A infração constitui exceção ao critério da dupla visita.

O empregador poderá, porém, recorrer da multa, requerendo audiência para fazer provas (art. 632 da CLT). Mantido o auto, caberá o recurso no prazo de 10 dias, mediante depósito prévio do seu valor. O recurso contra a multa será decidido pela DRT. A Súmula Vinculante 21 do STF afirma que é inconstitucional a exigência de depósito ou arrolamento prévio de dinheiro ou bens para admissibilidade de recurso administrativo. O § 1º do art. 636 da CLT, que estabelece a exigência de prova do depósito prévio do valor da multa cominada em razão de autuação administrativa como pressuposto de admissibilidade de recurso administrativo, não foi recepcionado pela Constituição de 1988, ante a sua incompatibilidade com o inciso LV do art. 5º (Súmula 424 do TST). O Ministro do Trabalho poderá avocar (chamar para si) o processo, visando ao reexame dessas decisões (art. 638 da CLT).

As multas previstas na legislação trabalhista serão, quando for o caso e sem prejuízo das demais cominações legais, agravadas até o grau máximo nos casos de artifício, ardil, simulação, desacato, embaraço ou resistência à ação fiscal, levando-se em conta, além das circunstâncias atenuantes ou agravantes, a situação econômico-financeira do infrator e os meios a seu alcance para cumprir a lei (art. 5º da Lei n. 7.855/85).

Será observado o critério de dupla visita nas empresas com até 10 empregados, salvo quando for constatada infração por falta de registro de empregado, anotação da sua CTPS e na ocorrência de fraude, resistência ou embaraço à fiscalização (§ 3º do art. 6º da Lei n. 7.855/85).

As multas e os valores fixados para as infrações previstas na CLT aplicam-se, no que couber, aos domésticos.

A casa é o asilo inviolável do indivíduo, ninguém nela podendo penetrar sem consentimento do morador, salvo em caso de flagrante delito ou desastre, ou para prestar socorro, ou, durante o dia, por determinação judicial (art. 5º, XI, da Constituição). Isso significa que nem mediante autorização judicial é possível entrar à noite na casa do empregador doméstico. Durante o dia, será possível, quando existir lei, a fiscalização entrar na casa do empregador doméstico, mas mediante mandado judicial.

Na prática, a Secretaria Especial de Previdência e Trabalho vai mandar intimação para o empregador esclarecer direitos do doméstico ou apresentar defesa. A verificação, pelo Auditor-Fiscal do Trabalho, do cumprimento das normas que regem o trabalho do empregado doméstico, no âmbito do domicílio do empregador, dependerá de agendamento e de entendimento prévios entre a fiscalização e o empregador (art. 11-A da Lei n. 10.593/2002). A fiscalização deverá ter natureza prioritariamente orientadora (§ 1º do art. 11-A da Lei n. 10.593/2002). Será observado o critério de dupla visita para lavratura de auto de infração, salvo quando for constatada infração por falta de anotação na Carteira de Trabalho e Previdência Social ou, ainda, na ocorrência de reincidência, fraude, resistência ou embaraço para a fiscalização. Durante a inspeção do trabalho, o Auditor-Fiscal do Trabalho far-se-á acompanhar pelo empregador ou por alguém de sua família por este designado (§ 3º do art. 11-A da Lei n. 10.593/2002).

É de responsabilidade do empregador doméstico o arquivamento de documentos comprobatórios do cumprimento das obrigações fiscais, trabalhistas e previdenciárias, enquanto essas não prescreverem (art. 42 da Lei Complementar n. 150/2015).

O direito de ação quanto a créditos resultantes das relações de trabalho prescreve em cinco anos até o limite de dois anos após a extinção do contrato de trabalho (art. 7º, XXIX, da Constituição), inclusive em relação ao doméstico (art. 43 da Lei Complementar n. 150/2015).

Tratando-se de pretensão que envolva pedido de prestações sucessivas decorrente de alteração ou descumprimento do pactuado, a prescrição é total, exceto quando o direito à parcela esteja também assegurado por preceito de lei (§ 2º do art. 11 da CLT).

A interrupção da prescrição somente ocorrerá pelo ajuizamento de reclamação trabalhista, mesmo que em juízo incompetente, ainda que venha a ser extinta sem resolução do mérito, produzindo efeitos apenas em relação aos pedidos idênticos (§ 3º do art. 11 da CLT).

Os valores das multas administrativas expressos em moeda corrente serão reajustados anualmente pela Taxa Referencial (TR), divulgada pelo Banco Central do Brasil, ou pelo índice que vier a substituí-lo.

PARTE V

DIREITO COLETIVO DO TRABALHO

DIREITO COLETIVO DO TRABALHO

1 DENOMINAÇÃO

Para especificar a parte do Direito do Trabalho que ora passamos a estudar são empregadas duas denominações: *Direito Coletivo do Trabalho* ou *Direito Sindical*.

Não entendo adequada a utilização da denominação *Direito Sindical*, pois esta é mais restrita, dizendo respeito apenas ao sindicato ou à sua organização, e também não trata de grupos não organizados em sindicatos, que podem ser sujeitos para reivindicar direitos trabalhistas. Certas matérias que fazem parte do segmento ora em análise, como a representação dos trabalhadores na empresa, não seriam incluídas no Direito Sindical, pelo fato de que aqueles trabalhadores não precisam ser sindicalizados para terem entendimentos com a empresa.

Critica-se, entretanto, o uso da denominação *Direito Coletivo do Trabalho*, com o fundamento principal de que todo direito é coletivo ou feito para a coletividade.

O Direito, de fato, é feito para a sociedade, num sentido genérico, porém, o Direito Coletivo do Trabalho, como parte do Direito do Trabalho, não vai tratar de regular todas as situações da sociedade, mas apenas aquelas regras coletivas que irão ser observadas em decorrência do contrato individual do trabalho e da organização sindical, daí por que se trata de um segmento do Direito do Trabalho.

2 CONCEITO

Direito Coletivo do Trabalho é o segmento do Direito do Trabalho encarregado de tratar da organização sindical, dos conflitos coletivos do trabalho e sua solução e da representação dos trabalhadores.

Vamos estudar no Direito Coletivo do Trabalho a organização sindical, que compreende a sua natureza jurídica, a proteção à sindicalização, seus órgãos, eleições sindicais e as receitas dos sindicatos; os acordos e as convenções coletivas de trabalho; a greve; o *lockout* e outras formas de solução dos conflitos coletivos.

3 HISTÓRIA

O Direito Coletivo do Trabalho nasce com o reconhecimento do direito de associação dos trabalhadores, o que veio a ocorrer após a Revolução Industrial (século XVIII).

As crises que importaram no desaparecimento das corporações de ofício acabaram propiciando o surgimento dos sindicatos. As corporações de ofício foram criadas como forma de reunião dos trabalhadores objetivando melhores condições de vida.

Na França, a Lei Le Chapellier, de 17 de julho de 1791, proibia que "os cidadãos de um mesmo estado ou profissão tomassem decisões ou deliberações a respeito de seus pretensos interesses comuns".

O sindicato nasce, assim, como um órgão de luta de classes.

A OIT, com a Convenção n. 87, de 1948, passou a determinar as linhas mestras sobre o direito de livre sindicalização, sem qualquer ingerência por parte do Estado.

LIBERDADE SINDICAL

1 HISTÓRICO

A Constituição da OIT, de 1919, já previa o princípio da liberdade sindical, que seria um dos objetivos a serem alcançados por seu programa de ação.

A Convenção n. 87, de 1948, denominada Convenção sobre Liberdade Sindical e a Proteção do Direito Sindical, traça os parâmetros principais a respeito da liberdade sindical. Infelizmente essa convenção ainda não foi ratificada pelo Brasil, até mesmo em razão de a atual Constituição estabelecer a existência do sindicato único e contribuição sindical determinada por lei, posições incompatíveis com a referida regra internacional.

2 CONCEITO

Liberdade sindical é o direito dos trabalhadores e empregadores de se organizarem e constituírem livremente as agremiações que desejarem, no número por eles idealizado, sem que sofram qualquer interferência ou intervenção do Estado, nem uns em relação aos outros, visando à promoção de seus interesses ou dos grupos que irão representar. Essa liberdade sindical também compreende o direito de ingressar e se retirar dos sindicatos.

Os trabalhadores em serviço público também terão o direito de livremente constituir sindicato. A exceção à regra diz respeito aos membros das forças armadas, da polícia e aos servidores ou empregados públicos de alto nível, assim considerados aqueles que têm funções com caráter decisório, ou seja, de confiança, o que poderá ser feito mediante exclusão pela legislação nacional (Convenção n. 151 da OIT, de 1978, arts. 1º, 2º e 3º).

3 GARANTIAS

Contém a Convenção n. 87 da OIT várias garantias fundamentais:

a) os trabalhadores e os empregadores, sem distinção de qualquer espécie, terão direito de constituir, sem autorização prévia do Estado, organizações de sua escolha, bem como o direito de se filiar a essas organizações, sob a única condição de observar os seus estatutos (art. 2º). O direito de se filiar ao sindicato comporta dois aspectos: o positivo, que é o de ingressar na agremiação, e o negativo, que é o dela se retirar;

b) as organizações de trabalhadores e de empregadores terão o direito de elaborar seus estatutos e regulamentos administrativos, de eleger livremente seus representantes, organizando sua gestão e sua atividade e formulando o seu programa de ação, inclusive no que diz respeito às federações e confederações. O Estado não poderá interferir ou intervir no sindicato, de maneira a impedir o exercício do direito sindical (art. 3º);

c) as autoridades públicas deverão abster-se de qualquer intervenção que possa limitar esse direito ou entravar seu exercício legal;

d) as organizações de trabalhadores e de empregadores não estarão sujeitas a dissolução ou a suspensão por via administrativa (art. 4º), isto é, por ato administrativo do Estado;

e) as organizações de trabalhadores e de empregadores terão o direito de constituir federações e confederações, bem como o de filiar-se a estas, e toda organização, federação ou confederação terá o direito de filiar-se às organizações internacionais de trabalhadores e de empregadores (art. 5º);

f) a aquisição da personalidade jurídica por parte das organizações de trabalhadores e de empregadores, suas federações e confederações, não poderá estar sujeita a condições de natureza a restringir o direito de associação.

As garantias previstas pela Convenção n. 87 da OIT aplicar-se-ão às forças armadas e à polícia, o que será objeto da legislação de cada país (art. 9º, 1). A ratificação da referida convenção não deverá afetar qualquer lei, sentença, costume ou acordo já existentes que concedam aos membros das forças armadas e da polícia garantias previstas na citada norma (art. 9º, 2).

A Convenção n. 98 da OIT, de 1949, que foi aprovada pelo Brasil pelo Decreto Legislativo n. 49, de 27 de agosto de 1952, traça regras gerais a respeito de intromissões recíprocas entre trabalhadores e empregadores. Os trabalhadores devem gozar de proteção adequada contra quaisquer atos atentatórios à liberdade sindical, no condizente à relação de emprego (art. 1º). Para obtenção do emprego, o empregador não poderá exigir do empregado que este venha a não se filiar a um sindicato ou a deixar de fazer parte dele (art. 2º, *a*). O trabalhador não poderá ser dispensado ou prejudicado em razão de sua filiação ao sindicato ou de sua participação em atividades sindicais, fora do horário de trabalho ou com o consentimento do empregador, durante as mesmas horas (art. 2º, *b*). As organizações de trabalhadores e de empregadores deverão gozar de proteção adequada contra quaisquer atos de ingerência ou intervenção de umas em outras, quer diretamente ou por meio de seus representantes, em sua formação, funcionamento e administração (art. 2º, l).

4 SISTEMAS DE LIBERDADE SINDICAL

Três são os sistemas relativos à liberdade sindical. O primeiro é o intervencionista, no qual o Estado ordena as relações relativas ao sindicato. O segundo é o desregulamentado, em que o Estado se abstém de regular a atividade sindical, como no Uruguai, em que não há lei sindical, nem para tratar da organização sindical, muito menos da atividade sindical, tendo o país ratificado a Convenção n. 87 da OIT, cumprindo seus dispositivos; o sindicato adquire personalidade gremial com o seu registro, como o de qualquer pessoa jurídica. O terceiro sistema é o intervencionista socialista, em que o Estado ordena e regula a atividade do sindicato, segundo as metas estabelecidas pelo primeiro, como ocorre em Cuba.

Capítulo 39

ORGANIZAÇÃO SINDICAL

1 HISTÓRICO

Em 1930 foi criado o Ministério do Trabalho, Indústria e Comércio, que atribuía aos sindicatos funções delegadas de poder público (Decreto n. 19.443, de 26 de novembro de 1930). Nasce aqui um sistema corporativista, no que diz respeito ao sindicato, em que a organização das forças econômicas era feita em torno do Estado, com a finalidade de promoção dos interesses nacionais e com a possibilidade da imposição de regras a quem fizesse parte das agremiações, inclusive de cobrança de contribuições.

O Decreto n. 19.770, de 19 de março de 1931, baixado durante a Revolução de 1930, estabeleceu a distinção entre sindicato de empregados e de empregadores, exigindo, contudo, o seu reconhecimento pelo Ministério do Trabalho, também criado pela mesma revolução. Foi instituído o sindicato único para cada profissão numa mesma região. Só adquiria o sindicato personalidade jurídica se o Ministério do Trabalho o reconhecesse. Ficavam excluídos da sindicalização, apenas, os funcionários públicos e os domésticos, que estavam sujeitos a lei especial (art. 11). Havia possibilidade de criação de federações e confederações, que também estavam sujeitas à fiscalização do Ministério do Trabalho. Os sindicatos poderiam celebrar convenções ou contratos coletivos de trabalho.

A Constituição de 1934 usava a expressão *pluralidade sindical*. O art. 120 mencionava que "os sindicatos e associações profissionais serão reconhecidos de conformidade com a lei". O parágrafo único do mesmo artigo explicitava que "a lei assegurará a pluralidade sindical e a completa autonomia dos sindicatos". Na realidade, prevalecia o entendimento da lei ordinária que dava tratamento totalmente diverso à questão (Decreto n. 24.694/34), prevendo o sindicato único.

A Carta de 1937 tem por base o sistema fascista italiano e a parte laboral foi inspirada na *Carta del Lavoro* daquele país, com feição eminentemente corporativista. O art. 138 regulava a questão sindical: "a associação profissional ou sindical é livre. Somente, porém, o sindicato regularmente reconhecido pelo Estado tem o direito de representação legal dos que participarem da categoria de produção para que foi constituído, e de defender-lhes os direitos perante o Estado e as outras associações profissionais, estipular contratos coletivos de trabalho obrigatórios para todos os seus associados, impor-lhes contribuições e exercer em relação a eles funções delegadas de poder público". O mesmo art. 139 considerava a greve e o *lockout* recursos antissociais, nocivos ao trabalho e ao capital e incompatíveis com os superiores interesses da produção nacional, justamente para trazer para dentro do Estado os sindicatos, pois podia haver a intervenção direta do Estado no sindicato, porém o Estado dava algumas compensações, como a da cobrança do imposto sindical e da participação dos trabalhadores e empregadores na Justiça do Trabalho, de modo a evitar conflitos que não pudessem ser administrados. O sindicato era inserido num sistema piramidal composto, também, de federação e confederação.

A Constituição de 1946, considerada democrática, pois foi votada em Assembleia Nacional Constituinte e não imposta, como ocorrera com a Lei Maior anterior, estabelecia, no art. 159: "É livre a associação profissional ou sindical, sendo reguladas por lei a forma de sua constituição, a sua representação legal nas convenções coletivas de trabalho e o exercício de funções delegadas pelo poder público". O sindicato continuava a exercer função delegada pelo Poder Público. Reconhecia-se o direito de greve, que seria regulado em lei, sendo, portanto, permitida.

As demais constituições tratam da mesma forma o tema.

A Constituição de 1988 traz algumas modificações em relação às normas constitucionais anteriores. O *caput* do art. 8º estabelece que é livre a associação profissional ou sindical. O inciso II do art. 8º dispõe que é proibida a criação de mais de um sindicato de categoria profissional ou econômica, em qualquer grau, na mesma base territorial, que será definida pelos trabalhadores, não podendo ser inferior à área de um Município. Impede o Estatuto Supremo de 1988 a possibilidade da ratificação da Convenção n. 87 da OIT, pois permite apenas um sindicato em cada base territorial, que não pode ser inferior à área de um município.

Uma inovação trazida pelo inciso I do art. 8º da Lei Magna foi, sem dúvida, que o Poder Público (leia-se Poder Executivo) não poderá interferir ou intervir na organização sindical. Intervir era tutelar o sindicato, substituindo seus dirigentes por meio de delegados, como se fazia anteriormente à Constituição de 1988. Interferir era dizer como a agremiação poderia ou não fazer determinada coisa.

Estabeleceu-se a liberdade sindical individual: a pessoa pode se filiar ou se desligar do sindicato, dependendo exclusivamente da sua vontade (art. 8º, V, da Constituição). Foi mantida a cobrança de contribuições para o custeio do sindicato. O inciso IV do art. 8º do Estatuto Supremo já menciona a contribuição para o custeio do sistema confederativo, que é o que se chama de contribuição confederativa. A parte final do mesmo inciso permite, ainda, a cobrança da contribuição prevista em lei, que é a contribuição sindical, oriunda do corporativismo de Getúlio Vargas.

O art. 9º da Lei Magna reza sobre o direito de greve, sem qualquer limitação, podendo os trabalhadores decidir sobre a oportunidade de exercê-lo e sobre os interesses que devam ser defendidos. A lei, apenas, irá definir os serviços ou atividades essenciais e disporá sobre o atendimento das necessidades inadiáveis da comunidade.

2 DENOMINAÇÃO

A palavra *sindicato* vem do francês *syndicat*. Sua origem está na palavra síndico, que era encontrada no Direito Romano para indicar as pessoas que eram encarregadas de representar uma coletividade, e no Direito Grego (*sundiké*). Outras denominações são empregadas, como *union* ou *trade union*, em inglês; *Gewerkschaft* (*arbeitervereine*), em alemão; *sindacato*, em italiano. Também são usadas as denominações *associações* e *grêmios*, esta última em países de língua espanhola, como na Argentina. Na CLT, sindicato é a denominação usada para as associações de primeiro grau (art. 561).

3 CONCEITO

A CLT não define o que vem a ser sindicato, apenas esclarece que "é lícita a associação para fins de estudo, defesa e coordenação dos seus interesses econômicos ou profissionais de todos os que, como empregadores, empregados, agentes ou trabalhadores autônomos, ou profissionais liberais, exerçam, respectivamente, a mesma atividade ou profissão ou atividades ou profissões similares ou conexas" (art. 511).

Sindicato é, assim, a associação de pessoas físicas ou jurídicas que têm atividades econômicas ou profissionais, visando à defesa dos interesses coletivos e individuais de seus membros ou da categoria. É uma associação espontânea entre as pessoas.

4 NATUREZA JURÍDICA

Para alguns sistemas o sindicato seria pessoa jurídica de direito público, que era o que ocorria nos sistemas corporativistas, em que o sindicato exerce funções delegadas pelo Poder Público.

Em outros sistemas o sindicato é pessoa jurídica de direito privado que exerce atribuições de interesse público. É o mesmo que ocorre com as empresas concessionárias de Poder Público, que são empresas privadas que prestam serviços públicos. Os interesses da categoria não se identificam com os do Estado.

Hoje se pode dizer que o sindicato é pessoa jurídica de direito privado, pois não pode haver interferência ou intervenção no sindicato (art. 8º, II, da Constituição).

5 UNICIDADE SINDICAL

De acordo com o nosso sistema sindical, consagrado no inciso II do art. 8º da Constituição, não há a possibilidade da criação de mais de uma organização sindical, em qualquer grau, representativa de categoria profissional ou econômica, na mesma base territorial, que não poderá ser inferior à área de um Município. Assim, a Lei Maior estabelece que a unicidade envolve a base territorial, impedindo a existência de vários sindicatos de uma mesma categoria, inclusive de sindicatos por empresa.

A Convenção n. 87 da OIT preconiza a livre criação de tantos sindicatos quantos forem os interessados, sem quaisquer restrições feitas por lei.

A unidade sindical é o sistema em que os próprios interessados se unem para a formação de sindicatos. A unidade sindical é feita pela própria vontade dos interessados. Não há nenhuma imposição da lei. É o que ocorre na Inglaterra e na Suécia.

Decorre a unicidade sindical da lei e não da vontade das pessoas na formação do sindicato. O inciso II do art. 8º da Constituição determinou a unicidade sindical, pois não é permitida a criação de mais de uma organização sindical na mesma base territorial, que não poderá ser inferior à área de um Município.

6 CRIAÇÃO E REGISTRO DE SINDICATOS

A Convenção n. 87 da OIT determina que os sindicatos podem ser constituídos sem qualquer autorização prévia do Estado.

O inciso I do art. 8º da Constituição adotou essa orientação, dizendo que "a lei não poderá exigir autorização do Estado para a fundação de sindicato, ressalvado o registro no órgão competente". Com isso, restou revogado o art. 520 da CLT, que falava em reconhecimento do sindicato pelo Ministério do Trabalho, que iria lhe outorgar a correspondente carta de reconhecimento.

A maior dúvida que ocorre no caso é que a Constituição, apesar de não exigir qualquer autorização do Estado para a fundação do sindicato, faz a ressalva de que deve haver um registro no órgão competente. O registro na Secretaria Especial de Previdência e Trabalho é recebido pela atual Constituição apenas para fins cadastrais e de verificação da unicidade sindical, sem qualquer interferência, intervenção ou autorização do Estado em relação às atividades do sindicato, tendo por finalidade o reconhecimento de sua personalidade enquanto entidade sindical (STF, Pleno, m.v., MI 144-8/SP, rel. Min. Sepúlveda Pertence, j. 3-8-1992, *DJU* I 28-5-1993, p. 10.381).

A Portaria n. 3.472/2023 estabelece procedimentos para o registro sindical.

7 CATEGORIA

Os incisos II, III e IV do art. 8º da Constituição mencionam que a organização sindical brasileira é feita sob o sistema de categorias. O parágrafo único do art. 7º da Lei Maior também emprega a palavra *categoria*. O inciso II do art. 8º da Lei Magna versa que "é vedada a criação de mais de uma organização sindical, em qualquer grau, representativa de categoria profissional ou econômica [...]". O inciso III do citado artigo mostra que "ao sindicato cabe a defesa dos direitos e interesses coletivos ou individuais da categoria [...]". O inciso IV do mesmo artigo reza que "a assembleia geral fixará a contribuição que, em se tratando de categoria profissional [...]". O parágrafo único do art. 7º da Constituição trata dos direitos que "são assegurados à categoria dos trabalhadores domésticos". Nota-se, assim, que a nossa organização sindical ainda é feita por categorias, como preconiza a Constituição, que, portanto, recebe as disposições da CLT nesse sentido, ao usar as expressões *categoria profissional* e *categoria econômica*. O art. 511 da CLT evidencia esse fato ao tratar de maneira genérica do sindicato, que, na verdade, é a categoria juridicamente organizada.

O conceito de categoria, porém, irá depender, em grande parte, da orientação adotada pelo Direito positivo de cada país ao traçar as linhas fundamentais do sindicalismo. Categoria é o conjunto de pessoas que têm interesses profissionais ou econômicos em comum, decorrentes de identidade de condições ligadas ao trabalho. A categoria compreende, portanto, a organização do grupo profissional ou econômico, segundo as determinações políticas do Estado.

A nossa legislação, quando trata de categoria, usa as expressões *categoria econômica* e *categoria profissional*. A categoria econômica é a que ocorre quando há solidariedade de interesses econômicos dos que empreendem atividades idênticas, similares ou conexas, constituindo vínculo social básico entre essas pessoas (§ 1º do art. 511 da CLT). É também chamada de categoria dos empregadores. Similares são as atividades que se assemelham, como as que numa categoria pudessem ser agrupadas por empresas que não são do mesmo ramo, mas de ramos que se parecem, como hotéis e restaurantes. Conexas são as atividades que, não sendo semelhantes, complementam-se, como as várias atividades existentes na construção civil, por exemplo: alvenaria, hidráulica, esquadrias, pastilhas, pintura, parte elétrica etc.

"Categoria profissional" ocorre quando existe similitude de vida oriunda da profissão ou trabalho em comum, em situação de emprego na mesma atividade econômica ou em atividades econômicas similares ou conexas. É também denominada de categoria dos empregados ou dos trabalhadores. É o conjunto de trabalhadores que têm, permanentemente, identidade de interesses em relação à sua atividade laboral.

O § 3º do art. 511 da CLT define categoria diferenciada como "a que se forma dos empregados que exerçam profissões ou funções diferenciadas por força do estatuto profissional especial ou em consequência de condições de vida singulares". A categoria diferenciada nada mais é do que a formação de sindicato por profissão, pois só os trabalhadores podem formá-la. Temos como exemplos de categorias diferenciadas, de acordo com o quadro anexo mencionado pelo art. 577 da CLT, a dos condutores de veículos rodoviários (motoristas); cabineiros de elevadores (ascensoristas); secretárias etc.

8 ENQUADRAMENTO SINDICAL

O Enquadramento Sindical foi previsto nos arts. 570 a 577 da CLT, sendo que o quadro anexo de que fala este último artigo está no apêndice da referida norma. No quadro é feito o enquadramento por grupos, em que são numeradas as atividades das categorias econômicas e profissionais.

Para se fazer o enquadramento existia a Comissão de Enquadramento Sindical, ligada diretamente à Secretaria Especial de Previdência e Trabalho, que verificava a possibilidade da existência do sindicato. A Constituição manteve o sistema confederativo e a organização sindical por categorias, porém a Secretaria Especial de Previdência e Trabalho não poderá exigir autorização para o funcionamento do sindicato, nem poderá intervir ou interferir na atividade sindical. Com isso, foram revogados os dispositivos consolidados que tratavam de enquadramento e da Comissão de Enquadramento Sindical (CES). Entretanto, como o sistema anteriormente vigente foi recepcionado pela Norma Ápice de 1988, permanece em vigor o quadro anexo ao art. 577 da CLT, que só poderá ser modificado por legislação futura ou na definição da base territorial pelos trabalhadores ou empregadores interessados (art. 8º, II, da Constituição).

O enquadramento sindical é feito de acordo com a atividade preponderante do empregador.

8.1 Sindicalismo rural

O Decreto-Lei n. 1.166, de 1971, versou sobre sindicalização rural, tendo sido regulamentado pelo Decreto n. 73.626/74. A Lei n. 5.889/73 revogou o Estatuto do Trabalhador Rural (Lei n. 4.214/63), porém o art. 19 determinou que o enquadramento e a contribuição sindicais rurais seriam estabelecidos pela legislação em vigor, que era exatamente o Decreto-Lei n. 1.166.

O § 4º do art. 535 da CLT estabelece que as associações sindicais de grau superior (federações e confederações) da agricultura e pecuária serão organizadas de conformidade com o que dispuser a lei que regular a sindicalização dessas atividades ou profissões, remetendo às disposições do Decreto-Lei n. 1.166.

O parágrafo único do art. 8º da Constituição explicita que as disposições do referido comando legal se aplicam à organização de sindicatos rurais e de colônias de pescadores, de acordo com as condições que a lei estabelecer. Nesse ponto, portanto, foi recebido o Decreto-Lei n. 1.166 pela Lei Maior, sendo, no momento, a norma que regula a sindicalização no meio rural.

9 ÓRGÃOS DO SINDICATO

O sindicato se compõe de três órgãos: Assembleia Geral, Diretoria e Conselho Fiscal.

A Diretoria será composta de um mínimo de três membros e no máximo de sete membros, entre os quais será eleito o presidente do sindicato. Trata-se de um órgão executivo, que tem por função administrar o sindicato. O Conselho Fiscal será composto de três membros. Esses membros serão eleitos pela Assembleia Geral (art. 522 da CLT), tendo mandato de três anos.

A Assembleia Geral é o órgão máximo do sindicato, tendo por objetivo principal deliberar sobre vários assuntos, entre os quais o de traçar as diretrizes do sindicato e a sua forma de atuação. A CLT ainda menciona que a Assembleia Geral irá eleger os associados para representação da categoria, tomar e aprovar as contas da diretoria, aplicar o patrimônio do sindicato, julgar os atos da diretoria, quanto a penalidades impostas a associados, deliberar sobre as relações ou dissídios do trabalho, eleger os diretores e membros do Conselho Fiscal.

O Conselho Fiscal terá por competência a fiscalização da gestão financeira do sindicato.

10 ELEIÇÕES

A eleição para cargos de Diretoria e Conselho Fiscal será realizada por escrutínio secreto, durante 6 horas contínuas, pelo menos, na sede do sindicato, nas delegacias e seções e nos principais locais de trabalho.

Para o exercício do direito de voto é mister: a) ter o associado mais de seis meses de inscrição no quadro social e mais de dois anos de exercício da atividade ou da profissão; b) ser maior de 18 anos; c) estar no gozo dos direitos sindicais. O voto é obrigatório nas eleições sindicais. O aposentado filiado tem direito de votar e ser votado nas eleições sindicais (art. 8º, VII, da Constituição).

11 ENTIDADES SINDICAIS DE GRAU SUPERIOR

As entidades sindicais de grau superior são as federações e as confederações (art. 533 da CLT).

As federações são entidades sindicais de grau superior organizadas nos Estados-membros. Poderão ser constituídas desde que congreguem número não inferior a cinco sindicatos, representando a maioria absoluta de um grupo de atividades ou profissões idênticas, similares ou conexas (art. 534 da CLT).

As federações poderão agrupar sindicatos de determinado Município ou região a ela filiados para o fim de lhes coordenar os interesses, porém a União não terá direito de representação das atividades ou profissões agrupadas (§ 3º do art. 534 da CLT). As federações poderão celebrar, em certos casos, convenções coletivas (§ 2º do art. 611 da CLT), acordos coletivos (§ 1º do art. 617 da CLT) e instaurar dissídios coletivos (parágrafo único do art. 857 da CLT), quando as categorias não forem organizadas em sindicatos.

Os órgãos internos das federações são: a) Diretoria; b) Conselho de Representantes; c) Conselho Fiscal. A Diretoria será constituída de no mínimo três membros, não havendo número máximo. O Conselho Fiscal terá três membros. Ambos serão eleitos pelo Conselho de Representantes para mandato de três anos. O Conselho de Representantes será formado pelas delegações dos sindicatos ou de federações filiadas, constituída cada delegação de dois membros, com mandato de três anos, cabendo um voto a cada delegação. O Conselho Fiscal terá competência para fiscalizar a gestão financeira.

As confederações são entidades sindicais de grau superior de âmbito nacional. São constituídas de no mínimo três federações, tendo sede em Brasília (art. 535 da CLT). As confederações se formam por ramo de atividade (indústria, comércio, transportes etc.). Exemplos: Confederação Nacional da Indústria, Confederação Nacional dos Trabalhadores na Indústria, Confederação Nacional do Comércio, Confederação Nacional dos Trabalhadores no Comércio etc. Denomina-se Confederação Nacional das Profissões Liberais a reunião das respectivas federações, que terão o mesmo poder de representação dos sindicatos representativos das categorias profissionais diferenciadas, nas ações individuais e coletivas (Lei n. 7.316/85).

Normalmente as confederações coordenam as atividades das entidades de grau inferior, estando autorizadas, em certos casos, a celebrar convenções coletivas (§ 2º do art. 611 da CLT), acordos coletivos (§ 1º do art. 617 da CLT) e a instaurar dissídios coletivos (parágrafo único do art. 857 da CLT), quando as categorias não forem organizadas em sindicatos, nem em federações.

Seus órgãos internos são os mesmos da federação (Diretoria, Conselho Fiscal e Conselho de Representantes), aplicando-se-lhes as mesmas disposições.

A Diretoria será constituída de no mínimo três membros, não havendo número máximo. O Conselho Fiscal terá três membros. Ambos serão eleitos pelo Conselho de Representantes para mandato de três anos. Só poderão ser eleitos os integrantes dos planos das confederações. O presidente da Confederação será escolhido pela Diretoria, entre seus membros. O Conselho Fiscal terá competência para fiscalizar a gestão financeira.

11.1 Centrais sindicais

São as centrais sindicais órgãos de cúpula, intercategoriais, estando acima das confederações. Coordenam os demais órgãos.

São filiados às centrais sindicais: sindicatos, federações e confederações. Embora as centrais sindicais sejam totalmente desregulamentadas, teoricamente elas são de âmbito nacional e se situam acima das outras entidades sindicais.

A legislação hoje prevê a existência das centrais, não pertencendo ao sistema confederativo, mas fazendo parte de certos órgãos governamentais, por meio de representantes dos trabalhadores dessas entidades. O § 3º do art. 18 da Lei n. 7.998/90 (que trata do seguro-desemprego) prevê que devem compor o Conselho Deliberativo do Fundo de Amparo ao Trabalhador membros oriundos dos trabalhadores, indicados pelas centrais sindicais. O § 3º do art. 3º da Lei n. 8.036/90 (FGTS) permite a participação de representantes dos trabalhadores indicados pelas centrais sindicais no Conselho Curador do FGTS. O § 4º do art. 6º da Lei n. 8.212/91 (Custeio de Seguridade Social) determina que entre os membros do Conselho Nacional da Seguridade Social (CNSS) estejam membros oriundos dos trabalhadores pertencentes às centrais sindicais. O § 2º do art. 3º da Lei n. 8.213/91 (Previdência Social) dispõe que os trabalhadores indicados pelas centrais sindicais farão parte do Conselho Nacional de Previdência Social (CNPS). Reza o inciso II do art. 65 da Lei n. 8.212/91 que o membro do Conselho Gestor do Cadastro Nacional do Trabalhador será indicado pelas centrais sindicais. A lei, portanto, indiretamente, admite a existência das centrais sindicais.

A central sindical, entidade de representação geral dos trabalhadores, constituída em âmbito nacional, terá as seguintes atribuições e prerrogativas: 1) coordenar a representação dos trabalhadores por meio das organizações sindicais a ela filiados; 2) participar de negociações em fóruns, colegiados de órgãos públicos e demais espaços de diálogo que possuam composição tripartite, nos quais estejam em discussão assuntos de interesse geral dos trabalhadores (art. 1º da Lei n. 11.648/2008).

Considera-se central sindical a entidade associativa de direito privado composta por organizações sindicais de trabalhadores. Não se considera central sindical a organização sindical de empregadores.

Para o exercício das atribuições e prerrogativas, a central sindical deverá cumprir os seguintes requisitos: 1) filiação, no mínimo, de 100 sindicatos distribuídos nas cinco regiões do país; 2) filiação em pelo menos três regiões do país de, no mínimo, 20 sindicatos em cada uma; 3) filiação de sindicatos em, no mínimo, cinco setores de atividade econômica; 4) filiação de sindicatos que representem, no mínimo, 7% do total de empregados sindicalizados em âmbito nacional. O índice do item 4 será de 5% do total de empregados sindicalizados em âmbito nacional no período de 24 meses a contar da publicação da Lei n. 11.648/2008.

A aferição dos requisitos de representatividade será realizada pela Secretaria Especial de Previdência e Trabalho (art. 4º da Lei n. 11.648/2008).

12 PROTEÇÃO À SINDICALIZAÇÃO

O empregado eleito para cargo de administração sindical ou representação profissional, inclusive junto a órgão de deliberação coletiva, não poderá ser impedido do exercício de suas funções, nem transferido para lugar ou mister que lhe dificulte ou torne impossível o desempenho das suas atribuições sindicais (art. 543 da CLT). Pedindo o empregado para ser transferido ou aceita a transferência, perderá o mandato (§ 1º do art. 543 da CLT).

O período em que o empregado fica afastado para o exercício de seu mandato sindical é considerado como licença não remunerada, salvo se outra coisa for disposta no contrato de trabalho ou na norma coletiva (§ 2º do art. 543 da CLT).

Considera-se como cargo de direção ou de representação sindical aquele cujo exercício ou indicação decorre de eleição prevista em lei.

A empresa que, por qualquer modo, procurar impedir que o empregado se associe a sindicato, organize associação profissional ou sindical ou exerça os direitos inerentes à condição de sindicalizado fica sujeita a multa administrativa, sem prejuízo da reparação a que tiver direito o empregado.

O inciso VIII do art. 8º da Constituição de 1988 veio apenas a erigir em nível constitucional o disposto no § 3º do art. 543 da CLT: "é vedada a dispensa do empregado sindicalizado a partir do registro da candidatura a cargo de direção ou representação sindical e, se eleito, ainda que suplente, até um ano após o final do mandato, salvo se cometer falta grave nos termos da lei". Encerra o mandamento constitucional em exame norma constitucional de eficácia plena, exceto quanto à falta grave, que será apurada nos termos da lei, que é norma de eficácia limitada. A expressão *nos termos da lei* refere-se à falta grave e já está normatizada pelo art. 482 da CLT, que prevê quais as faltas que ensejarão o despedimento do obreiro. Nada impede que a lei ordinária venha a estender a estabilidade ao associado que se candidata a cargo de direção ou de representação de associação profissional, como menciona o § 3º do art. 543 da CLT, visto que é livre a associação para fins lícitos (art. 5º, XVII, da Constituição).

A comunicação do registro da candidatura do dirigente sindical é formalidade essencial para o empregador saber se o empregado está ou não concorrendo à eleição. Deverá ser feita dentro de 24 horas pelo sindicato à empresa. É assegurada a garantia de emprego ao empregado dirigente sindical, ainda que a comunicação do registro da candidatura ou da eleição e da posse seja realizada fora do prazo do § 5º do art. 543 da CLT, desde que a ciência ao empregador, por qualquer meio, ocorra na vigência do contrato de trabalho (Súmula 369, I, do TST).

13 DIREITOS DOS ASSOCIADOS

Os associados têm direito de votar nas deliberações da Assembleia Geral, assim como de ser votados, de exercer controle sobre a gestão do sindicato, inclusive financeira. Farão jus também ao recebimento da prestação dos serviços que o sindicato oferecer, como de assistência social, jurídica, médica, dentária, de colônia de férias etc.

14 FUNÇÕES DO SINDICATO

O sindicato exerce funções de representação, negocial, econômica e assistencial, além de ter receitas financeiras.

14.1 Função de representação

A função de representação é assegurada na alínea *a* do art. 513 da CLT, em que se verifica a prerrogativa do sindicato de representar, perante as autoridades administrativas e judiciárias, os interesses da categoria ou os interesses individuais dos associados relativos à atividade ou profissão exercida. Uma das funções precípuas do sindicato é a de representar a categoria. Assim, elevou-se ao nível de dispositivo constitucional a regra retromencionada, que tem fundamento no inciso III do art. 8º da Constituição. Este inciso também consagra hipótese de representação sindical, de o sindicato representar a categoria, que é a finalidade principal do sindicato e não de substituição processual, que consistiria em representação extraordinária. O STF, porém, entende que se trata de hipótese de substituição processual.

14.2 Função negocial

A função negocial do sindicato é a que se observa na prática das convenções e acordos coletivos de trabalho. O sindicato participa das negociações coletivas que irão culminar com a concretização de normas coletivas (acordos ou convenções coletivas de trabalho), a serem aplicadas à categoria. Concretizada a negociação, são feitas as cláusulas que irão estar contidas nas convenções ou acordos coletivos, estabelecendo normas e condições de trabalho.

A Constituição prestigia a função negocial do sindicato ao reconhecer as convenções e acordos coletivos de trabalho (art. 7º, XXVI), além de certos direitos somente poderem ser modificados por negociação coletiva (art. 7º, VI, XIII, XIV). É também obrigatória a participação dos sindicatos nas negociações coletivas (art. 8º, VI, da Constituição). A alínea *b* do art. 513 da CLT declara que é prerrogativa do sindicato celebrar convenções coletivas de trabalho, o que se nota também no art. 611. Os acordos coletivos são também celebrados pelo sindicato profissional com uma ou mais empresas (§ 1º do art. 611 da CLT).

14.3 Função econômica

Nos Estados Unidos, por exemplo, o sindicato pode exercer atividade econômica, tanto que os grandes sindicatos são acionistas de empresas, financiam campanhas presidenciais etc. A DGB, central sindical da Alemanha, possui o controle de importante banco daquele país.

O art. 564 da CLT veda, entretanto, ao sindicato, direta ou indiretamente, o exercício de atividade econômica. O referido artigo permanece em vigor com a Constituição de 1988, pois é vedada a interferência do Poder Executivo no sindicato, e não da lei, ao impedir o exercício de atividade econômica, que não é a finalidade do sindicato, mas, sim, representar a categoria, negociar para que sejam feitas normas coletivas etc.

14.4 Função política

O sindicato não deveria fazer política partidária, nem se dedicar à política, visto que esta é prerrogativa dos partidos políticos. O sindicato deve representar a categoria, participar das negociações coletivas, firmar normas coletivas, prestar assistência aos associados, mas não exercer atividade política, o que desvirtua as suas finalidades. A alínea *d* do art. 521 da CLT mostra a proibição de o sindicato exercer qualquer das atividades não compreendidas nas finalidades elencadas no art. 511 da CLT, especialmente as de caráter político-partidário. Entendo que essa orientação permanece em vigor em decorrência da Constituição de 1988, pois não é finalidade do sindicato exercer função política, nem há interferência do Poder Executivo no sindicato.

14.5 Função assistencial

Várias são as funções assistenciais do sindicato. A alínea *b* do art. 514 da CLT mostra que é dever do sindicato manter assistência judiciária aos associados, independentemente do salário que percebam. O art. 14 da Lei n. 5.584/70 determina que a assistência judiciária em juízo seja prestada pelo sindicato àqueles que não tenham condições de ingressar com ação, sendo devida a todo aquele que perceber salário igual ou inferior ao dobro do mínimo legal, ficando assegurado igual benefício ao trabalhador que tiver salário superior, desde que comprove que sua situação econômica não lhe permite demandar sem prejuízo do sustento próprio ou da família. Essa assistência será prestada ainda que o trabalhador não seja sócio do sindicato (art. 18 da Lei n. 5.584/70).

A alínea *d* do art. 514 da CLT especifica que, sempre que possível, e de acordo com as suas possibilidades, deverá o sindicato manter no seu quadro de pessoal, em convênio com entidades assistenciais ou por conta própria, um assistente social com as atribuições específicas de promover a cooperação operacional na empresa e a integração profissional na classe.

Os sindicatos de empregados terão o dever de promover a fundação de cooperativas de consumo e de crédito e de fundar e manter escolas de alfabetização e pré-vocacionais (parágrafo único do art. 514 da CLT).

A assistência nas rescisões dos empregados estáveis demissionários (art. 500 da CLT) é prestada pelo sindicato.

O art. 592 da CLT revela que a receita da contribuição sindical será aplicada em assistência técnica, jurídica, médica, dentária, hospitalar, farmacêutica, à maternidade, em creches, colônias de férias, educação, formação profissional etc. A assistência judiciária é prestada pelo sindicato a toda pessoa que ganhe até dois salários mínimos e também aos que percebam maior salário e não possam ajuizar ação sem prejuízo do seu sustento ou de sua família (art. 14, *caput* e § 1º, da Lei n. 5.584/70).

15 RECEITAS DO SINDICATO

Tem o sindicato como receitas não só a contribuição sindical (art. 8º, IV, da Constituição c/c os arts. 578 a 610 da CLT), mas também a contribuição confederativa (art. 8º, IV, da Constituição), a contribuição assistencial (art. 513, *e*, da CLT) e a mensalidade dos sócios do sindicato (art. 548, *b*, da CLT).

O sindicato possui, ainda, outras receitas, de acordo com o art. 548 da CLT, como os bens e valores adquiridos e as rendas produzidas por aqueles (alínea *c*); as doações e legados (alínea *d*) e as multas e outras rendas eventuais (alínea *e*).

15.1 Contribuição sindical

15.1.1 História

O imposto sindical tem por base a Constituição de 1937, que permitia a sua criação. O Decreto-Lei n. 27, de 14 de novembro de 1966, acrescentou o art. 217 à Lei n. 5.172, de 25 de outubro de 1966, especificando que "as disposições desta Lei [...] não excluem a incidência e a exigibilidade: I – da 'contribuição sindical', denominação que passa a ter o Imposto Sindical de que tratam os arts. 578 e seguintes da Consolidação das Leis do Trabalho". Assim, mudou-se apenas o *nomem juris* da exação, que antigamente era o imposto sindical, passando a se chamar contribuição sindical.

O inciso IV do art. 8º da Constituição de 1988 outorgou competência à Assembleia Geral do sindicato para fixar a contribuição confederativa, "independentemente da contribuição prevista em lei", que é a sindical, prevista nos arts. 578 a 610 da CLT.

15.1.2 Natureza jurídica

A atual contribuição sindical é o antigo imposto sindical. Como imposto, tinha natureza tributária, como espécie do gênero tributo. Atualmente, chama-se contribuição sindical, tendo natureza facultativa, pois só poderá ser cobrada se for autorizada pela pessoa.

O STF entendeu que a alteração feita pela Lei n. 13.467/2017, tornando a contribuição sindical facultativa, é constitucional (ADIn 5.794, rel. Min. Luiz Fux).

15.1.3 Generalidades

Corresponde a contribuição sindical a um dia de trabalho para os empregados (inciso I do art. 580 da CLT); calculada sobre o capital da empresa, para os empregadores (inciso III do art. 580 da CLT); e para os trabalhadores autônomos e profissionais liberais toma-se por base um porcentual fixo (inciso II do art. 580 da CLT).

Os empregadores ficam obrigados a descontar da folha de pagamento dos seus empregados, desde que por eles devidamente autorizados, as contribuições devidas ao sindicato, quando por este notificados (art. 545 da CLT). O desconto da contribuição sindical em folha de pagamento está sujeito à anuência dos trabalhadores. Pagarão a contribuição apenas aqueles que a autorizarem.

Em se tratando de agentes ou trabalhadores autônomos e de profissionais liberais, organizados em firma ou empresa, com capital social registrado, o recolhimento da contribuição sindical será feito de acordo com as tabelas fixadas para as empresas.

Tendo a empresa diversas atividades econômicas, sem que nenhuma delas seja preponderante, cada uma dessas atividades será incorporada à respectiva categoria econômica, sendo a contribuição sindical devida à entidade sindical representativa da mesma categoria, procedendo-se, em relação às correspondentes sucursais, agências ou filiais, da mesma forma.

Os empregadores são obrigados a descontar da folha de pagamento de seus empregados relativa ao mês de março de cada ano a contribuição sindical dos empregados que autorizaram prévia e expressamente o seu recolhimento aos respectivos sindicatos (art. 582 da CLT). Os empregados contribuem com um dia de trabalho equivalente a uma jornada normal de trabalho, se o pagamento feito pelo empregador for por unidade de tempo; ou a 1/30 da quantia percebida no mês anterior, se a remuneração for paga por tarefa, empreitada ou comissão. Quando o salário for pago em utilidades, ou nos casos em que o empregado receba, habitualmente, gorjetas, a contribuição sindical corresponderá a 1/30 da importância que tiver servido de base, no mês de janeiro, para a contribuição do empregado à Previdência Social. Sendo a contribuição sindical calculada sobre a jornada normal de trabalho de um dia, a referida exação não incide sobre horas extras. O recolhimento da contribuição sindical pertinente aos empregados e trabalhadores avulsos será efetuado no mês de abril de cada ano, e o relativo aos agentes ou trabalhadores autônomos realizar-se-á em fevereiro.

Os profissionais liberais poderão optar pelo pagamento da contribuição sindical unicamente à entidade sindical representativa da respectiva profissão. Para isso é preciso que exerçam, efetivamente, na firma ou empresa, a profissão e como tal sejam nela registrados (art. 585 da CLT).

Os empregados que não estiverem trabalhando no mês destinado ao desconto da contribuição sindical e que venham a autorizar prévia e expressamente o recolhimento serão descontados no primeiro mês subsequente ao do reinício do trabalho (art. 602 da CLT).

Deverão as empresas recolher sua contribuição sindical no mês de janeiro de cada ano. As empresas que forem constituídas após o mês de janeiro deverão recolher a contribuição na ocasião em que requererem o início de suas atividades na repartição de registro competente (art. 587 da CLT). Havendo aumento de capital após o mês de janeiro, não é necessário recolhimento complementar.

Do recolhimento da contribuição sindical há necessidade de sua repartição entre as entidades que compõem o sistema confederativo: a) 5% irão para a confederação correspondente; b) 15% serão carreados para a federação; c) 60% destinar-se-ão ao sindicato respectivo; d) 10% para a central sindical. Discutível é o porcentual de 10% destinado à Conta Especial de Emprego e Salário, pois, se é vedada a interferência e intervenção do sindicato pelo Poder Executivo, não mais poderia existir a referida destinação.

Inexistindo confederação, o seu porcentual caberá à federação representativa do grupo. Na falta de federação, o porcentual a ela destinado caberá à confederação correspondente à mesma categoria profissional ou econômica. Inexistindo sindicato: o porcentual do sindicato será creditado à federação correspondente à mesma categoria econômica ou profissional; os porcentuais da federação e da confederação caberão a esta última.

Feitos o desconto e recolhimento da contribuição do empregado pelo empregador, este deverá anotar na sua CTPS o valor da contribuição, o sindicato da categoria e a data e ano do desconto.

O recolhimento a destempo da contribuição sindical rural não acarreta a aplicação da multa progressiva prevista no art. 600 da CLT, em decorrência da sua revogação tácita pela Lei n. 8.022, de 12 de abril de 1990 (Súmula 432 do TST).

15.2 Contribuição confederativa

15.2.1 Introdução

Prescreve o inciso IV do art. 8º da Constituição que "a assembleia geral fixará a contribuição que, em se tratando de categoria profissional, será descontada em folha, para custeio do sistema confederativo da representação sindical respectiva, independentemente da contribuição prevista em lei".

Não se confunde a contribuição confederativa com a contribuição assistencial. A contribuição assistencial tem respaldo na alínea *e* do art. 513 da CLT. Entendo que a natureza jurídica das duas contribuições é distinta: a contribuição confederativa serve para custear o sistema confederativo da representação sindical patronal ou profissional; já a contribuição assistencial é encontrada nas sentenças normativas, acordos e convenções coletivas, visando custear as atividades assistenciais do sindicato, principalmente pelo fato de o sindicato ter participado das negociações para obtenção de novas normas para a categoria. Dessa forma, ambas as contribuições são cumuláveis, pois distintas as suas destinações e objetivos.

15.2.2 Natureza jurídica

A natureza jurídica da contribuição confederativa não é tributária, até mesmo porque a referida contribuição não foi instituída por lei. Não há atividade administrativa plenamente vinculada para a sua cobrança, por meio do lançamento, porque o Estado não se imiscui na arrecadação da mencionada contribuição, nem poderia, pelo comando inserto no inciso I do art. 8º da Constituição, que veda a interferência do Poder Público no sindicato. Logo, não está elencada a contribuição confederativa nas determinações do art. 3º do CTN, que define tributo.

Não se enquadra a contribuição em comentário na definição do art. 149 da Constituição, pois não é a União que irá instituí-la, mas, sim, a Assembleia Geral do sindicato. De outro lado, o inciso IV do art. 8º da Constituição não está incluído no capítulo da Lei Maior que versa sobre o sistema tributário nacional, porém no capítulo que trata dos direitos sociais. Verifica-se, assim, que a contribuição confederativa não será instituída pela União, não sendo, portanto, uma contribuição social, espécie do gênero tributo. O STF já entendeu que a contribuição confederativa não tem natureza tributária (STF, 2ª Turma, RE 198.092-3/SP, j. 27-8-1996, rel. Min. Carlos Velloso, *DJU* I de 16-10-1996, p. 38.509, *LTr* 60-12/1632).

A contribuição confederativa é uma obrigação consensual, em razão de depender da vontade da pessoa que irá contribuir, inclusive participando da Assembleia Geral na qual ela será fixada, pois é a Assembleia que irá fixar o *quantum* da contribuição. Trata-se de uma contribuição de cunho privado, exigida pelo sindicato, de acordo com sua autonomia sindical, para o custeio do sistema confederativo, tendo como credores o sindicato da categoria profissional ou econômica, e como devedores os empregados ou empregadores.

Segundo o entendimento do STF, o inciso IV do art. 8º da Constituição é uma norma autoaplicável (Ac. STF, 1ª Turma, RE 191.022-4/SP, rel. Min. Ilmar Galvão, *DJU* de 14-2-1997, p. 1.989).

15.2.3 Objeto

O objeto da contribuição confederativa não é o de custear o sistema sindical, mas o confederativo, do qual fazem parte os sindicatos, federações e confederações, não só da categoria profissional, como também da categoria econômica.

A contribuição confederativa, porém, irá ser fixada na Assembleia Geral do sindicato, pois a federação e a confederação não têm Assembleia Geral, mas Conselhos de Representantes (art. 538, *b*, da CLT).

15.2.4 Oposição à cobrança

Entendo possível a oposição à cobrança da contribuição confederativa. O art. 545 da CLT dispõe que "os empregadores ficam obrigados a descontar na folha de pagamento dos seus empregados [...] as contribuições devidas ao sindicato". Há necessidade, todavia, de que os obreiros concordem com o desconto.

Não se permitir que o trabalhador, ou até mesmo o empregador, se oponha ao desconto da contribuição confederativa, implicaria a filiação obrigatória daqueles sujeitos ao sindicato, quando o inciso V do art. 8º da Constituição dispõe que "ninguém será obrigado a filiar-se ou a manter-se filiado a sindicato". Nesse caso, estar-se-ia impondo uma contribuição a uma pessoa que não deseja se associar ao sindicato. Ressalte-se que o associado pode comparecer à assembleia na qual será deliberada a cobrança da contribuição, enquanto o não associado não o poderá, justamente porque não detém a condição de ser associado ao sindicato, não podendo, portanto, manifestar seu ponto de vista.

O Precedente 119 do TST esclareceu que fere o direito à plena liberdade de associação e de sindicalização cláusula constante de acordo, convenção coletiva ou sentença normativa fixando contribuição a ser descontada dos salários dos trabalhadores não filiados a sindicato profissional, sob a denominação de taxa assistencial ou para o custeio do sistema confederativo. A Constituição da República, nos arts. 5º, XX, e 8º, V, assegura ao trabalhador o direito de livre associação e sindicalização. Assim, os empregadores só ficam obrigados a descontar a contribuição confederativa dos empregados quando por estes expressamente autorizados.

Os associados ao sindicato devem pagar a contribuição, em razão da condição de associados e de poderem comparecer à Assembleia Geral que fixa a contribuição. O STF já decidiu que a contribuição confederativa só pode ser cobrada dos filiados ao sindicato e não dos não associados (Súmula Vinculante 40 do STF).

15.3 Contribuição assistencial

A contribuição assistencial é também denominada de taxa assistencial, taxa de reversão, contribuição de solidariedade ou desconto assistencial.

Contribuição assistencial é o pagamento feito pela pessoa pertencente à categoria profissional ou econômica ao sindicato da respectiva categoria, em virtude de este ter participado das negociações coletivas, de ter incorrido em custos para esse fim, ou para pagar determinadas despesas assistenciais realizadas pela agremiação.

Tem fundamento a contribuição assistencial na alínea *e* do art. 513 da CLT, enquanto a contribuição confederativa está prevista no inciso IV do art. 8º da Constituição.

A contribuição assistencial é encontrada nas sentenças normativas, acordos e convenções coletivas, visando a custear as atividades assistenciais do sindicato, principalmente pelo fato de o sindicato ter participado das negociações para obtenção de novas condições de trabalho para a categoria, e compensar a agremiação com os custos incorridos naquela negociação.

A contribuição assistencial não tem natureza tributária, pois não é destinada ao Estado, nem é exercida atividade administrativa plenamente vinculada (art. 3º do CTN), por meio do lançamento, visando à sua cobrança. É um desconto de natureza convencional, facultativo, estipulado pelas partes e não compulsório, que seria proveniente de lei. A contribuição assistencial decorre da autonomia da vontade dos contratantes ao pactuarem o desconto pertinente na norma coletiva, embora a referida contribuição também possa ser estabelecida em sentença normativa.

O Precedente 119 do TST esclareceu que fere o direito à plena liberdade de associação e de sindicalização cláusula constante de acordo, convenção coletiva ou sentença normativa fixando contribuição a ser descontada dos salários dos trabalhadores não filiados a sindicato profissional, sob a denominação de taxa assistencial. A Constituição da República, nos arts. 5º, XX, e 8º, V, assegura ao trabalhador o direito de livre associação e sindicalização.

O STF entende que "é constitucional a instituição, por acordo ou convenção coletivos, de contribuições assistenciais a serem impostas a todos os empregados da categoria, ainda que não sindicalizados, desde que assegurado o direito de oposição" (Tema 935 do STF, ARE 1.018.459, rel. Min. Gilmar Mendes).

A convenção e o acordo coletivo não podem determinar cobrança ou desconto salarial sem expressa e prévia anuência do trabalhador (art. 611-B, XXVI, da CLT).

15.4 Mensalidade sindical

A mensalidade sindical é paga apenas pelos associados ao sindicato, sendo prevista pelo estatuto de cada entidade sindical. Assim, apenas os filiados ao sindicato é que pagam a mensalidade sindical (art. 548, *b*, da CLT), pois beneficiam-se dos serviços prestados pelo sindicato, como atendimento médico, dentário, assistência judiciária etc. É, portanto, a contribuição associativa ou mensalidade sindical decorrente da previsão do estatuto do sindicato. Dois são os requisitos necessários ao pagamento da mensalidade sindical: a pessoa ser filiada ao sindicato e o estatuto da entidade sindical prever o seu pagamento.

REPRESENTAÇÃO DOS TRABALHADORES NAS EMPRESAS

1 REPRESENTAÇÃO

1.1 Histórico

Prevê o art. 621 da CLT que os acordos e as convenções coletivas poderão incluir entre suas cláusulas determinação no sentido da constituição e funcionamento de comissões mistas de consulta e colaboração. Essas disposições mencionarão a forma de constituição, o modo de funcionamento e as atribuições das comissões.

Estabeleceu a Constituição no art. 11 que, "nas empresas de mais de duzentos empregados, é assegurada a eleição de um representante destes com a finalidade exclusiva de promover-lhes o entendimento direto com os empregadores".

1.2 Autoaplicabilidade

É autoaplicável o art. 11 da Lei Maior, pois esta não faz referência à necessidade de a lei regular a representação dos trabalhadores nas empresas. Ao contrário de outros comandos constitucionais, o art. 11 da Lei Magna não dispõe que a representação dos trabalhadores nas empresas será feita "na forma da lei". Entretanto, apesar de o mandamento constitucional ser uma norma de eficácia plena, necessita ser complementada no que diz respeito, por exemplo, a duração do mandato, estabilidade, facilidades para cumprimento do mister constitucional confiado, número de representantes em empresas que tenham muitos empregados, como mais de 1.000, possibilidade de reeleição etc.

1.3 Conceito

Pode-se dizer que a Norma Ápice instituiu oficialmente o que já existia de fato em algumas empresas: o representante de pessoal. Vem a ser este uma pessoa que necessariamente não precisa ser sindicalizada, mas que é eleita pelos empregados para representá-los perante a empresa na discussão de interesses dos trabalhadores com aquela. O procedimento adotado pela Lei Maior constitui-se numa forma democrática de participação dos trabalhadores na empresa.

1.4 Distinção

O representante dos trabalhadores eleito para discutir os interesses dos operários da empresa não se confunde com o dirigente sindical. O representante sindical vem a ser aquela pessoa escolhida mediante eleição no âmbito do sindicato para representar a categoria e ser dirigente do sindicato. Não precisa o representante dos trabalhadores na empresa ser sindicalizado, apenas deve ser eleito para discutir os interesses dos trabalhadores perante o empregador, pertencendo aos quadros deste, enquanto o representante sindical pode pertencer a qualquer outra empresa. O representante dos trabalhadores na empresa é eleito apenas pelos empregados da última, tendo por finalidade exclusiva a promoção de interesses diretamente com o empregador e não os da categoria. Não representa, portanto, a categoria, mas apenas os trabalhadores da empresa.

Distingue-se, ainda, o representante dos trabalhadores do delegado sindical na empresa. Este normalmente foi eleito para esse fim pela categoria, representando-a na empresa. Costumeiramente, é o delegado indicado pelo sindicato entre os empregados da empresa, sendo apenas um representante da agremiação perante o empregador, de modo a verificar se este cumpre as determinações trabalhistas e as normas coletivas da categoria. Geralmente o delegado é um trabalhador sindicalizado. O representante dos trabalhadores pode não ser dirigente sindical, assim como pode não ser sindicalizado.

1.5 Objetivo

A ideia principal da instituição dos representantes dos trabalhadores perante o empregador foi a de que certos conflitos existentes no próprio âmbito da empresa fossem nela resolvidos, reduzindo, com isso, o número de processos a serem ajuizados na Justiça do Trabalho. Há, também, uma forma de o próprio representante exercer a fiscalização trabalhista na empresa quanto ao cumprimento da legislação e das normas coletivas da categoria, inclusive quanto a normas de segurança e medicina do trabalho. Existe, ainda, a possibilidade da negociação direta dos trabalhadores com a empresa, por meio do representante, quanto a melhores condições de trabalho e salariais, prestigiando a negociação direta entre as partes, que melhores resultados alcança, principalmente no que diz respeito à análise estrutural e financeira da empresa para a concessão de novas vantagens aos trabalhadores.

1.6 Procedimentos

A comissão será composta: I – nas empresas com mais de 200 e até três mil empregados, por três membros; II – nas empresas com mais de três mil e até cinco mil empregados, por cinco membros; III – nas empresas com mais de cinco mil empregados, por sete membros. No caso de a empresa ter empregados em vários Estados da Federação e no Distrito Federal, será assegurada a eleição de uma comissão de representantes dos empregados por Estado ou no Distrito Federal.

A comissão de representantes dos empregados terá as seguintes atribuições: I – representar os empregados perante a administração da empresa; II – aprimorar o relacionamento entre a empresa e seus empregados com base nos princípios da boa-fé e do respeito mútuo; III – promover o diálogo e o entendimento no ambiente de trabalho com o fim de prevenir conflitos; IV – buscar soluções para os conflitos decorrentes da relação de trabalho, de forma rápida e eficaz, visando à efetiva aplicação das normas legais e contratuais; V – assegurar tratamento justo e imparcial aos empregados, impedindo qualquer forma de discriminação por motivo de sexo, idade, religião, opinião política ou atuação sindical; VI – encaminhar reivindicações específicas dos empregados de seu âmbito de representação; VII – acompanhar o cumprimento das leis trabalhistas, previdenciárias e das convenções coletivas e acordos coletivos de trabalho (art. 510-B da CLT).

As decisões da comissão de representantes dos empregados serão sempre colegiadas, observada a maioria simples.

A comissão organizará sua atuação de forma independente.

A eleição será convocada, com antecedência mínima de 30 dias, contados do término do mandato anterior, por meio de edital que deverá ser fixado na empresa, com ampla publicidade, para inscrição de candidatura (art. 510-C da CLT). Será formada comissão eleitoral, integrada por cinco empregados, não candidatos, para a organização e o acompanhamento do processo eleitoral, vedada a interferência da empresa e do sindicato da categoria. Os empregados da empresa poderão candidatar-se, exceto aqueles com contrato de trabalho por prazo determinado, com contrato suspenso ou que estejam em período de aviso prévio, ainda que indenizado. Serão eleitos membros da comissão de representantes dos empregados os candidatos mais votados, em votação secreta, vedado o voto por representação.

A comissão tomará posse no primeiro dia útil seguinte à eleição ou ao término do mandato anterior.

Se não houver candidatos suficientes, a comissão de representantes dos empregados poderá ser formada com número de membros inferior ao previsto no art. 510-A da CLT.

Se não houver registro de candidatura, será lavrada ata e convocada nova eleição no prazo de um ano.

O mandato dos membros da comissão de representantes dos empregados será de um ano (art. 510-D da CLT). O membro que houver exercido a função de representante dos empregados na comissão não poderá ser candidato nos dois períodos subsequentes. O mandato de membro de comissão de representantes dos empregados não implica suspensão ou interrupção do contrato de trabalho, devendo o empregado permanecer no exercício de suas funções.

Os documentos referentes ao processo eleitoral devem ser emitidos em duas vias, as quais permanecerão sob a guarda dos empregados e da empresa pelo prazo de cinco anos, à disposição para consulta de qualquer trabalhador interessado, do Ministério Público do Trabalho e da Secretaria Especial de Previdência e Trabalho.

2 COGESTÃO

2.1 História

A primeira Constituição que tratou do tema foi a de 1967, no inciso IV do art. 158, ao versar sobre a integração do trabalhador na vida e no desenvolvimento da empresa, com participação nos lucros e, excepcionalmente, na gestão, nos casos e condições que fossem estabelecidos. Era uma regra dirigida ao legislador ordinário. Este, contudo, nunca veio a regular a questão.

A Emenda Constitucional n. 1, de 1969, determinou, no inciso V do art. 165, o mesmo tema, com pequena mudança de redação: "integração na vida e no desenvolvimento da empresa, com participação nos lucros e, excepcionalmente, na gestão, segundo for estabelecido em lei". Entretanto, a participação na gestão continuava sendo de natureza excepcional.

O inciso XI do art. 7º da Constituição prevê a participação na gestão da empresa de forma excepcional.

2.2 Denominação

O tema pode ser denominado participação na gestão ou cogestão. Tem o significado de o empregado poder participar da gestão da empresa juntamente com o empregador, tomando decisões.

2.3 Distinção

Difere a cogestão da autogestão, pois a primeira envolve a comunhão de decisões entre empregados e empregadores na empresa. Já, na segunda, a direção da empresa é feita somente pelos empregados.

O representante de que fala o art. 11 da Constituição não se confunde com a pessoa que participa da gestão, pois o primeiro é aquele que irá ser eleito com a finalidade exclusiva de promover o interesse dos empregados diretamente com o empregador.

2.4 Classificação

Parece, à primeira vista, que a participação na gestão está incluída no Direito Coletivo, pois o interesse a ser discutido é o coletivo, de toda a empresa e da comunidade de pessoas que nela prestam serviços. Não se trata, portanto, de um aspecto individual, que diria respeito ao contrato individual de trabalho, mas, sim, à coletividade da empresa, incluindo os empregados.

A cogestão pode ser classificada como de empresa ou de estabelecimento. A cogestão no estabelecimento não envolve toda a empresa, apenas o estabelecimento. Já a cogestão de empresa importa, inclusive, delegação de poderes de direção ao empregado e de deliberação, que irão envolver a empresa como um todo, e não apenas um estabelecimento. A cogestão estabelecida na Constituição é a de empresa, pois fala-se em participação na gestão da empresa, e não do estabelecimento.

2.5 Implantação

A participação na gestão é feita por intermédio de conselhos ou de comitês eleitos pelos trabalhadores. Os poderes outorgados aos empregados dependem do que foi estatuído, podendo funcionar inclusive como órgão de deliberação ou de tomada de decisões na empresa. A composição dos conselhos é feita mediante eleição, exigindo-se certos requisitos, como idade, tempo de casa etc.

O art. 621 da CLT permite que empregados e empregador, por meio de acordo ou convenção coletiva, estabeleçam nesses dispositivos cláusulas sobre comissões mistas de consulta e colaboração, no plano da empresa. As cláusulas deverão conter o modo de funcionamento e as atribuições das comissões.

Poder-se-ia dizer que, diante da redação do inciso XI do art. 7º da Constituição, a participação nos lucros seria a regra e a cogestão seria a exceção, dado o uso da expressão *excepcionalmente*. Entretanto, isso não é bem assim, pois tanto uma como a outra dependem da legislação ordinária tratar do tema.

Capítulo 41

CONFLITOS COLETIVOS DE TRABALHO

1 CONCEITO

Conflito, do latim *conflictus*, tem o significado de combater, lutar, designando posições antagônicas. Analisando-se o conflito dentro de um contexto sociológico, pode-se dizer que as controvérsias são inerentes à vida humana, sendo uma forma de desenvolvimento histórico e cultural da humanidade. Exemplo é a guerra, em que são desenvolvidas novas tecnologias ou armas, e onde foi criada até a bomba atômica. Muitos dos conflitos são gerados por questões sociais ou problemas econômicos, decorrentes da desigual distribuição de riquezas.

Do ponto de vista trabalhista, os conflitos são também denominados controvérsias ou dissídios, tendo sido utilizados, na prática, com o mesmo significado. Conflito, entretanto, tem sentido amplo e geral, correspondente a divergência de interesses, como ocorreria na greve e no *lockout*. A controvérsia diz respeito a um conflito em fase de ser solucionado, como no caso da greve e do *lockout* quando submetidos à mediação ou à arbitragem. Já o dissídio seria o conflito submetido à apreciação do Poder Judiciário, podendo ser individual ou coletivo, como na ação trabalhista do empregado contra a empresa ou no julgamento da greve pela Justiça do Trabalho.

Os conflitos coletivos do trabalho podem ser econômicos ou de interesse e jurídicos ou de direito. Os conflitos econômicos são aqueles nos quais os trabalhadores reivindicam novas condições de trabalho ou melhores salários. Já nos conflitos jurídicos tem-se por objeto apenas a declaração da existência ou inexistência de relação jurídica controvertida, como ocorre na decisão em dissídio coletivo em que se declara a legalidade ou ilegalidade da greve.

2 MEIOS EXTRAJUDICIAIS

É mais correta a classificação dos meios extrajudiciais de solução dos conflitos trabalhistas em autodefesa, autocomposição e heterocomposição.

2.1 Autodefesa

Na autodefesa as próprias partes fazem a defesa de seus interesses. O Direito Penal autoriza a legítima defesa e o estado de necessidade, que são meios excludentes da ilicitude do ato (art. 23 do CP). Não se admite o exercício arbitrário das próprias razões para a solução dos conflitos entre as partes envolvidas. Como exemplos de autodefesa, no âmbito trabalhista, temos a greve e o *lockout*.

2.2 Autocomposição

A autocomposição é a forma de solução dos conflitos trabalhistas realizada pelas próprias partes. Elas mesmas chegam à solução de suas controvérsias sem a intervenção de um terceiro. Este é, realmente, o melhor meio de solução dos conflitos, pois ninguém melhor do que as próprias partes para solucionar as suas pendências, porque conhecem os problemas existentes em suas categorias. Pode-se dividir a autocomposição em unilateral e bilateral. A unilateral é caracterizada pela renúncia de uma das partes a sua pretensão. A bilateral ocorre quando cada uma das partes faz concessões recíprocas, ao que se denomina de transação. Exemplos de formas autocompositivas de solução dos conflitos trabalhistas são os acordos e as convenções coletivas. Os acordos coletivos são realizados entre o sindicato de empregados e uma ou mais empresas. A convenção coletiva ocorre entre o sindicato de trabalhadores e o de empregadores.

A Lei n. 9.958, de 12 de janeiro de 2000, criou as comissões de conciliação prévia, acrescentando os arts. 625-A a 625-H à CLT.

As empresas e os sindicatos podem instituir Comissões de Conciliação Prévia, de composição paritária, com representantes dos empregados e dos empregadores, com a atribuição de tentar conciliar os conflitos individuais do trabalho.

A instituição das comissões não é obrigatória, mas facultativa.

Podem ser sindicais, intersindicais (entre sindicatos), de empresa, de grupos de empresa e os núcleos intersindicais de conciliação trabalhista.

Têm as Comissões natureza de conciliação, pois são feitas propostas e aconselhamento às partes.

As comissões não irão analisar provas das partes, nem irão julgar os conflitos. Seu objetivo é apenas de conciliação.

A comissão instituída no âmbito da empresa será composta de no mínimo dois e no máximo 10 membros. Metade dos membros será indicada pelo empregador e a outra metade eleita pelos empregados, em escrutínio secreto, fiscalizado pelo sindicato da categoria profissional. Haverá na comissão tantos suplentes quantos forem os representantes titulares. O mandato dos membros, titulares e suplentes, será de um ano, permitida uma recondução.

A comissão instituída no âmbito do sindicato terá sua constituição e normas de funcionamento definidas em convenção ou acordo coletivo.

Os núcleos intersindicais terão as mesmas características, desde que observem o princípio da paridade de representantes e da negociação coletiva para sua constituição.

Qualquer demanda de natureza trabalhista será submetida à comissão, desde que ela exista. A demanda será formulada por escrito ou reduzida a termo por qualquer dos membros da comissão, sendo entregue cópia datada e assinada pelo membro aos interessados. Caso existam, na mesma localidade e para a mesma categoria, comissão de empresa e comissão sindical, o interessado optará por uma delas para submeter a sua demanda, sendo competente aquela que primeiro conhecer do pedido. As comissões têm prazo de 10 dias para a realização da sessão de tentativa de conciliação a partir da provocação do interessado. Esgotado o prazo sem a realização da sessão, será fornecida, no último dia do prazo, declaração nesse sentido às partes. Não prosperando a conciliação, será fornecida ao empregado e ao empregador declaração da tentativa conciliatória frustrada com a descrição de seu objeto, firmada pelos membros da comissão, que deverá ser juntada à eventual reclamação trabalhista. Em caso de motivo relevante que impossibilite a observância do procedimento, será a circunstância declarada na petição inicial da ação intentada perante a Justiça do Trabalho.

O prazo prescricional será suspenso a partir da provocação da comissão, recomeçando a fluir, pelo que lhe resta, a partir da tentativa frustrada de conciliação ou do esgotamento do prazo de 10 dias para a realização da sessão.

Aceita a conciliação, será lavrado termo assinado pelo empregado e pelo empregador ou seu preposto e pelos membros da comissão, fornecendo-se cópia às partes.

O termo de conciliação é título executivo extrajudicial e terá eficácia liberatória geral, exceto quanto às parcelas expressamente ressalvadas (parágrafo único do art. 625-E da CLT).

2.3 Heterocomposição

A heterocomposição se verifica quando a solução dos conflitos trabalhistas é determinada por um terceiro. Exemplos de heterocomposição são a mediação, a arbitragem e a tutela ou jurisdição.

2.3.1 Mediação

A mediação ocorre quando um terceiro, chamado pelas partes, vem a solucionar o conflito, mediante auxílio e estímulo aos interessados. O mediador pode ser qualquer pessoa, como até mesmo um padre, não necessitando de conhecimentos jurídicos. O que interessa é que a pessoa venha a mediar o conflito, ouvindo as partes, para que se chegue ao seu termo. As partes não estarão obrigadas a aceitar as propostas.

O mediador não tem poder de coação ou de coerção sobre as partes, não tomando qualquer decisão ou medida; apenas serve de intermediário entre as partes.

O § 1º do art. 616 da CLT dispõe que o Delegado Regional do Trabalho pode ser mediador dos conflitos coletivos, tendo o poder de convocar as partes, a fim de que compareçam à mesa-redonda para tentativa de negociação e possibilidade de acordo. Essa mediação não é obrigatória para a propositura do dissídio coletivo. Obrigatória é a tentativa de conciliação.

Permite o inciso I do art. 4º da Lei n. 10.101/2000 que as controvérsias relativas à participação nos lucros ou resultados sejam resolvidas por mediação.

Antes do ajuizamento dos dissídios coletivos, o art. 11 da Lei n. 10.192/2001 prevê a mediação como forma de solução dos conflitos coletivos.

O Decreto n. 10.854/2021 estabeleceu regras sobre a mediação na negociação coletiva de natureza trabalhista.

2.3.2 Arbitragem

2.3.2.1 Histórico

A Lei n. 9.307, de 23 de setembro de 1996, dispõe sobre a arbitragem.

2.3.2.2 Denominação

Arbitragem e *arbitramento* muitas vezes se confundem. As palavras são derivadas da mesma raiz etimológica, do latim *arbiter*, que tem o significado de juiz louvado e árbitro.

O nome dado ao instituto em estudo é arbitragem e não arbitramento. O arbitramento é uma forma de liquidação de sentença (art. 879 da CLT), sendo que é feita quando: a) determinada pela sentença ou convencionada pelas partes; b) o exigir a natureza do objeto da liquidação.

2.3.2.3 Definição

Na arbitragem, uma terceira pessoa ou órgão, escolhido pelas partes, vem a decidir a controvérsia, impondo a solução aos litigantes. É uma forma voluntária de terminar o conflito, o que importa dizer que não é obrigatória. A pessoa designada chama-se árbitro. A sua decisão denomina-se laudo arbitral.

As partes interessadas podem submeter a solução de seus litígios ao juízo arbitral mediante convenção de arbitragem, assim entendidos a cláusula compromissória e o compromisso arbitral (art. 3º da Lei n. 9.307/96). Cláusula compromissória é a convenção por meio da qual as partes em um contrato comprometem-se a submeter à arbitragem os litígios que possam vir a surgir relativamente a tal contrato (art. 4º da Lei n. 9.307/96). Compromisso arbitral é a convenção por meio da qual as partes submetem um litígio à arbitragem de uma ou mais pessoas, podendo ser judicial ou extrajudicial (art. 9º da Lei n. 9.307/96).

2.3.2.4 Distinção

Distingue-se a arbitragem da mediação, pois nesta o mediador apenas faz propostas para a solução do conflito, enquanto o árbitro decide, impõe a solução ao caso que lhe é submetido.

Difere a arbitragem da jurisdição, pois nesta o juiz está investido de jurisdição como órgão do Estado, podendo dizer o direito nas hipóteses concretas que lhe são submetidas, tendo força coercitiva a sua decisão, que, se não cumprida, pode ser executada. Na arbitragem, o árbitro é um particular, não tendo relação alguma com o Estado, sendo escolhido pelas partes para a solução do conflito e tendo o poder de decidir as questões que lhe foram apresentadas, porém não pode impor sanções.

2.3.2.5 Admissibilidade

A arbitragem não impede o acesso aos tribunais, pois a lei não poderá excluir da apreciação do Judiciário qualquer lesão ou ameaça de direito (art. 5º, XXXV, da Constituição). Ressalte-se que o controle jurisdicional pode ser feito quanto à execução do laudo arbitral. O árbitro, entretanto, não se constitui em tribunal ou juízo de exceção, sendo que não se irá atrair a hipótese contida no inciso XXXVII do art. 5º da Lei Maior.

É preciso, ainda, se fazer a interpretação sistemática da Lei Fundamental, pelo fato de que esta admite expressamente a arbitragem para a solução dos conflitos coletivos, pois, frustrada a negociação coletiva, as partes poderão eleger árbitros

(§ 1º do art. 114). Recusando-se as partes à negociação coletiva ou à arbitragem, é facultado a elas, de comum acordo, ajuizar dissídio coletivo de natureza econômica, podendo a Justiça do Trabalho decidir o conflito, respeitadas as disposições mínimas legais de proteção ao trabalho, bem como as convencionadas anteriormente (§ 2º do art. 114). A arbitragem é, porém, facultativa e alternativa para a solução de conflitos coletivos trabalhistas. É alternativa, pois a norma constitucional prevê como condição para o ajuizamento do dissídio coletivo a necessidade de negociação coletiva ou de arbitragem.

Poder-se-ia afirmar, entretanto, que a arbitragem só é permitida quanto a direitos patrimoniais disponíveis (art. 1º da Lei n. 9.307/96). Como no Direito do Trabalho o trabalhador não pode transacionar seus direitos diante do empregador, apenas em juízo, não se poderia falar em arbitragem. Contudo, no que diz respeito ao conflito coletivo, é a Constituição que determina uma forma alternativa para a solução da citada divergência por meio da arbitragem. Lembre-se até mesmo que a Lei Maior também permite a flexibilização de direitos trabalhistas, com a assistência do sindicato dos trabalhadores, o que ocorre para a redução de salários (art. 7º, VI), para compensação e redução da jornada de trabalho (art. 7º, XIII) e para o aumento da jornada de trabalho nos turnos ininterruptos de revezamento (art. 7º, XIV), sempre mediante acordo ou convenção coletiva (art. 7º, XXVI).

Nos contratos individuais de trabalho cuja remuneração seja superior a duas vezes o limite máximo estabelecido para os benefícios do Regime Geral de Previdência Social, poderá ser pactuada cláusula compromissória de arbitragem, desde que por iniciativa do empregado ou mediante a sua concordância expressa, nos termos previstos na Lei n. 9.307, de 23 de setembro de 1996 (art. 507-A da CLT).

O inciso II do art. 4º da Lei n. 10.101/2000, que trata de participação nos lucros ou resultados, permite que a participação seja resolvida por meio de arbitragem de ofertas finais.

A Lei n. 12.815/2013 também permite que o conflito no trabalho nos portos seja resolvido por meio de arbitragem de ofertas finais (§ 1º do art. 37).

Pode ser usada a arbitragem para resolver questões entre atletas e o clube, vedada a apreciação de matéria referente à disciplina e à competição desportiva (art. 90-C da Lei n. 9.615/98).

2.3.2.6 Procedimentos

O árbitro é juiz de fato e de direito, podendo julgar por equidade, fora das regras e formas do direito, mediante tal autorização no compromisso arbitral.

A sentença que proferir não fica sujeita a recursos ou a homologação pelo Poder Judiciário (art. 18 da Lei n. 9.307/96).

A arbitragem poderá ser de direito ou de equidade (art. 2º da Lei n. 9.307/96). A arbitragem que julgará por equidade será realizada no sentido de fazer justiça. Poderão as partes escolher livremente as regras de Direito que serão aplicadas na arbitragem, desde que não haja violação aos bons costumes e à ordem pública.

A sentença arbitral tem a eficácia de título executivo judicial (art. 515, VII, do CPC), podendo, assim, ser executada, se não cumprida.

2.3.3 Jurisdição

A jurisdição ou tutela é a forma de solucionar os conflitos por meio da interveniência do Estado, gerando o processo judicial. O Estado diz o direito no caso concreto submetido ao Judiciário, impondo às partes a solução do litígio.

A Justiça do Trabalho fica incumbida de solucionar os conflitos trabalhistas. Nas Varas do Trabalho processam-se os dissídios individuais. Nos Tribunais Regionais do Trabalho e no Tribunal Superior do Trabalho são ajuizados os dissídios coletivos.

2.3.3.1 Dissídios coletivos

Serão dadas apenas algumas breves noções sobre dissídio coletivo. Para uma leitura mais aprofundada do tema recomendo o meu *Direito processual do trabalho* (45. ed., 2023).

Nos dissídios coletivos o que se discute é a criação de novas normas ou condições de trabalho para a categoria, ou a interpretação de certa norma jurídica.

O § 2º do art. 114 da Constituição dá competência à Justiça do Trabalho, por meio dos Tribunais Regionais do Trabalho ou do TST, para conciliar e julgar os dissídios coletivos de natureza econômica, podendo a Justiça do Trabalho decidir o conflito, respeitadas as disposições mínimas legais de proteção ao trabalho, bem como as convencionadas anteriormente. O poder normativo da Justiça do Trabalho consiste justamente na possibilidade de criar essas novas condições de trabalho. A Justiça do Trabalho também tem competência para julgar as ações que envolvam o exercício do direito de greve (art. 114, II, da Lei Maior).

O dissídio coletivo se instaura mediante petição inicial, onde são expostas as reivindicações. Têm legitimidade para a instauração do dissídio os sindicatos, as federações ou confederações, além das empresas e das comissões de trabalhadores, nas categorias não organizadas em sindicato. O Ministério Público do Trabalho poderá também instaurar, de ofício, o dissídio coletivo, quando houver paralisação coletiva (art. 856 da CLT). É designada audiência de conciliação pelo Presidente do Tribunal em 10 dias. Havendo acordo na audiência, submete-se à homologação do Tribunal. Inexistindo acordo, é determinado o julgamento.

As decisões dos tribunais trabalhistas são chamadas de sentenças normativas, nas quais são fixadas as novas normas e condições de trabalho que serão aplicáveis aos contratos individuais de trabalho dos membros da categoria, utilizando-se de cláusulas para tanto.

As decisões dos tribunais trabalhistas em dissídio coletivo sobre novas condições de trabalho poderão ser estendidas aos demais empregados da empresa que forem da mesma profissão, desde que figure apenas uma fração de empregados de uma empresa no referido dissídio (art. 868 da CLT). A extensão é feita na própria decisão, se o Tribunal julgar justo e conveniente. Poderá também haver extensão a todos os empregados da mesma categoria profissional: a) por solicitação de um ou mais empregadores, ou de qualquer sindicato destes; b) por solicitação de um ou mais sindicatos de empregados; c) de ofício, pelo Tribunal que houver proferido a decisão; d) por solicitação da Procuradoria da Justiça do Trabalho.

A sentença normativa poderá ser revista, se decorrido mais de um ano de sua vigência, quando tiverem sido alteradas as circunstâncias que a influenciaram, em razão de terem se tornado injustas ou inaplicáveis as condições de trabalho (art. 873 da CLT). A revisão poderá ser promovida pelo próprio tribunal prolator da decisão, pela Procuradoria da Justiça do Trabalho ou pelas associações sindicais de empregados e empregadores.

A decisão normativa não é executada no próprio tribunal, mas cumprida. Para tanto, é ajuizada uma ação, denominada ação de cumprimento, perante as Varas do Trabalho, em que se procurará cobrar as vantagens disciplinadas na norma coletiva, quando não forem observadas pelo empregador (art. 872 da CLT).

CONTRATO COLETIVO DE TRABALHO

1 EVOLUÇÃO LEGISLATIVA

No Brasil a primeira denominação dada ao pacto coletivo de trabalho foi *convenção coletiva*, surgindo com o Decreto n. 21.761, de 23 de agosto de 1932, baseado na lei francesa de 1919.

A Carta Magna de 1937 passou a adotar a expressão *contrato coletivo* (art. 137, *a* e *b*). Somente as associações legalmente reconhecidas pelo Estado é que poderiam negociar. Sua aplicação seria para empregadores, trabalhadores, artistas e especialistas. Essas associações profissionais tinham o poder de estipular contratos coletivos de trabalho obrigatórios para todos os seus associados (art. 138). Os pactos tinham caráter obrigatório. Ao se aprovar a CLT (Decreto-Lei n. 5.452, de 1º de maio de 1943) foi mantido o nome *contrato coletivo* (art. 611). Entendia-se por contrato coletivo de trabalho o convênio de caráter normativo no qual dois ou mais sindicatos representantes das categorias econômicas e profissionais estabeleciam condições para reger as relações individuais de trabalho, no âmbito das suas representações. Os efeitos do contrato coletivo davam-se entre os associados dos sindicatos convenentes, podendo ser estendidos a todos os membros das respectivas categorias por ato do Ministro do Trabalho, Indústria e Comércio (art. 612).

Com a edição do Decreto-Lei n. 229, de 28 de fevereiro de 1967, foi dada nova redação aos arts. 611 a 625 da CLT, eliminando a expressão *contrato coletivo*.

Ocorre que alguns artigos da CLT não foram atualizados pelo Decreto-Lei n. 229/67, como os arts. 59, 71, 235, 462, 513 etc.

As leis salariais passaram a fazer menção ao contrato coletivo a partir da Lei n. 8.222, de 5 de setembro de 1991 (art. 6º). O mesmo se verificou no parágrafo único do art. 1º da Lei n. 8.419, de 7 de maio de 1992, e no § 2º do art. 1º da Lei n. 8.542, de 23 de dezembro de 1992. A Lei n. 12.815/2013, que regula as atividades nos portos, também faz referência ao contrato coletivo (parágrafo único do art. 32; art. 36).

2 CONCEITO

O contrato coletivo teria por objetivo o estabelecimento de condições de trabalho. Seria, portanto, o negócio jurídico que tem por objeto estabelecer condições de trabalho, criando, modificando e extinguindo-as. No nosso sistema, o contrato coletivo seria mais um nível de negociação coletiva, além dos já existentes, pois não se confundiria com a convenção e o acordo coletivo. Poder-se-ia entender o contrato coletivo como a negociação de âmbito nacional ou interprofissional, que daria regras básicas para os demais pactos coletivos, ou uma forma de rompimento com o sistema corporativo para se adotar um novo regime sindical, prestigiando a autonomia privada coletiva; porém seria necessária a mudança, inclusive, da Constituição. O contrato coletivo iria substituir a lei, que prevaleceria apenas em questões de ordem pública ou de natureza constitucional.

Não deixa o contrato coletivo de ser, porém, fonte do Direito do Trabalho, pois nele são criadas normas e condições de trabalho aplicáveis ao contrato de trabalho.

3 LEGITIMIDADE PARA A NEGOCIAÇÃO

Nossa legislação não dispõe quem seria parte para as negociações visando à edição do contrato coletivo de trabalho.

De acordo com nosso atual sistema sindical, estariam aptos à negociação para futura determinação pelo contrato coletivo de trabalho os sindicatos, as federações, num segundo grau, ou em nível estadual e as confederações, num terceiro grau, ou em nível nacional.

Deveria, entretanto, haver a possibilidade da negociação coletiva em todos os níveis, inclusive pelas centrais sindicais que poderiam ser consideradas como órgãos da cúpula sindical. Para tanto, necessário seria modificar nosso sistema sindical previsto na Constituição, adotando de vez a pluralidade sindical e ratificando a Convenção n. 87 da OIT.

Os níveis de negociação poderiam ser intersetoriais, mas em nível nacional; nacionais, porém específicos para determinado setor; estaduais; regionais; municipais; distritais; por regiões dentro do Município; por empresa; articulados, em que seriam estabelecidas garantias gerais em nível nacional, descendo a detalhes nos níveis inferiores.

4 CONTEÚDO

Deverá o contrato coletivo ter necessariamente uma parte normativa, em que se estabeleçam as condições de trabalho, e uma parte obrigacional. Nesta são previstas, principalmente, regras em caso do descumprimento do que foi estipulado. São previstas regras na maioria das vezes mais favoráveis aos trabalhadores, inclusive do que aquelas estabelecidas pela lei.

A Lei n. 12.815/2013 estabelece alguns procedimentos para efeito de se estabelecer condições de trabalho nos portos, mediante contrato coletivo.

Capítulo 43

CONVENÇÃO E ACORDO COLETIVO DE TRABALHO

1 EVOLUÇÃO LEGISLATIVA

No Brasil, a expressão *convenção coletiva* surgiu com o Decreto n. 21.761, de 23 de agosto de 1932, tendo por base lei francesa de 1919.

O Decreto-Lei n. 229, de 28 de fevereiro de 1967, deu nova redação aos arts. 611 a 625 da CLT, eliminando a expressão *contrato coletivo* e utilizando as expressões *convenção coletiva* (*caput*) e acordo coletivo (§ 1º). Tais pactos têm efeito normativo, aplicados a todos os membros da categoria.

A Constituição de 1988 reconhece não apenas as convenções coletivas de trabalho, mas também os acordos (art. 7º, XXVI). Em outras três passagens a Lei Maior se refere a convenção ou acordo coletivo. O inciso VI do art. 7º prevê a irredutibilidade salarial, porém os salários poderão ser reduzidos por convenção ou acordo coletivo. O inciso XIII do art. 7º estabelece a duração da jornada de 8 horas diárias e 44 semanais, entretanto possibilita a compensação de horários e a redução da jornada, mediante acordo ou convenção coletiva de trabalho. O inciso XIV do art. 7º disciplina a jornada de 6 horas nos turnos ininterruptos de revezamento, permitindo turnos superiores mediante negociação coletiva (acordo ou convenção coletiva).

2 NEGOCIAÇÃO COLETIVA

Negociação coletiva, segundo a Convenção n. 154 da OIT, compreende todas as negociações que tenham lugar entre, de uma parte, um empregador, um grupo de empregadores ou uma organização ou várias organizações de empregadores e, de outra parte, uma ou várias organizações de trabalhadores visando a: a) fixar as condições de trabalho e emprego; b) regular as relações entre empregadores e trabalhadores; c) regular as relações entre empregadores ou suas organizações e uma ou várias organizações de trabalhadores ou alcançar todos estes objetivos de uma só vez.

A negociação coletiva é uma forma de ajuste de interesses entre as partes, que acertam as diferentes posições existentes, visando encontrar uma solução capaz de compor as suas posições.

Funda-se a negociação na teoria da autonomia privada coletiva, visando suprir a insuficiência do contrato individual do trabalho. Tem um procedimento mais simplificado, mais rápido, flexível, com trâmites mínimos se comparados com os da elaboração da lei. É descentralizada, atendendo a peculiaridades das partes envolvidas, passando a ser específica. Há uma periodicidade menor nas modificações.

Os sindicatos das categorias econômicas ou profissionais e as empresas, mesmo as que não tenham representação sindical, não poderão se recusar à negociação coletiva (art. 616 da CLT).

3 FUNÇÕES DA NEGOCIAÇÃO COLETIVA

Tem várias funções a negociação coletiva: I) jurídicas: a) normativa, criando normas aplicáveis às relações individuais de trabalho; b) obrigacional, determinando obrigações e direitos para as partes; c) compositiva, como forma de superação dos conflitos entre as partes, em virtude dos interesses antagônicos delas; II) políticas, de fomentar o diálogo, devendo as partes resolver suas divergências entre si; III) econômicas, de distribuição de riquezas; IV) ordenadora, quando ocorrem crises, ou de recomposição de salários; V) social, ao garantir aos trabalhadores participação nas decisões empresariais.

O direito de negociar livremente constitui elemento essencial da liberdade sindical. A negociação deve ser feita não só pelos sindicatos, como também pelas federações e confederações, ou, ainda, por entidades sindicais registradas ou não registradas. As autoridades públicas, entretanto, não poderão restringir o direito de negociação, assim como não se deve exigir a dependência de homologação pela autoridade pública, pois a negociação concretizada se constitui em lei entre as partes.

A negociação visa a um procedimento de discussões sobre divergências entre as partes, procurando um resultado. A convenção e o acordo coletivo são o resultado desse procedimento. Se a negociação for frustrada, não haverá a norma coletiva.

Declara, ainda, o § 4º do art. 616 da CLT que nenhum processo de dissídio coletivo de natureza econômica será admitido sem antes se esgotarem as medidas tendentes à formalização de acordo ou convenção coletiva.

Os sindicatos devem participar obrigatoriamente das negociações coletivas de trabalho (art. 8º, VI, da Constituição), prestigiando a autonomia privada coletiva. Haveria, assim, a participação obrigatória do sindicato patronal nos acordos coletivos. Entretanto, a interpretação sistemática da Lei Maior leva o intérprete a verificar que o sindicato profissional é que deve participar obrigatoriamente das negociações coletivas, pois nos acordos coletivos só ele participa juntamente com as empresas e não o sindicato da categoria econômica.

4 DEFINIÇÕES

Convenção coletiva é o acordo de caráter normativo, entre um ou mais sindicatos de empregados e de empregadores, de modo a definir as condições de trabalho que serão observadas em relação a todos os trabalhadores dessas empresas (art. 611 da CLT). A convenção coletiva tem, portanto, aplicação à categoria, independentemente de a pessoa ser ou não sócia do sindicato. Eis aí o efeito *erga omnes*.

O § 1º do art. 611 da CLT esclarece que os acordos coletivos são os pactos entre uma ou mais empresas com o sindicato da categoria profissional, em que são estabelecidas condições de trabalho, aplicáveis a essas empresas.

O ponto em comum da convenção e do acordo coletivo é que neles são estipuladas condições de trabalho que serão aplicadas aos contratos individuais dos trabalhadores, tendo, portanto, efeito normativo. A diferença entre as figuras em comentário parte dos sujeitos envolvidos, consistindo em que o acordo coletivo é feito entre uma ou mais empresas e o sindicato da categoria profissional, sendo que na convenção coletiva o pacto é realizado entre sindicato da categoria profissional, de um lado, e o sindicato da categoria econômica, de outro.

As federações ou as confederações, na falta das primeiras, poderão celebrar convenções coletivas de trabalho para reger as relações das categorias a elas vinculadas, desde que não organizadas em sindicatos, no âmbito de suas representações.

5 ACORDO DOS TRABALHADORES E EMPREGADORES

O art. 617 da CLT permite que os empregados de uma ou mais empresas que decidirem celebrar acordo coletivo de trabalho com suas empresas darão ciência de sua resolução, por escrito, ao sindicato representativo da categoria profissional, que terá o prazo de oito dias para assumir a direção das negociações. O mesmo procedimento deverá ser observado pelas empresas interessadas com relação ao sindicato da respectiva categoria econômica. Terminado o prazo de oito dias sem que o sindicato tenha iniciado a negociação, poderão os interessados dar conhecimento do fato à federação a que estiver vinculado o sindicato e, na falta daquela, à correspondente confederação, para que, no mesmo prazo, assuma a direção dos entendimentos. Esgotado o referido prazo, poderão os interessados prosseguir diretamente na negociação coletiva até o final.

6 NATUREZA JURÍDICA

A natureza jurídica da convenção coletiva é controvertida.

A teoria contratualista ou civilista procura justificar a natureza jurídica da convenção coletiva de acordo com certos contratos civis: a) do mandato; b) da estipulação em favor de terceiros; c) da gestão de negócios; d) do contrato inominado.

Procuram as teorias contratualistas explicar a natureza jurídica da convenção coletiva como um contrato, decorrente de ajuste entre as partes. São teorias de direito privado, retratando a autonomia privada das partes nos ajustes, o que revela um negócio jurídico.

A teoria normativa procura explicar a natureza jurídica da convenção coletiva não como um contrato, mas sim de acordo com o seu efeito, que será normativo, valendo para toda a categoria e não apenas para os associados do sindicato, sendo extensível imediatamente a todas as pessoas que estejam representadas pelo sindicato. Tal teoria tem um aspecto publicístico, proveniente do corporativismo italiano. Seriam exemplos da teoria normativa: a teoria regulamentar, da instituição corporativa e da lei delegada.

A teoria mista procura mesclar as teorias contratualistas com as teorias normativas, mostrando que a convenção coletiva tem dupla natureza. A convenção coletiva seria contratual, quando de sua elaboração, pois há um acordo de vontades entre os pactuantes decorrente de negociação, mas também seus efeitos são normativos, valendo para toda a categoria, tanto para os sócios como para os não sócios do sindicato. Teria a convenção coletiva corpo de contrato e alma de lei (Chiovenda).

Há também um duplo efeito: contratual e normativo. Contratual porque existem cláusulas obrigacionais que só vinculam os pactuantes, e normativo, pois as cláusulas normativas irão ser aplicadas a toda a categoria nos contratos individuais dos trabalhadores.

7 CONTEÚDO

O conteúdo das convenções e dos acordos coletivos está disciplinado no art. 613 da CLT: a) designação dos sindicatos convenentes ou dos sindicatos e empresas acordantes; b) prazo de vigência; c) categorias ou classes de trabalhadores abrangidas pelas suas normas; d) condições ajustadas para reger as relações individuais de trabalho durante a sua vigência; e) normas para a conciliação das divergências surgidas entre os convenentes por motivos da aplicação de seus dispositivos; f) disposições sobre o processo de sua prorrogação e de revisão total ou parcial de seus preceitos; g) direitos e deveres dos empregados e empresas; h) penalidades para os sindicatos convenentes, os empregados e as empresas em caso de violação de suas prescrições.

Cláusulas obrigacionais são as que fixam direitos e obrigações a ser cumpridas pelas partes. Cláusulas normativas são as que estabelecem condições de trabalho, aplicáveis aos convenentes.

As convenções e os acordos coletivos poderão incluir nas suas cláusulas disposição sobre a constituição e funcionamento de comissões mistas de consulta e colaboração no plano da empresa. As determinações daquelas normas coletivas deverão mencionar a forma de constituição, o modo de funcionamento e as atribuições das comissões, assim como o plano de participação. Seria uma forma bastante válida de aproximação do capital e do trabalho, mas na prática tem sido muito pouco utilizada essa orientação. Há também a possibilidade de que seja incluída naquelas normas a participação nos lucros (art. 621 da CLT).

A vigência de cláusula de aumento ou reajuste salarial, que importe elevação de tarifas ou preços sujeitos a fixação por autoridade pública ou repartição governamental, dependerá de prévia audiência dessa autoridade ou repartição e sua expressa declaração no que diz respeito à possibilidade de elevação da tarifa ou do preço e quanto ao valor dessa elevação (art. 624 da CLT).

8 INCORPORAÇÃO DAS CLÁUSULAS NORMATIVAS NOS CONTRATOS DE TRABALHO

O § 2º do art. 114 da Constituição leva o intérprete a entender que a Justiça do Trabalho pode estabelecer normas e condições, respeitadas as disposições mínimas legais de proteção ao trabalho, bem como as convencionadas anteriormente. As disposições legais mínimas de proteção ao trabalho são as normas de ordem pública, como de férias, jornada de trabalho, intervalo etc. Já que as disposições convencionadas anteriormente não podem ser modificadas pela Justiça Obreira, pode-se pensar que haveria a incorporação das convenções ou acordos coletivos aos contratos de trabalho, havendo, assim, o entendimento de que as cláusulas da convenção ou acordo anteriores ao julgamento, por serem garantias mínimas dos trabalhadores, irão se incorporar ao contrato de trabalho. O Poder Judiciário não poderá eliminá-las, o que ficará a cargo das próprias partes interessadas, em razão da autonomia privada coletiva que possuem, o que poderá ser feito em novo acordo ou convenção coletiva, mas não por meio de dissídio coletivo. Ao contrário, as disposições dos dissídios coletivos não integrariam o contrato de trabalho, pois a Lei Maior não se refere a tal ponto. Poder-se-ia argumentar, também, que as disposições convencionais e legais mínimas a serem observadas quanto à proteção ao trabalho são as determinações das convenções e leis vigentes, e não as que se findarem. Ressalte-se que a convenção coletiva pode prever tanto as mesmas condições da norma coletiva que se expirou (como acontece na prática), como disciplinar novas condições globais que se mostrem mais favoráveis do que as previstas anteriormente, nada impedindo a existência de condições menos favoráveis aos trabalhadores.

O § 1º do art. 1º da Lei n. 8.542/92 disciplinou que as cláusulas dos acordos, contratos e convenções coletivas de trabalho integram os contratos individuais de trabalho e somente poderão ser reduzidas ou suprimidas em posterior acordo, convenção ou contrato coletivo de trabalho. Não se diga que tal dispositivo, por estar contido numa lei de política salarial, não se aplica ao contrato de trabalho, pois ele mesmo dispõe que há a integração das cláusulas da norma coletiva no contrato individual de trabalho. Pouca importa que tal lei seja uma norma de política salarial, pois as leis podem tratar de vários temas ao mesmo tempo, e não de um único.

A Lei n. 10.192/2001, no seu art. 10, estabelece que os salários e demais condições referentes ao trabalho continuam a ser fixados e revistos na respectiva data-base anual, por intermédio de livre negociação coletiva. Isso mostra que as cláusulas das normas coletivas passam a não mais se incorporar ao contrato de trabalho depois da perda da sua vigência, pois podem também ser modificadas na data-base anual.

O art. 18 da Lei n. 10.192/2001 revoga o § 1º do art. 1º da Lei n. 8.542/92. Assim, pode-se dizer, agora, que as cláusulas da norma coletiva não se incorporam ao contrato de trabalho, pois o único dispositivo que assim dispunha expressamente foi revogado.

O STF, em liminar, entendeu que a Súmula 277 do TST foi firmada sem base legal ou constitucional. Determinou a suspensão de todos os processos em curso e dos efeitos de decisões jurídicas proferidas pela Justiça do Trabalho que versem sobre a aplicação da ultratividade de acordos e de convenções coletivas (ADPF 323-DF, 14.10.16, na ação proposta pela Confederação dos Estabelecimentos de Ensino). Entendeu que a Súmula 277 do TST é inconstitucional (ADPF 323-DF, rel. Min. Gilmar Mendes).

Não será permitido estipular duração de convenção coletiva ou acordo coletivo de trabalho superior a dois anos, sendo vedada a ultratividade (§ 3º do art. 614 da CLT). A ultratividade significa que não haverá a incorporação das cláusulas da norma coletiva ao contrato de trabalho.

9 CONDIÇÕES DE VALIDADE

A convenção coletiva deve ser necessariamente escrita, sendo, portanto, impossível que venha a ser feita verbalmente, como ocorre com o contrato de trabalho, o que dificultaria a sua aplicação e o seu entendimento. Não deverá haver emendas nem rasuras. Será feita a norma coletiva em tantas vias quantas forem as partes convenentes, além de uma que será destinada a registro (parágrafo único do art. 613 da CLT).

Para aplicação da convenção coletiva é mister que haja publicidade, de maneira a que toda a categoria dela possa tomar conhecimento. Não há, entretanto, necessidade de homologação da convenção coletiva para que ela tenha validade, como ocorria no sistema anterior ao do Decreto-Lei n. 229/67. Os sindicatos convenentes ou as empresas acordantes deverão promover, dentro de oito dias da assinatura da convenção ou do acordo, o depósito de uma via, apenas para fins de registro e arquivo, na Delegacia do Trabalho. As convenções e os acordos coletivos entrarão em vigor três dias a contar da data da entrega na Delegacia do Trabalho (§ 1º do art. 614 da CLT). Cópias autênticas das normas coletivas deverão ser afixadas nas sedes dos sindicatos e nos estabelecimentos das empresas, dentro de cinco dias da data do depósito na Delegacia do Trabalho.

As condições estabelecidas em acordo coletivo de trabalho sempre prevalecerão sobre as estipuladas em convenção coletiva de trabalho (art. 620 da CLT).

A convenção coletiva e o acordo coletivo de trabalho, observados os incisos III e VI do *caput* do art. 8º da Constituição, têm prevalência sobre a lei quando, entre outros, dispuserem sobre: I – pacto quanto à jornada de trabalho, observados os limites constitucionais; II – banco de horas anual; III – intervalo intrajornada, respeitado o limite mínimo de 30 minutos para jornadas superiores a seis horas; IV – adesão ao Programa Seguro-Emprego (PSE), de que trata a Lei n. 13.189/2015; V – plano de cargos, salários e funções compatíveis com a condição pessoal do empregado, bem como identificação dos cargos que se enquadram como funções de confiança; VI – regulamento empresarial; VII – representante dos trabalhadores no local de trabalho; VIII – teletrabalho, regime de sobreaviso e trabalho intermitente; IX – remuneração por produtividade, incluídas as gorjetas percebidas pelo empregado, e remuneração por desempenho individual; X – modalidade de registro de jornada de trabalho; XI – troca do dia de feriado; XII – enquadramento do grau de insalubridade; XIII – prorrogação de jornada em locais insalubres, sem licença prévia das autoridades competentes da Secretaria Especial de Previdência e Trabalho; XIV – prêmios de incentivo em bens ou serviços, eventualmente concedidos em programas de incentivo; XV – participação nos lucros ou resultados da empresa (art. 611-A da CLT). A determinação contida no art. 611-A da CLT é exemplificativa, podendo a norma coletiva conter outras disposições.

No exame da convenção coletiva ou do acordo coletivo de trabalho, a Justiça do Trabalho analisará exclusivamente a conformidade dos elementos essenciais do negócio jurídico, respeitado o disposto no art. 104 do Código Civil, e balizará sua atuação pelo princípio da intervenção mínima na autonomia da vontade coletiva.

A inexistência de expressa indicação de contrapartidas recíprocas em convenção coletiva ou acordo coletivo de trabalho não ensejará sua nulidade por não caracterizar um vício do negócio jurídico.

Se for pactuada cláusula que reduza o salário ou a jornada, a convenção coletiva ou o acordo coletivo de trabalho deverão prever a proteção dos empregados contra dispensa imotivada durante o prazo de vigência do instrumento coletivo.

Na hipótese de procedência de ação anulatória de cláusula de convenção coletiva ou de acordo coletivo de trabalho, quando houver a cláusula compensatória, esta deverá ser igualmente anulada, sem repetição do indébito.

Os sindicatos subscritores de convenção coletiva ou de acordo coletivo de trabalho participarão, como litisconsortes necessários, em ação individual ou coletiva que tenha como objeto a anulação de cláusulas desses instrumentos (§ 5º do art. 611-A da CLT).

São constitucionais os acordos e as convenções coletivas que, ao considerarem a adequação setorial negociada, pactuam limitações ou afastamentos de direitos trabalhistas, independentemente da explicitação especificada de vantagens compensatórias, desde que respeitados os direitos absolutamente indisponíveis (Tema 1.046, ADIn 1.121.633, rel. Min. Gilmar Mendes).

Constituem objeto ilícito de convenção coletiva ou de acordo coletivo de trabalho, exclusivamente, a supressão ou a redução dos seguintes direitos: I – normas de identificação profissional, inclusive as anotações na Carteira de Trabalho e Previdência Social; II – seguro-desemprego, em caso de desemprego involuntário; III – valor dos depósitos mensais e da indenização rescisória do FGTS; IV – salário mínimo; V – valor nominal do décimo terceiro salário; VI – remuneração do trabalho noturno superior à do diurno; VII – proteção do salário na forma da lei, constituindo crime sua retenção dolosa; VIII – salário-família; IX – repouso semanal remunerado; X – remuneração do serviço extraordinário superior, no mínimo, em 50% à do normal; XI – número de dias de férias devidas ao empregado; XII – gozo de férias anuais remuneradas com, pelo menos, um terço a mais do que o salário normal; XIII – licença-maternidade com a duração mínima de 120 dias; XIV – licença-paternidade nos termos fixados em lei; XV – proteção do mercado de trabalho da mulher, mediante incentivos específicos, nos termos da lei; XVI – aviso prévio proporcional ao tempo de serviço, sendo no mínimo de trinta dias, nos termos da lei; XVII – normas de saúde, higiene e segurança do trabalho previstas em lei ou em normas regulamentadoras da Secretaria Especial de Previdência e Trabalho; XVIII – adicional de remuneração para as atividades penosas, insalubres ou perigosas; XIX – aposentadoria; XX – seguro contra acidentes de trabalho, a cargo do empregador; XXI – ação, quanto aos créditos resultantes das relações de trabalho, com prazo prescricional de cinco anos para os trabalhadores urbanos e rurais, até o limite de dois anos após a extinção do contrato de trabalho; XXII – proibição de qualquer discriminação no tocante a salário e critérios de admissão do trabalhador com deficiência; XXIII – proibição de trabalho noturno, perigoso ou insalubre a menores de 18 anos e de qualquer trabalho a menores de 16 anos, salvo na condição de aprendiz, a partir de 14 anos; XXIV – medidas de proteção legal de crianças e adolescentes; XXV – igualdade de direitos entre o trabalhador com vínculo empregatício permanente e o trabalhador avulso; XXVI – liberdade de associação profissional ou sindical do trabalhador, inclusive o direito de não sofrer, sem sua expressa e prévia anuência, qualquer cobrança ou desconto salarial estabelecidos em convenção coletiva ou acordo coletivo de trabalho; XXVII – direito de greve, competindo aos trabalhadores decidir sobre a oportunidade de exercê-lo e sobre os interesses que devam por meio dele defender; XXVIII – definição legal sobre os serviços

Parte V ▪ Direito Coletivo do Trabalho

ou atividades essenciais e disposições legais sobre o atendimento das necessidades inadiáveis da comunidade em caso de greve; XXIX – tributos e outros créditos de terceiros; XXX – as disposições previstas nos arts. 373-A, 390, 392, 392-A, 394, 394-A, 395, 396 e 400 da CLT (art. 611-B). Regras sobre duração do trabalho e intervalos não são consideradas como normas de saúde, higiene e segurança do trabalho. A maioria das situações acima descritas está prevista nos arts. 7º e 8º da Constituição.

O prazo máximo de validade das convenções e dos acordos coletivos é de dois anos (§ 3º do art. 614 da CLT). Normalmente as normas coletivas têm sido fixadas para viger num prazo de um ano.

A norma coletiva, entretanto, para ter validade, deve ser precedida de assembleia geral no sindicato, que será especialmente convocada com essa finalidade, de acordo com as determinações de seus estatutos. Na primeira convocação devem comparecer 2/3 dos associados da entidade, se se tratar de convenção, e dos interessados, no caso de acordo. Na segunda convocação deverá comparecer 1/3 dos membros (art. 612 da CLT). O *quorum* de comparecimento e votação será de 1/8 dos associados em segunda convocação nas entidades sindicais que tenham mais de 5.000 associados (parágrafo único do art. 612 da CLT).

O processo de prorrogação, revisão, denúncia ou revogação total ou parcial de convenção ou acordo coletivo dependerá de aprovação, em assembleia geral, dos sindicatos convenentes ou acordantes (art. 615 da CLT).

O instrumento de prorrogação, revisão, denúncia ou revogação da norma coletiva será depositado, para fins de registro e arquivamento, na mesma repartição onde a norma coletiva original foi arquivada. As modificações determinadas por convenção ou acordo coletivo em razão de revisão ou revogação parcial de suas cláusulas passarão a vigorar três dias depois do depósito na Delegacia do Trabalho.

Havendo convenção, acordo ou sentença normativa em vigor, o dissídio coletivo deverá ser instaurado dentro dos 60 dias anteriores ao respectivo termo final, visando a que o novo instrumento possa ter vigência no dia imediato a esse termo (§ 3º do art. 616 da CLT).

Além das cláusulas da convenção coletiva (art. 613 da CLT), poderão ser incluídas outras atinentes às normas para a solução pacífica das divergências surgidas entre os convenentes ou a quaisquer outros assuntos de seu interesse.

Caso o empregador e o empregado celebrem contrato individual de trabalho contrário às disposições de convenção coletiva ou acordo coletivo, estarão passíveis de multa nestes fixada (art. 622 da CLT).

A norma coletiva não poderá contrariar a política salarial, pois será nula. Nesse caso, a nulidade será declarada, de ofício ou mediante representação, pelo Ministro do Trabalho ou pela Justiça do Trabalho (parágrafo único do art. 623 da CLT). Da mesma forma, a determinação do contrato individual de trabalho que contrarie cláusula de convenção ou acordo coletivo será nula (art. 619 da CLT).

10 A CONVENÇÃO COLETIVA NO SETOR PÚBLICO

O inciso VI do art. 37 da Constituição garante ao servidor público o direito à livre associação sindical. Apenas o militar não tem direito a sindicalização (art. 142, § 3º, IV, da Lei Maior). O § 3º do art. 39 da Lei Fundamental, contudo, menciona uma série de dispositivos do art. 7º da mesma norma que seriam aplicáveis aos servidores públicos. Entre eles não está, porém, o inciso XXVI do art. 7º, que reconhece os acordos e convenções coletivas de trabalho. A alínea *a* do inciso II do § 1º do art. 61 da Norma Ápice ainda mostra a impossibilidade da concessão de aumento salarial por negociação coletiva, pois "a criação de cargos, funções ou empregos públicos na administração direta e autárquica ou aumento de sua remuneração" só podem ser feitos mediante lei de iniciativa do Presidente da República. Tais determinações revelam, portanto, que o servidor público tem direito a sindicalização, mas não pode negociar mediante acordo ou convenção coletiva de trabalho, em razão do princípio da legalidade que norteia a Administração (art. 37 da Lei Magna).

No âmbito das empresas públicas, sociedades de economia mista e outras entidades que explorem atividade econômica há a possibilidade da utilização de acordos e convenções coletivas, pois tais empresas devem cumprir o regime das empresas privadas, inclusive quanto às obrigações trabalhistas.

Capítulo 44

GREVE

1 HISTÓRIA

Havia uma praça em Paris onde os operários faziam as suas reuniões quando estavam descontentes com as condições de trabalho ou na hipótese da paralisação dos serviços. Os empregadores também iam a esse local quando necessitavam de mão de obra. Naquela localidade acumulavam-se gravetos trazidos pelas enchentes do rio Sena (daí surgiu o nome greve, originário de graveto).

Na história mundial da greve vamos verificar que ela foi cronologicamente considerada um delito, principalmente no sistema corporativo, depois passou a liberdade, no Estado liberal, e posteriormente a direito, nos regimes democráticos.

Em 1890 o Código Penal proibia a greve, até que houve a derrogação dessa orientação com o Decreto n. 1.162, de 12 de dezembro de 1890. A Lei n. 38, de 4 de abril de 1932, que tratava da segurança nacional, a conceituou como delito.

A Constituição de 1937 considerava a greve e o *lockout* recursos antissociais, nocivos ao trabalho e ao capital e incompatíveis com os superiores interesses da produção nacional (art. 139, 2ª parte).

O Decreto-Lei n. 9.070, de 15 de março de 1946, admitiu a greve nas atividades acessórias, apesar de ainda haver a proibição da Constituição de 1937, vedando-a nas atividades fundamentais.

A Constituição de 1946 reconhece o direito de greve, que seria regulado em lei (art. 158). Já se verifica que a greve passava a ser um direito do trabalhador, porém a sua regulamentação ficaria a cargo da lei ordinária.

Posteriormente surgiu a Lei n. 4.330, de 1º de junho de 1964, para regular a matéria. Para tratar da proibição da greve em serviços públicos e atividades essenciais foi editado o Decreto-Lei n. 1.632, de 4 de agosto de 1978. Houve a enumeração de quais seriam essas atividades, como serviços de água e esgoto, energia elétrica, petróleo, gás e outros combustíveis, bancos, transportes e comunicações, hospitais, ambulatórios, farmácias e drogarias.

A Constituição de 1988 assegura o direito de greve, devendo os trabalhadores decidir sobre a oportunidade de exercê-lo e sobre os interesses que devam por meio dele defender (art. 9º). A lei irá determinar as atividades essenciais e disporá sobre o atendimento das necessidades inadiáveis da comunidade (§ 1º). Os abusos cometidos irão sujeitar os responsáveis às determinações da lei (§ 2º). Os servidores públicos podem exercer o direito de greve, nos termos e nos limites definidos em lei específica (art. 37, VII). O militar ficou afastado do direito de sindicalização e de greve (art. 142, § 3º, IV).

A Lei n. 7.783/89 dispôs sobre o exercício do direito de greve, definindo as atividades essenciais e regulando o atendimento das necessidades inadiáveis da comunidade. A atual lei não versa sobre o pagamento dos dias parados, nem sobre a contagem do tempo de serviço durante a greve. Não trata da legalidade ou ilegalidade da greve, mas usa a expressão *abuso de direito* pelo não cumprimento de suas prescrições.

2 CONCEITO

A greve pode ser considerada antes de tudo um fato social, estudado também pela Sociologia. O conceito de greve, entretanto, dependerá de cada legislação, se a entender como direito ou liberdade, no caso de a admitir, ou como delito, na hipótese de a proibir.

A greve é considerada, em nossa legislação, como a suspensão coletiva, temporária e pacífica, total ou parcial, de prestação pessoal de serviços a empregador (art. 2º da Lei n. 7.783/89).

O exercício do direito de greve é assegurado apenas ao trabalhador subordinado, não podendo ser exercido pelo trabalhador autônomo, mas poderá ser exercido pelo trabalhador avulso, pois este tem igualdade de direitos em relação ao trabalhador com vínculo permanente (art. 7º, XXXIV, da Lei Magna).

A greve deverá, contudo, ser feita perante o empregador, que poderá atender às reivindicações, o que mostra a vedação da greve realizada contra terceiros que não aquele.

Trata-se de suspensão coletiva, pois a suspensão do trabalho por apenas uma pessoa não irá constituir greve, mas poderá dar ensejo a dispensa por justa causa.

A suspensão do trabalho deve ser temporária e não definitiva, visto que se for por prazo indeterminado poderá acarretar a cessação do contrato de trabalho.

A paralisação deverá ser feita de maneira pacífica, sendo vedado o emprego de violência. As reivindicações deverão ser feitas com ordem, sem qualquer violência a pessoas ou coisas.

A paralisação do trabalho poderá ser de maneira total ou parcial, podendo abranger toda a empresa ou apenas alguns setores ou seções desta.

De acordo com a atual Constituição a greve é, portanto, considerada um direito, um direito social dos trabalhadores.

A greve, entretanto, não se confunde com o boicote. Este tem o significado de obstaculizar ou impedir o exercício da atividade do empregador, deixando de haver a cooperação com este, mas sem causar danos materiais ou pessoais. A boicotagem remonta a 1880, quando o capitão James Boycott, administrador das propriedades de Lorde Mayo, enfrentou uma oposição dos trabalhadores irlandeses, que para ele não trabalhavam, não compravam seus produtos, nem os vendiam, tendo aquela pessoa que abandonar a cidade. É uma espécie de represália ou de uma guerra econômica por parte dos trabalhadores contra o patrão.

3 NATUREZA JURÍDICA

Pode-se enquadrar inicialmente a greve como liberdade, decorrente do exercício de uma determinação lícita.

Há entendimentos de que a greve seria um direito potestativo, de que ninguém a ele poderia se opor. A parte contrária terá de se sujeitar ao exercício desse direito.

Alguns autores entendem que a greve poderia ser considerada como uma forma de autodefesa, em que uma parte imporia a solução do conflito à outra. Todavia, essa teoria sofre a crítica de que a autodefesa seria uma maneira de resposta a uma agressão.

A greve é um direito do trabalhador (art. 9º da Constituição).

Pode-se analisar a natureza jurídica da greve sob os efeitos que provoca no contrato de trabalho: suspensão ou interrupção. Há suspensão se não ocorre o pagamento de salários e nem a contagem do tempo de serviço, e interrupção quando computa-se normalmente o tempo de serviço e há pagamento de salários.

4 CLASSIFICAÇÃO DAS GREVES

Greves lícitas são as que atendem às determinações legais; greves ilícitas, em que as prescrições legais não são observadas; greves abusivas, durante as quais são cometidos abusos, indo além das determinações legais; greves não abusivas, exercidas dentro das previsões da legislação e quando não são cometidos excessos. Seria possível dividir a greve sob o ponto de vista objetivo da previsão da lei, e sob o aspecto subjetivo, dos abusos cometidos.

A greve também pode ser considerada quanto ao seu exercício: greve contínua, intermitente ou branca. Poder-se-ia entender que há a possibilidade da greve branca, pois os trabalhadores ficam em seus postos de trabalho, mas não prestam serviços. Entretanto, "operação tartaruga", em que os empregados fazem seus serviços com extremo vagar, ou a greve de zelo, em que os trabalhadores se esmeram na produção ou acabamento do serviço, não podem ser consideradas como greve, pois não há a paralisação da prestação de serviço. Dentro desse quadro lembraríamos, ainda, a greve intermitente, de curta duração e que pode ser repetida várias vezes em várias etapas.

Há greves por objetivos, que podem ser políticos e de solidariedade. Políticas são as em que há reivindicações ligadas a um aspecto macroeconômico, dizendo respeito a solicitações feitas de maneira genérica, inerentes ao governo. As greves de solidariedade são aquelas em que os trabalhadores se solidarizam com outros para fazer suas reivindicações.

5 LEGITIMIDADE

A titularidade do direito de greve é dos trabalhadores, pois a eles compete decidir sobre a oportunidade e os interesses a serem defendidos por meio da greve.

A legitimidade, porém, para a instauração da greve pertence à organização sindical dos trabalhadores, visto que se trata de um direito coletivo. O inciso VI do art. 8º da Lei Fundamental estabelece que nas negociações coletivas deve haver a participação obrigatória do sindicato profissional, levando ao entendimento de que a legitimidade para a instauração do movimento paredista é do sindicato de trabalhadores.

6 OPORTUNIDADE DE EXERCÍCIO

Aos trabalhadores é que compete decidir sobre a oportunidade do exercício do direito de greve (art. 1º da Lei n. 7.783/89). Eles é que irão julgar qual o momento conveniente em que a greve irá ser deflagrada.

A greve, contudo, não poderá ser deflagrada quando haja acordo, convenção coletiva ou sentença normativa em vigor (art. 14 da Lei n. 7.783/89), a não ser que tenham sido modificadas as condições que vigiam. Daí, a melhor orientação é de que o termo *oportunidade* quer dizer conveniência, diante das situações concretas que forem encontradas.

7 INTERESSES A DEFENDER

Cabe, também, aos trabalhadores dizer quais os interesses que serão defendidos por meio da greve.

A Lei n. 4.330, de 1º de julho de 1964, proibia a greve política e de solidariedade, o que não ocorre com a Lei n. 7.783/89, que não trata expressamente do tema. Entendo que não será possível a greve política, pois nada poderá ser reivindicado do empregador, mas em relação ao governo. Quanto à greve de solidariedade, em que os trabalhadores passam a apoiar outros trabalhadores, entendo que ela poderá ocorrer, desde que as reivindicações digam respeito a seus contratos de trabalho, podendo ser contra o empregador.

8 NEGOCIAÇÃO COLETIVA

Antes de se deliberar sobre a greve, deverá haver negociação coletiva para a tentativa de solução do conflito coletivo. É possível se afirmar, então, que a negociação coletiva é uma fase antecedente e necessária da greve, ou seja: é uma condição para o exercício do direito de greve. As partes também poderão eleger árbitros para solucionar a pendência entre elas. Frustrada a negociação coletiva ou verificada a impossibilidade da arbitragem, será facultada a cessação coletiva do trabalho (art. 3º da Lei n. 7.783/89). A exigência da negociação ou da arbitragem como procedimento obrigatório ou como etapa preliminar pode ser realçada com o exame do § 2º do art. 114, da Lei Maior, ao mencionar que, se as partes se recusarem à negociação ou à arbitragem, será facultada a instauração do dissídio coletivo.

O que precisa haver é a negociação frustrada para ser instaurado o dissídio coletivo, não importa onde ela seja realizada (§ 2º do art. 114 da Constituição).

9 ASSEMBLEIA GERAL

A entidade sindical dos empregados deverá convocar assembleia geral que irá definir as reivindicações da categoria, deliberando sobre a paralisação coletiva (art. 4º da Lei n. 7.783/89). Será a assembleia geral convocada nos termos dos estatutos do sindicato (§ 1º do art. 4º da Lei n. 7.783/89). Da assembleia sindical poderá participar qualquer membro da categoria, visto que não há qualquer previsão na Lei n. 7.783/89 sobre o assunto.

Na falta de sindicato a assembleia geral será convocada pela federação e, na ausência desta, pela confederação. Assim, os estatutos das federações e confederações deverão também tratar da assembleia geral para efeito de greve.

Não havendo entidade sindical, inclusive de grau superior, a assembleia geral dos trabalhadores interessados deliberará sobre as reivindicações e sobre a paralisação coletiva. Essa comissão não terá personalidade jurídica ou sindical, apenas irá participar da negociação. A entidade sindical ou comissão especialmente eleita representará os interesses dos trabalhadores nas negociações ou na Justiça do Trabalho (art. 5º da Lei n. 7.783/89).

10 AVISO PRÉVIO DE GREVE

O aviso prévio de greve deverá ser fornecido com antecedência mínima de 48 horas ao sindicato patronal ou aos empregadores (parágrafo único, do art. 3º da Lei n. 7.783/89).

Em serviços ou atividades essenciais o sindicato profissional ou os trabalhadores deverão fazer a comunicação da paralisação aos empregadores e aos usuários com antecedência mínima de 72 horas (art. 13 da Lei n. 7.783/89).

11 ATIVIDADES ESSENCIAIS

O § 1º do art. 9º da Constituição não proíbe a greve em atividades essenciais, apenas determina que a lei irá definir os serviços ou atividades essenciais, o que foi feito pelo art. 10 da Lei n. 7.783/89.

Consideram-se serviços ou atividades essenciais: a) tratamento e abastecimento de água; produção e distribuição de energia elétrica, gás e combustíveis; b) assistência médica e hospitalar; c) distribuição e comercialização de medicamentos e alimentos; d) funerários; e) transporte coletivo; f) captação e tratamento de esgoto e lixo; g) telecomunicações; h) guarda, uso e controle de substâncias radioativas, equipamentos e materiais nucleares; i) controle de tráfego aéreo e navegação aérea; j) compensação bancária; k) atividades médico-periciais relacionadas com o regime geral de previdência social e a assistência social; l) atividades médico-periciais relacionadas com a caracterização do impedimento físico, mental, intelectual ou sensorial da pessoa com deficiência, por meio da integração de equipes multiprofissionais e interdisciplinares, para fins de reconhecimento de direitos previstos em lei, em especial na Lei n. 13.146, de 6 de julho de 2015 (Estatuto da Pessoa com Deficiência); m) outras prestações médico-periciais da carreira de Perito Médico Federal indispensáveis ao atendimento das necessidades inadiáveis da comunidade; n) atividades portuárias. São taxativas tais situações e não meramente exemplificativas. Outras atividades ou serviços não serão considerados como essenciais, como escolas ou correio.

12 ATENDIMENTO DAS NECESSIDADES INADIÁVEIS

Determinou o § 1º do art. 9º da Lei Maior que o atendimento das necessidades inadiáveis da comunidade fosse disciplinado pela lei ordinária.

O art. 11 da Lei n. 7.783/89 esclareceu que nos serviços ou atividades essenciais, os sindicatos, os empregadores e os trabalhadores ficam obrigados, de comum acordo, a garantir, durante a paralisação, a prestação de serviços indispensáveis ao atendimento das necessidades inadiáveis da comunidade.

Consideram-se necessidades inadiáveis da comunidade as que, se não atendidas, possam colocar em perigo iminente a sobrevivência, a saúde ou a segurança da população (parágrafo único do art. 11 da Lei n. 7.783/89). Seriam, por exemplo, as atividades de assistência médica e de hospitais, em serviços como os que importem na sobrevivência ou saúde da pessoa, como os ligados à unidade de terapia intensiva (UTI), que não poderiam deixar de ser prestados durante a greve de hospitais. O mesmo pode ocorrer na distribuição de remédios durante greve que ocorresse nas farmácias.

Se as pessoas anteriormente mencionadas não assegurarem o atendimento das necessidades inadiáveis da comunidade, o Poder Público providenciará a prestação de serviços indispensáveis (art. 12 da Lei n. 7.783/89).

13 MANUTENÇÃO DE BENS

No decorrer da greve, o sindicato ou a comissão de negociação, por intermédio de acordo com a entidade patronal ou diretamente com o empregador, manterá em atividade equipes de empregados com o objetivo de assegurar os serviços cuja paralisação resulte em prejuízo irreparável, pela deterioração irreversível de bens, máquinas e equipamentos, bem como a manutenção daqueles essenciais à retomada das atividades da empresa quando da cessação do movimento (art. 9º da Lei n. 7.783/89). Exemplo: a necessidade do funcionamento de altos fornos de siderúrgicas, que não podem ficar paralisados por muito tempo, sob pena de se perder completamente o equipamento.

Não havendo acordo, é permitido ao empregador, enquanto perdurar a paralisação, o direito de contratar diretamente os serviços necessários à manutenção de bens e equipamentos e dos bens necessários à retomada das atividades da empresa quando da cessação do movimento (parágrafo único do art. 9º da Lei n. 7.783/89). A possibilidade da contratação de serviços se dá enquanto perdurar a greve.

14 DIREITOS E DEVERES DOS ENVOLVIDOS NA GREVE

O art. 6º da Lei n. 7.783/89 é claro ao determinar que os grevistas têm os seguintes direitos, entre outros: a) o emprego de meios pacíficos tendentes a persuadir ou aliciar os trabalhadores a aderirem à greve; b) a arrecadação de fundos e a livre divulgação do movimento.

A livre divulgação do movimento visa assegurar a comunicação e informação sobre a greve, para que ela possa ser propagada. Há a possibilidade da divulgação por meio de panfletos, de cartazes de propaganda, desde que não sejam ofensivos à pessoa do empregador, assim como o uso de megafone ou veículo com sonorização na porta da fábrica.

Os grevistas terão o dever de observar os direitos e garantias fundamentais de outrem, no exercício do direito de greve.

O piquete consiste numa forma de pressão dos trabalhadores sobre aqueles obreiros que não se interessam pela paralisação, preferindo continuar a trabalhar, e também para a manutenção do movimento. Serão, portanto, os piquetes permitidos, desde que não se ofendam as pessoas ou que se cometam estragos em bens, ou seja, o piquete pacífico será permitido como modo de persuasão e aliciamento da greve. Não serão admitidos piquetes que venham a impedir o trabalhador de ingressar no serviço.

Já a sabotagem, porém, não será permitida. A palavra *sabotagem* se origina do francês *sabotage*, de *saboter*, pisar, e de *sabot*, calçado. Os operários das fábricas empregavam os calçados utilizados na empresa (os tamancos) para inutilizar as máquinas de produção, de modo a protestar diante do empregador. Daí vem o significado atual de sabotagem, que seria o emprego de meios violentos, de modo a causar danos ou destruição a bens: às máquinas do empregador. Como a greve deve ser feita de maneira pacífica, os atos de sabotagem não são tolerados pela Lei n. 7.783/89.

Parte V ▪ Direito Coletivo do Trabalho

No julgamento em caso decorrente da greve na Fundação de Apoio à Escola Técnica do Estado do Rio de Janeiro (Faetec), o STF entendeu que é possível fazer o desconto no salário dos trabalhadores que aderiram à greve (RE 693.456).

15 ABUSO DO DIREITO DE GREVE

Esclarece o § 2º do art. 9º da Constituição que os abusos cometidos sujeitam os responsáveis às penas da lei.

A Lei n. 7.783/89, ao regulamentar o preceito constitucional, estabelece que a inobservância de suas determinações, bem como a manutenção da paralisação após a celebração de acordo, convenção ou decisão da Justiça do Trabalho, são caracterizadas como abuso de direito de greve (art. 14). Segundo essa orientação, haverá abuso de direito se não forem observadas as determinações da Lei n. 7.783/89. Há ilegalidade quando não forem cumpridas as determinações da lei. O abuso de direito dá ensejo à responsabilidade, que pode ser trabalhista, civil ou penal.

O abuso de direito será formal se não forem observadas as formalidades previstas na Lei n. 7.783/89, como a não concessão de aviso prévio de greve. Haveria abuso de direito material se a greve se realizasse em atividades proibidas.

16 EFEITOS SOBRE O CONTRATO DE TRABALHO

Desde que observadas as determinações da Lei n. 7.783/89, a participação em greve suspende o contrato de trabalho, devendo as relações obrigacionais durante o período ser regidas por acordo, convenção, laudo arbitral ou decisão da Justiça do Trabalho (art. 7º). Ao contrário, se forem desrespeitadas as disposições da Lei n. 7.783/89, não haverá suspensão do contrato de trabalho.

Durante a greve o empregador não poderá rescindir o contrato de trabalho dos empregados, nem admitir trabalhadores substitutos (parágrafo único do art. 7º da Lei n. 7.783/89), a não ser para contratar os serviços necessários para a manutenção de máquinas e equipamentos durante a greve (parágrafo único do art. 9º da Lei n. 7.783/89), ou na hipótese da continuidade da paralisação após a celebração de norma coletiva (art. 14 da Lei n. 7.783/89). Os trabalhadores que, entretanto, se excederem em suas manifestações, configurando abuso de direito, poderão ser demitidos por justa causa. A simples adesão à greve não constitui, porém, falta grave, como já decidiu o STF (Súmula 316).

17 RESPONSABILIDADE

A responsabilidade pelos atos praticados durante a greve ou os ilícitos ou crimes cometidos será apurada de acordo com a legislação trabalhista, civil ou penal (art. 15 da Lei n. 7.783/89). A responsabilidade civil seria tanto do trabalhador, como do sindicato.

Os atos abusivos praticados pelos obreiros poderão ser capitulados no art. 482 da CLT, com a consequente dispensa por justa causa.

Os trabalhadores poderão ser responsabilizados penalmente por crime de dano à coisa, de lesão corporal, de homicídio, nos termos do Código Penal.

Havendo indício de prática de delito, o Ministério Público deverá, de ofício, requisitar a abertura de inquérito e oferecer denúncia (parágrafo único do art. 15 da Lei n. 7.783/89).

18 GREVE NO SETOR PÚBLICO

O direito de greve do servidor público será exercido nos termos e limites definidos em lei específica (art. 37, VII, da Lei Maior). O militar não tem direito de fazer greve (art. 142, § 3º, IV, da Lei Magna).

A lei específica que prever a greve no setor público não poderá, contudo, tentar inviabilizá-la ou impedi-la, pois se trata de um direito constitucional do servidor público.

O STF entendeu que, enquanto não for editada a lei específica mencionada na Constituição, são aplicadas as disposições da Lei n. 7.783/89 aos funcionários públicos.

19 *LOCKOUT*

O art. 17 da Lei n. 7.783/89 define o *lockout* como a paralisação realizada pelo empregador, com o objetivo de exercer pressões sobre os trabalhadores, visando frustrar negociação coletiva ou dificultar o atendimento de reivindicações. Proíbe-se expressamente o *lockout* no mesmo dispositivo legal.

Normalmente o *lockout* é provisório, caracterizando-se como um ato voluntário do empregador.

Há que se ressaltar que o *lockout* disciplinado pela Lei n. 7.783/89 diz respeito à interrupção do trabalho pelo empregador com objetivo de frustrar as negociações trabalhistas, mas não trata da paralisação do empregador que visa protestar em qualquer outro sentido, inclusive contra o governo.

O *lockout* não é uma hipótese de suspensão do contrato de trabalho, tanto que a lei proíbe expressamente essa forma de paralisação do empregador. São devidos os salários caso dessa forma faça o empregador. Considera-se, portanto, que o *lockout* vem a ser uma hipótese de interrupção do contrato de trabalho, podendo inclusive proporcionar a rescisão indireta do contrato de trabalho se o empregador não proporcionar serviços ao empregado.

REFERÊNCIAS

ANDRADE, Everaldo Gaspar Lopes de. *Curso de direito sindical*. São Paulo: LTr, 1991.

_____. *Curso de direito do trabalho*. 2. ed. São Paulo: Saraiva, 1992.

BARRETO, Amaro. *Teoria e prática de FGTS*. Rio de Janeiro: Trabalhistas, 1974.

BARROS JR., Cassio Mesquita. *Transferência de empregados urbanos e rurais*. São Paulo: LTr, 1980.

BATALHA, Wilson de Souza Campos. *Sindicatos – sindicalismo*. São Paulo: LTr, 1992.

BERNARDES, Hugo Gueiros. *Direito do trabalho*. São Paulo: LTr, 1989. v. I.

CABANELLAS, Guilhermo. *Compendio de derecho laboral*. Buenos Aires: Omeba, 1968.

CARDONE, Marly. *Viajantes e pracistas no direito do trabalho*. 3. ed. São Paulo: LTr, 1990.

CARRION, Valentin. *Comentários à Consolidação das Leis do Trabalho*. 18. ed. São Paulo: Revista dos Tribunais, 1994.

CASELLA, João Carlos. *Regime de repouso semanal remunerado*. São Paulo: LTr, 1983.

CATHARINO, José Martins. *Compêndio de direito do trabalho*. 3. ed. São Paulo: Saraiva, 1982. v. 1.

_____. *Tratado jurídico do salário*. São Paulo: Freitas Bastos, 1951; reedição facsimilada, LTr, 1994.

CESARINO JR., A. F. *Direito social*. São Paulo: Saraiva, 1957. v. I.

CHIARELLI, Carlos Alberto Gomes. *Trabalho na Constituição*: direito coletivo. São Paulo: LTr, 1990. v. II.

_____. *Trabalho na Constituição*: direito individual. São Paulo: LTr, 1989. v. I.

COSTA, José de Ribamar. *Noções de direito do trabalho*. 4. ed. São Paulo: LTr, 1989.

CUEVA, Mario de la. *Derecho del trabajo*. México: Porrúa, 1954.

DAMASCENO, Fernando A. V. *Equiparação salarial*. São Paulo: LTr, 1980.

DUARTE NETO, Bento Herculano. *Direito de greve*. São Paulo: LTr, 1993.

FERNANDES, Antonio de Lemos Monteiro. *Direito do trabalho*. 8. ed. Coimbra: Almedina, 1992.

_____. *Direito do trabalho*: relações colectivas de trabalho. 3. ed. Coimbra: Almedina, 1991.

FERRAZ, Sérgio. *Duração do trabalho e repouso remunerado*. São Paulo: Revista dos Tribunais, 1977.

FRANCO FILHO, Georgenor de Sousa. *Liberdade sindical e direito de greve no direito comparado – lineamentos*. São Paulo: LTr, 1992.

FREITAS JR., Antonio Rodrigues. *Conteúdo dos pactos sociais*. São Paulo: LTr, 1993.

GARCIA, Gustavo Filipe Barbosa. *Curso de direito do trabalho*. São Paulo: Saraiva, 2019.

GIGLIO, Wagner. *Justa causa*. 7. ed. São Paulo: Saraiva, 2000.

GOMES, Orlando; GOTTSCHALK, Elson. *Curso de direito do trabalho*. 12. ed. Rio de Janeiro: Forense, 1991.

GRONDA, Ramírez. *El contrato de trabajo*. Buenos Aires: La Ley, 1945.

GUERREIRO, Euquerio. *Manual de derecho del trabajo*. 9. ed. México: Porrúa, 1977.

LAMARCA, Antonio. *Contrato individual do trabalho*. São Paulo: Revista dos Tribunais, 1969.

_____. *Manual das justas causas*. 2. ed. São Paulo: Revista dos Tribunais, 1983.

MAGANO, Octavio Bueno. *Contrato de prazo determinado*. São Paulo: Saraiva, 1984.

_____. *Convenção coletiva de trabalho*. São Paulo: LTr, 1972.

_____. *Do poder diretivo na empresa*. São Paulo: Saraiva, 1982.

_____. *Manual de direito do trabalho*: direito coletivo do trabalho. 3. ed. São Paulo: LTr, 1993. v. III.

_____. *Manual de direito do trabalho*: direito individual do trabalho. 3. ed. São Paulo: LTr, 1992. v. II.

_____. *Manual de direito do trabalho*: direito tutelar do trabalho. 2. ed. São Paulo: LTr, 1992. v. IV.

_____. *Manual de direito do trabalho*: parte geral. 4. ed. São Paulo: LTr, 1991.

_____. *Organização sindical brasileira*. São Paulo: Revista dos Tribunais, 1982.

_____. *Os grupos de empresas no direito do trabalho*. São Paulo: Revista dos Tribunais, 1979.

_____. *Política do trabalho*. São Paulo: LTr, 1992.

MAGANO, Octavio Bueno; MALLET, Estevão. *O direito do trabalho na Constituição de 1988*. Rio de Janeiro: Forense, 1993.

Referências

MANNRICH, Nelson. *Inspeção do trabalho*. São Paulo: LTr, 1991.

MANUS, Pedro Paulo Teixeira. *Direito do trabalho*. 8. ed. São Paulo: Atlas, 2004.

_____. *Direito do trabalho na nova Constituição*. São Paulo: Atlas, 1989.

_____. *Os créditos trabalhistas na insolvência do empregador*. São Paulo: LTr, 1986.

MARANHÃO, Délio. *Direito do trabalho*. 6. ed. Rio de Janeiro: Fundação Getulio Vargas, 1978.

MARANHÃO, Délio; CARVALHO, Luiz Inácio B. *Direito do trabalho*. 16. ed. Rio de Janeiro: Fundação Getulio Vargas, 1992.

MARTINS, Milton. *Sindicalismo e relações trabalhistas*. 3. ed. São Paulo: LTr, 1991.

MARTINS, Sergio Pinto. *A terceirização e o direito do trabalho*. 15. ed. São Paulo: Saraiva, 2018.

_____. *Contribuição confederativa*. São Paulo: LTr, 1996.

_____. *Cooperativas de trabalho*. 7. ed. São Paulo: Saraiva, 2020.

_____. *Direito da seguridade social*. 41. ed. São Paulo: Saraiva, 2023.

_____. *Direito do trabalho*. 39. ed. São Paulo: Saraiva, 2023.

_____. *Direito processual do trabalho*. 45. ed. São Paulo: Saraiva, 2023.

_____. *Manual do FGTS*. 5. ed. São Paulo: Saraiva, 2017.

_____. *Manual do trabalho doméstico*. 15. ed. São Paulo: Saraiva, 2019.

_____. *Participação dos empregados nos lucros das empresas*. 5. ed. São Paulo: Saraiva, 2021.

_____. *Práticas discriminatórias contra as mulheres e outros estudos*. São Paulo: LTr, 1996.

_____. *Contribuições sindicais*. 6. ed. São Paulo: Saraiva, 2020.

_____. *Direitos fundamentais trabalhistas*. 3. ed. São Paulo: Saraiva, 2020.

_____. *Flexibilização das condições de trabalho*. 6. ed. São Paulo: Saraiva, 2020.

MELGAR, Alfredo Montoya. *Derecho del trabajo*. Madri: Tecnos, 1978.

MESQUITA, Luiz José de. *Direito disciplinar do trabalho*. 2. ed. São Paulo: LTr, 1991.

MORAES, Evaristo de. *Apontamentos de direito operário*. 3. ed. São Paulo: LTr, 1986.

MORAES FILHO, Evaristo de. *A ordem social num novo texto constitucional*. São Paulo: LTr, 1986.

_____. *Do contrato de trabalho como elemento da empresa*. São Paulo: LTr, 1993.

_____. *Introdução ao direito do trabalho*. São Paulo: LTr, 1991.

NASCIMENTO, Amauri Mascaro. *Comentários à lei de greve*. São Paulo: LTr, 1989.

_____. *Curso de direito do trabalho*. 18. ed. São Paulo: Saraiva, 1992, 2003.

_____. *Direito do trabalho na Constituição de 1988*. São Paulo: Saraiva, 1989.

_____. *Direito sindical*. 2. ed. São Paulo: Saraiva, 1991.

_____. *Introdução ao direito do trabalho*. 30. ed. São Paulo: LTr, 2004.

_____. *Manual do salário*. São Paulo: LTr, 1984.

OLIVEIRA, Francisco Antonio de. *Direito do trabalho em sintonia com a nova Constituição*. São Paulo: Revista dos Tribunais, 1993.

PAULA, Carlos Alberto Reis de. *O aviso prévio*. São Paulo: LTr, 1988.

PELLEGRINO, Antenor. *Trabalho rural*. 5. ed. São Paulo: Atlas, 1991.

PLÁ RODRÍGUEZ, Américo. *El salario en el Uruguay*. Montevideo: Facultad de Derecho, 1956.

_____. *Los principios del derecho del trabajo*. 2. ed. Buenos Aires: Depalma, 1990.

PRUNES, José Luiz Ferreira. *As gorjetas no direito brasileiro do trabalho*. São Paulo: LTr, 1982.

REALE, Miguel. *Lições preliminares de direito*. 4. ed. São Paulo: Saraiva, 1977.

RODRÍGUEZ, Américo Plá. *Los principios del derecho del trabajo*. 2. ed. Buenos Aires: Depalma, 1990.

ROMITA, Arion Sayão. *Direitos sociais na Constituição e outros estudos*. São Paulo: LTr, 1991.

_____. *Sindicalismo. Economia. Estado democrático. Estudos*. São Paulo: LTr, 1993.

_____. *Regulamento de empresa*. Repertório IOB de Jurisprudência n. 8/93, Texto 2/7.438.

RUSSOMANO, Mozart Victor. *Comentários à CLT*. 13. ed. Rio de Janeiro: Forense, 1990.

_____. *Curso de direito do trabalho*. 4. ed. Curitiba: Juruá, 1991.

_____. *Direito sindical*. Rio de Janeiro: Konfino, 1975.

_____. *O empregado e o empregador no direito brasileiro*. São Paulo: LTr, 1986.

_____. *Princípios gerais de direito sindical*. 2. ed. Rio de Janeiro: Forense, 1995.

SAAD, Eduardo Gabriel. *Comentários à Lei do FGTS*. São Paulo: LTr, 1991.

_____. *Consolidação das Leis do Trabalho comentada*. 23. ed. São Paulo: LTr, 1990.

_____. *Constituição e direito do trabalho*. São Paulo: LTr, 1989.

SAMPAIO, Aluysio Mendonça. *Contrato individual do trabalho e sua vigência*. São Paulo: Revista dos Tribunais, 1982.

_____. *Contratos de trabalho por prazo determinado*. São Paulo: Revista dos Tribunais, 1973.

SILVA, Antonio Alvares da. *Cogestão no estabelecimento e na empresa*. São Paulo: LTr, 1991.

_____. *Convenção coletiva do trabalho perante o direito alemão*. Rio de Janeiro: Forense, 1981.

_____. *Pluralismo sindical na nova Constituição*. Belo Horizonte: Del Rey, 1990.

_____. *Proteção contra a dispensa na nova Constituição*. 2. ed. São Paulo: LTr, 1992.

SILVA, Carlos Alberto Barata. *Compêndio de direito do trabalho*. 2. ed. São Paulo: LTr, 1978.

SILVA, Floriano Corrêa Vaz da. *Direito constitucional do trabalho*. São Paulo: LTr, 1977.

SOUZA, Ronald Amorim e. *Manual de legislação social*. 2. ed. São Paulo: LTr, 1992.

SÜSSEKIND, Arnaldo Lopes. *Comentários à Consolidação das Leis do Trabalho e à legislação complementar*. Rio de Janeiro: Freitas Bastos, 1964. v. III.

_____. *Direito internacional do trabalho*. 2. ed. São Paulo: LTr, 1987.

_____. *Duração do trabalho e repousos remunerados*. Rio de Janeiro: Freitas Bastos, 1950.

_____. *Irredutibilidade do salário*. LTr n. 55-02/138.

SÜSSEKIND, Arnaldo Lopes; MARANHÃO, Délio; VIANNA, José de Segadas; TEI-

Referências

XEIRA, João de Lima. *Instituições de direito do trabalho*. 20. ed. São Paulo: LTr, 2002.

_____ et al. *Comentários à Constituição*. Rio de Janeiro: Freitas Bastos, 1991. v. 2.

VILHENA, Paulo Emílio Ribeiro de. *Relação de emprego*. São Paulo: Saraiva, 1975.

ZAINAGHI, Domingos Sávio. *Justa causa para despedida*. São Paulo: Carthago & Forte, 1993.

ÍNDICE ALFABÉTICO-REMISSIVO *

A

Abandono de emprego, 21, 4.2.5.11

Abonos, 16, 6.1

Adicionais, 16, 6.2
    adicional de horas extras, 16, 6.2.1
    adicional de insalubridade, 16, 6.2.3
    adicional de periculosidade, 16, 6.2.4
    adicional de transferência, 16, 6.2.5
    adicional noturno, 16, 6.2.2

Ajuda de custo, 16, 6.3

Alteração do contrato de trabalho, 19

Alteridade, 12, 5.5

Aposentadoria, 21, 5.3

Aprendiz, 13, 3

Arbitragem, 41, 2.3.2
    admissibilidade, 41, 2.3.2.5

---

*   Os números referem-se, respectivamente, aos capítulos e aos itens.

definição, 41, 2.3.2.3
denominação, 41, 2.3.2.2
distinção, 41, 2.3.2.4
procedimentos, 41, 2.3.2.6

Assistência à rescisão contratual, 21, 10

Ato lesivo à honra e boa fama, 21, 4.2.5.12

Atos atentatórios à segurança nacional, 21, 4.2.5.16

Atos do Poder Executivo, 7, 4

Autocomposição, 41, 2.2

Autodefesa, 41, 2.1

Autonomia do Direito do Trabalho, 4
autonomia científica, 4, 6
autonomia jurisdicional, 4, 5
desenvolvimento didático, 4, 4
desenvolvimento doutrinário, 4, 3
desenvolvimento legal, 4, 2

Aviso prévio, 22
cabimento, 22, 5
conceito, 22, 2
efeitos, 22, 8
forma, 22, 6
irrenunciabilidade, 22, 4
natureza jurídica, 22, 3
origens, 22, 1
prazo, 22, 7
remuneração do aviso prévio, 22, 9

C

Cessação do contrato de trabalho, 21
extinção da empresa, 21, 6.3
por advento do termo do contrato, 21, 8
por decisão do empregado, 21, 5
por decisão do empregador, 21, 4
por desaparecimento de uma das partes, 21, 6
morte do empregado, 21, 6.1
morte do empregador pessoa física, 21, 6.2
por mútuo acordo das partes, 21, 7

• Índice Alfabético-Remissivo

Cogestão, 40, 2
    classificação, 40, 2.4
    denominação, 40, 2.2
    distinção, 40, 2.3
    implantação, 40, 2.5

Comissões, 16, 6.4

Conceito de direito do trabalho, 3, 1

Condenação criminal, 21, 4.2.5.5

Conflitos coletivos de trabalho, 41
    autocomposição, 41, 2.2
    autodefesa, 41, 2.1
    conceito, 41, 1
    formas de solução, 41, 2
    heterocomposição, 41, 2.3
        arbitragem, 41, 2.3.2
        dissídios coletivos, 41, 2.3.3.1
        jurisdição, 41, 2.3.3

Convenção e acordo coletivo de trabalho, 43
    acordo dos trabalhadores e empregadores, 43, 5
    condições de validade, 43, 9
    conteúdo, 43, 7
    convenção coletiva no setor público, 43, 10
    definições, 43, 4
    incorporação das cláusulas normativas nos contratos de trabalho, 43, 8
    natureza jurídica, 43, 6

Contrato coletivo de trabalho, 42
    conceito, 42, 2
    conteúdo, 42, 4

Contrato de trabalho, 12
    características, 12, 6
    classificação, 12, 7
    conceito, 12, 2
    condições, 12, 8
    contrato de experiência, 12, 11.1
    contrato de trabalho por prazo determinado, 12, 11
    diferenciação, 12, 4

duração, 12, 10
forma, 12, 9
natureza jurídica, 12, 3
requisitos, 12, 5

Contribuição assistencial, 39, 15.3

Contribuição confederativa, 39, 15.2

Contribuição sindical, 39, 15.1

D

Décimo terceiro salário, 16, 6.8

Denominação, 2
direito corporativo, 2, 2.4
direito do trabalho, 2, 2.7
direito industrial, 2, 2.3
direito operário, 2, 2.2
direito sindical, 2, 2.6
direito social, 2, 2.5
legislação do trabalho, 2, 2.1

Desídia, 21, 4.2.5.6

Diárias, 16, 6.5

Diretor de sociedade, 13, 10

Dispensa arbitrária, 21, 3

Dispensa do empregado sem justa causa, 21, 4.1

Dispensa do empregado com justa causa, 21, 4.2
culpa recíproca, 21, 4.2.3
elementos, 21, 4.2.2
ônus da prova, 21, 4.2.4

Direito Coletivo do Trabalho, 37
conceito, 37, 2
denominação, 37, 1

Direito Internacional do Trabalho, 10

Direito Tutelar do Trabalho, 26
conceito, 26, 2
denominação, 26, 1
matéria a ser estudada, 26, 3

Divisão do direito do trabalho, 3, 2

E

Eficácia, 8, 3
    eficácia no espaço, 8, 3.2
    eficácia no tempo, 8, 3.1

Embriaguez, 21, 4.2.5.7

Empregado, 13, 1

Empregado doméstico, 13, 4

Empregado em domicílio, 13, 2

Empregado público, 13, 11

Empregado rural, 13, 5

Empregador, 14
    alterações na empresa, 14, 9
    doméstico, 14, 5
    empresa, 14, 2
    empresa de trabalho temporário, 14, 3
    por equiparação, 14, 8
    rural, 14, 4

Equiparação salarial, 17, 1
    identidade de funções, 17, 2
    mesmo empregador, 17, 4
    mesmo estabelecimento empresarial, 17, 5
    quadro organizado em carreira, 17, 7
    simultaneidade na prestação de serviços, 17, 6
    trabalho de igual valor, 17, 3

Equivalência salarial, 17, 8

Estabilidade, 23
    conceito, 23, 3
    denominação, 23, 2
    estabilidade por tempo de serviço, 23, 4
    exclusão do direito à estabilidade, 23, 5
    extinção da estabilidade, 23, 7

Estagiário, 13, 12

F

Férias, 31
    abono, 31, 13
    coletivas, 31, 11

comunicação das férias, 31, 9
concedidas após o período concessivo, 31, 10
conceito, 31, 3
dos efeitos da cessação do contrato de trabalho, 31, 14
faltas, 31, 6
natureza jurídica, 31, 4
outros tipos de empregados, 31, 16
perda do direito de férias, 31, 7
período aquisitivo, 31, 5
período concessivo, 31, 8
prescrição, 31, 15
remuneração, 31, 12

Feriados, 30, 7

Fiscalização trabalhista, 36
   atribuições e poderes dos inspetores, 36, 5
   atuação dos agentes, 36, 4
   autuações e multas, 36, 8
   estrutura do Ministério do Trabalho, 36, 3
   exibição de documentos, 36, 7
   livre acesso, 36, 6

Força maior, 21, 9

Funções do sindicato, 39, 14
   função assistencial, 39, 14.5
   função de representação, 39, 14.1
   função econômica, 39, 14.3
   função negocial, 39, 14.2
   função política, 39, 14.4

Fundo de Garantia do Tempo de Serviço – FGTS, 25
   administração, 25, 5
   beneficiários, 25, 7
   conceito, 25, 2
   contribuintes, 25, 6
   depósitos, 25, 8
   indenização, 25, 10
   natureza jurídica, 25, 3
   opção, 25, 4
   prescrição, 25, 11
   saques, 25, 9

G

Garantias de emprego, 23, 6
    acidentado, 23, 6.4
    dirigente sindical, 23, 6.1
    doente de AIDS, 23, 6.7
    garçons, 23, 6.8
    gestante, 23, 6.3
    membro da CIPA, 23, 6.2
    membro das comissões de conciliação prévia, 23, 6.5
    representante dos trabalhadores, 23, 6.6
Gratificações, 16, 6.7
Greve, 44
    abuso do direito de greve, 44, 15
    assembleia geral, 44, 9
    atendimento das necessidades inadiáveis, 44, 12
    atividades essenciais, 44, 11
    aviso prévio de greve, 44, 10
    classificação das greves, 44, 4
    conceito, 44, 2
    direitos e deveres dos envolvidos na greve, 44, 14
    efeitos sobre o contrato de trabalho, 44, 16
    greve no setor público, 44, 18
    interesses a defender, 44, 7
    legitimidade, 44, 5
    manutenção de bens, 44, 13
    natureza jurídica, 44, 3
    negociação coletiva, 44, 8
    oportunidade de exercício, 44, 6
    responsabilidade, 44, 17
Gorjeta, 16, 6.6
Grupo de empresas, 14, 6

H

Hierarquia das normas, 7, 10
Histórico do direito do trabalho, 1
    evolução mundial, 1, 2
    evolução no Brasil, 1, 3

I

Identificação e registro profissional, 27
    anotações, 27, 5
    conceito, 27, 1
    conteúdo da CTPS, 27, 3
    destinatários, 27, 2
    obtenção da CTPS, 27, 4
    prescrição, 27, 8
    reclamações por falta ou recusa de anotações, 27, 7
    valor das anotações, 27, 6

Indenização, 24
    aposentadoria, 24, 11
    conceito, 24, 1
    contratos por prazo determinado, 24, 5
    contratos por prazo indeterminado, 24, 4
    culpa recíproca, 24, 7
    estabilidade, 24, 6
    indenização adicional, 24, 12
    factum principis, 24, 9
    força maior, 24, 8
    fundamentos, 24, 2
    morte do empregador, 24, 10
    natureza jurídica, 24, 3

Improbidade, 21, 4.2.5.1
Incontinência de conduta, 21, 4.2.5.2
Indisciplina, 21, 4.2.5.9
Insubordinação, 21, 4.2.5.10
Interrupção do contrato de trabalho, 20, 3.1
Integração das normas de direito do trabalho, 8, 2
Intervalos para descanso, 29
    conceito, 29, 1
    intervalo interjornada, 29, 3
    intervalos intrajornada, 29, 2

J

Jornada de trabalho, 28
    acordo de prorrogação de horas, 28, 10

Índice Alfabético-Remissivo

    compensação da jornada de trabalho, 28, 11
    classificação, 28, 5
    conceito, 28, 3
    conceito de horas extras, 28, 9
    denominação, 28, 2
    empregados excluídos, 28, 8
    força maior, 28, 13.1
    fundamentos, 28, 6
    horas *in itinere*, 28, 15
    jornada de trabalho, 28, 7
    natureza jurídica, 28, 4
    necessidade imperiosa, 28, 13
    recuperação de tempo em razão de paralisações, 28, 13.3
    redução da jornada, 28, 12
    serviços inadiáveis, 28, 13.2
    sobreaviso, prontidão, 28, 16
    trabalho noturno, 28, 17
    turnos ininterruptos de revezamento, 28, 14
Jus variandi, 19, 2

L

Liberdade sindical, 38
    conceito, 38, 2
    garantias, 38, 3
    sistemas de liberdade sindical, 38, 4
Livro de registro de empregados, 21, 9
Lockout, 44, 19

M

Mau procedimento, 21, 4.2.5.3
Mediação, 41, 2.3.1
Mudança de domicílio, 19, 3.2

N

Nacionalização do trabalho, 34
    despedimento, 34, 4
    empresas, 34, 2
    equiparação salarial, 34, 3
    proporcionalidade, 34, 1

Negociação coletiva, 43, 2
　funções da negociação coletiva, 43, 3
　legitimidade para a negociação, 42, 3
Negociação habitual, 21, 4.2.5.4

O

Ofensa física, 21, 4.2.5.13
Organização sindical, 39
　categoria, 39, 7
　centrais sindicais, 39, 11.1
　conceito, 39, 3
　criação e registro de sindicatos, 39, 6
　denominação, 39, 2
　direitos dos associados, 39, 13
　eleições 39, 10
　enquadramento sindical, 39, 8
　entidades sindicais de grau superior, 39, 11
　natureza jurídica, 39, 4
　órgãos do sindicato, 39, 9
　proteção à sindicalização, 39, 12
　sindicalismo rural, 39, 8.1
　unicidade sindical, 39, 5

P

Participação nos lucros, 16, 6.10
Prática constante de jogos de azar, 21, 4.2.5.14
Pedido de demissão, 21, 5.1
Perda de habilitação, 21, 4.2.5.15
PIS-PASEP 16, 6.11
Prêmios, 16, 6.9
Princípios do Direito do Trabalho, 9
　continuidade da relação de emprego, 9, 3.3
　irrenunciabilidade de direitos, 9, 3.2
　primazia da realidade, 9, 3.4
　proteção, 9, 3.1
Princípio da imodificabilidade, 19, 1
Poder de controle, 15, 3

■ Índice Alfabético-Remissivo

Poder de direção do empregador, 15
Poder de organização, 15, 2
Poder disciplinar, 15, 4
Política salarial, 18, 4
Posição enciclopédica do Direito do Trabalho, 5
    teoria do direito misto, 5, 5
    teoria do direito privado, 5, 3
    teoria do direito público, 5, 2
    teoria do direito social, 5, 4
    teoria do direito unitário, 5, 6
Prazo para pagamento das verbas rescisórias, 21, 11
Prêmios, 16, 6.9
Proteção ao salário, 16, 7
    defesa do salário em razão dos interesses da família do empregado, 16, 7.4
    defesa do salário em relação ao empregador, 16, 7.1
    defesa do salário em relação aos credores do empregado, 16, 7.2
    defesa do salário em relação aos credores do empregador, 16, 7.3

R

Receitas do sindicato, 39, 15
    contribuição assistencial, 39, 15.3
    contribuição confederativa, 39, 15.2
    contribuição sindical 39, 15.1
    mensalidade sindical, 39, 15.4
Regulamentos de empresa, 7, 7
Relações do Direito do Trabalho, 6
    direito administrativo, 6, 7
    direito civil, 6, 2
    direito comercial, 6, 3
    direito constitucional, 6, 1
    direito da seguridade social, 6, 6
    direito econômico, 6, 9
    direito internacional, 6, 4
    direito penal, 6, 5
    direito processual do trabalho, 6, 10
    direito tributário, 6, 8
Remuneração, 16
    classificação, 16, 5

conceito, 16, 2
distinção 16, 3
elementos da remuneração, 16, 4

Repouso semanal remunerado, 30
conceito, 30, 3
denominação, 30, 2
dias de repouso trabalhados, 30, 8
natureza jurídica, 30, 4
trabalhadores beneficiados, 30, 5
remuneração, 30, 6 e 8.1

Representação dos trabalhadores nas empresas, 40
autoaplicabilidade, 40, 1.2
conceito, 40, 1.3
distinção, 40, 1.4
objetivo, 40, 1.5
procedimentos, 40, 1.6

Rescisão indireta, 21, 5.2

S

Salário em dinheiro, 16, 5.4
Salário em utilidades, 16, 5.5
Salário profissional, 18, 3
Salário mínimo, 18, 2
Salário por unidade de obra, 16, 5.2
Salário por unidade de tempo, 16, 5.1
Salário por tarefa, 16, 5.3
Salário substituição, 17, 9
Segurança e Medicina do Trabalho, 35
conceito, 35, 3
condições de segurança, 35, 5
denominação, 35, 2
generalidades, 35, 4
insalubridade, 35, 6
penosidade, 35, 8
periculosidade, 35, 7

Sentença normativa, 7, 5
Serviço voluntário, 13, 13

Índice Alfabético-Remissivo

Suspensão do contrato de trabalho, 20, 3.2
    conceito, 20, 2
    denominação, 20, 1
    efeitos, 20, 4

T

Terceirização, 14, 7
Trabalhador autônomo, 13, 7
Trabalhador avulso, 13, 9
Trabalhador eventual, 13, 8
Trabalhador temporário, 13, 6
Trabalho da criança e do adolescente, 33
    aprendizagem, 33, 6
    denominação, 33, 2
    deveres e responsabilidades em relação ao menor, 33, 4
    duração do trabalho do menor, 33, 5
    proteção do trabalho da criança e do adolescente, 33, 3
Trabalho da mulher, 32
    amamentação, 32, 10
    duração do trabalho, 32, 3
    fundamentos da proteção ao trabalho da mulher, 32, 2
    garantia de emprego, 32, 11
    métodos e locais de trabalho, 32, 8
    períodos de descanso, 32, 6
    práticas discriminatórias contra a mulher, 32, 9.1
    proteção à maternidade, 32, 9
    salário, 32, 4
    trabalho noturno, 32, 5
    trabalhos proibidos, 32, 7
Trabalho intermitente, 12, 11.3
Transferência de empregados, 19, 3
    adicional de transferência, 19, 3.8
    cargo de confiança, 19, 3.3
    cláusula explícita, 19, 3.4
    cláusula implícita, 19, 3.5
    despesas da transferência, 19, 3.9
    extinção do estabelecimento, 19, 3.6

mudança de domicílio, 19, 3.2
transferência para o exterior, 19, 3.10
transferência provisória, 19, 3.7

U

Usos e costumes, 7, 9

V

Violação de segredo da empresa, 21, 4.2.5.8